国家出版基金项目
NATIONAL PUBLICATION FOUNDATION

欧亚历史文化文库

总策划 张余胜

兰州大学出版社

文本与语言

——出土文献与早期佛经比较研究

丛书主编 余太山

陈明 著

图书在版编目(CIP)数据

文本与语言:出土文献与早期佛经比较研究 / 陈明著. —兰州:兰州大学出版社,2013.7
(欧亚历史文化文库/余太山主编)
ISBN 978-7-311-04204-2

Ⅰ.①文… Ⅱ.①陈… Ⅲ.①出土文物—文献—对比研究—中国、亚洲 ②佛经—对比研究—中国、亚洲 Ⅳ.①K877.04 ②B942

中国版本图书馆 CIP 数据核字(2013)第 170479 号

总 策 划 张余胜

书　　名 文本与语言
——出土文献与早期佛经比较研究
丛书主编 余太山
作　　者 陈 明 著
出版发行 兰州大学出版社 (地址:兰州市天水南路 222 号 730000)
电　　话 0931-8912613(总编办公室) 0931-8617156(营销中心)
0931-8914298(读者服务部)
网　　址 http://www.onbook.com.cn
电子信箱 press@lzu.edu.cn
印　　刷 兰州人民印刷厂
开　　本 700 mm×1000 mm 1/16
印　　张 25.75
字　　数 344 千
版　　次 2013 年 7 月第 1 版
印　　次 2013 年 7 月第 1 次印刷
书　　号 ISBN 978-7-311-04204-2
定　　价 78.00 元

(图书若有破损、缺页、掉页可随时与本社联系)
淘宝网邮购地址:http://lzup.taobao.com

谨以本书献给张永言教授

出版说明

随着20世纪以来联系地、整体地看待世界和事物的系统科学理念的深入人心，人文社会学科也出现了整合的趋势，熔东北亚、北亚、中亚和中、东欧历史文化研究于一炉的内陆欧亚学于是应运而生。时至今日，内陆欧亚学研究取得的成果已成为人类不可多得的宝贵财富。

当下，日益高涨的全球化和区域化呼声，既要求世界范围内的广泛合作，也强调区域内的协调发展。我国作为内陆欧亚的大国之一，加之20世纪末欧亚大陆桥再度开通，深入开展内陆欧亚历史文化的研究已是责无旁贷；而为改革开放的深入和中国特色社会主义建设创造有利周边环境的需要，亦使得内陆欧亚历史文化研究的现实意义更为突出和迫切。因此，将针对古代活动于内陆欧亚这一广泛区域的诸民族的历史文化研究成果呈现给广大的读者，不仅是实现当今该地区各国共赢的历史基础，也是这一地区各族人民共同进步与发展的需求。

甘肃作为古代西北丝绸之路的必经之地与重要组

成部分，历史上曾经是草原文明与农耕文明交汇的锋面，是多民族历史文化交融的历史舞台，世界几大文明（希腊—罗马文明、阿拉伯—波斯文明、印度文明和中华文明）在此交汇、碰撞，域内多民族文化在此融合。同时，甘肃也是现代欧亚大陆桥的必经之地与重要组成部分，是现代内陆欧亚商贸流通、文化交流的主要通道。

基于上述考虑，甘肃省新闻出版局将这套《欧亚历史文化文库》确定为 2009—2012 年重点出版项目，依此展开甘版图书的品牌建设，确实是既有眼光，亦有气魄的。

丛书主编余太山先生出于对自己耕耘了大半辈子的学科的热爱与执著，联络、组织这个领域国内外的知名专家和学者，把他们的研究成果呈现给了各位读者，其兢兢业业、如临如履的工作态度，令人感动。谨在此表示我们的谢意。

出版《欧亚历史文化文库》这样一套书，对于我们这样一个立足学术与教育出版的出版社来说，既是机遇，也是挑战。我们本着重点图书重点做的原则，严格于每一个环节和过程，力争不负作者、对得起读者。

我们更希望通过这套丛书的出版，使我们的学术出版在这个领域里与学界的发展相偕相伴，这是我们的理想，是我们的不懈追求。当然，我们最根本的目的，是向读者提交一份出色的答卷。

我们期待着读者的回声。

总序

本文库所称“欧亚”(Eurasia)是指内陆欧亚,这是一个地理概念。其范围大致东起黑龙江、松花江流域,西抵多瑙河、伏尔加河流域,具体而言除中欧和东欧外,主要包括我国东三省、内蒙古自治区、新疆维吾尔自治区,以及蒙古高原、西伯利亚、哈萨克斯坦、乌兹别克斯坦、吉尔吉斯斯坦、土库曼斯坦、塔吉克斯坦、阿富汗斯坦、巴基斯坦和西北印度。其核心地带即所谓欧亚草原(Eurasian Steppes)。

内陆欧亚历史文化研究的对象主要是历史上活动于欧亚草原及其周邻地区(我国甘肃、宁夏、青海、西藏,以及小亚、伊朗、阿拉伯、印度、日本、朝鲜乃至西欧、北非等地)的诸民族本身,及其与世界其他地区在经济、政治、文化各方面的交流和交涉。由于内陆欧亚自然地理环境的特殊性,其历史文化呈现出鲜明的特色。

内陆欧亚历史文化研究是世界历史文化研究中不可或缺的组成部分,东亚、西亚、南亚以及欧洲、美洲历史文化上的许多疑难问题,都必须通过加强内陆欧亚历史文化的研究,特别是将内陆欧亚历史文化视做一个整体加以研究，才能获得确解。

中国作为内陆欧亚的大国，其历史进程从一开始就和内陆欧亚有千丝万缕的联系。我们只要注意到历代王朝的创建者中有一半以上有内陆欧亚渊源就不难理解这一点了。可以说，今后中国史研究要有大的突破，在很大程度上有待于内陆欧亚史研究的进展。

古代内陆欧亚对于古代中外关系史的发展具有不同寻常的意义。古代中国与位于它东北、西北和北方，乃至西北次大陆的国家和地区的关系，无疑是古代中外关系史最主要的篇章，而只有通过研究内陆欧亚史，才能真正把握之。

内陆欧亚历史文化研究既饶有学术趣味，也是加深睦邻关系，为改革开放和建设有中国特色的社会主义创造有利周边环境的需要，因而亦具有重要的现实政治意义。由此可见，我国深入开展内陆欧亚历史文化的研究责无旁贷。

为了联合全国内陆欧亚学的研究力量，更好地建设和发展内陆欧亚学这一新学科，繁荣社会主义文化，适应打造学术精品的战略要求，在深思熟虑和广泛征求意见后，我们决定编辑出版这套《欧亚历史文化文库》。

本文库所收大别为三类：一，研究专著；二，译著；三，知识性丛书。其中，研究专著旨在收辑有关诸课题的各种研究成果；译著旨在介绍国外学术界高质量的研究专著；知识性丛书收辑有关的通俗读物。不言而喻，这三类著作对于一个学科的发展都是不可或缺的。

构建和发展中国的内陆欧亚学，任重道远。衷心希望全国各族学者共同努力，一起推进内陆欧亚研究的发展。愿本文库有蓬勃的生命力，拥有越来越多的作者和读者。

最后，甘肃省新闻出版局支持这一文库编辑出版，确实需要眼光和魄力，特此致敬、致谢。

余太山

2010年6月30日

目录

绪论　早期佛经翻译及其语言研究的新趋向

从东汉末年到北宋，延续近千年的佛经翻译活动为古代印度与中国文化交流结下了丰硕的成果。作为文明古国之一的印度，虽然与中国一样，文化源远流长，但存在"重文轻史"的倾向，因此，流传至今的汉译佛经与历代赴天竺求法僧人们的相关著作作为最丰富的域外史料集，为回溯印度宗教、历史与文化提供了相对明晰的时空坐标。同时，汉译佛经也成为研究中印文化关系史（涵盖宗教、哲学、文学、语言、历史、物质文化等多方面）的最重要宝库。凡言及中印文化交流，未有不涉及佛经者。反言之，无汉译佛经，言中印文化交流史则难免成为空谈。

汉语史研究自有渊源。近20年来，中古汉译佛经的语言学价值，在汉语史界业已获得越来越多的认同，[1]相关的研究专著也不断涌现。主要的有，朱庆之《佛典与中古汉语词汇研究》及其主编《佛教汉语研究》、[2]俞理明《佛经文献语言》、[3]李维琦《佛经释词》、《佛经续释词》与《佛经词语汇释》、[4]梁晓虹《佛教词语的构造与汉语词汇的

---

〔1〕援引大量佛典为例考释中土文献而开风气者，当属蒋礼鸿先生的大著《敦煌变文字义通释》，中华书局1959年版。专门考释佛典词语的著作，或以台湾学者曲守约的《中古辞语考释续编》（艺文印书馆1972年版）为最早。参见董志翘：《汉文佛教文献语言研究与训诂学》，载《汉语史研究集刊》第8辑，巴蜀书社2005年版，第1－15页。

〔2〕朱庆之：《佛典与中古汉语词汇研究》，台北文津出版社1992年版；该书另收入台湾佛光山文教基金会编辑的《法藏文库·中国佛教学术论典》（硕博士学位论文系列）第63册，佛光文化事业有限公司2002年版。朱庆之编：《佛教汉语研究》，商务印书馆2009年版。

〔3〕俞理明：《佛经文献语言》，巴蜀书社1993年版。

〔4〕李维琦：《佛经释词》，岳麓书社1993年版；《佛经续释词》，岳麓书社1999年版；《佛经词语汇释》，湖南师范大学出版社2004年版。

发展》、《佛教与汉语词汇》与《佛教与汉语史研究——以日本资料为中心》、[1]颜洽茂《佛教语言阐释——中古佛经词汇研究》、[2]汪维辉《东汉—隋常用词演变研究》与《汉语词汇史新探》、[3]胡敕瑞《〈论衡〉与东汉佛经词汇比较研究》、[4]龙国富《姚秦译经助词研究》、[5]王绍峰《初唐佛典词汇研究》、[6]竺家宁《佛经语言初探》、[7]万金川《佛经语言学论集》、[8]董志翘《中古近代汉语探微》、[9]谭代龙《义净译经身体运动概念场词汇系统及其演变研究》与《佛教汉语词汇系统的结构及形成》、[10]景盛轩《〈大般涅槃经〉异文研究》、[11]陈秀兰《魏晋南北朝文与汉文佛典语言比较研究》和《梵汉对勘研究〈撰集百缘经〉的副词》、[12]朱冠明《〈摩诃僧祇律〉情态动词研究》、[13]周俊勋《中古汉语词汇研究纲要》、[14]王云路《中古汉语词汇史》、[15]遇笑容《〈撰集百缘经〉语法研究》、[16]安俊丽《汉魏六朝汉文佛经标志被动句研究》、[17]杨同军《语言接触与文化互动:汉译佛经词汇的生成与演变研究——以支

[1]梁晓虹:《佛教词语的构造与汉语词汇的发展》,北京语言学院出版社1994年版;《佛教与汉语词汇》,台湾佛光文化事业有限公司2001年版;《佛教与汉语史研究——以日本资料为中心》,上海古籍出版社2008年版。

[2]颜洽茂:《佛教语言阐释——中古佛经词汇研究》,杭州大学出版社1997年版。

[3]汪维辉:《东汉—隋常用词演变研究》,南京大学出版社2000年版;《汉语词汇史新探》,上海人民出版社2007年版。

[4]胡敕瑞:《〈论衡〉与东汉佛经词汇比较研究》,巴蜀书社2002年版。

[5]龙国富:《姚秦译经助词研究》,湖南师范大学出版社2004年版。

[6]王绍峰:《初唐佛典词汇研究》,安徽教育出版社2004年版。

[7]竺家宁:《佛经语言初探》,台湾橡树林文化出版公司2005年版。

[8]万金川:《佛经语言学论集》,台湾正观出版社2005年版。

[9]董志翘:《中古近代汉语探微》,中华书局2007年版。

[10]谭代龙:《义净译经身体运动概念场词汇系统及其演变研究》,语文出版社2008年版;《佛教汉语词汇系统的结构及形成》,西南交通大学出版社2013年版。

[11]景盛轩:《〈大般涅槃经〉异文研究》,巴蜀书社2009年版。

[12]陈秀兰:《魏晋南北朝文与汉文佛典语言比较研究》,中华书局2008年版;《梵汉对勘研究〈撰集百缘经〉的副词》,香港国际学术文化信息出版公司2010年版。

[13]朱冠明:《〈摩诃僧祇律〉情态动词研究》,中国戏剧出版社2008年版。

[14]周俊勋:《中古汉语词汇研究纲要》,巴蜀书社2009年版。

[15]王云路:《中古汉语词汇史》,商务印书馆2010年版。

[16]遇笑容:《〈撰集百缘经〉语法研究》,商务印书馆2010年版。

[17]安俊丽:《汉魏六朝汉文佛经标志被动句研究》,凤凰出版社2010年版。

谦译经复音词为中心》、[1]刘显《敦煌写本〈大智度论〉研究》;[2]以及曹广顺与遇笑容合著的《中古汉语语法史研究》、[3]王云路与方一新合著的《中古汉语语词例释》[4]及合编的《中古汉语读本》、[5]董志翘等合著的《〈经律异相〉整理与研究》、[6]方一新等合著的《东汉疑伪佛经的语言学考辨研究》等,[7]在中古汉语史研究方面开启了新的途径。近年来,还有一批硕士与博士学位论文也以汉译佛经为题,[8]开展其语言特色的研究。学者们在对与佛教密切相关的敦煌吐鲁番出土汉语文献的研究中,也有不少论著涉及佛经中的词语考释。[9]

除佛经之外,另一个新的趋向就是对佛经音义著作的深入研究,如徐时仪、[10]陈五云、[11]梁晓虹、[12]姚永铭、[13]于亭、[14]郑贤章、[15]韩小

〔1〕杨同军:《语言接触与文化互动:汉译佛经词汇的生成与演变研究——以支谦译经复音词为中心》,中华书局2011年版。

〔2〕刘显:《敦煌写本〈大智度论〉研究》,中国社会出版社2011年版。

〔3〕曹广顺、遇笑容:《中古汉语语法史研究》,巴蜀书社2006年版。

〔4〕王云路、方一新:《中古汉语语词例释》,吉林教育出版社1992年版。

〔5〕方一新、王云路:《中古汉语读本》(修订本),上海教育出版社2006年版。

〔6〕董志翘:《〈经律异相〉整理与研究》,巴蜀书社2011年版。

〔7〕方一新等:《东汉疑伪佛经的语言学考辨研究》,人民出版社2012年版。

〔8〕略举一例,陈文杰:《早期汉译佛典语言研究》,收入台湾佛光山文教基金会编辑的《法藏文库·中国佛教学术论典》(硕博士学位论文系列)第7册,佛光文化事业有限公司2002年版。

〔9〕比如,黄征:《敦煌语言文字学研究》,甘肃教育出版社2002年版;曾良:《敦煌文献丛札》,浙江古籍出版社2010年版;《敦煌佛经字词与校勘研究》,厦门大学出版社2010年版。

〔10〕徐时仪:《慧琳音义研究》,上海社会科学院出版社1997年版;《玄应众经音义研究》,中华书局2005年版。徐时仪校注:《〈一切经音义〉三种校本合刊》,上海古籍出版社2009年版。徐时仪:《玄应和慧琳〈一切经音义〉研究》,上海人民出版社2009年版。王华权、刘景云编撰,徐时仪审校:《〈一切经音义〉三种校本合刊索引》,上海古籍出版社2010年版。

〔11〕陈五云、徐时仪、梁晓虹:《佛经音义与汉字研究》,凤凰出版社2010年版。

〔12〕徐时仪、梁晓虹、陈五云:《佛经音义概论》,台湾大千出版社2003年版。该书修订本:《佛经音义研究通论》,凤凰出版社2009年版。梁晓虹、徐时仪、陈五云:《佛经音义与汉语词汇研究》,商务印书馆2005年版。徐时仪、陈五云、梁晓虹:《佛经音义研究——首届佛经音义研究国际学术研讨会论文集》,上海古籍出版社2006年版。徐时仪等编:《佛经音义研究——第二届佛经音义研究国际学术研讨会论文集》,凤凰出版社2011年版。

〔13〕姚永铭:《慧琳〈一切经音义〉研究》,江苏古籍出版社2003年版。

〔14〕于亭:《玄应〈一切经音义〉研究》,中国社会科学出版社2009年版。

〔15〕郑贤章:《龙龛手镜研究》,湖南师范大学出版社2004年版;《〈新集藏经音义随函录〉研究》,湖南师范大学出版社2007年版;《郭迻经音研究》,湖南师范大学出版社2010年版。

荆、[1]黄仁瑄、[2]王华权、[3]等学者对此做出了努力，日本国际佛教学大学院大学刊印的《玄应撰〈一切经音义〉二十五卷》无疑会起到进一步的推动作用。[4]

迄今对汉译佛经语言的研究方法主要有3种：一是与传统的训诂学相结合，[5]二是重视与中土传世文献（包括中土僧俗所撰佛教文献）语言的比较，[6]三是强调与同经异译的比较。[7] 然而就目前的主流研究状况而言，这些专著大多取材于汉译佛经以及同时期的中土文献

---

〔1〕韩小荆：《〈可洪音义〉研究——以文字为中心》，巴蜀书社2009年版。

〔2〕黄仁瑄：《唐五代佛典音义研究》，中华书局2011年版。

〔3〕王华权：《〈一切经音义〉刻本用字研究》，广西师范大学出版社2011年版。

〔4〕玄应：《玄应撰〈一切经音义〉二十五卷》（日本古写经善本丛刊，第一辑），国际佛教学大学院大学学术フロンテイア实行委员会编集发行2006年版。此书包括日本金刚寺一切经本、七寺一切经本、东京大学史料编纂所藏本、西方寺一切经本、京都大学文学部藏本，共5种。

〔5〕董志翘：《汉文佛教文献语言研究与训诂学》，收入《汉语史研究集刊》第8辑，巴蜀书社2005年版，第1－15页。

〔6〕比如，前引胡敕瑞的《〈论衡〉与东汉佛经词汇比较研究》、陈秀兰的《魏晋南北朝文与汉文佛典语言比较研究》等著作。论文则繁多，恕不具引。

〔7〕董琨：《"同经异译"与佛经语言特点管窥》，载《中国语文》2002年第6期，第559－566页。胡敕瑞：《略论汉文佛典异译在汉语词汇研究上的价值——以"小品般若"汉文异译为例》，载《古汉语研究》2004年第3期，第80－85页；《〈道行般若经〉与其汉文异译的互校》，载《汉语史学报》第4辑，上海教育出版社2004年版，第127－146页；《代用与省略——论历史句法中的缩约方式》，载《古汉语研究》2006年第4期，第28－35页。王玥雯：《三部〈维摩诘经〉疑问词比较研究》，载《长江学术》2006年第3期，第170－173页。汪祎：《从同经异译看"叉手"一词的确义》，载《大庆高等专科学校学报》2005年第1期，第65－66页；《同经异译比较释词举隅》，载《南京师范大学文学院学报》2007年第2期，第168－173页。江傲霜：《从〈维摩诘经〉管窥同经异译在词汇发展中的重要地位》，载《上饶师范学院学报》2006年第2期，第94－97页；《同经异译的〈维摩诘经〉及其对汉语词汇发展的贡献》，载《海南大学学报》2007年第2期，第192－197页。陈祥明：《略论异译经在佛典校勘方面的作用——以〈起世经〉及其异译为例》，载《泰山学院学报》2007年第1期，第75－79页；《从异译经看中古部分语法现象的历时层次》，载《泰安教育学院学报岱宗学刊》2007年第3期，第28－29页；《异译经在汉语词汇语法研究上的作用》，载《泰山学院学报》2008年第1期，第71－75页。卢巧琴：《论同经异译的语言学价值——以〈无量清静平等觉经〉等三部异译经为例》，载《中南大学学报》2008年第1期，第137－142页。陈文杰：《同经异译语言研究价值新探》，载《古汉语研究》2008年第1期，第82－87页。熊娟：《汉译佛典中的"所可"》，载《西南交通大学学报》2008年第1期，第48－51页。陈源源：《同经异译佛经人名管窥——以〈法华经〉异译三经为例》，载《西南交通大学学报》2008年第3期，第22－26页。景盛轩、吴波：《南、北本〈大般涅槃经〉的词汇差异》，载《汉语史研究集刊》第11辑，巴蜀书社2008年版，第272－296页。倪小兰：《〈无量寿经〉同经异译研究》，浙江大学博士生学位论文，2009年6月。类似的论文较多，无法一一列举。另见刘敬国：《系统中的风格：小品般若经六种汉译本翻译风格研究》，上海交通大学出版社2011年版。

语言资料。而要充分阐明和揭示出汉译佛经的语料价值,仅仅依靠汉译佛经本身恐怕是不够完备的。汉译佛经的语言本质上是一种翻译语言,那么,其对应的原语就不能够忽略不计。对原典的作用,从佛教史的角度而言,王邦维先生曾经指出,“追本溯源,弄清楚佛教经典在西域其中包括印度产生和流传的情况,我以为实在有助于真正了解和使用汉译经典。”[1]同样的,对汉译佛经的语言也需要“追本溯源”,如果只单纯地运用汉语研究的传统方法,那么不仅在微观的词语考释时会遇到许多障碍,疑难词义往往无法解明,而且在宏观上也很难得出有关汉译佛经语言的本质性的一些结论。

与传世的汉文大藏经(还要加上藏外佛典)相比,汉译佛经的原典则留存极少,特别是早期的原典更为罕见。经过一个多世纪的研究,人们已经认识到,早期的佛经原典更多的不是梵语,而是中世印度语(印度西北俗语)或者旧称为“胡语”的中亚(西域)的地方语言。[2] 季羡林先生曾经指出:东汉至南北朝时期译成中文的佛经,原文大半不是梵文,而是俗语或混合梵文。当然除了俗语和佛教混合梵文以外,还有许多是从中亚古代语言里转译过来的。[3] 他的《浮屠与佛》[4]与《再谈

---

[1]参见王邦维评 *Richard Salomon* 的 *Buddhist Scrolls from Gandhāra: The British Library Kharoṣṭhī Fragments*(《来自犍陀罗的古代佛教经卷——英国图书馆所藏佉卢文残卷》),刊于《敦煌吐鲁番研究》第5卷,北京大学出版社2001年版,第351页。国内的梵巴语学者多次呼吁要重视原典对勘,“这对于佛教流变史、佛经翻译史的研究是不可或缺的基础工作。而且,对于现存汉译佛经的校勘和注释也大有裨益。”(郭良鋆:《〈经集〉浅析》,载《南亚研究》1987年第1期,第11页)。

[2]有关历史上的“梵”、“胡”之分野,参看 Yang Jidong,“Replacing *hu* with *fan*: A Change in the Chinese Perception of Buddhism during the Medieval Period,” *Journal of the International Association of Buddhist Studies*, 21.1, 1998, pp.157–170. D. Boucher,“On *Hu* and *Fan* Again: the Transmission of ‘Barbarian’ Manuscripts to China,” *Journal of the International Association of Buddhist Studies*, 23.1, 2000, pp.7–28. 另见陈健文:《试论中国早期“胡”概念之渊源》,载《欧亚学刊》第6辑,2007年,第1–21页。或谓“胡”最早指粟特,可备一说。

[3]参见季羡林:《论梵文td的音译》,原载季羡林:《中印文化关系史论丛》,人民出版社1957年版,第31–74页;后收入季羡林:《中国文化与东西方文化》(一),《季羡林全集》第13卷《学术论著五》,外语教学与研究出版社2010年版,第13–58页。

[4]季羡林:《浮屠与佛》,原载《中央研究院历史语言研究所集刊》第20本,1948年版;后收入季羡林:《佛教与佛教文化》(一),《季羡林全集》第15卷《学术论著七》,外语教学与研究出版社2010年版,第1–15页。

"浮屠"与"佛"》,[1]是两篇讨论相关问题有代表性的论文,通过论证"浮屠"与"佛"两个音译词的不同语源,由此对中国佛教史上的两个大问题:佛教传入中国的时间及其渠道,作出了非常有价值的探索。[2]同样的,季羡林先生还通过讨论汉译佛经中的词汇(比如,沙门、恒河等),来揭示吐火罗语在中印文化关系史上的作用。[3] 当然,尽管此类探讨的出发点并不全是基于语言学的,但对语言学者却提供了不少有益的启示。早期汉译佛经原典的复杂性,决定了对其作语言学的研究不能单纯限定在汉语或者梵语的圈子中,而应该做更广泛的研究。因此,最好的情况是希望能够尽可能多地将其与现存的梵语、巴利语、犍陀罗语、中世印度语(俗语)、藏语以及古代中亚或西域的地方语言(如吐火罗语、于阗语、粟特语、回鹘语等)诸语种的相应经文进行对勘。

汉语史学者已经越来越认识到原典对勘(主要为梵汉对勘)的重要性。辛岛静志在谈到汉译佛典的语言研究时指出:"在佛典里存在着许多应进一步推敲的词汇和语法。考察意思不明的词汇、语法时,汉梵对比研究有其不可忽视的作用。"[4]而对于研究汉译佛典的语言,他还特别强调需要拥有两个视点:"一是把汉译佛典中的词汇、语法与外典中用法的比较;二是把汉译佛典与它的异译或是梵语、巴利语、藏语等经典进行对比。"[5]惟其如此,方可使难解枯燥的佛典呈现出原生的鲜活面貌。朱庆之《佛教混合汉语初论》一文,对汉译佛典与原典对勘

---

〔1〕季羡林:《再谈"浮屠"与"佛"》,原载《历史研究》1990年第1期,第3-11页;后收入《季羡林全集》第15卷《学术论著七》,第253-268页。

〔2〕这两篇文章的结论有所不同,值得进一步的研究。另请参看 E. Zürcher,"Han Buddhism and the Western Region", *Thought and Law in Qin and Han China. Studies dedicated to Anthony Hulsewe on the occasion of his eightieth birthday*, ed. by W. L. Idema and E. Zürcher, Leiden 1990, pp. 158-182。又,许理和著,吴虚领译:《汉代佛教与西域》,载《国际汉学》(二),大象出版社1998年版,第291-310页。惜译文删掉全部注释。新近的研究参见李炜:《早期汉译佛经的来源与翻译方法初探》,中华书局2011年版。

〔3〕季羡林:《吐火罗语的发现与考释及其在中印文化交流中的作用》,原载《语言研究》1956年第1期,第297-307页;后收入季羡林《中国文化与东西方文化》(一),《季羡林全集》第13卷《学术论著五》,第145-161页。

〔4〕辛岛静志:《汉译佛典的语言研究》(二),载《俗语言研究》1998年第5期,第54页。

〔5〕辛岛静志:《〈道行般若经〉和"异译"的对比研究——〈道行般若经〉中的难词》,载《汉语史研究集刊》第5辑,巴蜀书社2002年版,第207页。

的方法,有比较中性的认识。作者从佛教汉语的"混合"性出发,一方面强调原典对勘的方法,"看看译文中那些特殊的东西哪些是受到原典影响的产物,哪些与原典无关,而可能是口语或方言的成分。"另一方面则肯定"要掌握汉语历史研究的一般方法,要对汉语全民语言有深入的了解和认识"。[1]万金川在《佛经译词的文化二重奏》中,[2]对汉译佛典的语言研究的现状与研究方法及操作层面的诸问题,作了相当深入的阐释。在强调对汉译佛典的语言研究转向时,其内在的研究前提仍是原典的对勘研究方法,而不是否定之。[3]

汉译佛经语言研究绝不能只是满足于梵汉对译词汇的解释,而终极目的在于揭示在外来语的冲击下,所谓"佛教混合汉语"的性质和全貌,进而研究它对汉语发展究竟有哪些影响。这更需要我们利用出土的大批新材料,对佛经翻译过程中的语法、语形(句式)转换、语系的深层结构,乃至语言的思维心理的转变,以及梵汉双语各自发展的历史趋势,作出周密细致的比较研究。金克木先生在《谈谈汉译佛教文献》一文早有提示,但知者不多,今不避文抄公之嫌,特迻录如下:

> 这里说一个例子。梵语有复杂的语尾变化,而汉语却不然;可是梵语的复合词是去掉前面的词的语尾的。梵语复合词越来越长,就越来越像古汉语。汉语直译梵语,不过是割去梵语词的尾巴,而这在梵语复合词中已经如此。再就不复合词说一个例子。佛经开头一句公式化的"如是我闻"中,后两字中,原文的"我"是变格的"被我,由我","闻"是被动意义的过去分词,中性,单数,两词连起来是"被我听到的"。这在古汉语中照原词义和词序用"我闻"就表达了"我所听到的",可以不管原来的语形变化。梵语的

---

[1]朱庆之:《佛教混合汉语初论》,载《语言学论丛》第24辑,商务印书馆2001年版,第1-33页。

[2]万金川:《佛经译词的文化二重奏》,"汉文佛典语言学国际学术研讨会"论文,台湾中正大学中文系主办,2002年11月。另见作者《佛典语言研究的文化二重奏》,收入万金川:《佛典研究的语言学转向:佛经语言学论集》(德妙文库11),台湾正观出版社2005年版,第211-264页。

[3]万金川:《宗教传播与语文变迁:汉译佛典研究的语言学转向所显示的意义》,之一载台湾《正观杂志》2001年第19期,第5-52页;之二载《正观杂志》2002年第20期,第5-82页。

书面语发展趋势是向古汉语靠近,表示词间关系的尾巴"失去"成为待接受对方心中补位的"零位"(数学用语)或"虚爻"(占卜用语)。同时,由所谓"俗语"转变为现代印度语言的口语发展趋势则向现代汉语接近,性、数、格之类词形变化简化甚至失去,而增加表示词间关系的词。这可以说是语言的历史发展中的有趣现象吧,可惜似乎还不见有人做比较研究。……采直译、"死译"或"硬译"方式的汉译和藏译佛教文献中有不同语系的语言对比问题,有翻译中的语言学问题。近20年来世界上各门科学都蓬勃开展新的探索,可能语言学也会很快把这类研究提出来了。中国人应当更有方便吧?有志之士"盍兴乎来"……[1]

这篇文章写于1979年。30年又弹指而过,我们的研究者还是应当感觉到身上的重担吧。

国际学界以梵汉对勘方法介入汉译佛经语言研究领域的,就目前的成果而言,毕业于北京大学东语系的、现日本创价大学的国际佛教学高等研究所的辛岛静志教授比较突出。他已经编撰出版了《正法华经词典》、[2]《妙法莲华经词典》、[3]《道行般若经词典》[4]和《道行般若

---

〔1〕金克木:《谈谈汉译佛教文献》,原载《江淮论坛》1980年第5期,第88-92页;后收入金克木:《印度文化余论——〈梵竺庐集〉补编》,学苑出版社2002年版,第21-22页。

〔2〕辛岛静志:《正法华经词典》(*A Glossary of Dharmarakṣa's Translation of the Lotus Sutra*), The International Research Institute for Advanced Buddhology, Soka University, Tokyo 1998.

〔3〕辛岛静志:《妙法莲华经词典》(*A Glossary of Kumārajīva's Translation of the Lotus Sutra*), The International Research Institute for Advanced Buddhology, Soka University, Tokyo 2001.

〔4〕辛岛静志:《道行般若经词典》(*A Glossary of Lokakṣema's Translation of the Aṣṭasāhasrikā Prajñāpāramitā*), The International Research Institute for Advanced Buddhology, Soka University, Tokyo 2010. 辛岛静志:《道行般若经校注》, The International Research Institute for Advanced Buddhology, Soka University, Tokyo 2011.

经校注》等著作。[1] 他利用梵本、藏文本以及多种汉文译本，以解明各种文本之间的读法差异，既为佛教语言研究也为深入探究佛教的思想史提供了基础材料。他的工作对相关的研究提供了示范作用。国内则以原北京大学中文系的朱庆之教授最为瞩目。他除多年来利用梵汉佛经的材料进行语言学研究外，还积极倡导梵汉对勘的研究方法。[2] 近年来，他和蒋绍愚教授分别主持并完成了教育部人文社会科学重点研究基地北京大学语言学研究中心的两项重大研究课题，即"基于梵汉对勘材料的佛教汉语词汇研究"和"语言接触与汉译佛典语法比较研究——以梵汉对勘为基础"，两个课题组发表了一批很有新意的论文。[3] 同时，他与北京大学外国语学院南亚学系段晴教授合作，指导

[1]已经发表的相关成果有辛岛静志：《汉译佛典的语言研究》(一)，载《俗语言研究》1997年第4期，第29－49页；《汉译佛典的语言研究》(二)，载《俗语言研究》1998年第5期，第47－57页；《汉译佛典的语言研究》(三)，载《语言学论丛》2008年第37期，第144－168页。辛岛静志：《汉译佛典の言语研究——〈道行般若经〉と异译及び梵本との比较研究》(1)，《樱部建博士喜寿记念论集・初期佛教からアビダルマへ》，京都平乐寺书店2002年，第171－183页；《汉译佛典の言语研究——〈道行般若经〉と异译及び梵本との比较研究》(2)，载《创价大学国际佛教学高等研究所年报》第5号(2001)，2002年，第3－12页。辛岛静志：《〈道行般若经〉和"异译"的对比研究——〈道行般若经〉与异译及梵本对比研究》，载《汉语史研究集刊》第4辑，巴蜀书社2001年版，第313－327页。辛岛静志：《〈道行般若经〉和"异译"的对比研究——〈道行般若经〉中的难词》，载《汉语史研究集刊》第5辑，巴蜀书社2002年版，第199－212页。辛岛静志：《早期汉译佛典的语言研究——以支娄迦谶及支谦的译经对比为中心》，载《汉语史学报》2010年第10辑，第225－237页。辛岛静志：《利用"翻版"研究中古汉语演变——以〈道行般若经〉"异译"与〈九色鹿经〉为例》，载《中正大学中文学术年刊》2011年第2期(专辑：佛教语言、文学与文化)，第165－188页。

[2]朱庆之：《佛教混合汉语初论》，载《语言学论丛》第24辑，商务印书馆2001年版，第1－33页；《语言接触及语言变异理论与佛教汉语研究》，载沈阳、冯胜利主编：《当代语言学理论和汉语研究》，商务印书馆2008年版，第563－575页。

[3]朱冠明、段晴：《梵汉本〈法华经〉语词札记》，载《古汉语研究》2005年第2期，第68－73页。姜南：《汉译佛经中增译的话题转移标记——以〈妙法莲华经〉的梵汉对勘为基础》，载《中国语文》2007年第3期，第223－230页；《汉译佛经音节衬字辩说》，载《语言研究》2008年第4期，第32－35页。邱冰：《"说＋受事宾语'言'/'语'"探源》，载《天中学刊》2008年第3期，第92－94页。胡敕瑞：《汉语负面标记排他标记的来源及其发展》，载《语言科学》2008年第6期，第561－572页。胡敕瑞：《"正尔"与"今尔"——兼论时间与空间的关联》，载《历史语言学研究》第2辑，商务印书馆2009年版，第136－146页；《汉译佛经中的判断句研究》，载《南昌航空大学学报》2009年第2期，第1－13页。蒋绍愚、胡敕瑞主编：《汉译佛典语法研究论集》，商务印书馆2013年版。

硕博士生利用梵汉资料来研究中古汉语，已经初见成效。[1] 近年来，段晴教授、王邦维教授主持的北京大学梵文贝叶经与佛教文献研究所，主要致力于佛教写本学和梵巴藏汉佛学文献的对勘与翻译工作，[2]将为汉译佛经语言研究提供最基础也是最重要的语料。与此同时，在中国社会科学院外国文学研究所原所长黄宝生研究员的领导下，中国社会科学院梵文研究中心也在积极从事梵汉对勘的研究工作。作为资深的印度梵语文学与古典诗学研究专家，黄宝生先生不仅出版了《印度古典诗学》、《梵语诗学论著汇编》（上下册）和《梵语文学读本》，[3]主持翻译了《佛本生故事选》、《故事海选》、《摩诃婆罗多》、《奥义书》和《薄伽梵歌》等印度名著，[4]而且身体力行倡导梵汉对勘，推出了《梵汉对勘入菩提行论》、《梵汉对勘入楞伽经》、《梵汉对勘维摩诘所说经》、《梵汉对勘神通游戏》等梵汉佛经对勘丛书的系列成果。[5] 这些成果无疑将对佛经语言的研究起到推动作用。

---

〔1〕举例如下，王继红：《基于梵汉对勘的佛教汉语语法研究——以〈阿毗达磨俱舍论·分别界品〉为例》，北京大学博士研究生学位论文，2004 年 6 月。姜南：《基于梵汉对勘的〈法华经〉语法研究》，北京大学博士研究生学位论文，2008 年 7 月；姜南：《基于梵汉对勘的〈法华经〉语法研究》，商务印书馆 2011 年版。邱冰：《〈佛所行赞〉词汇研究》，北京大学博士研究生学位论文，2008 年 7 月。

〔2〕叶少勇《〈中论颂〉——梵藏汉合校·导读·译注》，中西书局 2011 年版；《〈中论颂〉与〈佛护释〉—— 基于新发现梵文写本的文献学研究》，中西书局 2011 年版。范慕尤《〈无二平等经〉梵文写本的对勘与研究》，中西书局 2011 年版。段晴等译：《长部》（汉译巴利三藏· 经藏），中西书局 2012 年版。

〔3〕黄宝生：《印度古典诗学》，北京大学出版社 1993 年版；《梵语诗学论著汇编》，昆仑出版社 2008 年版；《梵语文学读本》，中国社会科学出版社 2010 年版。

〔4〕黄宝生、郭良鋆译：《佛本生故事选》，人民文学出版社 1985 年版。〔印度〕月天著，黄宝生、郭良鋆、蒋忠新译：《故事海选》，人民文学出版社 2001 年版。〔印度〕毗耶娑著，黄宝生等译：《印度古代史诗摩诃婆罗多》（共 6 册），中国社会科学出版社 2005 年版。黄宝生译：《奥义书》，商务印书馆 2010 年版。〔古印度〕毗耶娑著，黄宝生译：《薄伽梵歌》，商务印书馆 2010 年版。

〔5〕黄宝生译注：《梵汉对勘入菩提行论》，中国社会科学出版社 2011 年版；《梵汉对勘入楞伽经》，中国社会科学出版社 2011 年版；《梵汉对勘维摩诘所说经》，中国社会科学出版社 2011 年版；《梵汉对勘神通游戏》，中国社会科学出版社 2012 年版。相关评论参见周广荣：评"黄宝生译注：《梵汉佛经对勘丛书》"，载《人文宗教研究》第 2 辑，2011 年卷，宗教文化出版社 2012 年版，第 339 – 345 页。

近年来，梵汉对勘的方法已被语言学者们开始接受和运用。[1] 朱庆之、[2]段晴、[3]遇笑容、[4]王继红、[5]朱冠明、[6]龙国富、[7]常

[1]常朴：《梵汉对勘与佛教汉语研究刍议》，载《宗风》庚寅冬之卷，2011 年版，第 230－239 页。

[2]朱庆之：《"将无"考》，载李诤主编：《季羡林教授八十华诞纪念论文集》（上册），江西人民出版社 1991 年版，第 225－246 页；《汉译佛典语文中的原典影响初探》，载《中国语文》1993 年第 5 期；《汉译佛典在原典解读方面的价值举隅——以 Kern 英译〈法华经〉为例》，载《学术集林》第 6 辑，上海远东出版社 1995 年版，第 223－235 页；《梵汉〈法华经〉中的"偈"、"颂"和"偈颂"》，载《华林》第 2 卷，中华书局 2002 年版，第 27－46 页；《一个梵语词在古汉语中的使用和发展》，载《中国语文》2011 年第 4 期，第 373－382 页；《上古汉语"吾"、"予/余"等第一人称代词在口语中消失的时代》，载《中国语文》2012 年第 3 期，第 195－210 页。

[3]如前引论文《梵汉本〈法华经〉语词札记》。另见段晴：《西域语趣——读〈正法华经〉、〈妙法莲华经〉随笔》，载《中国学术》2005 年第 1 辑（总第 21 辑），商务印书馆 2005 年版，第 193－210 页；《字里行间——汉译佛经所反映的梵文隐性现象初探》，载王邦维主编：《季羡林先生与北京大学东方学》，阳光出版社 2011 年版，第 252－268 页。

[4]遇笑容：《梵汉对勘与中古译经语法研究》，载《汉语史学报》第 6 辑，上海教育出版社 2006 年版，第 61－67 页；《试说汉译佛经的语言性质》，载《历史语言学研究》第 1 辑，商务印书馆 2008 年版，第 65－78 页。

[5]王继红：《〈阿毗达磨俱舍论·分别界品〉中的语法仿译现象》，载《中文学刊》2005 年第 4 期，第 197－208 页；《玄奘译经的语言学考察——以〈阿毗达磨俱舍论〉梵汉对勘为例》，载《外语教学与研究》2006 年第 1 期，第 66－72 页；《玄奘译经四言文体的构成方法——以〈阿毗达磨俱舍论〉梵汉对勘为例》，载《中国文化研究》2006 年第 2 期，第 88－95 页。王继红、朱庆之：《佛典譬喻经语篇衔接方式的文体学考察》，载《当代修辞学》2012 年第 2 期，第 64－69 页。

[6]朱冠明：《从中古佛典看"自己"的形成》，载《中国语文》2007 年第 5 期，第 402－411 页；《梵汉本〈阿弥陀经〉语法札记》，载《历史语言学研究》第 1 辑，商务印书馆 2008 年版，第 106－119 页；《移植：佛经翻译影响汉语词汇的一种方式》，载《语言学论丛》2008 年第 37 期，第 169－182 页。《中古佛典与汉语受事主语句的发展——兼谈佛经翻译影响汉语语法的模式》，载《中国语文》2011 年第 2 期，第 169－178 页。

[7]龙国富：《汉语完成貌句式和佛经翻译》，载《民族语文》2007 年第 1 期，第 35－44 页；《汉语处所指代词和平比句的一个早期形式及产生的原因》，载《语言科学》2007 年第 4 期，第 52－61 页；《佛经中的双层同指疑问与佛经翻译》，载《汉语学报》2008 年第 1 期，第 11－18 页；《从梵汉对勘看早期翻译对译经人称代词数的影响》，载《外语教学与研究》2008 年第 3 期，第 218－223 页；《中古汉译佛经被动式与佛经翻译》，载《历史语言学研究》第 2 辑，商务印书馆 2009 年版，第 147－157 页；《从语言接触看"复"和"自"的语法地位》，载《语文研究》2010 年第 2 期，第26－30 页。

蕾、[1]郑国栋、[2]姜南、[3]吴娟、[4]邱冰、[5]萨尔吉、[6]陈秀兰、[7]范慕尤[8]等人发表了对勘研究的成果。笔者也陆续发表了几篇小

---

〔1〕常蕾:《"念"字小考——佛典汉译中的词义变迁》,载《宗风》庚寅冬之卷,2011年,第310-320页。

〔2〕郑国栋:《〈金光明经·流水长者子品〉浅探二题》,载《华林》第2卷,中华书局2002年版,第148、170页;《〈金光明经·流水长者子品〉的梵汉翻译及译法例释》,载《东方研究》(2002),2003年;《〈金光明经·流水长者子品〉梵汉对勘》,载《华林》第3卷,中华书局2004年版,第135-151页。

〔3〕姜南:《汉译佛经中增译的话题转移标记——以〈妙法莲华经〉的梵汉对勘为基础》,载《中国语文》2007年第3期,第223-230页;《汉译佛经音节衬字辩说》,载《语言研究》2008年第4期,第32-35页;《佛经翻译中格范畴的系统对应》,载《汉语史研究集刊》第12辑,巴蜀书社2009年版,第20-43页;《汉译佛经"S,N是"句非系词判断句》,载《中国语文》2010年第1期,第59-66页;《〈法华经〉梵汉对勘二题》,载《宗风》庚寅春之卷,2012年,第134-147页;《汉译佛经等比标记"如……等/许"探源》,载《语言研究》2012年第1期,第70-73页。

〔4〕吴娟:《也说"白衣"》,载《语言研究》2008年第1期,第27-29页;《"久如"探源》,载《汉语史研究学报》第8辑,2009年,第226-233页;《汉译〈维摩诘经〉中"云何"的特殊用法》,载《中国语文》2011年第1期,第43-52页。又,周俊勋、吴娟:《相因生义的条件》,载《南京社会科学》2008年第6期,第138-145页。

〔5〕陈秀兰:《"S,N是"句型在梵、汉本〈撰集百缘经〉中的对勘》,载《中国语文》2009年第6期,第568-571页;《〈撰集百缘经〉词语札记二则》,载《中国俗文化研究》第6辑,2010年,第58-65页;《梵汉对勘研究〈撰集百缘经〉的副词》,香港国际学术文化信息出版公司2010年版。

〔6〕萨尔吉:《〈大集经〉汉译本特点简析——以竺法护译本为中心》,载《天问》(丁亥卷),江苏人民出版社2008年版,第361-373页。

〔7〕邱冰:《"说+受事宾语'言'/'语'"探源》,载《天中学刊》2008年第3期,第92-94页;《从语言上看〈佛所行赞〉的译者》,载《语言学研究》2009年第1期,第37-40页;《"说话"的历史演变》,载《汉语史研究集刊》第12辑,巴蜀书社2009年版,第195-200页;《中古汉语词汇复音化的多视角研究》,南京大学出版社2012年版。也有偶尔以一个词语进行对勘的论文,比如,张幼军《"庄严"一词梵汉对勘》,载《语言研究》2006年第1期,第97-100页。

〔8〕范慕尤:《重估施护译经的价值与意义》,载《中山大学学报》2010年第4期,第117-123页。

文。[1] 此外，万金川、[2]陈淑芬、[3]蔡奇林[4]等台湾学者所做的研究也为我们提供了很好的范例。

在国际佛教史界，学者们基本上认识到了早期汉译佛经的价值。辛岛静志在《早期汉译佛教经典所依据的语言》中有一段话，具有相当的概括性，不妨转录如下：

> 当我们试图重构较早的和更加原始的佛教经典的面貌或者追溯其传播时，如果我们仅仅局限于绝大多数始于11世纪的现存梵语残卷，这种研究的解释性价值是相当有限的。另一方面，汉语翻译，特别是那些完成于公元2—6世纪，时代远早于许多现存梵语残卷的翻译，却可能提供有关佛教经典起源和发展的基本线索。因此，为了在这些主题上取得更好的研究成果，我们需要把基础放

---

〔1〕陈明：《新出安世高〈七处三观经〉平行梵本残卷跋》，载《西域研究》2003年第4期，第59－65页；《梵汉本〈阿阇世王经〉初探》，载《新疆师范大学学报》2003年4期，第68－73页；《梵汉本〈遗日摩尼宝经〉词汇札记》，载《华林》第3卷，中华书局2004年，第127－133页；《新出土的非汉语文献与汉译佛经语言研究》，载《普门学报》第21期，2004年，第311－331页；《〈无量寿经〉：新出梵本及其五种汉译本的词汇对勘》，载李四龙、周学农编：《哲学、宗教与人文》，商务印书馆2004年，第385－408页；《〈根本说一切有部毗奈耶药事〉词汇选释》，载《敦煌吐鲁番研究》第11卷，2009年，第391－405页；《"黑头虫"的梵语词源再探——兼论佛经中"黑"的贬义用法》，载《文史》2010年第1期，第129－144页；《〈生经·舅甥经〉"不制"补说》，载《敦煌吐鲁番研究》第12卷，2011年，第137－144页；《印度古代佛教寺院药物名词考释——以中古汉译律典中的"苏毗罗浆"为例》，载《宗风》乙丑冬之卷，2012年，第212－237页；《梵汉本〈破僧事〉词语札记》，载《欧亚学刊》第10辑，中华书局2012年，第277－291页。

〔2〕万金川：《佛典研究的语言学转向：佛经语言学论集》，台湾正观出版社2005年版；《佛典汉译流程里"过渡性文本"的语文景观——译经文体、译场组织与译经流程》，载《正观杂志》2008年第44期，第103－142页。《梵本〈维摩经〉的发现与文本对勘研究的文化与思想转向》，载《正观杂志》2009年第51期，第143－203页。

〔3〕Chen Shu-Fen, "A Study of Sanskrit Loanwords in Chinese", *Tsing-Hua Journal of Chinese Studies* 30.3, 2000. pp.375－426. Chen Shu－Fen, "On Xuan-Zang's Transliterated Version of the Sanskrit Prajñāpāramitā-hṛdayasūtra (Heart Sutra)", *Monumenta Serica* 52, 2004. pp.113－159. Chen Shu-Fen, *Rendition Techniques in the Chinese Translation of Three Sanskrit Buddhist Scriptures*, Cambridge Buddhist Institute Series 1. Hardinge Simpole Publishing. 2004.

〔4〕蔡奇林：《"六群比丘"、"六众比丘"与"十二众青衣小道童儿"——论佛典中"数·群/众·名"仿译式及其对汉语的影响》，载《佛学研究中心学报》2004年第9卷，第37－72页。收入蔡奇林《巴利学引论——早期印度佛典语言与佛教文献之研究》，台湾学生书局2008年版，第323－364页。

在汉、梵和(或)藏文文本的批判性的、中肯的比较之上。[1]

对早期佛经的研究也越来越引起学者们的关注,而许理和(Erik Zürcher)教授的研究无疑具有指导性的意义。[2] 梅维恒(Victor H. Mair)对《贤愚经》原典语言的追溯,[3]羽毛田义人(Yoshito S. Hakeda)对佛教诗人马鸣诗作中的佛教混合梵语词汇的分析、[4]辛岛静志对梵本《法华经》、《迦叶品》若干语言特征的分别归纳,[5]都极具启发性。近期比较突出的成果还有:那体慧(Jan Nattier)相继出版了《善男子:

---

[1] Seishi Karashima, "Underlying Language of Early Chinese Translations of Buddhist Scriptures", in Christoph Anderl and Halvor Eifring eds., *Studies in Chinese Language and Culture: Festschrift in Honour of Christoph Harbsmeier on the Occasion of his 60th Birthday*, Oslo, Hermes Academic Publishing, 2006, pp. 355 – 366. 汉译文:辛岛静志著,徐文堪译:《早期汉译佛教经典所依据的语言》,载《汉语史研究集刊》第10辑,巴蜀书社2007年版,第293 – 305页。此见第293页。

[2] Erik Zürcher, "Late Han Vernacular Elements in the Earliest Buddhist Translation", *Journal of the Chinese Language Teachers Association*, XII, no. 3, 1977, pp. 177 – 203. 汉译文:许理和著,蒋绍愚译:《最早的佛经译文中的东汉口语成分》,载《语言学论丛》第14辑,商务印书馆1987年版,第197 – 225页;又,蒋绍愚、吴娟的新译文收入朱庆之编:《佛教汉语研究》,商务印书馆2009年版,第75 – 112页。又,Erik Zürcher, "A New Look at the Earliest Chinese Buddhist Text", *From Benares to Beijing: Essays on Buddhism and Chinese Religion in Honour of Prof. Jan Yun-hua*, ed. by Koichi Shinohara and Gregory Schopen, Oakville, Ontario: Mosaie, 1991, pp. 277 – 304. 汉译文:许理和著,顾满林译:《关于初期汉译佛经的新思考》,载《汉语史研究集刊》第4辑,巴蜀书社2001年版,第286 – 312页。又,Erik Zürcher, *Vernacular Elements in Early Buddhist Texts: An attempt to define the optimal source materials*, (*Sino-Platonic Papers*, No. 71), 1996. 汉译文:许理和著,朱冠明译:《早期佛经中的口语成分——确定最佳材料的尝试》,收入朱冠明:《〈摩诃僧祇律〉情态动词研究》,附录1,中国戏剧出版社2008年版,第223 – 246页。

[3] Victor H. Mair, "The Khotanese Antecedents of *The Sūtra of the Wise and the Foolish* (*Xianyu jing*)", in: *Buddhism Across Boundaries: Chinese Buddhism and the Western Regions* (Collection of Essays 1993), Taibei: Fo Guang Shan Foundation for Buddhist & Culture Education, 1999, pp. 361 – 420. 汉译文:梅维恒著,朱冠明译:《〈贤愚经〉的原典语言》,载《汉语史研究集刊》第8辑,巴蜀书社2005年版,第424 – 444页。收入朱冠明:《〈摩诃僧祇律〉情态动词研究》,附录2,中国戏剧出版社2008年版,第247 – 275页。

[4] Yoshito S. Hakeda, "Buddhist Hybrid Sanskrit Words in Aśvagoṣa's Kāvyas", *Journal of the American Oriental Society*, vol. 82, no. 2, 1962, pp. 150 – 163.

[5] Seishi Karashima, "Some features of the language of Saddharmapuṇḍarīkasūtra", *Indo-Iranian Journal*, vol. 44, No. 3, 2001, pp. 207 – 230. Seishi Karashima, "Some features of the language of Kāśyapaparivarta", *Annual Report of The International Research Institute for Advanced Buddhology at Soka University* (= *ARIRIAB*,《创价大学·国际佛教学高等研究所年报》) 第5号(2001), Tokyo: The International Research Institute for Advanced Buddhology at Soka University, 2002, pp. 43 – 66.

根据〈郁伽所问经〉的菩萨道》[1]和《早期中国佛经翻译导论》,[2]前者对安玄与严佛调所译的《法镜经》、竺法护译《郁伽迦罗越问菩萨行经》(*Ugraparipṛcchā*)以及《郁伽长者会》等异译本进行了翻译和研究;后者是对东汉三国佛经的总体考察。那体慧不仅重新考释了"无量光/无量寿"、[3]"观世音"[4]等译经中的专名或术语,她还对《老女人经》与《老母经》等佛经的年代及其译者,进行了简要的辨析。[5] Daniel Boucher 对《法华经》(*Saddharmapuṇḍarīkasūtra*)[6]和《护国尊者所问大乘经》(*Rāṣṭrapālaparipṛcchā-sūtra*)的研究;[7] Stefano Zacchetti(左戈蕃,又作"左冠明")对《光赞经》[8]以及对日本新出安世高译《十二门经》

---

[1] Jan Nattier, *A Few Good Men: The Bodhisattva Path according to The Inquiry of Ugra (Ugraparipṛcchā)*, Honolulu: University of Hawai'I Press, 2003.

[2] Jan Nattier, *A Guide to the Earliest Chinese Buddhist Translations: Texts from the Eastern Han* 东汉 *and Three Kingdoms* 三国 *Periods*, Tokyo: The International Research Institute for Advanced Buddhology at Soka University, 2008. Cf. John R. McRae and Jan Nattier, eds., *Buddhism Across Boundaries*, (*Sino-Platonic Papers*, vol. 222), 2012.

[3] Jan Nattier, "The Names of Amitābha/Amitāyus in Early Chinese Buddhist Translations (1)", 《创价大学・国际佛教学高等研究所年报》第 9 号(2005),2006, pp. 183 – 199; "The Names of Amitābha/Amitāyus in Early Chinese Buddhist Translations (2)," 《创价大学・国际佛教学高等研究所年报》第 10 号(2006),2007, pp. 359 – 394.

[4] Jan Nattier, "Avalokiteśvara in Early Chinese Buddhist Translations: A Preliminary Survey", In William Magee and Yi-hsun Huang, eds., *Bodhisattva Avalokiteśvara and Modern Society: Proceedings of the Fifth Chung-Hwa International Conference on Buddhism*, Taipei: The Chung-Hwa Institute, 2007, pp. 181 – 212.

[5] Jan Nattier, "Brief Communication: A reassessment of the dates and translator attributions of the Laonüren jing 老女人经(T559) and the *Laomu jing* 老母经(T561)", 《创价大学・国际佛教学高等研究所年报》第 10 号(2006),2007, pp. 529 – 532.

[6] Daniel Boucher, "Gāndhāri and the Early Chinese Buddhist Translations Reconsidered: the Case of the Saddharmapuṇḍarīkasūtra", *Journal of American Oriental Society*, vol. 118, no. 4, 1998, pp. 471 – 506. 汉译文:丹尼尔・布歇:《犍陀罗语与早期汉译佛经的再思考——以〈妙法莲华经〉为个案》,萨尔吉译,徐文堪校,朱庆之编:《佛教汉语研究》,商务印书馆 2009 年版,第 113 – 195 页。Daniel Boucher, "Is there an early Gandhāran source for the cult of Avalokiteśvara?" *Journal Asiatique*, Tome 296, Numéro 2, 2008, pp. 297 – 330.

[7] Daniel Boucher, *Bodhisattvas of the Forest and the Formation of the Mahāyāna: A Study and Translation of the Rāṣṭrapālaparipṛcchā-sūtra*, Honolulu: University of Hawai'I Press, 2008.

[8] Stefano Zacchetti, *In Praise of the Light: A Critical Synoptic Edition with an Annotated Translation of Chapter* 1 – 3 *of Dharmarakṣa's Guang zan jing* 光赞经, *Being the Earliest Chinese Translation of the Larger Prajñāpāramitā*, Tokyo: The International Research Institute for Advanced Buddhology at Soka University, 2005.

等的研究；维德（Timann Vetter）对安世高译经词汇的分析；[1]宫崎展昌对《阿阇世王经》、《伅真陀罗所问如来三昧经》和《阿阇世王授决经》的系列讨论；[2]以及河野训《初期汉訳佛典の研究》[3]等论著，都可谓海外学界新近的收获。刘震出版的专著《禅定与苦修——关于佛教原初梵本的发现和研究》则代表了国内佛学研究界对"吉尔吉特写本研究的可喜成果"。[4] 罗鸿利用新比定出的梵本和相应的藏译本与注疏本，对德光法师的《律经》（*Vinaya-sūtra*）进行了几乎穷尽式的文献研究，陆续发表的成果已经引起国际佛学界的重视。[5]

即使在汉语文献的语境之中，早期汉译佛经也是相当复杂的，特别是涉及译者及其翻译年代，《出三藏记集》等佛教经录中的相关记载，相互矛盾，甚至缺失。只有确定了哪些经文为安世高、[6]支娄迦谶

---

〔1〕Timann Vetter, *A Lexicographical Study of An Shigao's and his Circle's Chinese Translations of Buddhist Texts*, Tokyo: The International Institute for Buddhist Studies of The International College for Postgraduate Buddhist Studies, 2012.

〔2〕宫崎展昌：《〈阿阇世王经〉（T626）の汉訳者につい》，《インド哲学佛教学研究》（*Studies in Indian philosophy and Buddhism*）14，2007，pp. 57 – 71；《〈伅真陀罗所问如来三昧经"の汉訳者につい〉，《佛教文化研究论集》（11），2007，pp. 18 – 39；《〈阿阇世王经〉の编纂事情に关する一考察—"大乘""无生法忍"などの术语の用例に关联して》，《佛教文化研究论集》（12），2008，pp. 26 – 49. Miyazaki Tensho, "Discerning the Original Language of the Tibetan Versions of Mahayana Sutras：From a Simple Mistake in the lDem kar ma Regarding the *Ajatasatrukaukrtya-vinodhana-sutra*"，《印度学佛教学研究》（*Journal of Indian and Buddhist Studies*）Vol. 55, No. 3, 2007, pp. 1101 – 1105; "Background to the Compilation of Chapter IV of the Ajatasatrukaukrtya-vinodhanasutra: Was Chapter IV Originally a Separate Text?"，《印度学佛教学研究》（*Journal of Indian and Buddhist Studies*）Vol. 56, No. 3, 2008, pp. 1110 – 1113; "The *Ajatasatrukaukrtyavinodana-sutra and the Asheshiwang shouji jing* 阿阇世王授决经"，《印度学佛教学研究》（*Journal of Indian and Buddhist Studies*）Vol. 57, No. 3, 2009, pp. 1215 – 1219.

〔3〕河野训：《初期汉译佛典の研究：竺法护译を中心として》，皇学馆大学出版部，伊势，2006 年版。

〔4〕刘震：《禅定与苦修——关于佛教原初梵本的发现和研究》，上海古籍出版社 2010 年版。徐文堪：《吉尔吉特写本研究的可喜成果》，载《东方早报》2011 年 3 月 20 日之"上海书评"版。

〔5〕罗鸿：《德光律师考略》，载《南亚研究》2008 年第 2 期，第 69 – 74 页；《论〈律经〉的性质》，载《中国藏学》2008 年第 1 期，第 200 – 204 页；《〈律经〉的结构》，载《藏学学刊》第 5 辑，2009 年，第 150 – 173 页；《〈律经〉的文体》，载《藏学学刊》第 6 辑，2010 年，第 107 – 115 页。

〔6〕参见 Stefano Zacchetti, "Defining An Shigao's 安世高 Translation Corpus: The State of the Art in Relevant Research"，《西域历史语言研究集刊》第 3 辑，科学出版社 2010 年版，第 249 – 270 页。

(Lokakṣema)[1]或康僧会等译者所译，才能确定这些经文的翻译年代，为讨论经文中的词语提供一个相对明晰的时间坐标。[2] 因此，中古汉语史研究者已经开始从语言来判定佛经翻译年代的工作。方一新教授在这方面做出了可观的成绩。他和高列过对《兴起行经》、[3]《大方便佛报恩经》、[4]《分别功德论》、[5]《罪业应报教化地狱经》、《分别善恶所起经》、[6]《佛说柰女祇域因缘经》、[7]《佛说宝积三昧文殊师利菩萨问法身经》、[8]《太子慕魄经》与《太子墓魄经》、[9]《阿难问事佛吉凶经》、[10]《杂譬喻经》(一卷本)[11]等佛经的翻译年代进行了系列的考

---

[1]Paul Harrison, "The Earliest Chinese Translations of Mahāyāna Sūtras: Some Notes on the Works of Lokakṣema", *Buddhist Studies Review* 10,2, 1993, pp. 135-177.

[2]方一新、高列过:《海外学者对东汉可疑佛经的考辨》，载《浙江外国语学院学报》2011年第2期，第34-39页。

[3]方一新:《〈兴起行经〉翻译年代初探》，载《中国语言学报》第11辑，商务印书馆2003年版，第276-284页。

[4]方一新:《翻译佛经语料年代的语言学考察——以〈大方便佛报恩经〉为例》，载《古汉语研究》2003年第3期，第77-83页。方一新、高列过:《从疑问句看〈大方便佛报恩经〉的翻译年代》，载《语言研究》2005年第3期，第54-57页。方一新、高列过:《从佛教词语考辨〈大方便佛报恩经〉的时代》，载《浙江大学学报》2012年第2期，第1-9页。

[5]方一新、高列过:《〈分别功德论〉翻译年代初探》，载《浙江大学学报》2003年第5期，第92-99页。

[6]方一新、高列过:《早期汉译佛经的被动句》，载《第五届国际古汉语语法研讨会暨第四届海峡两岸语法史研讨会论文集》(Ⅱ)，"中央"研究院语言研究所筹备处2004年，第201-205页。此文从被动句的角度，判定《罪业应报教化地狱经》、《分别善恶所起经》和《太子慕魄经》不是安世高所译。

[7]方一新:《〈佛说柰女祇域因缘经〉翻译年代考辩》，载《汉语史学报》2008年第7辑，第238-261页。

[8]方一新、高列过:《题安世高译〈佛说宝积三昧文殊师利菩萨问法身经〉考辨》，载《汉语史研究集刊》第10辑，巴蜀书社2008年版，第543-563页。

[9]方一新、高列过:《旧题安世高译〈太子慕魄经〉翻译与考辨——兼论题竺法护译〈太子墓魄经〉的年代问题》，载《文史》2008年第3期，第77-100页。

[10]方一新、高列过:《旧题安世高译〈阿难问事佛吉凶经〉考辨》，载《中国典籍与文化论丛》2008年第10辑，第59-73页。

[11]方一新、高列过:《从词语替换看一卷本〈杂譬喻经〉的翻译年代》，载《语言学论丛》2010年第41辑，第186-200页。

辨，并且对疑经与佚经翻译年代的考察，总结了一些可行的方法，[1]这些成果已经结集出版。[2] 其他学者们对《六度集经》与《旧杂譬喻经》、[3]《撰集百缘经》、[4]《伅真陀罗所问如来三昧经》、[5]《般舟三昧经》(一卷本)、[6]《佛所行赞》、[7]《大方便佛报恩经》、[8]《昙无德羯

---

〔1〕方一新:《作品断代与语料鉴别》,载《浙江大学汉语史研究中心简报》2004年第1期,第16－29页;《从译名演变看疑、佚佛经的翻译年代》,载《历史语言学研究》第1辑,商务印书馆2008年版,第54－64页。方一新、高列过:《从语言角度鉴别早期可疑佛经的方法和步骤》,载《宁波大学学报》2012年第1期,第1－9、26页。

〔2〕方一新等:《东汉疑伪佛经的语言学考辨研究》,人民出版社2012年版。

〔3〕梁晓虹:《从语言上判定〈旧杂譬喻经〉非康僧会所译》,载《中国语文通讯》第40期,香港中文大学吴多泰中国语文研究中心1996年版,第62－68页。收入氏著:《佛教与汉语词汇》,台北佛光文化事业有限公司2001年版,第133－147页。遇笑容、曹广顺:《也从语言上看〈六度集经〉与〈旧杂譬喻经〉的译者问题》,载《古汉语研究》1998年第2期,第4－7页。曹广顺、遇笑容:《从语言的角度看某些早期译经的翻译年代问题——以〈旧杂譬喻经〉为例》,载《汉语史研究集刊》第3辑,巴蜀书社2000年版,第1－9页。

〔4〕出本充代:《〈撰集百缘经〉の译出年代について》,载《パーリ学佛教文化学》第8卷,1993年,第99－108页。辛岛静志:《〈撰集百缘经〉的译出年代考证——出本充代博士的研究简介》,《汉语史学报》第6辑,上海教育出版社2006年版,第49－52页。Mitsuyo Demoto(山本充代),"Fragments of the Avadānaśataka", in Jens Braarvig ed., *Manuscripts in the Schøyen Collection: Buddhist Manuscripts*, Volume Ⅲ. Oslo: Hermes Publishing, 2006, pp. 207－244. 又,季琴:《从词汇的角度看〈撰集百缘经〉的译者及成书年代》,载《宗教学研究》2006年第4期,第64－67页;《从词语的角度看〈撰集百缘经〉的译者及成书年代》,《载中国典籍与文化》2008年第1期,第19－23页;《从语法的角度看〈撰集百缘经〉的译者及成书年代》,载《语言研究》2009年第1期,第105－109页。又,陈详明:《从语言角度看〈撰集百缘经〉的译者及翻译年代》,载《语言研究》2009年第1期,第95－104页。段改英:《对"颇……不"疑问句的历史考察——兼论〈撰集百缘经〉的翻译年代》,载《西南科技大学学报》2011年第4期,第63－65、88页。

〔5〕史光辉:《从语言角度判定〈伅真陀罗所问如来三昧经〉非支谶所译》,载《汉语史学报》第5辑,上海教育出版社2005年版,第280－286页。

〔6〕汪维辉:《从语言角度论一卷本〈般舟三昧经〉非支谶所译》,载《语言学论丛》第35辑,商务印书馆2007年版,第303－322页。

〔7〕邱冰:《从语言上看〈佛所行赞〉的译者》,载《语言学研究》2009年第1期,第37－40页。

〔8〕史光辉:《从语言角度看〈大方便佛报恩经〉的翻译时代》,载《古汉语研究》2009年第3期,第44－50页;《〈大方便佛报恩经〉文献学考察》,载《古籍整理研究学刊》2011年第5期,第15－19页。另见林显庭:《〈大方便佛报恩经〉纂者考及其唐代变文》,载《中国文化月刊》1987年第91辑,第65－91页。

磨》、[1]《菩萨本缘经》、[2]《大比丘三千威仪》、[3]《分别功德论》[4]等佛经也进行了初步的探讨。通过这样的研究,学者们逐渐地对如何有效地利用汉译佛典来讨论语言有了更深刻的认识。

对20世纪国内佛教汉语研究情况更详细的回顾,已有先例。[5]总之,学界对早期佛经翻译及其语言研究的新趋向,可概括为3点:(1)重视汉译佛经的语料价值,对汉译佛经语言(词汇与语法)的研究方兴未艾,渐成热门。除词汇考释之外,还利用语言接触理论,来讨论

---

〔1〕颜洽茂、卢巧琴:《失译、误题之经年代的考证——以误题曹魏昙谛译〈昙无德羯磨〉为例》,载《浙江大学学报》2009年第5期,第179-185页。另见卢巧琴、颜洽茂:《中古译经年代与"感染生义"的判别》,载《中国语文》2010年第1期,第83-85页。卢巧琴:《东汉魏晋南北朝译经语料的鉴别》,浙江大学出版社2010年版。

〔2〕颜洽茂、熊娟:《〈菩萨本缘经〉撰集者和译者之考辨》,载《浙江大学学报》2010年第1期,第56-64页。陈祥明:《从语言角度看〈菩萨本缘经〉的译者及翻译年代》,载《长江学术》2010年第2期,第152-160页。王毅力:《从词语角度看〈菩萨本缘经〉之译者译年》,载《五邑大学学报》2011年第2期,第89-92页。

〔3〕王毅力:《从词汇角度看〈大比丘三千威仪〉的翻译年代》,载《西南交通大学学报》2011年第5期,第25-29页。

〔4〕王毅力:《从词汇角度看〈分别功德论〉的翻译年代》,载《宗教学研究》2012年第1期,第143-147页。

〔5〕朱庆之:《佛典与汉语音韵研究——20世纪国内佛教汉语研究回顾之一》,载《汉语史研究集刊》第2辑,巴蜀书社2000年版,第302-320页。朱庆之、朱冠明:《佛典与汉语语法研究——20世纪国内佛教汉语研究回顾之二》,载《汉语史研究集刊》第9辑,巴蜀书社2006年版,第413-459页。

佛经与中土文献在语言之间的相互关系,[1]尤其是语法层面的影响问题,[2]甚至提出了"佛教混合汉语"的概念,[3]也开始为未来编订《汉译佛典语言词典》做前期的准备工作。[4] (2)对梵汉对勘方法的越来越重视,并逐渐关注新出文献与古写本(如日本佛寺古逸经典)的语料价值。[5] (3)吸收佛教史、佛教文献学与梵语学研究者的新成果,[6]或加强与他们的学术合作,强调从语言、文献的角度对早期汉译佛经的

---

[1]王继红:《语言接触与佛教汉语研究》,载《安阳工学院学报》2006 年第 3 期,第 19 - 22 页。遇笑容:《理论与事实:语言接触视角下的中古译经语法研究》,载《汉语史学报》第 7 辑,上海教育出版社 2008 年版,第 121 - 127 页。高列过:《东汉佛经句法的语言接触现象》,载《汉语史学报》第 7 辑,上海教育出版社 2008 年版,第 128 - 136 页。龙国富:《从汉语接触看汉译佛经中连接词"若"的特殊用法》,载《汉语史学报》第 7 辑,上海教育出版社 2008 年版,第 137 - 145 页;《从语言接触看"复"和"自"的语法地位》,载《语文研究》2010 年第 2 期,第 26 - 30 页。松江崇:《也谈早期汉译佛典语言在上古中古间语法史上的价值》,载《汉语史研究学报》2009 年第 8 辑,第 114 - 133 页。以及朱庆之前揭文《语言接触及语言变异理论与佛教汉语研究》。

[2]蒋绍愚教授的研究可作为一个范例。参见蒋绍愚:《〈世说新语〉、〈齐民要术〉、〈洛阳伽蓝记〉、〈贤愚经〉、〈百喻经〉中的"已"、"竟"、"讫"、"毕"》,载《语言研究》2001 年第 1 期,第 73 - 78 页;《语言接触的一个案例——再谈"V(O)已"》,载《语言学论丛》第 36 辑,商务印书馆 2007 年版,第 268 - 287 页;《汉语"广义处置式"的来源》,载《历史语言学研究》第 1 辑,商务印书馆 2008 年版,第 27 - 39 页;《也谈汉译佛典中的"NP1,NP2 + 是也/也"》,载《中国语言学集刊》第 3 卷第 2 期,中华书局 2009 年版,第 29 - 44 页。另见曹广顺:《从中古译经选择问句中连词的使用谈起》,载《历史语言学研究》第 3 辑,商务印书馆 2010 年版,第 135 - 145 页;赵长才:《"宁可"在中古译经中的助动词用法及其来源》,载《历史语言学研究》第 3 辑,商务印书馆 2010 年版,第 146 - 166 页。曹广顺、遇笑容:《中古译经、元白话语言研究与语言接触》,载《汉语史学报》2010 年第 10 辑,第 77 - 85 页。刘承慧:《中古译经"已"对近代"了"的影响——语言接触如何牵动语法演变》,载《"中央"研究院历史语言研究所集刊》第 81 本第 3 分,2010 年,第 467 - 512 页。

[3]万金川教授从学理上对"佛教混合汉语"的命名问题有深入细致的思考,见万金川:《从"佛教混合汉语"的名目谈汉译佛典的语言研究》,载《圆光佛学学报》第 7 期,1999 年版。

[4]徐文堪:《略论 21 世纪〈汉译佛典语言词典〉的编纂》,载《中国辞书论集 1999》,上海辞书出版社 2000 年版,第 273 - 279 页。辛岛静志:《〈佛典汉语词典〉之编纂》,载《佛教图书馆馆讯》第 35/36 号,台湾伽耶山基金会图书信息中心 2003 年版,第 28 - 32 页。

[5]比如:Tilman Vetter and Paul Harrison, "An Shigao's Chinese translation of the Saptasthāna-sūtra", in Paul Harrison and Gregory Schopen (eds.), *Sūryacandrāya: Essays in Honour of Akira Yuyama on the Occasion of His 65th Birthday*, Swisttal-Odendorf, 1998, pp. 197 - 216. 以及前引梁晓虹:《佛教与汉语史研究——以日本资料为中心》。衣川贤次:《从古写经的异文看中古汉语用词的演变——对〈中古汉语读本〉佛经部分的一个补充》,载《汉语史学报》2009 年第 8 辑,第 54 - 58 页。

[6]这方面的成果较多,比如:Jens-Uwe Hartmann and Paul Harrison, "A Sanskrit fragment of the Ajātaśatru-kaukṛtya-vinodāna-sūtra", in Paul Harrison and Gregory Schopen (eds.), *Sūryacandrāya: Essays in Honour of Akira Yuyama on the Occasion of His 65th Birthday*, Swisttal-Odendorf, 1998, pp. 67 - 86. 另参见蔡耀明:《佛教的研究方法与学术资讯》,台湾法鼓文化 2006 年版。

译者及其年代进行细致的判定，不是再像以往那样仅仅根据佛教经录或者《大正新修大藏经》中的标示而定，而对佛经语料的鉴别无疑增加了研究的准确性和可靠性。[1] 此外，即使是考察汉译佛经，也强调各版本之间的词语差异，结合敦煌吐鲁番写本资料，从异文的角度展开讨论，而不以《大正新修大藏经》本为单一依据。[2]

自19世纪末以来，英、法、俄、美、日、瑞典等国的西域探险队在中国的西北地区盗掘了大量珍贵的历史文物，其中就有所谓“胡语”的多种语言的佛经写本。这些佛经写本在语言学、宗教学、历史学等方面的学术价值是无可估量的，因此，引起了国际学界的极大重视。一百余年来，西方学者借助其语言优势，对这些写卷进行了细致的转写、解读、翻译和研究工作，可以说已经取得了非凡的成就。但是，其中也还存在着不少亟待探索的新课题。利用这些出土文献来开展基于原典对勘（以梵汉对勘为主）的汉译佛经语言，就是一个有趣的新课题。

现在流传下来的早期佛教文献，所涉及的语种主要有：梵语、巴利语、佛教混合梵语、俗语、犍陀罗语、大夏语、于阗塞语、回鹘语、粟特语、汉语、藏语等。要研究某一部佛经，最好的方法就是将该佛经所有的各个语种的本子（原典、译本、平行本等）放在一起对读。这种原典对勘（以梵汉对勘为主）的方法，对理解佛经的思想、历史、语言、词汇等各个方面，均有莫大的益处。这也是国际印度学界、佛教学界、汉学界的通行研究方法。而国内虽有学者呼吁多年，但以往的研究多是从佛教史的角度，来进行梵汉文本的比对，关注的是原典与译本的内容结构或术语的源流等。而从汉语史的角度，对梵本写经及其汉语异译本的语言进行比勘，来研究汉译佛经的语言，这一方法近来已略得汉语史学者

---

〔1〕方一新：《作品断代与语料鉴别》，载《浙江大学汉语史研究中心简报》2004年第1期，第16－29页；《普通鉴别词的提取及其原则——以早期汉译佛经鉴别为中心》，载《语文研究》2009年第2期，第8－16页。胡敕瑞：《中古汉语语料鉴别述要》，载《汉语史学报》第5辑，上海教育出版社2005年版，第270－279页。史光辉：《东汉汉译佛经考论》，载《阜阳师范学院学报》2007年第1期，第45－48页。

〔2〕董志翘、赵家栋、张春雷：《〈经律异相〉的校理与异文语料价值》，载《江苏大学学报》2009年第3期，第62－68页。董志翘等合著：《〈经律异相〉整理与研究》，巴蜀书社2011年版。

的回应，将来或许能在汉语史学界成其气候，逐渐在中古汉语史研究者中兴盛起来。

利用原典（梵本等），对照汉译本和其他语言的译本（特别是藏文本），以解明各种文本之间的语言和读法差异，这不但为佛教语言研究，也为佛教思想史的研究提供丰富的资料。学界目前已有这方面的成果，也为我们的研究提供了一些借鉴。新的出土文献，特别是属于原典范围的梵语、犍陀罗语等佛教写经，不仅对传统的佛教文献学研究，而且对新兴的汉译佛经语言研究，具有极大的学术价值。这一点无疑将成为学界的共识。要取得突破性的成就，还有待印度学、佛教学和汉语史等多方面的学者进行合作。期待在不久的将来，他们的合作研究会取得相当丰硕的成果。

本书也是早期汉译佛经语言研究新趋势催生的一个产物，主要利用海外学者整理出版的近年新出（或新刊校的）的犍陀罗语与梵语佛经写卷材料，将它们与其相应的汉语译本进行语言学对勘研究。本书利用的非汉语佛经写本包括《阿阇世王经》（*Ajātaśatru-kaukṛtyavinodanā-sūtra*）、《无量寿经》（*Larger Sukhavatīvyūhasūtra*）以及《大宝积经》（*Mahāratnakūṭasūtra*）的《迦叶品》（*Kāśyapaparivarta*）等。《阿阇世王经》和《无量寿经》的梵本残卷都出自阿富汗，而《迦叶品》梵本是19世纪末在新疆和田（于阗）附近出土的，分别由钢和泰（Baron A. von Staël-Holstein）和M. I. Vorobyova-Desyatovskaya在1926年和2002年出版了转写本。本书利用新材料，试图通过梵汉对勘这一方法，做出细致的梵汉词汇比对，对早期汉译佛经中的一些词语进行解说，进而讨论佛经翻译的若干特点，并分析梵本与汉译本（和异译本）之间的语言关系。本书或许可以为传统意义上的佛教文献学提供新的资料，并对中古汉语史研究提供一份实证的语言分析材料。不当之处，期望方家教正。

1 新出犍陀罗语佛教写卷及其平行汉译本的对比研究

1.1 新出犍陀罗语佛教写卷及其研究概述

国内历史与考古学界常常强调王国维倡导的“二重证据法”(及后继的“三重证据法”)。实际上,此方法也适宜于汉语史的研究。国内上古甲骨文、金文、简帛文书等新语料的不断出土,掀起过古文字研究的一轮轮新高潮。自19世纪末以来,英、法、德、俄、日、美、瑞典等国的西域探险队在中国的西北地区盗掘了大量珍贵的历史文物,其中就有用印度梵语和多种西域地方语言创作或抄写的佛经写本,这极大地刺激了佛教学等多门学科的发展。

20世纪90年代,由于阿富汗国内连年战乱,盗掘或者公开搜寻古代写卷的事情时有发生。在阿富汗东部贾拉拉巴德(Jalalabad)平原醯罗(Haḍḍa)地区出土了为数不少的犍陀罗语(佉卢文)佛教文献;在巴米扬(Bamiyan)地区则出土了不少的梵语佛教文献。由于是连绵的战争时期,没有留下科学的考古发掘记录,因此,这些文献的原初出土情状不得而知。1994年9月,一匿名人士将从拍卖行购买的醯罗出土的犍陀罗语文献捐赠给了大英图书馆。馆方后来委托以美国华盛顿大学邵瑞祺(Richard Salomon)教授为首的一批学者合作进行研究。其研究项目名为 The British Library / University of Washington Early Buddhist Manuscripts Project,简称 EBMP(早期佛教写本计划)。[1]

在正式刊布对某一类写卷的研究成果之前,1999年,邵瑞祺出版

〔1〕详情请参看 http://ebmp.org/p_wrk.php。

了一部导读性质的著作，即《来自犍陀罗的古代佛教经卷——大英图书馆所藏佉卢文残卷》（*Ancient Buddhist Scrolls from Gandhāra：The British Library Kharoṣṭhī Fragments*），对这些文献的形制、内容、年代和价值等方面作了初步的阐述。[1] 这批犍陀罗语文献可能是迄今为止我们所知道的、所见到的年代最古老的佛经，它与法藏部有关，时间大约在公元1世纪（多在公元10年至30年）。该批残卷共29件，内有大约23种佛经，包括《法句经》、《犀牛（角）经》、《众集经》及其注疏，“论”及其注疏，《无热恼池颂》等偈颂，本生类、譬喻类以及其他杂类文献，甚至还夹杂了一种梵语医学文献。它们在研究早期佛教经典的形成史、犍陀罗地区的佛教史、佛教东传的历程、部派佛教史等方面都有着不同寻常的意义。[2]

继大英图书馆的醯罗犍陀罗语文献之后，阿富汗和巴基斯坦还出土了几批犍陀罗语、梵语文献，主要如下：

（1）出自阿富汗巴米扬地区的邵格延收集品（Schøyen Collection），由挪威富商马丁·邵格延（Martin Schøyen）购得，其中有数量众多的梵语佛经残卷，[3] 还有犍陀罗语《大般涅槃经》等佛经写卷和一些铭文。[4]

---

〔1〕Richard Salomon, with contributions by Raymond Allchin and Mark Barnard, *Ancient Buddhist Scrolls from Gandhāra：The British Library Kharoṣṭhī Fragments*, Seattle：University Washington Press, 1999。Daniel Boucher 的书评见：*Sino-Platonic Papers*, 98, January, 2000, pp. 58 – 70. O. V. Hinüber 的书评见：*JAOS*, 2001：3, pp. 519 – 521. 王邦维的书评见：《敦煌吐鲁番研究》第5卷，2000年，第343 – 353页。

〔2〕国内已有的相关研究，如林梅村：《古代大夏所出丘就却时代犍陀罗语三藏写卷及其相关问题》，载《汉唐西域与中国文明》，文物出版社1998年版，第115 – 130页。王邦维：《论阿富汗新发现的佛教经卷》，载《中华佛学学报》第13期（卷上），台北，2000年，第13 – 20页。又，《佛教文化》2003年第2期，亦有短文概述此事，可惜文中的信息多有不确。

〔3〕Jens Braarvig et. al., ed., *Manuscripts in the Schyøen Collection*, *Buddhist Manuscripts*, vol. i – iii, Oslo：Hermes Publishing, 2002 – 2006.

〔4〕Mark Allon and Richard Salomon, “Kharoṣṭhī Fragments of a Gāndhārī Version of the Mahāparinirvāṇa-sūtra”, in：Jens Braarvig ed., *Manuscripts in the Schøyen Collection* Ⅰ：*Buddhist Manuscripts*, *Volume I*. Oslo：Hermes Publishing. 2000. pp. 243 – 273. Richard Salomon, “A Jar with a Kharoṣṭhī Inscription”, in：Jens Braarvig ed., *Manuscripts in the Schøyen Collection* Ⅲ：*Buddhist Manuscripts*, *Volume* Ⅱ. Oslo：Hermes Publishing. 2002. pp. 351 – 355.

(2)西尼尔收集品(Senior Collection)。这批收集品由英国私人收藏家罗伯特·西尼尔(Robert Senior)所购得,共有24件写在白桦树皮上的犍陀罗语残卷,所抄录的佛经至少有41种,包括一部分的犍陀罗语《杂阿含》(*Saṃyuktāgama*)残卷。《杂阿含》的内容可以与相应的梵文本和汉译本进行对照。[1]

2003年,邵瑞祺率先对此收集品进行了简要报道。[2] 2007年,Mark Allon介绍了更详细的内容。据他披露,该收集品的具体出土地点不明,与大英图书馆的收集品一样来自醯罗某地。写卷装在一个陶罐内,据陶罐铭文和写卷字体分析,大约抄写于贵霜(Kuṣāṇa)王朝的迦尼色迦王(Kaniṣka)时代的公元130—140年前后,较晚的也抄写于2世纪上半叶。陶罐铭文的纪年是马其顿式的月份名称,说明这批写卷的来源与贵霜王朝有关。

西尼尔收集品所涉及的佛经基本上采用摘抄的形式,主要是阿含类的残卷,不少与巴利语经藏中的尼迦耶(nikāya)类经典有较密切的对应关系,甚至可对应汉译的《杂阿含经》(*Saṃyuktāgama*)、《长阿含经》(*Dīrghāgama*)和《中阿含经》(*Madhyamāgama*)中的经文。此外,还有一些残卷可与汉译律部文献的内容对应,不过,它们是否属于律典还有待探究。从这批写经的内容以及相关情况的综合分析,它们很可能与法藏部(Dharmaguptaka)有关。[3]

(3)巴焦尔收集品(Bajaur Collection)。巴基斯坦北部巴焦尔(Bajaur)地区一个佛寺遗址所出的犍陀罗语残卷,2004年最初由巴基斯坦

---

〔1〕关于《杂阿含经》的梵本资料可参看:Chung, Jin - il. *A Survey of the Sanskrit Fragments Corresponding to the Chinese Saṃyuktāgama*(《杂阿含经相当梵文断片一览》),Tokyo: Sankibo Press. 2008.

〔2〕Richard Salomon, "The Senior Manuscripts: Another Collection of Gandhāran Buddhist Scrolls", *Journal of the American Oriental Society*, 123.1, 2003. pp.73 - 92.

〔3〕Mark Allon, "Introduction: The Senior Manuscripts", in: Andrew Glass, *Four Gāndhārī Saṃyuktāgama Sūtra: Senior Kharoṣṭhī Fragment* 5(Gandhāran Buddhist Texts 4), Seattle-London: University of Washington Press, 2007, pp.3 - 25.

学者纳锡姆·汗(M. Nasim Khan)等介绍给学术界。[1] 该批收集品目前正在由巴基斯坦白沙瓦大学(Peshawar)考古系和柏林自由大学的学者们合作进行研究,Ingo Strauch 已经在线发表了初步的编目和概述。据他披露,该组收集品中,共有 18 件桦树皮写卷,内含 19 种文献,包括《中阿含经》、最早的律典如《羯磨》(*Karmavācanā*)和《波罗提木叉经》(*Prātimokṣasūtra*)、按 Arapacana 字表排列的佛教偈颂、与《阿閦佛国经》(*Akṣobhyavyūha*)有关的早期大乘经以及一件属于 Nīti - /*Arthaśāstra* (《政事论》,或译《利论》)传统的文献和一件俗文书等。该收集品的文献价值独特,非同小可。[2] 2008 年,纳锡姆·汗出版了《来自犍陀罗的佉卢文写本》(*Kharoṣṭhī Manuscripts from Gandhāra*)一书,[3] 提供了此批文献的第一部研究报告。

此外,还有一些零散的犍陀罗语出土文献。当然早期出自敦煌藏经洞的犍陀罗语佉卢文写卷仍然在学者的关注视野之内,邵瑞祺就研究了法国国家图书馆藏伯希和收集品中的 8 件残片。[4] 毫无疑问,随着这些文献的解读,早期佛教史那绚丽多彩的历史面貌将逐渐呈现在世人的面前。

到目前为止,邵瑞祺教授及其合作者陆续推出了"犍陀罗佛教文献系列"(Gandhāran Buddhist Texts,简称 GBT)多部专书。按出版时间的顺序,略介如下:

---

[1] Nasim M. Khan and M. Sohail Khan, "Buddhist Kharoṣṭhī Manuscripts from Gandhāra: A New Discovery." *Journal of Humanities and Social Sciences* (*University of Peshawar*), vol. 12, 2004, pp. 9 - 15.

[2] Ingo Strauch, "The Bajaur collection: a new collection of Kharoṣṭhī manuscripts: a preliminary catalogue and survey", http://www.geschkult.fu-berlin.de/e/indologie/bajaur/publication/strauch_2007_1_0.pdf. *idem.*, "The Bajaur collection: a new collection of Kharoṣṭhī manuscripts: a preliminary catalogue and survey", http://www.geschkult.fu-berlin.de/e/indologie/bajaur/publication/strauch_2008_1_1.pdf

[3] M. Nasim Khan, *Kharoṣṭhī Manuscripts from Gandhāra*, British Council in Pakistan, 2008.

[4] Richard Salomon, "Kharoṣṭhī Manuscript Fragments in the Pelliot Collection, Bibliothèque Nationale de France", *Bulletin d'Etudes Indiennes* 16, 1998. pp. 123 - 160.

1.1.1 《犍陀罗语本〈犀牛经〉》(*A Gāndhārī Version of the Rhinoceros sūtra*)

2000 年,邵瑞祺在 Andrew Glass 的协助下,出版了第一部研究性专著,全名为《犍陀罗语本〈犀牛经〉:大英图书馆藏佉卢文 5B 号残片》(*A Gāndhārī Version of the Rhinoceros sūtra*:*British Library Kharoṣṭhī Fragment 5B*)。[1] 全书共分 3 个部分。第 1 部分"介绍与分析",共有 7 节。第 1 节"《犀牛经》"从 5 个方面分别介绍了译本、内容与主题、与辟支佛(Pratyeka-Buddha/ Pacceka-Buddha)传统的关系、经文的标题、对标题 Khagga-visāṇa 与 Khaḍga-viṣāṇa 的词义的解说、该经在佛教文献中的位置。第 2 节"犍陀罗语《犀牛经》文本",对写本进行了外观描述,分析了原藏的日期(约公元 1 世纪)及其情况,对残卷进行了重构。第 3 节"摄颂"(uddāna),涉及其形制、内容与重构、特征等、偈颂补白与写作方面的其他建议、在正文与偈颂之间的差异或矛盾。第 4 节"梵巴犍陀罗语《犀牛经》诸本之比较",包括对三者总体的比较、巴利语本与犍陀罗语本的比较及其结论、潜在语源的线索(语言、翻译和诗韵)。第 5 节"古文书学和正字法"。这一节主要由 Andrew Glass 完成。他在 2000 年完成的硕士学位论文就是《佉卢文写本的古文书学初步研究》。[2] 该节内容包括:书写工具、书写时的基本特征、笔画分析、脚注(foot marks)、单个字母形状的分析(包括独立元音、辅音、带 Anusvāra 的音节、辅音连写)、标点符号、订正、古文书的日期。还有关于正字法的内容:鼻音 ṇ 与 n 的区分、咝音 s 与 ṣ 的区分、Anusvāra 符号、双写辅音的间接符号、读音标记的使用、连音现象。第 6 节"音韵学",主要是对写本中的音素分析:元音(a 的腭音化、u 与 o 的互用、ā 与 o 的互用、i 与 e 的互用、古印度雅利安元音ṛ的发展、ava 的退化)、辅

[1] Richard Salomon, with a contribution by Andrew Glass, *A Gāndhārī Version of the Rhinoceros Sūtra*: *British Library Kharoṣṭhī Fragment 5B*, Gandhāran Buddhist Texts, Volume 1, Seattle-Londen: University of Washington Press, 2000.

[2] Andrew Glass, *A Preliminary Study of Kharoṣṭhī Manuscript Paleography*, Master thesis, Department of Asian Languages and Literature, University of Washington, 2000.

音(元音间的辅音的发展、辅音群)、音素的换位。第7节“词法”:名词形式(以-a结尾的词干的阳性与中性、以-ā结尾的阴性词、其他的元音词干、辅音词干、名词性复合词)、代词、代名词与数词(人称代词、第三人称/指示代词、关系代词、作代名词的形容词、数词)、动词形式(现在时、祈愿式、绝对式/动名词、分词)、小品词与无语尾变化的副词。该书的第2部分是文书的转写及其翻译。第3部分则按偈颂的次序,列出犍陀罗语文本(写本及其拟构的文本)和相应的梵巴对应偈颂,也做了翻译,并对相关的犍陀罗语词汇作出详细的注释。

本书还有4个附录,分别即:附录1,暂时不能确定位置的残片解读;附录2,梵巴犍陀罗语《犀牛经》诸本之一致性;附录3:梵巴语《犀牛经》原文;附录4:大英图书馆藏佉卢文5A号残片校订。书后还附参考书目与词汇索引。

1.1.2 《三种犍陀罗语〈增一阿含经〉型佛经》(*Three Gāndhārī Ekottarikāgama-Type sūtras*)

2001年,Mark Allon出版了《三种犍陀罗语〈增一阿含经〉类佛经:大英图书馆所藏佉卢文残片第12和14号》(*Three Gāndhārī Ekottarikāgama-Type sūtras: British Library Kharosthi Fragments* 12 *and* 14),[1]将3种犍陀罗语《增一阿含经》类别的佛经,即*Dhoṇa-sūtra*(《豆磨经》)、*Budhabayaṇa-sūtra*(《佛语经》)、*Prasaṇa-sūtra*(《[四]舍经》),与对应的平行文本——梵文本、巴利文本、汉文本进行了比较,并对该犍陀罗语文献所涉及的古文书学、正字法、音韵学、词法等方面做了详细的解说。[2]

作者指出,本书研究的*Dhoṇa-sūtra*(《豆磨经》)没有对应的梵本和藏文本,但有一个巴利语文本,即《增支部尼迦耶》(*Ekottarikā Nikāya*)

---

[1] Mark Allon, with a contribution by Andrew Glass, *Three Gāndhārī Ekottarikāgama-Type Sūtras: British Library Kharoṣṭhi Fragments* 12 *and* 14, Gandhāran Buddhist Texts, Volume 2, Seattle - Londen: University of Washington Press, 2001.

[2] 该书已由萨尔吉向国内学界做了评介,参见刘东主编《中国学术》总第15辑,2003年第3期,第315-320页。

中的《四集》(*Catukka-nipāta*)的第 36 部小经,以及 3 种汉译文本,分见《增一阿含经》、[1]《杂阿含经》[2]和《别译杂阿含经》[3]之中。《佛语经》(*Budhabayaṇa-sūtra*)尚未发现任何对应文本。《[四]舍经》(*Prasaṇa-sūtra*)除一对应的吐鲁番梵本残片(编号 SHT V 1445 + 1447)外,尚有一巴利语文本,即《增支部尼迦耶》中的《四集》的第 14 部小经以及两个汉文本,即安世高译《杂经四十四篇》[4]和《杂阿含经》[5]之中。

1.1.3 《犍陀罗语〈法句经〉新译本及本生故事集》(*A New Version of the Gāndhārī Dharmapada and a Collection of Previous-Birth Stories*)

2003 年,Timothy Lenz 与 Andrew Glass 和 Bhikshu Dharmamitra 合作,出版了《犍陀罗语〈法句经〉新译本及本生故事集:大英图书馆藏佉卢文残片第 16 + 25 号》(*A New Version of the Gāndhārī Dharmapada and a Collection of Previous-Birth Stories: British Library Kharoṣṭhī Fragments* 16 + 25)。[6]

本书共 11 章,解读、校订并研究了大英图书馆所藏佉卢文残片第 16 + 25 号,共计 15 首残缺的诗歌。第 1 章主要对文书的形制等进行了描述。以下 10 章,共分两个部分。第 1 部分(第 2 ~ 6 章)名为"伦敦本犍陀罗语《法句经》"。之所以如此定名,是因为早在 1892 年,F. Grenard 在于阗附近就发现了用佉卢文写的犍陀罗语《法句经》古写本。后者一般称之为于阗本,该写本后来相继由 É. Senart、H. Lüders、Otto R. Franke、Jule Bloch、Sten Konow、H. W. Bailey 和 John Brough 所研

[1]高楠顺次郎、渡边海旭主编:《大正新修大藏经》,日本大正一切经刊行会 1924—1934 年版。第 2 册,第 717 页下栏至第 718 页上栏。

[2]高楠顺次郎、渡边海旭主编:《大正新修大藏经》第 2 册,第 28 页上栏至中栏。

[3]高楠顺次郎、渡边海旭主编:《大正新修大藏经》第 2 册,第 467 页上栏至中栏。

[4]高楠顺次郎、渡边海旭主编:《大正新修大藏经》第 2 册,第 877 页中栏至下栏。

[5]高楠顺次郎、渡边海旭主编:《大正新修大藏经》第 2 册,第 221 页中栏至下栏。

[6]Timothy Lenz, with contributions by Andrew Glass and Bhikshu Dharmamitra, *A New Version of the Gāndhārī Dharmapada and a Collection of Previous-Birth Stories: British Library Kharoṣṭhī Fragments* 16 + 25, Gandhāran Buddhist Texts, Volume 3, Seattle and London: University of Washington Press, 2003.

究，John Brough 并出版了堪称一代名著的《犍陀罗语〈法句经〉》（*Gāndhārī Dharmapada*）一书。[1] 令人兴奋的是此伦敦本与于阗本内容相似，却又有明显的差异，代表了犍陀罗语文本的又一种传本。这对学界以往甚为关注的有关《法句经》的传本源流问题，无疑增添了珍贵的史料。

第 2 章是对《法句经》的介绍和分析，共分 5 个小节，分别为"《法句经》文献与伦敦本《法句经》的重要性"、"《比丘品》的第 2 种犍陀罗语写卷"、"文献的传播与偈颂的次序"、"语言、转换及翻译"、"诗韵及翻译"。这是非常重要的一章。作者认为，所有的《法句经》及其《法句经》类型的文献都有一个共同的源头，只不过，由于时代、地域以及部派的不同而出现了文本的差别，伦敦本与于阗本就是同一部犍陀罗语《法句经》经典所派生的两种传本。作者推测其源流为：共同的传统——中世印度雅利安原型（Middle Indo-Aryan Archetype）——伦敦本、于阗本（并列）。后二者之间差异的形成，很可能不是由于犍陀罗地区不同的佛教部派，而是其他未知的原因。除在佛教史上的意义外，伦敦本的重大价值亦体现于可以用来比较同一部犍陀罗语文献的两个版本的语言。第 3 章到第 6 章，可以说是对此《法句经》写本的技术性分析，依次从古文书学、正字法、音韵学、词法等方面对写本的每一个词汇进行考察，最后落实到文书的重构、翻译与注解。这些内容相当精细，虽不免给人以繁琐之感，却为犍陀罗语语料库的建设提供了最基础、最扎实的资料。这也是西方学者在"胡语"研究方面的优势体现。

第 2 部分（第 7 ~ 11 章）名为"The Pūrvayoga Text"，可意译为"本生文献"。第 7 章对此种文献进行了介绍和分析。此处不用表示本生故事的常用词 Jātaka，[2] 说明 Pūrvayoga 和 Jātaka 在文体上有着一定的差异。梵语/巴利语 Jātaka，音译"阇多伽"、"阇陀伽"、"阇陀"，意译本

---

〔1〕John Brough, *Gāndhārī Dharmapada*, London Oriental Series 7, London: Oxford University Press, 1962.

〔2〕有关汉译佛经中的本生故事，可参看释依淳：《本生经的起源及其开展》，台湾佛光出版社 1989 年版。

生、本缘、本生谈(谭)、本生话、本生经(生经)。而所谓 Pūrvayoga(G *provayoge/ pruvayoge*),原意为"以前的联系"(former connection),佛经中指"前生"(previous birth),常译为"本事",表明此类故事主要描述主人公前生的事迹,相当于一般所说的"本生(故事)"。Pūrvayoga-也用于佛经中的品名。Pūrvayoga-parivarta 在《大方等大集经》"宝幢分"中译作"往古品";在《宝星陀罗尼经》卷 2 中译作"本事品"。《妙法莲华经》卷 6 的"药王菩萨本事品"即 Bhaisajyarājapūrvayoga;《妙法莲华经》卷 7 的"妙庄严王本事品"即Śubhavyūharājapūrvayoga。可见 Pūrvayoga-有"往古"和"本事"等多种译法。在佛教的"十二分教"中,也有一种体裁被译为"本事",其与"本生"的关系,正如无著菩萨造、玄奘法师译《显扬圣教论》卷 6 中所指出的:"本事者,谓宣说前世诸相应事,是为本事。本生者,谓诸经中宣说如来于过去世处,种种生死行、菩萨行,是为本生。"[1]唐清凉山大华严寺沙门澄观撰《大方广佛华严经疏》卷 24"十无尽藏品第二十二"对"本事"有进一步的解释:"七本事者,梵云伊帝目多伽,一说佛往事,如说威光太子等;二说弟子往事,如说诸善友因缘等。"[2]"伊帝目多伽"是"伊帝曰多伽"之误,是梵语 itivṛttaka 的音译。它与 Pūrvayoga-虽是两个词,但二者所表述的内容有近似之处。Itivṛttaka 常被当做佛教文学的一种体裁,专门记叙佛如来或者弟子们过去世时所完成的事业。[3] 北凉天竺三藏昙无谶译《大般涅槃经》卷 15"梵行品第八之一",对"伊帝曰多伽经"(Itivṛttaka,"本事")和"阇陀伽经"(Jātaka,"本生")的内涵进行了举例解说:"何等名为伊帝曰~他本云目~多伽经?如佛所说:比丘当知,我出世时所可说者,名曰戒经;鸠留秦佛出世之时,名甘露鼓;拘那含牟尼佛时,名曰法镜;迦叶佛时,名分别空;是名伊帝曰多伽经。何等名为阇陀伽经?如佛世尊本为菩萨,修诸苦行。所谓比丘当知,我于过去作鹿、作罴、作麞、作兔、作粟散

〔1〕高楠顺次郎、渡边海旭主编:《大正新修大藏经》第 31 册,第 509 页上栏。
〔2〕高楠顺次郎、渡边海旭主编:《大正新修大藏经》第 35 册,第 682 页上栏。
〔3〕李小荣:《汉译佛典文体及其影响研究》,上海古籍出版社 2010 年版,第 188-210 页。

王、转轮圣王、龙、金翅鸟，诸如是等，行菩萨道时所可受身，是名阇陀伽。"[1]

Pūrvayoga 比较少见，在《弥兰陀王问经》(*Milindapañha*)和《大事》(*Mahāvastu*)中出现过，但远不如 Jātaka 和 Avadāna(譬喻，其中多含有本生故事)那样为人所知。在此残卷(第 16 + 25 号)中，共有 11 个故事，前 6 个可供分析，后 5 个太过破碎。残卷中 Pūrvayoga 一共出现了 3 次，即：bosisatvaprovayoge(Buddha/佛陀的前生)、añadakoḍi · ñasa p(*rova)yog(*o)(Ājñāta Kauṇḍinya/阿若多憍陈那的前生)、[2] anadasa pru(*vayo)ge(Ānanda/阿难陀的前生)。这也是作者用来对此残卷部分内容进行定名的内在依据。此残卷是一个本生故事集，能分辨出佛陀及其弟子的本生故事数目为：佛陀两个，阿若憍陈如(阿若多憍陈那/Ājñāta Kauṇḍinya)一个、阿难陀(Ānanda)两个。作者在第 7 章中还就"犍陀罗语文学中的 Pūrvayoga 与譬喻"、"概括型(摘要型)故事的其他传统"、"Pūrvayoga 的故事结构"、"对使用 Pūrvayoga 场合的考察"、"Pūrvayoga 文献的作者及其他们的语言"、"在书面的 Pūrvayogas、譬喻及其他文献之间的关系"、"大英图书馆收藏品的性质"等问题，进行了深入的探讨。

同前一样，第 8 章以下，也是对此 Pūrvayoga 写本的技术性分析，包括从古文书学、正字法、音韵学(元音和辅音)、词法(名词性词的词性与变格、动词的形态变位与语态)等方面对写本的每一个词汇进行考察。

本书有 4 个附录。附录 1 是将伦敦本、于阗本、巴利语本、巴特那(Patna)本《法句经》与《经集》(Suttanipāta)、《优陀那品》(Udānavarga)和《本生经》(Jātaka)进行比较，列出诸文本中比较一致的偈颂。阿若憍陈如的本生故事还有另一种写本，即大英图书馆藏佉卢文残片第 3 号，附录 2 是对写本的介绍和注释。附录 3 则对大英图书馆藏佉卢文

---

[1]高楠顺次郎、渡边海旭主编：《大正新修大藏经》第 12 册，第 451 页下栏至第 452 页上栏。

[2]吉尔吉特梵本《破僧事》下册的开篇(vol. ii, pp. 1 - 16)，讲述佛陀弟子憍陈如(Kauṇḍinya)的故事及其本生，与此是否有关，需要进一步推敲。

残片第 1 号,即 Zadamitra 的譬喻故事,作了介绍和注释。附录 4 列出了与此本生故事集的第 1 ~4 号故事对应的梵语和汉语文本。

1.1.4 《四部犍陀罗语杂阿含经》(*Four Gāndhārī Saṃyuktāgama sūtras*)

2007 年,Andrew Glass 出版了《四部犍陀罗语杂阿含经》(*Four Gāndhārī Saṃyuktāgama sūtras: Senior Kharoṣṭhī Fragments* 5)。[1] 本书主要研究了来自西尼尔收集品中摘抄的四部犍陀罗语《杂阿含经》,分别即:S̱aña-sutra, Ṇatuspahu-sutra, Ṣadha-sutra, * Vasijaḍa-sutra。《杂阿含经》在以往的犍陀罗语佛教写本中尚未发现过,这是首次的释读、转写、翻译和研究,对探索《杂阿含经》系列佛经的形成、抄写与传播的历史过程有着重要的意义。《杂阿含经》在早期佛教文献中的位置,唐代玄奘译《大阿罗汉难提蜜多罗所说法住记》云:"复有声闻三藏,谓素怛缆藏、毗奈耶藏、阿毗达磨藏。素怛缆藏有五阿笈摩,谓长阿笈摩、中阿笈摩、增一阿笈摩、相应阿笈摩、杂类阿笈摩。毗奈耶藏中有比丘戒经、比丘尼戒经、分别戒本、诸蕴差别及增一律。阿毗达摩藏中有摄六问、相应、发趣等众多部类。复有本生鬘赞、独觉鬘赞。"[2] 可见"素怛缆藏"(经藏)中所谓的五部阿笈摩,相当于五部尼迦耶。其译名见于萧齐外国三藏僧伽跋陀罗译《善见律毗婆沙》卷 1 的两处,即:

何谓为五部?

答曰:《长阿含经》、《中阿含经》、《僧述多经》(*Saṃyutta-nikāya*)、《殃堀多罗经》(*Anguttara-nikāya*)、《屈陀迦经》(*Khuddaka-nikāya*)[3]。

何谓为阿含?

法师曰:有五阿含。何谓为五?一者《长阿含》,二者《中阿

---

[1] Andrew Glass, *Four Gāndhārī Saṃyuktāgama Sūtras: Senior Kharoṣṭhī Fragments* 5, Gandhāran Buddhist Texts, Volume 4, Seattle and London: University of Washington Press, 2007.

[2] 高楠顺次郎、渡边海旭主编:《大正新修大藏经》第 49 册,第 14 页中栏。

[3] 高楠顺次郎、渡边海旭主编:《大正新修大藏经》第 24 册,第 675 页中栏。

含》,三者《僧育多阿含》,四者《鸯堀多罗阿含》,五者《屈陀伽阿含》。[1]

《善见律毗婆沙》中所谓的《僧述多经》和《僧育多阿含》都是巴利文术语 Saṃyutta-nikāya 的译名,即《杂阿含经》。又,《大方便佛报恩经》卷6"优波离品第八"指出四部阿含所说的佛法内容各有偏重,所传播的对象亦不相同,即"为诸天、世人随时说法,集为《增一》,是劝化人所习;为利根众生说诸深义,名《中阿含》,是学问者所习;说种种随禅法,是《杂阿含》,坐禅人习;破诸外道,是《长阿含》。"[2]一般认为,在佛教结集的时候,由阿难所诵出的经藏中就有《杂阿含》的内容,如同《摩诃僧祇律》(东晋天竺三藏佛陀跋陀罗共法显译)卷32所指出的:"文句杂者集为《杂阿含》。所谓根杂、力杂、觉杂、道杂,如是比等名为杂。"[3]又,《毗尼母经》(失译人名,今附秦录)卷3云:"与比丘相应、与比丘尼相应、与帝释相应、与诸天相应、与梵王相应,如是诸经总为《杂阿含》。"[4]

关于《杂阿含经》的内部结构,唐代义净译《根本说一切有部毗奈耶杂事》(*Kṣudraka-vastu*)卷39云:"但是五蕴相应者,即以蕴品而为建立。若与六处十八界相应者,即以处界品而为建立。若与缘起圣谛相应者,即名缘起而为建立。若声闻所说者,于声闻品处而为建立。若是佛所说者,于佛品处而为建立。若与念处、正勤、神足、根力、觉道分相应者,于圣道品处而为建立。若经与伽他相应者。此即名为《相应阿笈摩》旧云杂者,取义也。若经长长说者,此即名为《长阿笈摩》。若经中中说者,此即名为《中阿笈摩》。若经说一句事、二句事乃至十句事者,此即名为《增一阿笈摩》。"[5]义净译经中指出的是四部阿笈摩,即《相应阿笈摩》、《长阿笈摩》、《中阿笈摩》、《增一阿笈摩》,这也是流传至今的巴利文四部尼迦耶和汉译四部阿含经的结构。义净的译注明确指明,

[1]高楠顺次郎、渡边海旭主编:《大正新修大藏经》第24册,第677页上栏。
[2]高楠顺次郎、渡边海旭主编:《大正新修大藏经》第3册,第155页上栏。
[3]高楠顺次郎、渡边海旭主编:《大正新修大藏经》第22册,第491页下栏。
[4]高楠顺次郎、渡边海旭主编:《大正新修大藏经》第24册,第818页上栏。
[5]高楠顺次郎、渡边海旭主编:《大正新修大藏经》第24册,第4071页中栏至下栏。

《相应阿笈摩》之名就是旧译的《杂阿含经》，二者意义无别。《相应阿笈摩》的内部结构则是由蕴品（Skandha-nipāta）、处界品（Āyatanadhātu-nipāta）、缘起（Nidāna）、声闻品（Śravāka-nipāta）、佛品（Buddha-nipāta）、圣道品（Āryamarga-nipāta）、伽他（gāthā）构成的。[1] 正是由于《杂阿含经》在早期佛教史和佛教文献史上的重要地位，新出的犍陀罗语本《杂阿含经》自然是无法忽视的。对《四部犍陀罗语杂阿含经》一书引人瞩目的学术价值，李颖指出："这不仅是因为这是首部对 Senior Collection 进行解读的著作，更是由于《杂阿含经》的内容在犍陀罗语佛教写本里尚属首次出现，对它的成功解读，对于整个佛教文献研究领域来说无疑有着重大的意义。"[2]

以《杂阿含经》为名的现存汉译佛经一共有 3 种，按译出的年代顺序为：1 卷本《杂阿含经》、16 卷或 20 卷本《别译杂阿含经》（失译人名，今附秦录）、50 卷本《杂阿含经》（宋天竺三藏求那跋陀罗译）。或谓 1 卷本《杂阿含经》是后汉安世高所译，但目前尚有争论。[3] 3 种《杂阿含经》分别由 27 部、363 部和 1362 部小经所组成的。犍陀罗语本《杂阿含经》显然也不是 1 部大型的完整的佛经，而是几部小经的残存。这或许说明了当时的犍陀罗语本《杂阿含经》规模不大，尚未形成像汉译的《别译杂阿含经》和求那跋陀罗译本那样的大型杂阿含经类汇聚本。《四部犍陀罗语杂阿含经》所讨论的 4 部小经的对应情况如下：

Ṣaña-sūtra（"The Sutra on the Perceptions"）：在巴利文和汉译佛经中有不少类似的句子可对应，但暂时没有发现某部可与之对应的经文，也无对应的梵本。

Ṇatuspahu-sutra（"The Not Yours Sutra"，或名《非汝经》）：对应的

〔1〕有关《相应阿笈摩》的内部结构对照表，Cf. Andrew Glass, *Four Gāndhārī Saṃyuktāgama Sūtras: Senior Kharoṣṭhī Fragments* 5, p. 37. 从《杂事》的上下文来看，"若经与伽他相应者"一句后面有缺文，因为与伽他（gāthā）对应的应该是"有偈品"（Sagāthā-nipāta, / Sagāthā-vagga），所以，其完整的表述应该为："若经与伽他相应者，于有偈品处而为建立。"

〔2〕李颖：《〈四部犍陀罗语杂阿含经〉初探》，载《敦煌吐鲁番研究》2011 年第 12 卷，第 109－121 页。此见第 109 页。

〔3〕苏锦坤：《从后说绝——单卷本〈杂阿含经〉是否将偈颂译成长行》，载《正观杂志》2010 年第 55 期，第 6－104 页。

巴利文佛经之一为 Natumhaka-sutta（"Sutta on what is not yours"，亦可名《非汝经》），出自《相应部尼迦耶》（Saṃyutta-nikāya）"犍度品"（Khandha-vagga）的《蕴集》（Khandha-saṃyutta）中，即 SN. III 33 – 4 经。对应的汉译为求那跋陀罗译《杂阿含经》卷 10 的第 269 号小经。此处汉译本无小经名，Andrew Glass 拟之为《祇林经》（* *Jetavana Sutra*）。另一部类似的小经，见于求那跋陀罗译《杂阿含经》卷 11 的第 274 号小经。该经无对应的梵本。

Ṣadha-sutra（"The Faith Sutra"，或名《信经》），对应的巴利文佛经之一为 Kula-puttenadukkhā-sutta，即 SN. III 179 经。对应的两种汉译分别为求那跋陀罗译《杂阿含经》卷 2 的第 47、48 号小经。

* *Vasijaḍa-sutra*（"The Adze Handle Sutra"，或名《斧柯经》[1]），对应的巴利文佛经之一为 *Vāsijaṭa-/Nāvā-sutta*，即 SN. III 152 – 5 经。对应的汉译为求那跋陀罗译《杂阿含经》卷 10 的第 263 号小经。

《四部犍陀罗语杂阿含经》的主体为 3 个部分，李颖已做了归纳，此不重复。[2] 该书另有 3 个附录。附录 1"与犍陀罗语佛经对应的巴利文本"，分别列出了 *Girimānanda-sutta*、*Natumhāka-sutta*、*Nibbhidābahula-sutta*、*Vāsijaṭa-sutta* 的原文与英译。附录 2"与犍陀罗语佛经对应的汉文本"，列出了《祇林经》、《信经》、《应说经》的原文与英译。附录 3"与犍陀罗语佛经对应的藏文本"，列出了 3 段藏文经文与英译。

《四部犍陀罗语杂阿含经》在对比多语种经文的基础上，详细地分析了犍陀罗语佛经中的相关词语的意义与形式。当然，某些词语的解释亦或有可商之处。该书第 52 页在进行人体部分（或称"身分支节"）的名词术语比较时，分别列出了犍陀罗语、巴利语、藏语、梵语和两种汉译本中的相应名词，其中的第 31 个犍陀罗语词 *śileśpa，对应巴利语 semhaṃ、藏语 bad kan、梵语 śleṣmāḥ 和求那跋陀罗译《杂阿含经》中的

〔1〕李颖译作《斧柄经》，意义无误，但该经汉译本中有"手执斧柯"等语，因此，译作《斧柯经》更妥帖一些。

〔2〕李颖：《〈四部犍陀罗语杂阿含经〉初探》，载《敦煌吐鲁番研究》第 12 卷，第 110 页。

"痰",而把汉译本的"癊"对应第 21 个犍陀罗语词 guza,但又有所怀疑,故加问号表示为"癊?"。很显然,此处是将汉译本中的"痰癊"一词割裂开来了。"痰癊"对译的就是 **śileśpa* 和śleṣmāḥ这一组词。在 8.2.1.2 对 guza 一词的解读中,作者将"癊"据汉英词典将其释为"心病的一种"(a disease of the heart)和"血痕/(blood)traces",[1]实际上,这两种解释来自《汉语大词典》的"癊"条。其次,作者根据"癊"与"阴"的字形之变,将其理解为 genitals,越发偏离了正确的释义。为什么说这样的理解是有问题的呢?基于以下两个方面的原因:

其一,"痰癊"通常连用,也可省略为"痰"或"癊",若分拆二者,则多与语意不符。略举几例如下:

(1)姚秦罽宾三藏佛陀耶舍共竺佛念等译《四分律》卷 35 云:"或有风病,或有热病,或有痰癊病,或癖病,或有喉戾,或有兔缺,或无舌,或截舌,或不知好恶,或身前凸,或后凸,或前后凸,或虫病,或水病,或内病,或外病,或内外病,或有癖病,常卧不转病,或有常老极,或有干痟病,或有失威仪行下极一切污辱众僧,如此人不得度,受具足戒。"[2]痰癊病是指痰癊所导致的疾病。

(2)大唐罽宾国三藏般若译《大乘本生心地观经》卷 6"厌身品第七"云:"贪、瞋、痴三名为心病。风、黄、痰癊名为身病。内外六病能害身心,如彼六蛇居于器内。"[3]痰癊是指印度古代医学术语 tri-doṣa 中的一种,即痰,对应的梵语为śleṣma 或 kapha。

(3)义净译《根本说一切有部毗奈耶杂事》卷 12 云:"难陀,人身有如是病苦。复有百一风病、百一黄病、百一痰癊病、百一总集病,总有四百四病,从内而生。"[4]"百一痰癊病"是指由痰癊导致的一百零一种疾病。

(4)义净《南海寄归内法传》卷 1 云:"坚齿口香,消食去癊,用之半

[1] Andrew Glass, *Four Gāndhārī Saṃyuktāgama Sūtras: Senior Kharoṣṭhī Fragments* 5, pp. 159-161.

[2]高楠顺次郎、渡边海旭主编:《大正新修大藏经》第 22 册,第 814 页中栏。

[3]高楠顺次郎、渡边海旭主编:《大正新修大藏经》第 3 册,第 321 页中栏。

[4]高楠顺次郎、渡边海旭主编:《大正新修大藏经》第 24 册,第 257 页中栏。

月，口气顿除。牙疼齿惫，三旬即愈。要须熟嚼净揩，令涎癊流出，多水净漱。"[1]"去癊"就是"去痰"，与去"涎癊"亦相符。

(5)义净《南海寄归内法传》卷3云："故世尊亲说医方经曰：四大不调者：一窭噜、二燮跛、三毕哆、四婆哆。初则地大增，令身沉重。二则水大积，涕唾乖常。三则火大盛，头胸壮热。四则风大动，气息击冲。即当神州沉重、痰癊、热黄、气发之异名也。若依俗论病，乃有其三种，谓风热癊。重则与癊体同，不别彰其地大。"[2]义净分别使用了"痰癊"和"癊"两种方式，但表达的意义是一样的。

(6)义净译《金光明最胜王经》卷9"除病品第二十四"云：

春中痰癊动，夏内风病生；

秋时黄热增，冬节三俱起。[3]

对应的梵本《金光明经》(*Suvarṇaprabhāsa-sūtra*)句子为：

vāta-adhikārāḥ prabhavanti varṣe pitta-prakopaḥśaradi prasanne /

hemanta-kāle tatha saṃnipātaṃ kapha-adhikārās ca bhavanti grīṣme// [9][4]

很显然，义净译本中将 kapha-adhikārās 译为"痰癊"，指"痰癊病"。

其二，慧琳《一切经音义》中对"痰癊"的解释，亦表明二者是连用的。《一切经音义》中对"痰癊"有多处解释，具体如下：

(1)《一切经音义》卷14云："痰癊：上音谈。下，于禁反。胸鬲病也。"[5]

(2)《一切经音义》卷28云："与癊：阴禁反。案：癊谓胸膈中病也。膈音革。"[6]

(3)《一切经音义》卷29云："痰癊：上音谈。下，阴禁反。案：痰、癊，字无定体。胸鬲中气病也，津液因气凝结不散，如筋胶引挽不断，名

[1]高楠顺次郎、渡边海旭主编：《大正新修大藏经》第54册，第208页下栏。
[2]高楠顺次郎、渡边海旭主编：《大正新修大藏经》第54册，第224页上栏。
[3]高楠顺次郎、渡边海旭主编：《大正新修大藏经》第16册，第448页上栏。
[4]S. Bagchi, ed., *Suvarṇaprabhāsasūtram*. Darbhanga: The Mithila Institute, 1967. p. 95.
[5]高楠顺次郎、渡边海旭主编：《大正新修大藏经》第54册，第389页下栏。
[6]高楠顺次郎、渡边海旭主编：《大正新修大藏经》第54册，第496页中栏。

为痰癃。四病根本之中，此一能生百病，皆上焦之疾也。"[1]

(4)《一切经音义》卷38云:"痰癃:上，淡甘反。《考声》云:痰，鬲中水病也。下，邑禁反。案:癃者，痰病之类，大同而小异。《韵诠》云:亦痰病也。诸字书并无此二字也。"[2]

(5)《一切经音义》卷40云:"痰癃:上音谈。《文字集略》云:胸中液也。下，于禁反。"[3]

(6)《一切经音义》卷60云:"痰癃:上音谈。下，邑禁反。《考声》云:痰癃者，胸膈中水病也。并从疒，形声字也。疒者，女厄反。"[4]

(7)《一切经音义》卷62云:"痰癃:上音谈。下，饮禁反。义于有部律中已具释。"[5]

(8)《一切经音义》卷63云:"痰癃:上澹蓝反。下，阴禁反。前有部律第九卷已释。"[6]

(9)《一切经音义》卷78云:"痰癃:上，噉甘反。下，阴禁反。《考声》:痰癃，鬲中病也。《文字集略》:胸中病也。案:痰癃，胸鬲中疾也。二字并从疒，炎阴皆声，鬲音格。"[7]

此外，希麟《续一切经音义》卷6云:"痰癃:上，淡甘反。《考声》云:鬲中水病也。《说文》:从疒，炎声。下，邑禁反。《字林》作癃。心中淡水病也。《韵诠》云:癃亦痰也，二字互训。从疒，阴声也。经文从草，作荫、非也。"[8]

可以说，"癃"被解释为胸膈中的水病，与痰病类似，"癃"与"痰"二字的写法是"字无定体";二字之间的关系用"二字互训"来概括是最恰当的。就此例而言，犍陀罗语词语与汉译佛经词语的对比研究，存在着很大的研究空间。

---

[1]高楠顺次郎、渡边海旭主编:《大正新修大藏经》第54册，第502页下栏。
[2]高楠顺次郎、渡边海旭主编:《大正新修大藏经》第54册，第555页下栏。
[3]高楠顺次郎、渡边海旭主编:《大正新修大藏经》第54册，第567页下栏。
[4]高楠顺次郎、渡边海旭主编:《大正新修大藏经》第54册，第708页中栏。
[5]高楠顺次郎、渡边海旭主编:《大正新修大藏经》第54册，第720页上栏。
[6]高楠顺次郎、渡边海旭主编:《大正新修大藏经》第54册，第726页上栏。
[7]高楠顺次郎、渡边海旭主编:《大正新修大藏经》第54册，第816页下栏。
[8]高楠顺次郎、渡边海旭主编:《大正新修大藏经》第54册，第960页下栏。

1.1.5 《两件犍陀罗语〈无热恼池颂〉》[*Two Gāndhārī Manuscripts of the Songs of Lake Anavatapta* (*Anavatapta-gāthā*)]

2009年，邵瑞祺在Andrew Glass的协助下，出版了《两件犍陀罗语〈无热恼池颂〉：大英图书馆藏佉卢文1号残片》[*Two Gāndhārī Manuscripts of the Songs of Lake Anavatapta* (*Anavatapta-gāthā*): *British Library Kharoṣṭhī Fragment 1 and Senior Scroll* 14]。[1]

Anavatapta，对应的梵语为*Anavatapta*，音译为"阿耨达(池)"、"阿那婆达多"、"阿那婆踏多"等；[2]意译为"无热恼(池)"、"无热恼(大龙池)"。[3] 慧琳《一切经音义》卷1对此有详细的解释："阿耨达：奴禄反。正梵音云阿那婆达多，唐云无热恼池。此池在五印度北，大雪山北、香山南，二山中间有此龙池。谨案：《起世因本经》及《立世阿毗昙论》皆云大雪山北有此大池，纵广五十踰缮那，计而方一千五百里。于池四面，出四大河。皆共旋流，绕池一匝，流入四海。东面出者名私多河，古译名斯陀河。南面者名兢伽河，古名恒河。西面出者名信度河，古名辛头河。北而出者名缚蒭河，古名博叉河。此国黄河即东面私多河之末也。此方言无热恼者，龙王福德之称也。一切诸龙皆受热砂等苦，此池龙王独无此苦，故以为名也。"[4]

与犍陀罗语本《无热恼池颂》所对应的主要文本有：德藏吐鲁番出土梵语本《无热恼池颂》残卷(No. 463、No. 464、No. 466、No. 1072)、吉尔吉特出土的梵语本《根本说一切有部毗奈耶药事》中的相应偈颂、藏文大藏经中的《药事》藏译本的相应偈颂，以及巴利文、梵本与汉文佛

---

[1] Richard Salomon, *Two Gāndhārī Manuscripts of the Songs of Lake Anavatapta* (*Anavatapta-gāthā*): *British Library Kharoṣṭhī Fragment* 1 *and Senior Scroll* 14, Gandhāran Buddhist Texts, Volume 5, Seattle and London: University of Washington Press, 2009.

[2] 《一切经音义》卷27云："阿那婆达多：阿那婆踏多，唐云无热恼，池名。"(高楠顺次郎、渡边海旭主编：《大正新修大藏经》第54册，第483页上栏)

[3] 《一切经音义》卷25云："阿耨达池：此云无热恼，在雪山中，菩萨为龙王，居之利物也。"(高楠顺次郎、渡边海旭主编：《大正新修大藏经》第54册，第466页中栏)

[4] 高楠顺次郎、渡边海旭主编：《大正新修大藏经》第54册，第313页中栏。

经中的一些摘引部分。犍陀罗语本《无热恼池颂》所对应的汉译佛经有两种，即西晋三藏竺法护译《佛五百弟子自说本起经》、唐代义净译《根本说一切有部毗奈耶药事》卷 16 至卷 18 的佛“诸大弟子们说业报缘”部分。或谓《佛五百弟子自说本起经》是从有部律文中抽出而成单行本的。当然，也存在另一种可能性，即在集成根本说一切有部毗奈耶律事文本时，将许多的本生故事吸收进来，使之成为律典的一部分，以增强律典文本的故事性。

大英图书馆藏佉卢文 1 号残片保存了佛弟子 Nanda（ṇada，“难陀”、“难提”）、Śroṇa（rs < * o > ṇa，“轮论”、“明听”、“俱胝”、“俱胝二十”、“二十俱胝”）、Yaśas（*yaśo*，“夜邪”、“名称”）、Bharadvāja（*bharvaya*，“宾头卢”、“宾头卢颇罗堕阇”）、Vāgīśa（*bakia*，“妙音”、“凡耆”、“取善”）、Nandika（*ṇadia*，“难陀”、“欣乐”、“有喜”）和 Kusuma（*kusuma*，即 *Sumana*，“妙意”、“苏末那”、“须鬘”、“善念”）共 7 人的本生偈颂。这些故事与佛教文献中的本生与譬喻有着千丝万缕的关系，是研究佛教文学最宝贵的原典史料，特别是对依赖于汉译佛经进行佛教文学研究的现象起到极为有益的补充。此外，犍陀罗语《无热恼池颂》是诗体形式，因此，《两件犍陀罗语〈无热恼池颂〉》一书对研究印度古代诗歌创作与格律等诗学内容也具有重要的价值。

1.1.6 《犍陀罗譬喻经》（*Gandhāran Avadānas*）

2010 年，Timothy Lenz 出版了《犍陀罗譬喻经》（*Gandhāran Avadānas: British Library Kharoṣṭhī Fragment* 1 – 3 *and* 21 *and Supplementary Fragments A – C*），是“[1]是“犍陀罗佛教文献”丛书的第 6 部，主要研究英国图书馆所藏佉卢文残片第 1 – 3 和 21 号，以及增补的残片第 A – C 号。

学者们对 Avadāna 一词的原意或词源的看法至今仍不一致，或谓“业绩”、“功绩”、“卓越的行为”；“传说、流传的故事”；“毫无杂念的作

[1] Timothy Lenz, *Gandhāran Avadānas: British Library Kharoṣṭhī Fragment* 1 – 3 *and* 21 *and Supplementary Fragments A – C*, Gandhāran Buddhist Texts, Volume 6, Seattle and London: University of Washington Press, 2010.

为";"英雄业绩"等,但一般取意为"佛和菩萨往世的英雄业绩"。不论在佛教的"九分教"还是"十二分教"中,譬喻(或譬喻经)都是重要的一支,它与本生、偈颂等构成佛教文学的主体部分。集成型的梵本譬喻经主要有 *Mahāvastu-avadāna*(《大事譬喻经》)、*Divyāvadāna*(《天神譬喻经》或《天业譬喻经》)、[1] *Avadānaśataka*(《百譬喻经》,或谓《撰集百缘经》)、*Aśokāvadānamālā*(《阿育王譬喻鬘》)、*Bodhisattvāvadānakalpalatā*(《菩萨譬喻如意鬘》,作者 Kṣemendra)等,[2] 以及汉译的《杂譬喻经》(一卷本,12 个故事)、《杂譬喻经》(二卷本,32 个故事)、《杂譬喻经》(比丘道略集,37 个故事)、《旧杂譬喻经》、[3]《百喻经》、《撰集百缘经》、《五阴譬喻经》等。由于譬喻具有很强的文学色彩,因此,譬喻经历来颇受佛教文学研究者们的青睐,各种论著不断涌现。[4] 毫无疑问,《犍陀罗譬喻经》为研究印度佛教譬喻文学的早期源流与发展提供了十分珍贵的新史料。[5]

《犍陀罗譬喻经》一书共有 9 章,外加 6 个附录以及参考书目和词语索引。整体上看,该书实际由两大板块组成。第一部分包括第二章(古文书学)、第三章(音韵学)、第四章(构词法);第二部分是第五至第九章,[6] 分别对英国图书馆佉卢文第 1、2、3 号残片以及增补的第 A—C 号残片的具体内容进行分析,主要是文本的转写、翻译(英译)和

---

[1] Cf. Andy Rotman tr., *Divine Stories*, Part 1, Boston: Wisdom Publications, 2008.

[2] 相关的版本与研究情况,参见冈野洁《インド佛教文学研究史》(网络版,未正式刊印),网址 http:// homepage3. nifty. com/indology/

[3] 孙昌武、李赓扬译注:《杂譬喻经译注》(四种),中华书局 2008 年版。

[4] 略举 3 例,郭良鋆:《佛教譬喻经文学》,载《南亚研究》1989 年第 2 期,第 62 - 66、73 页。丁敏:《佛教譬喻文学研究》,台湾东初出版社 1996 年版。李玉珍:《佛教譬喻(Avadāna)文学中的男女美色与情欲——追求美丽的宗教意涵》,载《新史学》第 10 卷第 4 期,1999 年,第 31 - 65 页。

[5] 王邦维先生早就指出过:"这些'譬喻'类的文献,本身还可以与其他语言或部派传承的'譬喻'作对比,大大帮助我们今天了解和研究这类文献最初形成的情形和后来发展的过程。"参见王邦维:《论阿富汗新发现的佉卢文佛教经卷》,载《中华佛学学报》2000 年第 13 期(卷上),台北,第 13 - 20 页。此见第 16 页。

[6] 该书的目录中(第 ix 页),第九章写作"British Library Fragment 2: Text, Translation, and Commentary",与第六章的名称相同,显然有误。在正文第 123 页,第九章的标题则无误,写作"Supplementary Fragments A - C: Text, Translation, and Commentary"。通览"犍陀罗佛教文献"丛书,印制精良,校对准确,类似这样的错误很少。

注释(特别是对重点词语的解说)。该书的整体框架与已刊“犍陀罗佛教文献”丛书的前5部基本上是一致的。

该书第1章导言首先介绍了犍陀罗地区的譬喻师和他们的譬喻经,对前辈学者有关譬喻经的定义与结构方面的论述进行了新的检讨。作者根据这批新的史料认为,犍陀罗地区存在一批譬喻师,他们是佛寺中的文学行家,他们的作品不限于学界以往所认可的标准譬喻经的范畴,其主题较为广泛,还涉及布施、正法(dharma)中的女性以及第一次佛教经典结集的故事等等。可以说,早期譬喻经的面相是多元的,这无疑扩展了我们对譬喻经的认识。第1章的后半部分是“英国图书馆佉卢文第1、2、3号残片以及增补的第A—C号残片所含譬喻概述”。第2章是对本书所涉及写卷的古文书学分析,主要对英国图书馆佉卢文第1、2、3号残片中挑选的部分音节(Akṣaras)进行了分析,并且重点剖析了一个多处出现的犍陀罗语词 likhidago(意为[it is]written)。第3章音韵学是研究对音的基础资料,对写卷中的元音和辅音的各类现象进行梳理,并涉及了换位现象、句内连声(Sandhi)。自从1920年代在北京大学执教的俄国学者钢和泰(Baron Alexander von Staël-Holstein)发表《音译梵书与中国古音》,[1]揭开了梵汉对音研究的序幕,虽陆续有学者关注梵汉对音,可惜一直未能成为汉语古代音韵学研究的中心议题。实际上,除应该利用梵语佛经的语料之外,还应该善加利用犍陀罗语等非汉语文献的资料,方能对早期汉译佛经中的音韵问题有比较明晰的揭示。第4章构词法分析了以-a、-an、-an、-as、-i、-tṛ、-ā 结尾的名词(性、数和格的形式)和名词复合词;代词和数词;动词的多种形式;分词以及无语尾变化的不变动词。

该书的第5章到第9章是对英国图书馆佉卢文书写的犍陀罗语譬喻经残片的内容分析,其中第1号和第2号残片中分别有10个、9个譬

[1]钢和泰著,胡适汉译:《音译梵书与中国古音》(The Phonetic Transcription of Sanskrit Works and Ancient Chinese Pronunciation),刊《国学季刊》1923年第1卷第1期,第47-56页。新近关于钢和泰的研究,参见王启龙:《钢和泰学术年谱简编》,中华书局2008年版。王启龙、邓小咏:《钢和泰学术评传》,北京大学出版社2009年版。

喻。作者一般是先对文本进行校订和转写,然后翻译和注释。这些譬喻没有一个完整的,多有缺损,但提供了很多有关譬喻故事结构方面的信息,比如,第1号残片的第一个譬喻中就有5处表示譬喻形式的语句,即开篇的:"传统如是。邪命外道的譬喻(The Ājīvika Avadāna)。扩展。邪命外道的譬喻。扩展应该如此做。"结尾处的:"所有的扩展根据模型。譬喻1。"这些都属于压缩型譬喻中的程式,体现了譬喻文献的文体特征。其中,"传统如是"与汉译佛经的开篇"闻如是"或"如是我闻"颇为接近。"邪命外道的譬喻"是该譬喻的名称,点明了故事的主人公。3处"扩展"均表明此故事是缩略本。"譬喻1"是该譬喻在此譬喻集的排列次序即编号。类似"所有的[完整的]扩展[应该]根据模型"这样的程式表达,有时候还出现于譬喻故事的中间部分,而不是故事的结尾处。因此,归纳所有的程式表达句型,对研究譬喻的形成与构造是很有价值的。

该书刊出了数十个譬喻故事,而在现存的梵巴汉藏文本中,基本上无法找出任何一个能与之对应的故事。尽管如此,有些情节片断或者用作譬喻的句子,还是能够找到相应的多文本(或者多语种的)对应成分,既能揭示犍陀罗譬喻经的文本价值,又能为理解印度文学因素的多元传播提供实例。比如,第1号残片的第一个譬喻中有一句话:"[138]明显地,它不是这样的。就像被一只蜜蜂[采取]花粉从(*一朵花儿)的面上……"这就是佛经中常见的一个譬喻"如蜂采华"。Timothy Lenz找到了巴利语《法句经》(*Dhammapada*)第49颂中的对应句子,即"就像一只蜜蜂采了花蜜飞走了,没有损害花儿的颜色和香气,因此,一个比丘在村子中漫步也是如此"。[1] 新疆尼雅所出犍陀罗语《解脱戒本》残卷(鄯善第510号文书)中,也有此"如蜂采华"的譬喻。该残卷中的相关内容为:"阿罗汉、苦行者和导师拘楼孙:'就像蜜蜂采蜜,从花上飞过,不伤害花色。所以,圣贤路过乡村时,既不挑剔别

---

〔1〕另见金克木:《天竺诗文》之《法句经》(49):"像蜜蜂对待花朵,/ 不伤害它的色和香,/采了蜜便自飞去,/出家人应这样游村庄。"金克木:《天竺诗文》(《梵竺庐集》乙卷),江西教育出版社1999年版,第104页。

人,也不管别人做什么不做什么,他只应该注意自己的行为正确与否。"[1]此外,根据笔者初步收集的资料,"如蜂采华"的譬喻应用于多种文本之中。其一,《法句经》系列,见于《法句经》卷1《华香品》、《法集要颂经》卷2《华喻品》等。其二,《增壹阿含经》等佛经系列,见于《增壹阿含经》卷44《十不善品》、《贤愚经》卷5《沙弥守戒自杀品》、《佛所行赞》卷5《大般涅槃品》、《大乘本生心地观经》卷4《厌舍品》、《出曜经》卷19《华品》、《大宝积经》卷120、《佛垂般涅槃略说教诫经》卷1、《入楞伽经》卷9《总品》、《大乘入楞伽经》卷6《偈颂品》等。其三,《摩诃僧祇律》等佛教戒律系列,见于《摩诃僧祇律》卷27、《弥沙塞五分戒本》卷1、《五分戒本》卷1、《五分比丘尼戒本》卷1、《摩诃僧祇律大比丘戒本》卷1、《摩诃僧祇比丘尼戒本》卷1、《四分律比丘戒本》卷1、《四分僧戒本》卷1、《四分比丘尼戒本》卷1、《十诵比丘波罗提木叉戒本》卷1、《十诵比丘尼波罗提木叉戒本》卷1、《根本说一切有部毗奈耶》卷50、《根本说一切有部比丘尼毗奈耶》卷20、《根本说一切有部戒经》卷1、《根本说一切有部比丘尼戒经》卷1、《根本萨婆多部律摄》卷14、《解脱戒经》卷1、《毗尼母经》卷1和卷6等。[2] 这些戒律文献隶属于多个佛教部派——大众部、弥沙塞部、法藏部、说一切有部、根本说一切有部。这说明这些部派的信徒(学者或譬喻师)们均乐于用"如蜂采华"这一譬喻,来规范比丘和比丘尼们在聚落中或在乞食等活动中的行为。

该书的附录数量较多,亦值得注意。比如,附录1是吝啬的商人Kosiya的故事,出自Dhp-a I 366-374。该故事的最后是有关"如蜂采华"譬喻的偈颂。附录2是舍利子和劳度差(Raktākṣa,赤眼)斗法的故事,出自SBhV I 171-177,对应义净译《根本说一切有部毗奈耶破僧事》卷8。该故事亦见于《贤愚经》卷10中的"须达起精舍品"。这一

[1]参见林梅村:《新疆尼雅所出犍陀罗语〈解脱戒本〉残卷》,载《西域研究》1995年第4期,第44-48页。收入林梅村:《汉唐西域与中国文明》,文物出版社1998年版,第142-150页。

[2]水野弘元在《法句经の研究》一书第三章"《法句经》对照表"的注释中,已经列举了与该譬喻对应的21种佛经名,但不如以上列举全面。参见水野弘元:《法句经の研究》,东京:春秋社1981年版,第102页。

故事在丝绸之路的壁画等艺术品中多见，学界研究甚多。附录 3 是《大事譬喻经》中的《福力太子本生》，可与吐火罗语本《福力太子因缘经》、汉译《国王五人经》等相比勘。

关于佛教历史上所谓的譬喻师，有些学者（如印顺法师）认为与说一切有部有关。王邦维先生在《譬喻师与佛典中譬喻的运用》一文中，对“究竟什么人算是譬喻师?”“所谓譬喻师从哪儿来?”“譬喻师在说一切有部之内还是之外?”“譬喻师与佛典中譬喻的运用”等 4 个问题，重新进行了探讨。[1] 结合新刊的犍陀罗语譬喻经，这些佛教史乃至佛教文学史上的重要问题，值得学界认真思考并做出新的回答。

除上述成体系的研究之外，还有一些论文对数十年前出土的犍陀罗语残卷进行了研究。比如，林梅村对《佛说温室洗浴众僧经》的研究。[2]

1.1.7 《来自犍陀罗的佉卢文写本》(*Kharoṣṭhī Manuscripts from Gandhāra*)[3]

2008 年，纳锡姆·汗出版的《来自犍陀罗的佉卢文写本》，除简短的前言和参考文献部分之外，主要是对 19 件残片的转写，并提供了相应的彩色图版。

残片 1 的正面是属于印度早期 Nīti - /*Arthaśāstra*（《政事论》，或译《利论》）传统的一件文献，背面是注疏性质的著作，围绕佛性、佛身等理论进行了论辩。《政事论》是印度婆罗门教的重要历史文献，是理解印度古代社会不可或缺的基础史料。因此，类似《摩奴法论》和《政事论》等文献的形成与传播史的研究，不仅可勾勒印度古代社会发展与历史变革，而且也可侧面理解印度古代的佛教史。

残片 2 是一件私人的借据契约，契约一向是研究经济、社会关系的

〔1〕王邦维：《譬喻师与佛典中譬喻的运用》，载《文史》2012 年第 3 辑，第 221 - 230 页。

〔2〕林梅村：《尼雅出土佉卢文〈佛说温室洗浴众僧经〉残卷考》，载《华林》2004 年第 3 卷，第 107 - 126 页；《ニヤ遺址出土のカローシュテイ一文〈温室洗浴众僧经〉残卷の考察(一)》，载日本佛教大学文学部编《文学部论集》第 87 号，京都，2003 年，第 141 - 155 页。

〔3〕M. Nasim Khan, *Kharoṣṭhī Manuscripts from Gandhāra*, British Council in Pakistan, 2008.

重要史料。敦煌吐鲁番以及中亚等地出土的契约,用汉语、于阗语、回鹘语、藏语等多种语言书写。古代内亚契约的比较研究是值得开展的新课题。

残片3是字母表,是根据 Arapacana 字音表排列的佛教偈颂。经过数代学者的研究,现在基本上认可该类字母表是起源于犍陀罗地区的。近年犍陀罗的出土文献基本上也印证了这一论断。

残片4~19的内容比较丰富,多属于佛教文献,包括了赞佛颂、《中阿含经》(*Madhyamāgama*)残卷、与《阿閦佛国经》(*Akṣobhyavyūha*)有关的一部早期大乘佛经、属于律藏体系的《波罗提木叉经》(*Prātimokṣasūtra*)戒条残片、《羯磨》(*Karmavācanā*)文献残卷、一种含有龙王 Manasvin 咒语的犍陀罗语密教文献、非经典的学术文献、净法和佛教诗颂等,均值得进一步的研究。

概言之,新材料的出土为我们打开了许多新的窗口,而如何利用这些新材料将取决于我们的问题意识以及对相关学术研究的眼光与见识。

1.2 新出犍陀罗语佛教写卷与平行汉译本的对证

新出犍陀罗语佛教写经基本上都是残篇断简,其与现存汉译佛经之间的文本关系也是非常复杂的,早期汉译佛经的原典语言是否确实为犍陀罗语,也还存在许多的争议。可以说,到目前为止,尚未发现二者能完全对应的佛经文本,换言之,学界亦未找到某部犍陀罗语佛经的直接汉译本。尽管如此,利用现存的梵巴汉藏佛经资料,仍然是解读犍陀罗语佛教写经的不二法门,其中最主要的方法就是平行文本的对勘研究。

1.2.1 汉译佛经所见犍陀罗语本《犀牛经》的平行譬喻段落

《犍陀罗语本〈犀牛经〉》在转写、解读和翻译犍陀罗语(大英图书馆所藏佉卢文残片5B号)《犀牛经》(或称《犀角经》、《犀牛角经》)的基础上，将其与该经的梵语、巴利语对应文本做了对比。巴利语对应文本又有3种，全部出现于南传上座部巴利语经藏(Sutta-piṭaka)的《小部尼迦耶》(*Khuddhaka-nikāya*)之中。即：

(1)《犀牛角经》(*Khaggavisāṇa sutta*)主要讲述沙门抛弃世俗生活，像犀牛一样独自游荡。它出自《经集》(*Suttanipāta*，共5品，72经)的第一品《蛇品》(*Uraga vagga*)第三章。[1]

(2)类似的注疏体文字出自《小义释》(*Culla-niddesa*)的第二部分。

(3)出自《譬喻经》(*Apadāna*)的第2章“辟支佛譬喻经”(Paccekabuddhāpadāna)之中。《犀牛经》对应梵本偈颂(*Khaḍgaviṣāṇa-gāthā*)则出自用佛教混合梵语写成的《大事》(*Mahāvastu-avadāna*)之中，此乃大众—说出世部的经典。

《犀牛经》虽然没有直接的汉译文本，但是在汉译佛经中有不少的犀牛譬喻，比如，东魏天竺优婆塞瞿昙般若流支译的《金色王经》在描述昔日一菩萨在获得圆觉菩提之后，吟诵了一首偈颂：

因爱故生苦，如是应舍爱；
当乐于独处，犹如犀一角。[2]

《大宝积经》卷第80(隋三藏法师阇那崛多译)“护国菩萨会第一十八之一”云：

菩萨见家过　舍之而出家
游止于山林　无人寂静处
远离男与女　眷属及大众
单己无等侣　譬如犀一角
专意求净道　得失心无忧。[3]

---

[1]可参见郭良鋆译：《经集》，中国社会科学出版社1990年版，第5－10页。又，郭良鋆：《〈经集〉浅析》，载《南亚研究》1987年第1期，第11、52－60页。又，释达和译：《经集》(载《中华佛学研究所论丛》49)，法鼓文化事业出版有限公司2008年版，第22－31页。顾敏耀：《早期佛教经典“口传性”与“民间性”考察——以〈经集〉(*Sutta-nipāta*)为论述对象》，载《长庚人文社会学报》第3卷第2期，2010年，第343－376页。

[2]高楠顺次郎、渡边海旭主编：《大正新修大藏经》第3册，第389页中栏。

[3]高楠顺次郎、渡边海旭主编：《大正新修大藏经》第11册，第459页下栏。

《大宝积经·护国菩萨会》的异译本《佛说护国尊者所问大乘经》(北宋施护译)卷1中没有与“譬如犀一角”相对应的偈颂。[1] 又,《大宝积经》卷59(大唐于阗三藏实叉难陀译)的“文殊师利授记会第十五之二”中云:“乐阿兰若,住寂静处,独行无侣,如犀一角。”[2]《大宝积经》卷111(大唐三藏菩提流志译)“净信童女会第四十”的偈颂中也有“由是常乐行头陀,如犀一角独无侣”这样的譬喻。[3]

汉译佛经中,与《犀牛经》文句有相通之处的经文是《辟支佛因缘论》(“失译人名,今附秦录”),今收入《大正新修大藏经》第32册。《辟支佛因缘论》共两卷,上卷有“波罗奈国王悟辟支佛缘、辅相苏摩悟辟支佛缘、月爱大臣悟辟支佛缘”3个故事;下卷有“王舍城大长者悟辟支佛缘、波罗奈国王月出悟辟支佛缘、拘舍弥国王大帝悟辟支佛缘、拘舍弥国王悟辟支佛缘、波罗奈国王亲军悟辟支佛缘、转轮圣王最小子悟辟支佛缘”6个故事。在故事的散行叙事中,夹杂着偈颂诗句。其偈颂中就有重复出现的犀牛角譬喻(“譬如犀一角”、“如犀角无二”),[4]明显地表述了犀牛角譬喻与辟支佛传统之间的密切关系。

《辟支佛因缘论》中的一些诗偈与犍陀罗语本《犀牛经》也存在对应关系。犍陀罗语本《犀牛经》第1颂可译为“放弃对众生的暴力,不伤害它们之中任何一个,以慈悲和同情的仁爱之心,一个人应该像犀牛一样独自游荡。”[5]它对应巴利语《犀牛角经》的第1颂和《辟支佛譬喻经》第8~9颂、梵文本《犀牛角经》第2~3颂。巴利语《犀牛角经》

---

[1] Cf. Daniel Boucher, *Bodhisattvas of the Forest and the Formation of the Mahayana: A Study and Translation of the Rāṣṭrapālaparipṛcchā-sūtra*, Hawai'i: University of Hawai'i Press, 2008, p.123; p.222, note 103.

[2] 高楠顺次郎、渡边海旭主编:《大正新修大藏经》第11册,第343页上栏。不空译:《大圣文殊师利菩萨佛刹功德庄严经》卷中有相同的译法,即“乐阿兰若,住寂静处,独行无侣,如犀一角。”(《大正新修大藏经》第11册,第909页下栏)

[3] 高楠顺次郎、渡边海旭主编:《大正新修大藏经》第11册,第625页下栏。

[4] 例如,《辟支佛因缘论》卷上:“如彼辟支佛 独处于林间 譬如犀一角 远离诸徒众。”(《大正新修大藏经》第32册,第473页下栏)

[5] Richard Salomon, with a contribution by Andrew Glass, *A Gāndhārī Version of the Rhinoceros Sūtra: British Library Kharoṣṭhī Fragment 5B* (= Gandhāran Buddhist Texts, I), Seattle-Londen: University of Washington Press, 2000.

第1颂译为:"不向众生施加棍棒,不伤害他们之中任何一个,不渴望儿子,更不渴望朋友,让他像犀牛角一样独自游荡。"[1]在《辟支佛因缘论》中,亦有一首偈颂:

我虽服璎珞　心修净梵行

检身调伏根　淡泊常寂灭

于一切人所　而舍兵刀杖

修于独一行　如犀牛一角。[2]

《辟支佛因缘论》下加点的两行诗句,与犍陀罗语本《犀牛经》第1颂大致对应。犍陀罗语本与巴利语、梵文本及此汉译诗句的词汇关系对应如下:

sarveṣo bhuteṣo:巴利语 sabhesu bhūtesu;梵文 sarveṣu prāṇeṣu;"于一切人所"。依格、复数形式,sarva-,一切;bhuta-,人,生命。

ṇisae:巴利语 nidhāya;梵文 nidhāya;舍。动词,独立式。原形为ni-√dhā-,舍弃、放弃。

daṃḍo:巴利语 daṇḍaṃ;梵文 daṇḍaṃ;"兵刀杖"、"刀杖"。阳性、业格、单数形式,daṃḍa-,刀杖。《犍陀罗语本〈犀牛经〉》中意译为 violence(暴力)。

eko care:巴利语 eko care;梵文 eko care;"[修于]独一行"、"独一之行"。eka-,唯一的、独自的,即"独一"。care,动词、现在时,祈愿语气、第三人称单数形式(梵语 caret)。原形为√car-,行、游荡。

khargaviṣaṇagapo:巴利语 khaggavisāṇakappo;梵文 khaḍgaviṣāṇakalpo;"如犀牛一角"。-gapa-,-kappa-,-kalpa-,如,譬如。

犍陀罗语本《犀牛经》第18颂可译为"放弃儿子、亲友甚至母亲(?)以及对他们很有限的欲望……[一个人应该像犀牛一样独自游

---

[1]郭良鋆译:《经集》,中国社会科学出版社1990年版,第5页。

[2]高楠顺次郎、渡边海旭主编:《大正新修大藏经》第32册,第474页下栏。另见《辟支佛因缘论》卷上:"恶心永息,舍离刀仗(杖),犹如犀角,独一之行。"(见《大正新修大藏经》第32册,第473页中栏)

荡]。”[1]该颂对应巴利语的《犀牛角经》第26颂，即“抛弃儿子、妻子、父亲和母亲，抛弃钱财、谷物和亲属，抛弃一切爱欲，让他像犀牛角一样独自游荡。”[2]

在《辟支佛因缘论》卷下的“拘舍弥国王大帝悟辟支佛缘”中，亦有一首偈颂：

父母及妻子　谷帛财宝等
智者深观察　暂过如客舍
弃舍于爱欲　独行如犀角
我昔从诸师　传授闻此事[3]

《辟支佛因缘论》下加点的两行诗句，与犍陀罗语本第18颂亦有对应之处。犍陀罗语本与巴利语本及其此汉译诗句的词汇对应如下：

p(*u)traṃ：巴利语 puttañ；“子”。

mitra：亲友、朋友。巴利语本缺，其下一行有 bandhava-一词，即亲属。汉文本亦缺。

maritaṃ：巴利语 mātaraṃ；“母”。

hitvaṇu：巴利语 hitvāna；“弃舍”。

kamaṇi：巴利语 kāmāni；“[于]爱欲”。汉译本添加了介词“于”，用来表示动词的对象（宾语）。

yaṣotoaṇi：巴利语 yathodhikāni；汉文本缺。

ek(*o car)e kha(*r)gavi ṣ aṇagapo(*)：巴利语 eko care khaggavisāṇakappo；“独行如犀角”。

从这一对勘来看，一者，犍陀罗语本缺了第2行，现存第2行与巴利语本的第3行对应。二者，犍陀罗语本的词序为：子、友、母；巴利语本的词序为：子、妻（dāra-）、父（pitara-）、母、钱财（dhana-）、谷物（dhañña-）和亲属（bandhava-）；汉文本的词序为：父、母、妻、子、谷帛、

[1] Richard Salomon, with a contribution by Andrew Glass, *A Gāndhārī Versiona of the Rhinoceros Sūtra: British Library Kharoṣṭhī Fragment 5B*, p. 144.

[2] 郭良鋆译：《经集》，第8页。

[3] 高楠顺次郎、渡边海旭主编：《大正新修大藏经》第32册，第478页中栏。

财宝等。犍陀罗语本的次序“子、友、母”和巴利语本的次序“子、妻、父、母”，均是“子”排在“父母”前，而汉文本则倒了过来为“父、母、妻、子”。因为印度文本的排序习惯是先卑后尊，而汉文本的排序习惯是先尊后卑，所以，这两种排序正是中印不同文化习俗的一个缩影。

1.2.2 汉译佛经所见犍陀罗语本《法句经》的平行偈颂

被称为“众经之要义”的《法句经》是最有代表性的佛教诗歌作品之一，其文本繁多，影响深远。[1]《法句经》系列的诸种文本包括了用梵语、[2]巴利语、[3]犍陀罗语、吐火罗语、[4]藏语、汉语等多种语言撰写(和翻译)的经文。其中，犍陀罗语本《法句经》有两种文本，[5]分别出自新疆和田地区和阿富汗。《法句经》系列的汉译本则共有4种，即：

(1)《法句经》2卷：尊者法救(Dharmatrāta)撰，吴天竺沙门维祇难等译。

(2)《法句譬喻经》4卷：晋世沙门法炬共法立译。

(3)《出曜经》30卷：姚秦凉州沙门竺佛念译。

(4)《法集要颂经》(*Udānavarga*)4卷：尊者法救集，北宋中印度沙

---

〔1〕水野弘元：《法句经の研究》，春秋社1981年版。侯传文：《〈法句经〉与佛教偈颂诗》，载《法音》1999年第8期，第25－30页；修改稿载侯传文：《佛经的文学解读》，中华书局2004年版，第122－139页。黄先炳：《也谈〈法句经〉的偈颂及其文学性》，载《中国韵文学刊》2005年第2期，第28－34页。王丽娜、湛如：《〈法句经〉概貌考》，载《文学与文化》2012年第2期，第101－111页。

〔2〕Franz Bernhard, ed., *Udānavarga*. 2 vols. Abhandlungen der Akademie der Wissenschaften in Göttingen, Philologisch-historische Klasse, ser. 3, no. 54, Sanskrittexte aus den Turfanfunden 10. Göttingen: Vandenhoeck and Ruprecht. 1965—1968. Margaret Cone. ed., “The Patna Dharmapada. Part 1: Text.” *Journal of the Pali Text Society*, vol. 13, 1989, pp. 101－217.

〔3〕Oskar von Hinüber & K. R. Norman, eds., *Dhammapada*, Oxford: Pali Text Society, 1994. H. C. Norman. ed., *The Commentary on the Dhammapada* (*Dhammapadatthakathā*). Vol. 2. Pali Text Society. London: Luzac, 1970.

〔4〕参见季羡林：《吐火罗文研究》，载《季羡林全集》第12卷“学术论著4”，外语教学与研究出版社2010年版。

〔5〕John Brough, *The Gāndhārī Dharmapada*, London Oriental Series 7, London: Oxford University Press, 1962. Timothy Lenz, *A New Version of the Gāndhārī Dharmapada and a Collection of Previous-Birth Stories: British Library Kharoṣṭhī Fragments 16+25*, Gandhāran Buddhist Texts, Volume 3, Seattle and London: University of Washington Press, 2003.

门天息灾译。

《法句经》中的一些偈颂有在多个文本重复的现象。Timothy Lenz 列出了伦敦大英图书馆藏犍陀罗语本《法句经》的平行偈颂对应表。[1] 其中的第 5 颂,对应于阗犍陀罗语本《法句经》第 82 颂。该颂中的犍陀罗语词 uragha,/ uraka-,意指“蛇”,相应的巴利语词为 uraga-、梵语词亦为 uraga-。Timothy Lenz 列出了 3 种经文中的对应偈颂,分别即:

其一,巴利语《经集》第一品“蛇品”的第 1 章《蛇经》的第 1 颂:

yo uppatitaṃ vineti kodhaṃ
visataṃ sappavisaṃ va osadhehi
so bhikkhu jahāti orapāraṃ
urago jiṇṇam iva tacaṃ purāṇaṃ

其二,巴利语《法句经》第 402 颂:

yo uppatitaṃ vineti krodhaṃ
visaṭaṃ sappaviṣaṃ va oṣadhīhi
so bhikkhū jahāti orapāraṃ
urago jinnam iva ttacām purāṇiṃ

其三,梵本《法集要诵经》(*Udānavarga*)第三十二品第 65 颂:

yas tūtpatitaṃ nihanti mānaṃ
visṛtaṃ sarpaviṣa yathauṣadhena
sa tu bhikṣur idaṃ jahāty apāraṃ
hy urago jīrṇam iva tvacaṃ purāṇam

Timothy Lenz 的英译为:

That monk who rids himself (* of anger) that has arisen, (* as he would rid himself of suffused snake venom with medicines, leaves behind this life and the next), just as a snake [leaves behind] his (* old,) worn-

[1] Timothy Lenz, *A New Version of the Gāndhārī Dharmapada and a Collection of Previous-Birth Stories: British Library Kharoṣṭhī Fragments* 16 + 25, pp. 195 – 197.

out skin.[1]

该偈颂所对应的汉译资料如下：

《经集》第一品“蛇品”的第一章《蛇经》的第1颂：

“1：他抑制冒出的怒气，犹如用药抑制扩散的蛇毒，这样的比丘抛弃此岸和彼岸，犹如蛇脱去衰老的皮。”[2]

汉译佛经中可能有关的偈颂是维祇难等译《法句经》卷上“教学品法句经第二二十有九章”：

学能舍三恶　以药消众毒

健夫度生死　如蛇脱故皮[3]

巴利文《法句经》没有与维祇难等译《法句经》前八品相应的部分，但是，汉译的这一颂确实可以与 Timothy Lenz 上列的几种偈颂相对应。[4]

在汉译佛经中还有类似使用了“如蛇脱故皮”譬喻的偈颂，分别如下：

(1)《出曜经》卷29“沙门品第三十三”中有9个含有“如蛇脱故皮”的偈颂，其中之一云：

爱生而流溢　犹蛇含毒药

比丘胜彼此　如蛇脱故皮[5]

此偈颂中有两个譬喻：“蛇含毒药”和“蛇脱故皮”，前者与“以药消众毒”有出入。

(2)《法句譬喻经》卷4“梵志品第三十五”：

---

[1] Timothy Lenz, *A New Version of the Gāndhārī Dharmapada and a Collection of Previous-Birth Stories: British Library Kharoṣṭhī Fragments* 16 + 25, pp. 58 – 59.

[2] 郭良鋆译：《经集》，第1页。另见释达和译：《经集》，第13页。其译诗为：“若如以药草[抑制]扩展之蛇毒，/ 那样地调伏已生起之忿者；/ 彼比丘如蛇脱弃老旧皮，/ 那样地舍离此岸彼岸。”

[3] 高楠顺次郎、渡边海旭主编：《大正新修大藏经》第4册，第559页下栏。

[4] 水野弘元亦列出了此偈颂与 *Udānavarga* 的第三十二品第62～64颂、《经集》的第1颂、于阗犍陀罗语本《法句经》第82颂之间的对应关系，但未及巴利语《法句经》第402颂。在水野弘元的书中，巴利语《法句经》第402颂是另外的内容。参见水野弘元：《法句经の研究》，第272页。

[5] 高楠顺次郎、渡边海旭主编：《大正新修大藏经》第4册，第768页中栏。

内不离着外舍何益
去淫怒痴骄慢诸恶
如蛇脱皮是谓梵志
断绝世事口无粗言[1]

此偈颂中的"去淫怒痴骄慢诸恶"与"学能舍三恶"相当,但没有"以药消众毒"的内容。

(3)天息灾译《法集要颂经》卷2的"华喻品第十八":

贪瞋痴若断　如弃毒华根
比丘到彼岸　如蛇脱故皮
贪根若除断　如华水上浮
比丘到彼岸　如蛇脱故皮
恚根若除断　如华水上浮
比丘到彼岸　如蛇脱故皮
痴根若除断　如华水上浮
比丘到彼岸　如蛇脱故皮[2]

此段有4个"如蛇脱故皮"的并列偈颂,后3者还有"如华水上浮"的并列譬喻。后3个偈颂分别叙述除断贪根、恚根、痴根,其意义与"学能舍三恶"相当,这说明"如蛇脱故皮"的譬喻使用是比较灵活的。

(4)《法集要颂经》卷4的"比丘品第三十二"中有两组使用了"如蛇脱故皮"譬喻的并列偈颂:

不念今后世　观世如幻梦
比丘胜彼此　如蛇脱故皮
能断爱根本　尽竭欲深泉
比丘胜彼此　如蛇脱故皮
能断于五欲　断于欲根本
比丘胜彼此　如蛇脱故皮

[1]高楠顺次郎、渡边海旭主编:《大正新修大藏经》第4册,第605页上栏。
[2]高楠顺次郎、渡边海旭主编:《大正新修大藏经》第4册,第786页中栏。

能断于五结　拔于爱欲刺
比丘胜彼此　如蛇脱故皮
诸有无家业　又断不善根
比丘胜彼此　如蛇脱故皮
诸有不热恼　又断不善根
比丘胜彼此　如蛇脱故皮
断欲无遗余　如拔不牢固
比丘胜彼此　如蛇脱故皮
爱生如流溢　犹蛇含毒药
比丘胜彼此　如蛇脱故皮
诸有断相观　内不造其心
比丘胜彼此　如蛇脱故皮〔1〕

需要说明的是,此处引文的诗句排列方式与《大正藏》本不同。此处9个偈颂与《出曜经》卷29“沙门品第三十三”中的9个含有“如蛇脱故皮”的偈颂文字相同。另一组偈颂如下:

调伏贪爱念　如药解蛇毒
比丘能破坏　如蛇脱故皮
调伏瞋恚念　如药解蛇毒
比丘能破坏　如蛇脱故皮
调伏愚痴念　如药解蛇毒
比丘能远离　如蛇脱故皮
调伏骄慢念　如药解蛇毒
比丘能远离　如蛇脱故皮
调伏悭吝念　如药解蛇毒
比丘能远离　如蛇脱故皮〔2〕

这一组偈颂中分别含有“如药解蛇毒”和“如蛇脱故皮”两个并列

〔1〕高楠顺次郎、渡边海旭主编:《大正新修大藏经》第4册,第792页中栏。
〔2〕高楠顺次郎、渡边海旭主编:《大正新修大藏经》第4册,第797页下栏。

的譬喻句。前3个偈颂分别叙述调伏贪爱念、瞋恚念、愚痴念，其意义与“学能舍三恶”相当。

《法句经》系列之外的汉译佛经中也有类似的偈颂：

(5)迦旃延子造、符秦罽宾三藏僧伽提婆共竺佛念译《阿毗昙八犍度论》卷2：

世尊善说契经：

若断欲无余　如入水莲花

比丘灭此彼　如蛇脱皮去[1]

(6)尊者迦多衍尼子造、玄奘译《阿毗达磨发智论》卷1：

如世尊说：

若断爱无余 如莲华处水

比丘舍此彼 如蛇脱故皮[2]

(7)五百大阿罗汉等造、玄奘译《阿毗达磨大毗婆沙论》卷28“杂蕴第一中补特伽罗讷息第三之六”：

如世尊说：

若断爱无余 如莲花处水

比丘舍此彼 如蛇脱故皮[3]

(8)玄奘译《阿毗达磨大毗婆沙论》卷93“智蕴第三中学支纳息第一之一”：

如伽他说：

若断爱无余　如莲花处水

比丘舍此彼　如蛇脱旧皮[4]

从上可知，“如蛇脱皮”(如蛇脱故皮、如蛇脱旧皮)的譬喻见于多处经文，值得研究。该譬喻不仅仅是佛教徒熟悉的，也是印度民间的常用譬喻。大史诗《摩诃婆罗多》第七篇《德罗讷篇》第134章的第65

[1]高楠顺次郎、渡边海旭主编：《大正新修大藏经》第26册，第776页下栏。

[2]高楠顺次郎、渡边海旭主编：《大正新修大藏经》第26册，第922页中栏—下栏。

[3]高楠顺次郎、渡边海旭主编：《大正新修大藏经》第27册，第145页中栏。

[4]高楠顺次郎、渡边海旭主编：《大正新修大藏经》第27册，第480页上栏。

颂:“假如你不愿国王被普利塔之子那些脱皮的蛇一般可怕的箭击得粉碎,那么,就阻止他出战。”[1]该句中用“脱皮的蛇一般”(nirmuktoraga-saṃnibhaiḥ)来譬喻“可怕的箭”,这与佛经中将舍弃了三毒的比丘譬喻为脱去故皮的蛇,是不一样的。在印度文献中,同样的喻体被用于与不同的本体来配对,这样的修辞现象是比较普遍的。

1.2.3 汉译佛经所见犍陀罗语“本生故事集”的平行故事

Timothy Lenz《犍陀罗语〈法句经〉新译本及本生故事集》中,解读了几个犍陀罗语的本生故事,其中的几个故事与对应的梵汉佛经可列表归纳如下:[2]

表 1－1 《犍陀罗语〈法句经〉新译本及本生故事集》中的几个故事与对应的梵汉佛经

序号	内容	对应文本	
		梵文本	汉文本(汉译佛经中的文本)
1	佛本生故事	SBhV II 13 - 14 Mvu III 471 - 475	《六度集经》六七“杀身济贾人经”(T no. 152, p. 36a29 - b27); 《贤愚经》(T no. 202, p. 422a10 - b28)
2	佛本生故事	SBhV II 119 - 133	《根本说一切有部毗奈耶破僧事》(T no. 1450, pp. 181 - 184)
3	憍陈如故事	Mvu III 461 - 463	《佛本行集经》(T no. 190, pp. 813 c11 - 814b16)
4	阿难故事	SBhV II 64 - 66 Mvu III 471 - 475	《佛本行集经》“阿难因缘品第六十”(T no. 190, pp. 930a16 - 931b23); 《根本说一切有部毗奈耶破僧事》(T no. 1450, p. 167a8 - c13)

其中的第二个佛本生故事,就是有名的太子须大拏本生。本故事中,有一句值得注意,即:

众神之王因陀罗(Indra)从天而来,说了偈颂:“显然的,这个

---

〔1〕毗耶娑著,黄宝生等译:《印度古代史诗摩诃婆罗多》(四),中国社会科学出版社 2005 年版,第 319 页。

〔2〕Timothy Lenz, *A New Version of the Gāndhārī Dharmapada and a Collection of Previous-Birth Stories: British Library Kharoṣṭhī Fragments* 16 + 25, pp. 209 - 252.

邪恶的人[吃]坏的食物。"[1]

帝释天(Śakra,天帝释,即因陀罗)此处吟诵的这一颂诗,诸汉译本(《六度集经》卷2、《太子须大拏经》、《根本说一切有部毗奈耶药事》卷14等)中多无,唯《根本说一切有部毗奈耶破僧事》(义净译)卷16的译注中有所交待,如下:

> 尔时天帝释知菩萨与曼低离夫人俱与决定希有难行之行,与三十三天共相围绕,从虚空而下,光明照耀,至菩萨所居山林庵所。在于空中,以颂伽他,告菩萨曰:此下有颂。尔时帝释作是颂已,令菩萨心坚固勇健。[2]

义净译注的"此下有颂"明确指出此处有偈颂,但未翻译。梵本《破僧事》(*Saṅghabheda-vastu*)中,也确实有相应的偈颂,其内容Timothy Lenz英译如下:

> Since in a foolish world where minds are filled with evil demons that are false views, where heads are bent only on pleasure and are bound by the noose of offspring, you alone, O Mighty One, are free of attachments, and you alone relinquish your beloved children. You will certainly attain the calm, peaceful, spotless, and pure state [i. e., nirvāṇa].[3]

虽然新出的犍陀罗语须大拏太子本生属于纲要式的文本,其篇幅、内容与梵巴汉藏等诸语种的对应文本无法相提并论,但是,犍陀罗语本不仅提供了更多有关该本生故事流传的时间与地域方面的重要信息,而且犍陀罗语本中的一些语句与其他的文本可以对证,也丰富了我们对相应文本的理解。因此,在研究印度佛教文学与文献的时候,不能忽视这些小型文本的价值。犍陀罗语本此处的偈颂信息,为研究义净在翻译根本说一切有部律事文本时,对原典偈颂的具体处理方法,提供了重要的例证。

[1] Tomothy Lenz, *A New Version of the Gāndhārī Dharmapada and a Collection of Previous-Birth Stories: British Library Kharoṣṭhī Fragments* 16 + 25, p. 157.

[2] 高楠顺次郎、渡边海旭主编:《大正新修大藏经》第24册,第181页下栏。

[3] Timothy Lenz, *A New Version of the Gāndhārī Dharmapada and a Collection of Previous - Birth Stories: British Library Kharoṣṭhī Fragments* 16 + 25, p. 234.

1.2.4 汉译佛经所见犍陀罗语本《无热恼池颂》的平行文本

新出犍陀罗语本《无热恼池颂》所对应的汉译平行文本为西晋三藏竺法护译《佛五百弟子自说本起经》和义净译《根本说一切有部毗奈耶药事》卷 16 至卷 18 的佛“诸大弟子们说业报缘”部分。《佛五百弟子自说本起经》中出现了两次“马通”，分别见于“难陀品第十欣乐十二偈”和“货提品第十九二十七偈”，具体诗句如下：

王舍国城东　曾为富尊者
时世谷饥贵　有道士游彼
时我坐独食　有好道士来
坏破缘一觉　自在得无漏
兴起贪嫉意　其心志于恶
今此比丘来　焉得同太岁
于是念饮食　杂糅以马通
道人食之已　应时即命过[1]

我时辄兴意　贪嫉恶心意
尚难饲我子　妇女及姊妹
兄弟诸亲属　是饭食供养
何况此比丘　当供养三月
供养五百人　大减损我家
我欲令比丘　作方便令死
假使命过者　不损用我物
心自念恶已　马通糅饭中
持用饭食之　谓杀无所苦
啖此饭食已　得病甚困厄
结刮其肠胃　伤绝于五脏

[1]高楠顺次郎、渡边海旭主编:《大正新修大藏经》第 4 册，第 193 页上栏。

乐法得道人　则为已命过[1]

这两处均是说将"马通"杂糅在米饭之中,从进食后的结果("应时即命过"和"伤绝于五脏……则为已命过")来看,此"马通"绝不是有营养的马肉,而是不洁或有毒之物。那么,它到底是指什么呢?首先,不妨查看一下与《佛五百弟子自说本起经》相应的异译平行文本,即义净译本。与上引"难陀品"和"货提品"对应的分别是《根本说一切有部毗奈耶药事》中具寿"有喜"(Nandika)和具寿"娑底"(Svāti)所说的偈颂:

尔时具寿有喜说伽陀曰:
昔于王舍城　身受大富贵
其时遭亢旱　我设仙人食
后有一仙来　容仪甚端正
此是缘觉性　漏尽心自在
为我心悭吝　遂起斯恶念
谁能于此人　七年供给食
以马尿煮饭　令彼仙人食
仙人既食已　由此命便终[2]

尔时具寿娑底即说颂曰:
……
生贪作是念　我姊妹兄弟
妻男女亲族　尚不施饭食
此仙三月坐　当有用度多
况于五百数　我须彼沙门
令其得命终　若得彼身死
我即无用度　无过杀于彼

[1]高楠顺次郎、渡边海旭主编:《大正新修大藏经》第4册,第197页上栏。
[2]高楠顺次郎、渡边海旭主编:《大正新修大藏经》第24册,第81页中栏。

及生罪心已　煎煮其马尿
和食与彼餐　当吃此食已
乃即有病患　便即肠肚出
其时知死已　彼仙得道人[1]

经过对比，不难发现，《佛五百弟子自说本起经》中译的是"马通"，而《根本说一切有部毗奈耶药事》中译的是"马尿"。"马通"的"通"可做"粪"解，"马通"即"马粪"。《汉语大词典》"通"条第26项释义："粪，马粪"。《后汉书·独行传·戴就》："以马通熏之。"李贤注引《本草经》："马通，马矢也。"宋王安石《登小茅山》诗："物外真游来几席，人间荣愿付苓通。"明李时珍《本草纲目·兽一·马》云："马屎曰通，牛屎曰洞，猪屎曰零，皆讳其名。凡屎必达胴肠乃出，故曰通，曰洞。胴，即广肠也。"通过异译平行段落的比较，可以看出一本是"马通"，一本是"马尿"，但无法判断到底应该是哪一种。如果有相应的原典文本，那么，就可以得出更确切的结论了。

大英图书馆藏犍陀罗语本《无热恼池颂》写本第73颂为具寿"有喜"（Nandika）所说的偈颂之一，即：

peavitaṇa bhat（*u）
aśpamutreṇa kvachia。
ta bhikhu aśvaveṣi
su ya kalu akroviṣu（*o）[2]

梵文《药事》（*Bhaiṣajya-vastu*）中具体对应的两段诗句如下：[3]

atha āyuṣmān-nandikas-tasyāṃ velāyāṃ svakāṃ karmaplotiṃ vyākaroti.

purottame rājagṛhe śreṣthyabhūvaṃ mahāghanaḥ |

[1]高楠顺次郎、渡边海旭主编：《大正新修大藏经》第24册，第84下栏。

[2]Richard Salomon, *Two Gāndhārī Manuscripts of the Songs of Lake Anavatapta* (*Anavatapta-gāthā*): *British Library Kharoṣṭhī Fragment* 1 *and Senior Scroll* 14, p. 305.

[3]笔者本书所引的梵文资料，基本上是直接抄录原书，未将句子中的连音一一分拆，特此说明，祈请读者注意。

durbhikṣe vartamāne caṛṣayastatra bhojitāḥ | | 273 | |

bhuktvā pratyekabuddhastat śītībhūto anāśravaḥ |

cittamātsaryadoṣeṇa pāpikāṃ cintayāmyaham | | 274 | |

ko adhunemaṃ śramaṇkaṃ saptavarṣaṇi bhojiyet |

kvathayitvāśvamūtreṇa tato bhaktamapācayam | | 275 | |

abhojayamṛṣiṃ [tasmāt kṛtvā kālamanalpakam |

samayaṃ duḥkhamāpanna] stāpane atha pratāpane | | 276 | |

narakāt pracyutaścāhaṃ labdhvā vai mānuṣaṃ bhavam |

glānakaḥ paravaśyaśca duḥkhībhūtaścarāmyaham | | 277 | | [1]

bhaktaṃ tādṛśamevāhaṃ tasya bhikṣoḥ pradattavān |

tato me tatra mātsaryamudapādi sudāruṇam | | 407 | |

…… …… …… kutaḥ |

punarbhikṣumimaṃ traimā…… …… | | 408 | |

bhaviṣyatyatimātro ayaṃ vyayaḥ pañcaśatāni me |

yattvahaṃ śramaṇasyāsya maraṇāya parākramam | | 409 | |

ku …… |

bhojanena saha prādāma[śvamūtra] …… ……| | 410 | |

tasmiṃśca bhuktamātre asya vyādhirdāruṇamusthitaḥ |

anvrāṇyantraguṇaṃ vṛkvā adhobhāgena nirgataḥ | | 411 | |

kā …… …… |

…… śreṣṭhī avadhīd ya imaṃ munim |

…… …… manāsravam | | 412 | | [2]

犍陀罗语本《无热恼池颂》中的 aśpamutreṇa，邵瑞祺（Richard Salomon）释作“with horse’s urine”。他认为，犍陀罗语本中的这一读法

〔1〕Sitansusekhar Bagchi, ed., *Mūlasarvāstivādavinayavastu*, vol. 1, Buddhist Sanskrit Text No. 16, Darbhanga: The Mithila Institute of Post-graduate Studies and Research in Sanskrit Learning, 1967, p. 113.

〔2〕Sitansusekhar Bagchi, ed., *Mūlasarvāstivādavinayavastu*, vol. 1, pp. 124 – 125.

支持汉译本中的两种译法“马通”与“马尿”,而不支持藏译本的 khyi yi gcin(狗尿),因为藏译本是将梵本中的 kvathayitvāśvamūtreṇa 误读成了 kvathayitvā-śvamūtreṇa。[1] 不过,“马通”(马粪)与“马尿”还是有区别的。另从梵汉文本的对照来看,梵本《药事》中的 aśvamūtra 也是指“马尿”。这样就可以断定,犍陀罗语本《无热恼池颂》的 aśpamutra 与梵汉本《药事》中的 aśva-mūtra-和“马尿”是一致的,而《佛五百弟子自说本起经》中所译的“马通”属于对原典的改译。“马通”这一译名亦仅见于《佛五百弟子自说本起经》中。

可以说,如果没有这些原典文本的对证,读者是很难对类似的改译情况加以判断的。因此,在研究佛经翻译与汉译佛经词语的时候,我们既要注意到同体系的原典、译本与异译本,也要善加利用相关的平行文本。惟其如此,我们才能将佛经文献和语言研究的大门开得更宽一些。

1.3 新出犍陀罗语佛教写卷中的词语辨析

犍陀罗语佛教文献在中亚早期佛教传播史上占有重要的一席之地,“早期汉译佛典的音译词清楚地表明犍陀罗语是佛教在中亚初传的中间人,也是印度文化自西北经中亚入华的中间人。”弗兰兹·伯尔尼哈德还认为犍陀罗语的使用,不限于某一个部派。“法藏部在中亚的早期传教曾使用犍陀罗方言,它早于说一切有部、根本说一切有部以及后来的为大批中亚写本所证实使用梵语的大乘佛教的传播。”[2] 对犍陀罗语的研究,新出的这些文献提供了许多新词新义,并为佛教混合梵语的研究提供了新的素材,[3] 也为安世高等人的译经语汇的研究打开了一扇新的窗口。

---

[1] Richard Salomon, *Two Gāndhārī Manuscripts of the Songs of Lake Anavatapta* (*Anavatapta-gāthā*): *British Library Kharoṣṭhī Fragment* 1 *and Senior Scroll* 14, p. 305.

[2] 弗兰兹·伯尔尼哈德著,姚崇新译:《犍陀罗语与佛教在中亚的传播》,载《西域研究》1996 年第 4 期,第 61－66 页。

[3] Richard Salomon, “Gandhārī Hybrid Sanskrit: New Sources for the Study of the Sanskritization of Buddhist Literature”, *Indo-Iranian Journal*, vol. 44, No. 3, 2001, pp. 241－252.

从佛经语言研究(特别是梵/胡—汉对勘)的角度而言,新出的这些犍陀罗语佛经语料亦不应该被忽视。犍陀罗语佛经残片中的词语既有专名词,也有常用词,还有疑难词,其数量虽然不能与梵巴佛经中的词语数量相比,但各类词语的形态还是比较丰富的。研究者虽然已经对这些犍陀罗语佛经的多数词语进行了释义等工作,但从梵/胡—汉对勘的层面来说,还有进一步探讨的余地。本节选择其中的一些词语进行比较,希望对其价值有更多一些的认识。

1.3.1 专名词的辨析

犍陀罗语佛经中的专名词包括了人名、地名、国名、物名、佛教名相词等,这些词与梵语词汇以及相应的汉译本有密切关系。今选择数个词语,略做解析如下:

(1) baraṇasi-pure / Skt. vārāṇasīṃ pure 波罗奈国

大英图书馆藏犍陀罗语本《无热恼池颂》写本第7颂中有犍陀罗语 baraṇasi-pure 一词。所对应的吉尔吉特梵本《根本说一切有部律事》的 Gil XXVI. 409 中有 vārāṇasīṃ pure。西晋竺法护译《佛五百弟子自说本起经》中译作“波罗奈国”,而唐代义净译《药事》中则译作“波罗痆斯”。[1] 义净将 vārāṇasī 译为“波罗痆斯”,另见于《药事》中的例子,如下:

[梵] bhūtapūrvaṃ bhikṣavo vārāṇasyām-anyatamo brāhmaṇo vedavedāṅga-pāragaḥ/[2]

[药] 乃往古昔,波罗痆斯大都城中,有一婆罗门,学该明典。[3]

在此颂中,义净译出了“与迦陀国王”,而竺法护译本中作“于脂惟尼生”,很显然,“迦陀国王”是指迦陀(Kāśī)国的国王,而“脂惟尼”是人名 Kṛki(即 Kāśī 国的国王)的音译。义净不直接译出人名,而是译出其身份,这是义净对印度历史文化较为熟悉的反映。

[1] Richard Salomon, *Two Gāndhārī Manuscripts of the Songs of Lake Anavatapta (Anavatapta-gāthā): British Library Kharoṣṭhī Fragment* 1 *and Senior Scroll* 14, p. 196.

[2] Sitansusekhar Bagchi, ed., *Mūlasarvāstivādavinayavastu*, vol. 1, p. 130.

[3] 高楠顺次郎、渡边海旭主编:《大正新修大藏经》第24册,第95页中栏。

(2)kṣatra / Skt. cchatra　塔刹

大英图书馆藏犍陀罗语本《无热恼池颂》写本第8颂中有犍陀罗语kṣatro一词。所对应的吐鲁番梵本《无热恼池颂》的Tur XXVI.8中有cchatram。西晋竺法护译《佛五百弟子自说本起经》中译作"承露盘",而唐代义净译《药事》中则译作"伞盖"。[1] 类似的复合词puṣpa-cchatra常译作"华盖"。

大英图书馆藏犍陀罗语本《无热恼池颂》写本第9颂中有犍陀罗语kṣatrarohaṇu一词。所对应的吉尔吉特梵本《根本说一切有部律事》的Gil XXVI.411中有cchatrasya。梵本《羯磨分别》(*Karmavibhaṅga*)中则有eka-cchatra-pradānāḥ。西晋竺法护译《佛五百弟子自说本起经》中译作"兴建刹柱盘",而唐代义净译《药事》中仍然译作"伞盖"。[2] 很显然,义净所译的"伞盖"与犍陀罗词语kṣatra意义相同,而竺法护所译的"承露盘"和"刹柱盘"与kṣatra / cchatra的意义均有出入。译语"承露盘"还见于《弥沙塞部和醯五分律》(宋罽宾三藏佛陀什共竺道生等译)卷26:"诸比丘欲作露塔、屋塔、无壁塔;欲于内作龛像、于外作栏楯;欲作承露盘;欲于塔前作铜铁石木柱,上作象、狮子种种兽形;欲于塔左右种树,佛皆听之。"[3] 辛岛静志对此词有详细的研究,可参看。[4]

(3)Bandhumadi / Skt. Bandhumatī　亲慧城

大英图书馆藏犍陀罗语本《无热恼池颂》写本第14颂中有犍陀罗语bandhumadi-rayadhaṇie (rājadhāniyā)一短语。所对应的吉尔吉特梵本《根本说一切有部律事》的Gil VI.75中有bandhumatyāṃ pravacane rājadhānyāṃ。吐鲁番梵本《无热恼池颂》的Tur VI.1中有prāvacane bandhumatyāṃ。《佛五百弟子自说本起经》中译作"盘头摩国土",而义

[1] Richard Salomon, *Two Gāndhārī Manuscripts of the Songs of Lake Anavatapta (Anavatapta-gāthā): British Library Kharoṣṭhī Fragment 1 and Senior Scroll 14*, p. 197.

[2] Richard Salomon, *Two Gāndhārī Manuscripts of the Songs of Lake Anavatapta (Anavatapta-gāthā): British Library Kharoṣṭhī Fragment 1 and Senior Scroll 14*, pp. 198–199.

[3] 高楠顺次郎、渡边海旭主编:《大正新修大藏经》第22册,第173页上栏。

[4] 辛岛静志:《汉译佛典的语言研究》(三),载《语言学论丛》2008年第37期,第146–150页。

净译《药事》中译作“昔于亲慧城”。[1] “盘头摩”可视为犍陀罗语词 bandhumadi 的音译，而“亲慧”则显然是 bandhumatī 的意译。因为 Bandhu 是“亲”的意思，比如，著名的佛教菩萨 Vasubandhu，汉译即作“世亲”，音译“婆薮盘豆”。陈天竺三藏法师真谛译《婆薮盘豆法师传》中指出，“婆薮（Vasu）译为天，盘豆（bandhu）译为亲。”[2] 又，同样的译名见于《金刚仙论》卷 1 云：“如来灭度后之中，有高行大士，号曰婆薮盘豆（Vasubandhu），魏云天亲。”[3] Matī，源于 mati，是“思想、智慧、想法”的意思，古译为“慧”。因此，犍陀罗语词 Bandhumadi（= Skt. Bandhumatī），其意译也是“亲慧”，[4] 而且，madi = Skt. mati = Skt. matī，意即“智慧”。罗鸿指出，还有另一种可能性：此处 bandhu 后面加上 matup 词缀，然后再变成阴性词，译为“有亲友的［城池］”。类似的词语，比如，十地中的第 4 地 arciṣmatī 被译成“焰慧地”，藏译为’od ’phro can，其中的 can 明确反映了 matup 词缀。因此，这里两处汉译的译法值得进一步的讨论。

（4）yaśo / Skt. yaśas　名称

大英图书馆藏犍陀罗语本《无热恼池颂》写本第 49 颂中有犍陀罗语人名 yaśo 一词。所对应的吉尔吉特梵本《根本说一切有部律事》的 Gil XI. 162 中有［ya］śāsthaviro。《佛五百弟子自说本起经》中竺法护译作“［如是］圣夜邪　［尊者子神通］”，而《药事》中义净译作“［我于耆宿前］名称［说本业］”。[5] 可见，犍陀罗语人名 yaśo 与梵语 yaś-āḥ（> Yaśas）对应的音译为“夜邪”，意译为“名称”。Yaśas 具有“名声、名闻”的意思，一般音译作“耶奢”、“耶舍”、“夜舍”等。比如，《撰集百缘经》卷 9“声闻品第九”的“耶舍蜜多缘”，其中的“耶舍”，在［宋］［元］［明］

[1] Richard Salomon, *Two Gāndhārī Manuscripts of the Songs of Lake Anavatapta (Anavatapta-gāthā): British Library Kharoṣṭhī Fragment* 1 *and Senior Scroll* 14, p. 206.

[2] 高楠顺次郎、渡边海旭主编：《大正新修大藏经》第 50 册，第 188 页中栏。

[3] 高楠顺次郎、渡边海旭主编：《大正新修大藏经》第 25 册，第 799 页上栏。

[4] 罗鸿认为，Bandhumadi / Skt. Bandhumatī，应该理解为“有亲友的城市”。

[5] Richard Salomon, *Two Gāndhārī Manuscripts of the Songs of Lake Anavatapta (Anavatapta-gāthā): British Library Kharoṣṭhī Fragment* 1 *and Senior Scroll* 14, p. 258.

[圣]本中均写作“耶奢”,“耶舍蜜多”是梵语 Yaśomitra-的音译,“耶舍”则是梵语 Yaśo-(> Yaśas)的音译。又,梁扶南三藏僧伽婆罗译《阿育王经》卷 2“见优波笈多因缘品第二”云:“彼时上座比丘名耶舍翻名闻答阿育王言:亦有。”[1]僧伽婆罗的译注“翻名闻”就是指出“耶舍”(Yaśas)的意译为“名闻”。《佛五百弟子自说本起经》中还有一处“夜耶品第十一名闻二十六偈”,[2]“夜耶”中的“耶”是“邪”字的形误,说明与 Yaśas 对应的音译词“夜耶(邪)”就是“名闻”的意思。

在佛经译注和中土文献(僧传与佛经音义著作)中,“耶舍”以及含有“耶舍”的人名还有多种译法,见表 1-2:

表 1-2 “耶舍”译名一览表

出处/卷次	译者/作者	音译名	意译名	备注
《佛说观药王药上二菩萨经》	畺良耶舍	畺良耶舍	(宋言)时称	《高僧传》卷 3,同。
《高僧传》卷 1	慧皎	昙摩耶舍	法明	
《高僧传》卷 2		佛陀耶舍	觉明	
《贞元新定释教目录》卷 7	圆照	畺良耶舍	宋云持称	
《续高僧传》卷 1	道宣	阇那耶舍	周言藏称	
《续高僧传》卷 2		那连提黎耶舍	隋言尊称	
《神僧传》卷 2		佛陀耶舍	觉名	
《法华传记》卷 1		昙摩伽陀耶舍	齐言法生称	
《一切经音义》卷 26	慧琳	耶舍比丘	此云明也	或云耶世
《一切经音义》卷 71		耶舍	此云誉,谓名誉	

[1] 高楠顺次郎、渡边海旭主编:《大正新修大藏经》第 50 册,第 135 页中栏。
[2] 高楠顺次郎、渡边海旭主编:《大正新修大藏经》第 4 册,第 193 页中栏。

表 1－2(续)

出处/卷次	译者/作者	音译名	意译名	备注
《翻梵语》卷 1	宝唱	耶舍苏蔓那	耶舍者,名闻	苏蔓罗:好意
《翻梵语》卷 2	宝唱	耶舍菩萨	名闻	
		耶舍	名闻	亦云耶世羁
		耶舍陀迦罗提	耶舍陀者,名闻典也	迦兰提者,如上说
		僧迦耶舍	众名闻	应云僧伽耶舍
		昙摩沙	法名闻	应云达摩耶舍
《翻梵语》卷 5	宝唱	耶舍输陀	名闻与	与＝兴【甲】
		耶舍欝多耶	名闻胜	
《翻梵语》卷 6		修耶舍摩提	好名闻意	应云修耶舍摩底多履反
		耶舍耶	名闻乐	
		输陀耶舍	净名闻	
《梵语杂名》	利言	耶舍	名闻	yaśa

从表 1－2 可见,“耶舍”的意译共有 6 种,即“称”、“明”、“名”、“誉”、“名誉”、“名闻”,这 6 种均与“名”有关联,其中的“明”应该是“名”的同音字,在汉语中,“明”更具文雅的色彩,故用“明”(vidyā)替代了“名”(ya-śas)。

竺法护译词“圣夜邪”中的“圣”,对译的该是吉尔吉特梵本中的 sthaviro (> sthavira,意即“大德、尊者、上座、耆宿”),同时又加上了一个“尊者子”的称呼,而“神通”是描述“尊者子”的性质,指其具有超自然的能力,对应的是犍陀罗语本《无热恼池颂》写本第 49 颂中的 rdhi-madu 一词。[1] 因此,不能将该句读为“尊者/子神通”。义净所译的“我于耆宿前”很可能是将 sthaviro 当成了属格(“耆宿的”)或依格(“于耆宿前”)来翻译了。

〔1〕Richard Salomon, *Two Gāndhārī Manuscripts of the Songs of Lake Anavatapta* (*Anavatapta-gāthā*): *British Library Kharoṣṭhī Fragment* 1 *and Senior Scroll* 14, p. 79.

(5)ṇadio / Skt. nandika　欣乐、有喜

大英图书馆藏犍陀罗语本《无热恼池颂》写本第79颂中有犍陀罗语ṇadio一词。所对应的吉尔吉特梵本《根本说一切有部律事》的Gil X.137中有nandikaḥ sthaviro。竺法护译《佛五百弟子自说本起经》中译作"(如是)难陀尊",而唐代义净译《药事》中译作"[我比丘]有喜"。[1] 可见,犍陀罗语人名ṇadio与梵语nandikaḥ(>nandika)对应的音译或许为"难陀",意译则为"有喜"。《佛五百弟子自说本起经》中该段偈颂的标题为"难陀品第十欣乐十二偈",[2]说明与nandika对应的音译词"难陀"的意思就是"欣乐"。"欣乐"与"有喜"都是ṇadio(>Skt. nandika)的意译。

作为人名的nandika(具喜),与nanda(喜)的意义相关,二者与ānanda(遍喜)大致可视为近义词,有表示"喜欢、欢乐、高兴"的意思。不过,我们仍然必须注意到这3个词的含义虽然接近,但仍然存在差别,不能完全等同。这3个词语中,nandika的尾音ka-和ānanda的前缀首音ā-,有时候被略去不译,所以要注意其中的具体所指。比如,梵汉本《根本说一切有部毗奈耶破僧事》(*Saṅghabheda-vastu*)卷2中有两例,对应如下:

[梵]śuddhodanasya dvau putrau, bhagavān, āyuṣmāṃś ca nandaḥ. (vol. i, p. 31)[3]

[汉] 净饭王有二子。其最大太子,即我薄伽梵是。其第二者,即具寿难陀是。[4]

[梵]amṛtodanasya dvau putrau, āyuṣmān ānando devadattaś ca. (vol.

[1] Richard Salomon, *Two Gāndhārī Manuscripts of the Songs of Lake Anavatapta* (*Anavatapta-gāthā*): *British Library Kharoṣṭhī Fragment 1 and Senior Scroll 14*, p. 313.

[2] 高楠顺次郎、渡边海旭主编:《大正新修大藏经》第4册,第193页上栏。

[3] 本书所引《破僧事》(*Saṅghabheda-vastu*)的语料,均出自Raniero Gnoli, ed., *The Gilgit Manuscript of the Saṅghabhedavastu, Being the 17th and Last Section of the Vinaya of the Mūlasarvāstivādin*, Part I, Part II, Roma: Istituto Italiano per il Medio ed Estremo Oriente, 1977, 1978. 以下均标明引文所在的册数和页码,不一一出注。此处照引原书的转写,未对句内连声再进行标准化处理,下同。特此说明。

[4] 高楠顺次郎、渡边海旭主编:《大正新修大藏经》第24册,第105页上栏。

i, p. 32)

[汉] 甘露饭王有二子:一名庆喜、二名天授。[1]

对比可见,nanda-被音译为"难陀",而 ānando (> ānanda-)的意译为"庆喜"。如果没有梵本的对照,我们很容易误认为义净所译的"有喜"和"庆喜"对应的是同一个梵语词。

(6)sumaṇa / Skt. sumanā 须鬘花

大英图书馆藏犍陀罗语本《无热恼池颂》写本第 80 颂中有犍陀罗语 sumaṇa 一词。所对应的吉尔吉特梵本《根本说一切有部律事》的 Gil V. 60 中有 sumaṇasaṃ。竺法护译《佛五百弟子自说本起经》中译作"须鬘花",而唐代义净译《药事》中译作"苏秣那"。[2]《佛五百弟子自说本起经》中与此写本第 89 颂相应的地方译作"须鬘"。"须鬘"与"苏秣那"均为 sumaṇa = Skt. sumanā 的音译。值得注意的是,《佛五百弟子自说本起经》所对应的本段偈颂的名称为"须鬘品第五善念十四偈",[3]可见"须鬘"的意译为"善念",而"善念"所对应的梵语复合词为 su("善"、好、妙)-manas("念"、思想)。与华名"苏秣那"相应的音译词还有"须摩那"、"苏曼那"、"苏磨那"、"稣曼那"、"须曼那"等多种形式。慧琳《一切经音义》卷 10 引玄应音释《胜天王般若经》第 5 卷的"须摩那"条云:"须摩那:或云苏磨那华。其色黄白,亦甚香,不作大树,才高三四尺,四垂似盖者。"[4]又,《一切经音义》卷 26(释云公撰、慧琳再加删补)音释《大般涅槃经》卷 21 的"须摩那花"条云:"须摩那花:亦名稣曼那。玄奘云:善称意。"[5]此条文中所引用的玄奘译语"善称意",与宝唱《翻梵语》卷 10 的"须摩那花:亦云须曼那。译曰好意"相吻合。[6]"善称意"、"好意"和"善念"一样,都是梵语 su-manas

---

[1]高楠顺次郎、渡边海旭主编:《大正新修大藏经》第 24 册,第 105 页上栏。

[2]Richard Salomon, *Two Gāndhārī Manuscripts of the Songs of Lake Anavatapta (Anavatapta-gāthā): British Library Kharoṣṭhī Fragment 1 and Senior Scroll 14*, p. 314.

[3]高楠顺次郎、渡边海旭主编:《大正新修大藏经》第 4 册,第 191 页中栏。

[4]高楠顺次郎、渡边海旭主编:《大正新修大藏经》第 54 册,第 363 页中栏。

[5]高楠顺次郎、渡边海旭主编:《大正新修大藏经》第 54 册,第 476 页中栏。

[6]高楠顺次郎、渡边海旭主编:《大正新修大藏经》第 54 册,第 1050 页上栏。

的意译。换言之,犍陀罗语词 sumaṇa 的意译也是“善称意”、“好意”和“善念”。

(7)Pokhaladi / Skt. Puṣkalāvatī 布色羯逻伐底

大英图书馆藏犍陀罗语《譬喻经》残卷 2.20 中有一个地名 Pokhaladi,Timothy Lenz 指出,其对应的梵语为 Puṣkalāvatī,[1]即古代犍陀罗地区的首府。该地的音译名见于玄奘的译经中。五百大阿罗汉等造、玄奘译《阿毗达磨大毗婆沙论》卷 130:“曾闻一时,尊者满愿为乞食故,将入布色羯逻伐底城。”[2]又,《大唐西域记》卷 2 对该地有所描绘,云:“迦腻色迦王伽蓝东北行五十余里,渡大河,至布色羯逻伐底城。周十四五里,居人殷盛,闾阎洞连。城西门外有一天祠,天像威严,灵异相继。”[3]慧立、彦悰《大唐大慈恩寺三藏法师传》卷 2 中有同样的译名。道宣《释迦方志》卷上则云:“寺东北五十余里渡大河,至布羯逻伐底城。”[4]很显然,道宣的译名“布羯逻伐底”中掉了一个“色”字,当来自玄奘所译的“布色羯逻伐底”,它是梵语 Puṣkalāvatī 的音译。在汉译佛经中,尚未发现有与 Pokhaladi 直接对应的音译名。

(8) bhano / Skt. bhānu 日曜、光

《犍陀罗语〈法句经〉新译本及本生故事集》大英图书馆藏犍陀罗语的第 4 个本生故事中,叙述了父子 3 人的名字。在汉译佛经中,有两个故事与此情节类似。这 3 个版本中的人物关系与名字并不完全等同,其关系对应列表如下:[5]

---

[1]Timothy Lenz, *Gandhāran Avadānas: British Library Kharoṣṭhī Fragment* 1 – 3 *and* 21 *and Supplementary Fragments A – C*, (Gandhāran Buddhist Texts, Volume 6), Seattle and London: University of Washington Press, 2010. p.103.

[2]高楠顺次郎、渡边海旭主编:《大正新修大藏经》第 27 册,第 676 页中栏。

[3]高楠顺次郎、渡边海旭主编:《大正新修大藏经》第 51 册,第 881 页上栏。

[4]高楠顺次郎、渡边海旭主编:《大正新修大藏经》第 51 册,第 955 页上栏。

[5]Timothy Lenz, *A New Version of the Gāndhārī Dharmapada and a Collection of Previous – Birth Stories: British Library Kharoṣṭhī Fragments* 16 + 25, Seattle and London: University of Washington Press, 2003. pp.178 – 180.

表 1-3　bhano 等人名对应一览表

Purvayoga 4	《佛本行集经》	Saṅghabhedavastu	《根本说一切有部毗奈耶破僧事》	备注
gaṣabadhaga	梵德	bhānu	日曜	
(?)	Brahman Virtue	brightness, sun	Solar Brilliance	
sabrudidrigo	喜根	bhānumat	大日曜	
one whose senses are controlled	Joyous Faculties	possessed of brightness	Great Solar Brilliance	
bhano	婆奴	bhānumananta	日智	隋言月
brightness, sun	Ponu	possessed of brightness	Solar Wisdom	

Timothy Lenz 所列的表中，“婆奴”一名未作翻译，只是列出了相应的汉语拼音，也未解释其意义。从上表中可推断出，“婆奴”应该是 bhano(=Skt. bhānu)的音译形式，其意思是“光明”、“太阳”。我们应该注意到，《佛本行集经》中在“婆奴”一名下，加了一个译注，即“隋言月”。初看起来，“隋言月”中的“月”字似乎是“日”字之刻误，“隋言日”才是对 bhānu 的正确意译。表示太阳的梵语词一般为 sūrya。《大唐大慈恩寺三藏法师传》卷 2 中有“僧祇部学僧苏利耶提婆唐言日天”，[1] 苏利耶提婆，梵语为 Sūrya-deva。月亮的梵语词一般为 candra 和 soma。刘宋居士沮渠京声译《治禅病秘要法》卷下：“复持一珠，名旃陀罗摩尼宋言月精。”[2] 旃陀罗摩尼，梵语为 candra-maṇi。梁扶南三藏僧伽婆罗译《孔雀王咒经》卷中：“苏摩梁言月、修利梁言日、恶祁尼梁言火、婆牖梁言风。”[3] 苏摩，梵语为 soma。实际上，bhānu 还有另一层意思，是指“光明”，所以，该词不仅可用来指太阳，被译为“日曜”，它还可以指代月亮。这就是《佛本行集经》的译注“隋言月”的根据。该词类似的用

[1]高楠顺次郎、渡边海旭主编：《大正新修大藏经》第 50 册，第 231 页中栏。
[2]高楠顺次郎、渡边海旭主编：《大正新修大藏经》第 15 册，第 338 页下栏。
[3]高楠顺次郎、渡边海旭主编：《大正新修大藏经》第 19 册，第 452 页中栏。

法还见于隋北印度三藏阇那崛多译《大威德陀罗尼经》卷6:“何者是能作光明,作光明法? 如言月名金脂隋云兔、亦名星宿主、亦名婆奴隋云光者、亦名呕厨波帝隋云星主、亦名虚空主、亦名善见……亦名天子。”[1]此处就是用“婆奴”作为月亮的异名,其释义为“光/光者”。

(9)bharvayo / Skt. bharadvāja　颇罗堕

大英图书馆藏犍陀罗语本《无热恼池颂》写本第61颂中有犍陀罗语人名bharvayo。所对应的吉尔吉特梵本《根本说一切有部律事》的Gil VIII.105中有Piṇḍola-bharadvāja。《佛五百弟子自说本起经》中译作“宾头卢闭门”,而《药事》中义净译作“宾头卢”。[2]《佛五百弟子自说本起经》中与本段偈颂对应的品次名称为“宾头卢品第八乞闭门十一偈”,[3]《药事》中的另一个全译名则为“宾头卢颇罗堕阇”。从这些对应的语料来看,bharvayo / Skt. bharadvāja是梵语人名Piṇḍola-bharadvāja的略称,完整的音译为“宾头卢颇罗堕阇”,“宾头卢”只是梵语Piṇḍola-的音译。竺法护的两个译语“宾头卢闭门”和“乞闭门”都是很罕见的,不见于其他汉译佛经。

宾头卢颇罗堕是佛经中的常见名字,因此,在汉译佛经中有多种译法,列表如下:

表1-4　宾头卢颇罗堕的译名一览表

经名/卷次	译者/作者	音译	意译	备注
《阿育王传》卷2	西晋安息三藏安法钦译	宾头卢跋罗豆婆阇		
《佛五百弟子自说本起经》	西晋竺法护译	宾头卢	乞闭门	
		宾头卢闭门		
《佛说阿弥陀经》	姚秦龟兹三藏鸠摩罗什译	宾头卢颇罗堕		

[1]高楠顺次郎、渡边海旭主编:《大正新修大藏经》第21册,第781页上栏。

[2]Richard Salomon, *Two Gāndhārī Manuscripts of the Songs of Lake Anavatapta* (*Anavatapta-gāthā*): *British Library Kharoṣṭhī Fragment* 1 *and Senior Scroll* 14, p.275.

[3]高楠顺次郎、渡边海旭主编:《大正新修大藏经》第4册,第192页中栏。

表 1－4(续)

经名/卷次	译者/作者	音译	意译	备注
《请宾头卢法》	刘宋沙门释慧简译	宾头卢颇罗堕誓		宾头卢者，字也；颇罗堕誓者，姓也。
《佛本行集经》卷 40	隋天竺三藏阇那崛多译	颇罗堕	隋言重憧	憧 = 幢
《翻梵语》卷 2	宝唱	宾徒罗叵罗埵	宾徒罗者，乞食	叵罗埵者，姓也。
		宾头卢颇罗堕		
《翻梵语》卷 7		宾头卢伽	宾头者，乞食	
		应云宾头卢颇	卢颇者，贪	
《妙法莲华经文句》卷 3	天台智者大师说	颇罗堕	此翻捷疾，亦云利根，亦云满语也。	
《法华文句记》卷 3	唐天台沙门湛然述	颇罗堕	重幢	重字平声。
《翻译名义集》卷 1	南宋法云	宾头卢	翻不动	宾头卢，字也；颇罗堕，姓也。
《翻译名义集》卷 2		宾头卢伽	翻立不动	“立”字为衍文。

Piṇḍola-bharadvāja 的音译至少有 8 种，即：“宾头卢跋罗豆婆阇”、“宾头卢颇罗堕誓”、“宾头卢颇罗堕”、“颇罗堕”、“宾徒罗叵罗埵”、“宾头卢伽”、“宾头卢颇”、“宾头卢”等。其意译至少有 7 种，即：“重憧(重幢)”、“乞食”、“捷疾”、“利根”、“满语”、“不动”、“乞闭门”等。其音义合璧的至少有 1 种，即“宾头卢闭门”。与天台智者大师说《妙法莲华经文句》卷 3 类似的解说见于胡吉藏撰《法华义疏》卷 2，即“姓颇罗堕，俗姓也。真谛三藏云：翻为利根仙人，六姓波罗门中一姓也。又翻为辨才，又翻为满。满，正也。余亲闻天竺僧云尔满也。”[1] 吉藏

〔1〕高楠顺次郎、渡边海旭主编：《大正新修大藏经》第 34 册，第 479 页下栏。

本人就是一位胡人，他还亲自就此人名的涵义咨询天竺僧人，无疑对该人名的确切涵义有了更深的把握。

1.3.2 常用词的辨析

犍陀罗语佛经中除专名词之外，一般的常用词也是有研究价值的。

(1) kalagado, kalaghadu- / Skt. kālagata 死

《犍陀罗譬喻经》(*Gandhāran Avadānas*)所收第2号残片的Avadāna 9中的kalaga(*d)o一词，出现于Fragment 2第23行，[1]亦见于PY－G. 1. 37，作者指出该词对应的梵语形式为kālagataḥ，译为"died"。

《犍陀罗语本无热恼池颂》中也有犍陀罗语kalaghadu-一词。大英图书馆藏犍陀罗语本《无热恼池颂》写本第3颂中虽残缺，没有kalaghadu-一词，但所对应的吉尔吉特梵本《根本说一切有部律事》的Gil XXVI. 405中有梵语kālagato，西晋竺法护译《佛五百弟子自说本起经》中则译作"寿终"，而唐代义净译《药事》中译作"命既过"[2]。在该写本的第35颂中，也有kalaghadu-一词，竺法护与义净的译本中分别译作"寿终"("寿命尽")、"命终"("寿终")。

表"死亡"义的kālagata-一词，在汉译佛经中有多种译法。比如，该词在《妙法莲华经》中被译为"背丧"。[3] 在《根本说一切有部毗奈耶药事》和《根本说一切有部毗奈耶破僧事》中，义净提供了下列多种译法：

例子1：命过

[梵] kumara pitā te kālagataḥ/[4]

---

[1] Timothy Lenz, *Gandhāran Avadānas: British Library Kharoṣṭhī Fragment* 1－3 *and* 21 *and Supplementary Fragments A－C*, Seattle and London: University of Washington Press, 2010, p. 103.

[2] Richard Salomon, *Two Gāndhārī Manuscripts of the Songs of Lake Anavatapta (Anavataptagāthā): British Library Kharoṣṭhī Fragment* 1 *and Senior Scroll* 14, Seattle and London: University of Washington Press, 2009, p. 189.

[3] 参见辛岛静志:《妙法莲华经词典》，日本创价大学国际佛教学高等研究所2001年版，第16页。

[4] Sitansusekhar Bagchi, ed., *Mūlasarvāstivādavinayavastu*, vol. 1, p. 45.

［汉］王便命过。[1]

例子 2:崩、既崩

［梵］yadi mama pitā kālagataḥ kiṃ tatra gacchāmīti viditvā[2]

［汉］顶生作念:"父王既崩,我何须去?"[3]

［梵］apareṇa samayena virūḍhaka ikṣvākurājaḥkālagataḥ(vol. i, p. 31)

［汉］后于异时,增长王崩。[4]

例子 3:舍命

［梵］yavad apareṇa samayena karṇo raja kalagataḥ;(vol. i, p. 22)

［僧］尔时父王便即舍命。[5]

例子 4:命终

［梵］so 'py aputraḥ kālagataḥ; ulkāmukho rājyaiśvaryādhipatye pratiṣṭhāpitaḥ; so 'py aputraḥ kālagataḥ; karakarṇī rājā saṃvṛttaḥ; so 'py aputraḥ kālagataḥ.(vol. i, p. 31)

［汉］炬面无子,后便命终。复册大耳以为国主。大耳无子,复便命终。[6]

［梵］gautamariṣiḥ sūryaraśmiparitāpitaḥ kālagataḥ; tataḥ suvarṇadvaipāyanariṣir āgataḥ; paśyati kālagataḥ.(vol. i, p. 25)

［僧］其乔答摩被日光炙,遂便命终。尔时,变金色仙人于明旦时来看乔答摩,见其命过。[7]

例子 5:掩随他世

［梵］yāvad apareṇa samayena purohitaḥ kālagataḥ.(vol. ii, p. 267)

---

〔1〕高楠顺次郎、渡边海旭主编:《大正新修大藏经》第 24 册,第 52 页上栏。

〔2〕Sitansusekhar Bagchi, ed., *Mūlasarvāstivādavinayavastu*, vol. 1, p. 45.

〔3〕高楠顺次郎、渡边海旭主编:《大正新修大藏经》第 24 册,第 52 页上栏。

〔4〕《根本说一切有部毗奈耶破僧事》卷 2,高楠顺次郎、渡边海旭主编:《大正新修大藏经》第 24 册,第 104 页下栏。

〔5〕《根本说一切有部毗奈耶破僧事》卷 2,高楠顺次郎、渡边海旭主编:《大正新修大藏经》第 24 册,第 102 页中栏。

〔6〕高楠顺次郎、渡边海旭主编:《大正新修大藏经》第 24 册,第 104 页下栏。

〔7〕高楠顺次郎、渡边海旭主编:《大正新修大藏经》第 24 册,第 103 页上栏。

[汉]后于异时,其父大臣掩随他世。[1]

例子6:身亡

[梵] pitā cāsya kālagataḥ(vol. ii, p. 270)

[汉]其父不久遂尔身亡。[2]

例子7:死

[梵] sa gṛhapatir hṛdrogaṃ patitaḥ, tasminn udyāne-atyartham adhyavasitaḥ, kālagataḥ(vol. i, p. 164)

[僧]彼长者便生热恼,而得心病,怨恨而死。[3]

例子8:殒殁

[梵] tasyāpareṇa samayenāgramahiṣī kālagatā; sa kare kapolaṃ datvā cintāparo vyavasthitaḥ; amātyāḥ kathayanti: kim-arthaṃ deva kare kapolaṃ datvā cintāparas tiṣṭhati-iti; sa kathayati: mamāgramahiṣī kālagatā; kathaṃ na cintāparas tiṣṭhāmi-iti; (vol. i, p. 26)

[汉]:有四夫人并皆身亡。时甘蔗军将王处于宫内,悲愁懊恼。诸人入宫,见军将王忧愁不乐,前白王言:"王今何故愁忧若此?"王即报曰:"国大夫人今皆殒殁,我今何得不生愁恼?"[4]

例子9:殒

[梵] sa mahājanakāyaviklavaṃ śrutvā-antargatenaiva bāṣpeṇoparuddhyamānaḥ kālagataḥ; (vol. i, p. 91)

[僧]尔时,干陟见诸人等号恸伤感,其气迷绝,便至于殒。[5]

Kālagata的语料还可以再补充。《撰集百缘经》卷9"声闻品第九"的"[八八]罽宾宁(Kapphiṇa)王缘"云:"时彼王子,年渐长大。其王崩

〔1〕高楠顺次郎、渡边海旭主编:《大正新修大藏经》第24册,第152页上栏。

〔2〕高楠顺次郎、渡边海旭主编:《大正新修大藏经》第24册,第152页下栏。

〔3〕高楠顺次郎、渡边海旭主编:《大正新修大藏经》第24册,第137页下栏。罗鸿认为,udyāne atyartham > udyāne' tyartham; adhyavasitaḥ, kālagataḥ > adhyavasitaḥ kālagataḥ; 这两段差别很大,能否作为对应的例证,也许值得考虑。

〔4〕《根本说一切有部毗奈耶破僧事》卷1,高楠顺次郎、渡边海旭主编:《大正新修大藏经》第24册,第103页下栏。

〔5〕高楠顺次郎、渡边海旭主编:《大正新修大藏经》第24册,第117页下栏。

背，绍嗣王位。"[1]《撰集百缘经》非东汉支谦所译，译出年代稍晚于西晋。[2]《撰集百缘经》卷 10"诸缘品第十"的"[九四]梨军支（Lekuñcika）比丘缘"云："时有长者，名曰瞿弥。见佛及僧，深生信敬，请来供养，日日如是。便经后时，其父崩亡，母故惠施。"[3]

上列例子 1、例子 2a 出自梵汉本《药事》，[4]例子 2b、例子 3～9 出自梵汉本《破僧事》。[5] 对译 kālagata-的有例子 1 中的"命过"、例子 2 中的"崩"、例子 3 中的"舍命"、例子 4 中的"命终"、例子 5 中的"掩随他世"、例子 6 中的"身亡"、例子 7 中的"死"、例子 8 中的"殒殁"和例子 9 中的"殒"。"掩随他世"是义净译经中的独特用法，仅此一见。

在古代印度（天竺）kālagata-一词仅仅表示"死亡"，并不存在身份的差异。而在汉译本中，"崩"与"命过"（命既过）、"命终"、"寿终"（"寿命尽"）、"掩随他世"、"死"、"殒殁"（"殒"）的用法存在使用范畴的差别。《礼记·曲礼》指出："天子死曰崩，诸侯死曰薨，大夫死曰卒，士曰不禄，庶人曰死。"可见，"崩"、"崩背"仅仅用于帝王之身，其他人等不允许使用此词。"崩亡"可用于表示婆罗门长者的去世。因此，从此词的不同译法不难看出汉译者的文化背景对佛经翻译所产生的影响。此外，还必须注意到，这些汉译词中，"掩随他世"和"殒殁（"便至

[1]高楠顺次郎、渡边海旭主编：《大正新修大藏经》第 4 册，第 247 页下栏。

[2]辛岛静志：《〈撰集百缘经〉的译出年代考证——出本充代博士的研究简介》，载《汉语史学报》第 6 辑，上海教育出版社 2006 年版，第 49－52 页。季琴：《从词汇的角度看〈撰集百缘经〉的译者及成书年代》，载《宗教学研究》2006 年第 4 期，第 64－67 页；《从词语的角度看〈撰集百缘经〉的译者及成书年代》，载《中国典籍与文化》2008 年第 1 期，第 19－23 页；《从语法的角度看〈撰集百缘经〉的译者及成书年代》，载《语言研究》2009 年第 1 期，第 105－109 页。又，陈详明：《从语言角度看〈撰集百缘经〉的译者及翻译年代》，载《语言研究》2009 年第 1 期，第 95－104 页。段改英：《对"颇……不"疑问句的历史考察——兼论〈撰集百缘经〉的翻译年代》，载《西南科技大学学报》2011 年第 4 期，第 63－65、88 页。

[3]高楠顺次郎、渡边海旭主编：《大正新修大藏经》第 4 册，第 252 页中栏。

[4]Sitansusekhar Bagchi, ed., *Mūlasarvāstivādavinayavastu*, (Buddhist Sanskrit Text No. 16), vol. 1, Darbhanga: The Mithila Institute of Post－graduate Studies and Research in Sanskrit Learning, 1967.

[5]Raniero Gnoli, ed., *The Gilgit Manuscript of the Saṅghabhedavastu, Being the 17th and Last Section of the Vinaya of the Mūlasarvāstivādin*, Part I, Part II, Roma: Istituto Italiano per il Medio ed Estremo Oriente, 1977, 1978.

于殒")"有比较强的书面语体色彩。

(2)śpaṇavaṇa-,/Skt. suvarṇṇa-varṇṇa-(=suvarṇa-varṇa-),金色

大英图书馆藏犍陀罗语本《无热恼池颂》写本第6颂中有犍陀罗语śpaṇavaṇa一词。所对应的吐鲁番梵本《无热恼池颂》的Tur XXVI.6中有梵语suvarṇṇa-varṇṇaḥ,r后字母双写是古代抄本常见的正字法,该处相当于现代梵语词典中的suvarṇa-varṇa。西晋竺法护译《佛五百弟子自说本起经》中则译作"金体紫磨色",而唐代义净译《药事》中译作"身相如金色命既过"。[1] 段晴在《西域语趣——读〈正法华经〉〈妙法莲华经〉随笔》一文中对"紫磨金"一词有详细讨论,可以参看。[2]

(3)udhumaü / Skt. vyādhmātaka 肿胀的、膖

viṇiloo, viṇila / Skt. vinīlaka 青瘀

大英图书馆藏犍陀罗语本《无热恼池颂》写本第25颂中有犍陀罗语udhumaü vinila-一短语。所对应的吉尔吉特梵本《根本说一切有部律事》的Gil VI.138中有vyādhmātaka- vinīlakam。《佛五百弟子自说本起经》中译作"青膖甚臭恶",而《药事》中义净译作"青泡脓流并粪尿"。[3] Timothy Lenz将udhumaü译作"bloated"(肿胀的),对viṇiloo进行了解释,但没有将viṇiloo列入书后附录的词汇表中。viṇiloo,或许是viṇila-,与梵语vinīlaka意思等同,描述变成深蓝色(瘀青)的尸体。因此,viṇiloo,或viṇila-,就相当于竺法护译的"青(膖)"、义净译的"青泡脓流",特别是其中的"青"字(梵语nīla)完全可以对应。东晋天竺三藏佛陀跋陀罗译《达摩多罗禅经》卷上的偈颂中,描述七日之后的死尸形状为"青黑瘀烂坏　已坏脓血流",[4] 与此处的语意相同。viṇiloo,或viṇila-,也可以理解成"青黑瘀"。

---

[1] Richard Salomon, *Two Gāndhārī Manuscripts of the Songs of Lake Anavatapta (Anavatapta-gāthā): British Library Kharoṣṭhī Fragment* 1 *and Senior Scroll* 14, p.195.

[2] 段晴:《西域语趣——读〈正法华经〉〈妙法莲华经〉随笔》,载刘东主编:《中国学术》2005年第1辑(总第21辑),第203-209页。

[3] Richard Salomon, *Two Gāndhārī Manuscripts of the Songs of Lake Anavatapta (Anavatapta-gāthā): British Library Kharoṣṭhī Fragment* 1 *and Senior Scroll* 14, p.220.

[4] 高楠顺次郎、渡边海旭主编:《大正新修大藏经》第15册,第310页下栏。

竺法护的译语"青膖"中的"膖"字正好表述出了 udhumaü / Skt. vyādhmātaka 的涵义。"膖"表"胀"义，汉译佛经中有"膖胀"一词，常用于表现佛教的十种不净观中的一种。比如，《善见律毗婆沙》卷7"舍利弗品"记载："尔时世尊，于富婆罗弥寺（巴 Pubbārāma）经行，问须波迦沙弥，或问膖胀名，或问色名，此二法者，为是同一，为是各异？因十不净，而问须波迦。"[1]"膖胀"所对应的巴利文词语为 Uddhumātaka-sañña。udhumaü / Skt. vyādhmātaka 与巴利文词语 Uddhumātaka-的涵义是相同的。[2] 可以说，犍陀罗语短语 udhumaü vinila 最简明的涵义就是竺法护所译的"青膖"。但该词在佛经中的最早用例出自后汉安世高的译本中。"青膖"的"膖"字在早期佛经写本中的字形为上下结构，即上"疒"下"逄"。安世高译《阴持入经》卷下："是已见身尸已坏，青膖为受是相，是为不净思想。"[3]"青膖"用来形容尸体已经腐烂的形状。《大正藏》刻本《阴持入经》中的"膖"字偏旁是"月"，唐代慧琳所见《阴持入经》写本中该字则为左"月"右"逄"。《一切经音义》卷57收录了慧琳本人所撰《阴持入经》下卷的"青膖"一词的音释，即"青膖：朴邦友。"[4]"膖"与"膖"的读音相同。而五代后晋可洪所记录的《阴持入经》写本中该字则为上"疒"下"逄"。可洪《新集藏经音义随函录》卷14收录了《阴持入经》卷下的"青瘥"一词，且注明"青瘥：普江、普绛二反。正作膖、瘩。"[5]"瘥"是"膖"的换偏旁俗字，二者的正字是"胮"，而"瘩"也是"胮"的俗字。可洪《新集藏经音义随函录》卷14还收录了《佛五百弟子自说本起经》中的"青膖"一词，注音为"青膖：疋江

---

〔1〕高楠顺次郎、渡边海旭主编：《大正新修大藏经》第24册，第718页中栏。

〔2〕巴利文词语 Uddhumātaka-，表示十种不净观之一。

〔3〕高楠顺次郎、渡边海旭主编：《大正新修大藏经》第15册，第177页中栏。有关安世高译《阴持入经》的研究，Cf. Stefano Zacchetti，"An early Chinese translation corresponding to Chapter 6 of the Peṭakopadesa An Shigao's *Yin chi ru jing* T630 and its Indian Original：a preliminary survey"，*BSOAS*，vol. 65，no. 1，2002，pp. 74－98.

〔4〕高楠顺次郎、渡边海旭主编：《大正新修大藏经》第54册，第685页中栏。

〔5〕《中华大藏经》编辑局编：《中华大藏经》（汉文部分）第59册，中华书局1993年版，第1090页中栏。

反。"[1]由此观之,虽然字形有正俗之分,但可以说,安世高的译语"青瘫"与犍陀罗语短语 udhumaü vinila 二者的语义是非常吻合的。

中古佛经音义著作中,对膖胀一词也多有解说。慧琳《一切经音义》卷 9 引玄应音释《摩诃般若波罗蜜经》第八卷的"膖胀"和"青瘀"词条,云:"膖胀:普江反。《埤苍》:胖(胮)胀,腹满也。下或作痮,同猪亮反。""青瘀:于豫反。《说文》:瘀,积血也。经文又作淤,水中垽,亦淀滓者之也。"[2]"膖胀"也写作"膀胀"、"胮胀"等,可洪《新集藏经音义随函录》中对"膀"和"膖"二字之间的关系,有所申论,可参考。[3]

(4) aghrasreṭhi / Skt. agraśreṣṭhī 豪贵

大英图书馆藏犍陀罗语本《无热恼池颂》写本第 36 颂中有犍陀罗语 aghrasreṭhisa 一词。所对应的吉尔吉特梵本《根本说一切有部律事》的 Gil VI. 149 中有 agraśreṣṭhanaś。《佛五百弟子自说本起经》中译作"为势贵长者",而《药事》中义净译作"最尊富贵族 长者(家作子)"。[4] [宋]、[元]、[明]本中《佛五百弟子自说本起经》的"势贵"刻作"豪贵"。从五代后晋可洪所记录的《佛五百弟子自说本起经》写本情况来看,此处应该是"勢贵",而不是"势贵"。可洪《新集藏经音义随函录》卷 14 收录了《佛五百弟子自说本起经》中与此字相关的多个词语,如下:

生敖:音豪,正作勢。

势贵:上音豪,正作勢。

勢贵:上户高反。

勢族:上户高反。

勢尊:上户高反。

勢尊:上户高反。

---

[1]《中华大藏经》编辑局编:《中华大藏经》第 59 册,第 1094 页下栏。

[2]高楠顺次郎、渡边海旭主编:《大正新修大藏经》第 54 册,第 359 页中栏。

[3]郑贤章:《〈新集藏经音义随函录〉研究》,湖南师范大学出版社 2007 年版,第 257 – 258 页。

[4]Richard Salomon, *Two Gāndhārī Manuscripts of the Songs of Lake Anavatapta* (*Anavatapta-gāthā*): *British Library Kharoṣṭhī Fragment* 1 *and Senior Scroll* 14, p. 237.

瞀冨:上户高反。

舍瞀:同上。

此经内有9个瞀字,后数个作勢,所以处处出之。[1]

《新集藏经音义随函录》卷8收录了《超日月三昧经》中与此字相关的4个词语,如下:

敖贵:上正作瞀,同户高、五高二反。俊健也,又豪侠尊贵之家也。

勢贵:同上。正作瞀、豪二形。又,音世,非也。

势贵:上户高反。正作瞀、豪二形。

势圣:上音豪,正作瞀。[2]

可见,在中古的佛经抄本中,读音为"豪"、以"瞀"和"豪"为正字的形近俗字有5个之多,即"敖"、"勢"、"敖"、"势"、"势"等。这些俗体字对与犍陀罗语佛经写本有关系的《佛五百弟子本起经》等汉译佛经的异文研究具有价值,[3]而且对理解相应的犍陀罗语佛经写本中的文句及词语,也有不可忽视的意义。

1.4　新出犍陀罗语本须大拏太子故事比较研究

1.4.1　犍陀罗语本须大拏太子故事简述

在众多的佛本生故事中,须大拏(Sudāna)太子喜好施舍的故事是最流行的佛教叙事文学作品之一。其故事见于多个语种的文本中,详略不一,情节时有变化,甚至其名号也称得上花样繁多。虽然要追溯该故事的源头是非常困难的,但是,根据现有的出土史料及传世文献,仍然有可能大致勾勒这一故事的形成与影响的轨迹,为印度宗教与文学的对外传播研究提供一个有力例证。

---

[1]《中华大藏经》编辑局编:《中华大藏经》第59册,第1094页中栏至1095页上栏。

[2]《中华大藏经》编辑局编:《中华大藏经》第59册,第831页中栏至下栏。

[3]易咸英:《〈佛五百弟子本起经〉的异文校勘》,载《遵义师范学院学报》2008年第4期,第29-30、39页。

1994年出自阿富汗、现藏于大英图书馆的犍陀罗语写经中，编号16+25的佉卢文残叶包含了一组佛陀及弟子们的前生故事。根据Tomothy Lenz的《犍陀罗语〈法句经〉新译本及本生故事集》一书，[1]该组故事属于类似“本生故事”（Jātaka，音译“阇多伽”、“阇陀伽”、“阇陀”）的Pūrvayoga（*G provayoge/ pruvayoge*，意即“以前的联系”，指“前生”，译作“本事”）文体，也描述主人公（佛、菩萨或佛弟子）的前生事迹，但不如本生经文体那样广为人知。该组故事集中的第二个就是须大拏太子的故事，具体内容转译如下：

> 须大拏（Sudaṣa）。作为一个例子，这个将要被做。既然太子是“一切施者”（sarvadado，音译“萨婆达”），那么，王国的大象被送给了一位婆罗门。此（马车）被太子遗弃了，而且孩子们也被放弃了。众神之王因陀罗（帝释天/天帝释）从天而来，说了偈颂：“显然的，这个邪恶的人（吃）坏的食物。”扩展。所有的应该被做。（故事2）。[2]

显然，这是一个概要型的须大拏太子故事，仅仅提到他将王国的大象、马车和孩子们施舍给人，还有帝释天从天而降念诵诗偈的情节，极为简略。在这个高度概述型的故事中，起首的“须大拏”是故事的名称，故事的最后还有编号。此外，另有两处“程式”表明了该文体的特征。其一，故事开头部分的“作为一个例子，这个将要被做”，意思是指“为了阐释一个特别的佛教义理，这则故事应该被讲述”。其二，末尾的“扩展。所有的应该被做”，意思是“完整的故事应该被讲述”。[3]这些程式化的文字实际是希望读者在阅读的过程中，利用已有的佛教故事知识，去填补那些被省略了的故事“空白”部分。换言之，该故事

[1] Tomothy Lenz, *A New Version of the Gāndhārī Dharmapada and a Collection of Previous-Birth Stories: British Library Kharoṣṭhī Fragments* 16 + 25, Seattle and London: University of Washington Press, 2003.

[2] Tomothy Lenz, *A New Version of the Gāndhārī Dharmapada and a Collection of Previous-Birth Stories: British Library Kharoṣṭhī Fragments* 16 + 25, p. 157.

[3] Tomothy Lenz, *A New Version of the Gāndhārī Dharmapada and a Collection of Previous-Birth Stories: British Library Kharoṣṭhī Fragments* 16 + 25, pp. 85 - 91.

是压缩了的，读者可以在阅读的同时进行“扩展”。这种文本强调读者主动性的阅读，与那些仅仅要求读者死记硬背的文本相比，无疑更具“前卫性”。在目前发现的“本事”（Pūrvayoga）文体中，类似上述的“程式”共有 9 种，Tomothy Lenz 已对其形式和内涵做了详尽的分析。[1]

1.4.2 故事的类型与主旨比较

综合以往学者的研究，有关须大拏太子的故事，可分为四大类型，即完整（展开）型、概要型、摘引型和中土创作型。所谓“完整（展开）型”是指有完整的故事情节和详细的叙事过程；“概要型”是指压缩了大量的细节，仅仅保留了故事主干；而“摘引型”是指非常简短地或者几句话提及故事梗概。前 3 种基本上是对印度故事的叙述、翻译或者引用，而第四种是指中土文人对这个印度故事的再创作。

须大拏太子的故事有多个语种的文本流传，根据上述的 4 种标准，将其分类如下：

1.4.2.1 完整（展开）型

1.4.2.1.1 梵文本

梵本《本生鬘》（*Jātakamālā*）的第 9 号故事。这是 5 世纪圣勇（Āryaśūra）的作品，共辑录了 35 个本生故事，第 9 个就是须大拏太子的故事，尾题“第九名为《尾施缚多罗本生》（iti viśvaṃtara-jātakaṃ navamam）”。[2]

梵本《根本说一切有部毗奈耶破僧事》（*Saṅghabheda-vastu*）中的 Viś vantara 太子故事。这是佛教部派的根本说一切有部（Mūlasarvavāstivādin）毗奈耶（vinaya）系列律事（vastu）中的最后一种（即第 17 种），成书时间至少在义净翻译（公元 695—711 年）之前。该梵本是 1931 年在印度迦湿弥罗的吉尔吉特（Gilgit）地区（今属巴控克什米尔区域）出土的，Raniero Gnoli 整理了《吉尔吉特〈破僧事〉写卷》（上下

[1] Tomothy Lenz, *A New Version of the Gāndhārī Dharmapada and a Collection of Previous-Birth Stories: British Library Kharoṣṭhī Fragments* 16 + 25, pp. 85 – 91.

[2] Āryaśūra, *Jātaka-mālā or Bodhisattvāvadāna-mālā*, ed. by Hendrik Kern, Cambridge, Mass.: Harvard University Press, 1891, p. 52.

册)。须大拏太子故事见于该书第 2 册。[1] 对应汉译本即唐代义净翻译的《根本说一切有部毗奈耶破僧事》(以下简称《破僧事》)卷 16。[2]

梵本《根本说一切有部毗奈耶药事》(*Bhaiṣajya-vastu*)中的 Viśvantara 太子故事。同样,这也是根本说一切有部毗奈耶系列律事中的一种,成书时间不晚于义净翻译(公元 695—711 年)之前。该律事的梵本与《破僧事》写卷同时出土,但不幸的是,残存的梵本中恰好缺漏了此段故事。不过,从义净翻译的《根本说一切有部毗奈耶药事》(以下简称《药事》)卷 14 中可以推断,[3] 梵本《药事》中含有此故事是毫无疑问的,而且此故事在《破僧事》与《药事》中的情节差别较少。

梵本《譬喻如意藤》(*Avadānakalpalatā*)的第 23 号故事。[4] 11 世纪著名作家安主(Kṣemendra)的这部偈颂体故事集,共有 48 个故事。其中第 23 个故事就是《须大拏譬喻经》(*Viśvaṃtara-avadānam*),共有 54 颂。

梵本《须大拏譬喻经》(*Viśvantarāvadāna*),单行本。[5] 实际上,除首尾段落外,该单行本与梵本《破僧事》中的内容基本相同。

梵本《故事海》(*Kathāsaritsāgara*)中的 Tārāvaloka 故事。11 世纪月天(Somadeva)的《故事海》(*Kathāsaritsāgara*)是德富(Guṇāḍhya)的著名故事集《伟大的故事》(*Bṛhatkathā*, 或译《故事广记》)的改写本。《故事海》中也收入了一些佛教故事,第 12 卷第 72 章就有以佛教六度(六波罗蜜)为主题的故事。[6] 《故事海》英译本第 8 册中的 Tārāvaloka 故事就是太子须大拏的事迹的改编。虽然故事的主人公改

[1] Raniero Gnoli, ed., *The Gilgit Manuscript of the Saṅghabhedavastu, Being the 17th and Last Section of the Vinaya of the Mūlasarvāstivādin*, Part II, Roma: Istituto Italiano per il Medio ed Estremo Oriente, 1978, pp. 119 - 133.

[2] 高楠顺次郎、渡边海旭主编:《大正新修大藏经》第 24 册,第 181 页上栏至 184 页中栏。

[3] 高楠顺次郎、渡边海旭主编:《大正新修大藏经》第 24 册,第 64 页下栏至 68 页中栏。

[4] P. L. Vaidya, ed., *Avadāna -kalpalatā*, 2 vols (Buddhist Sanskrit Texts, 22). Darbhanga: Mithila Institute, 1959.

[5] Kabita Das Gupta, ed., *Viśvantarāvadāna, Eine buddhistische Legende*, Berlin 1978.

[6] 季羡林主编:《印度古代文学史》,北京大学出版社 1991 年版,第 316 - 322 页。

名为 Tārāvaloka,但二者主要的情节是吻合的。[1]

1.4.2.1.2　巴利文本

巴利语经藏(Sutta-piṭ‖aka)小部尼迦耶(Khuddaka-nikāya)的《本生经》(*Jātaka*)中的第 547 号故事《须大拏本生》(*Vessantara-jātaka*)。《本生经》分为 22 编,共有 547 个故事,Dhammapāla(大约六世纪中期)对《本生经》所作注疏《本生经注》(*Jātakaṭṭhavaṇṇanā*),即后世通行的巴利文《本生经》。[2] 该巴利文《须大拏本生》有单行的英译本。[3]

巴利语经藏小部尼迦耶的《所行藏经》(*Cariyāpiṭaka*)中的第 9 个故事《须大拏所行赞》(*Vessantacariyam*)。《所行藏经》讲述佛陀前生的故事,共有 53 个故事,基本上见于巴利语《本生经》,不过,篇幅较短,文字简略。

1.4.2.1.3　吐火罗语文本

这是一个残本,出自新疆,有多个学者进行过释读,Werner Thomas 的辑录较为通行。[4] 由于笔者未见其书,详情待考。

1.4.2.1.4　粟特语本

粟特语本《须大拏本生》乃伯希和(Paul Pelliot)从敦煌藏经洞窃走的。1912 年,Robert Gauthiot 最先注意到此写卷。[5] Ilya Gershevitch 和 E. Benveniste 相继对此故事文本进行了研究和翻译。[6] 粟特语本

---

[1] N. M. Penzer, ed., *The Ocean of Story, being C. H. Tawney's translation of Somadeva's Kathā-Sarit-Sāgara (or Ocean of Streams of Story)*, vol. viii, London: Chas. J. Sawyer Ltd., 1924, pp. 124－131.

[2] 有关 Dhammapāla 对小部尼迦耶所作的注释及其生活年代的情况,参见 K. R. Norman, *Pāli Literature: including the canonical literature in Prakrit and Sanskrit of all the Hīnayāna schools of Buddhism*, Otto Harrassowitz · Wiesbaden 1983, pp. 133－137.

[3] Margaret Cone & Richard F. Gombrich, *The Perfect Generosity of Prince Vessantara*, Oxford: Clarendon Press, 1977.

[4] Werner Thomas, *Probleme der Ubertragung buddhistischer Texte ins Tocharische*. Akademie der Wissenschaften Klasse Jahrgang 1989, 10. Stuttgart: Franz Steiner Verlag, 1989.

[5] Robert Gauthiot, "Une version sogdienne du Vessantara Jātaka, publiée en transcription et avec traduction," *Journal Asiatique* 19, 1912.

[6] Ilya Gershevitch, "On the Sogdian Vessantara Jātaka," *Journal of the Royal Asiatic Society of Great Britain and Ireland*, vol. 2, 1942, pp. 97－101. E. Benveniste, *Vessantara Jataka*, Sogdien éd., trad. et com. Paris, 1946.

《须大拏本生》对印度故事有所改动,增添了一些粟特文化的元素。比如,将印度神祇用粟特神明替代,而这种改动对理解粟特绘画中的神祇特征提供了有力的文本证据。[1]

1.4.2.1.5 回鹘语文本

回鹘语文本《须大拏本生》残卷出自吐鲁番,在德国吐鲁番文献中心和日本大谷文书(现藏龙谷大学图书馆)的收集品中,已经辨认出"9件印刷品残件和3件梵叶式残件"。[2] 与梵本等其他语种文本相比,回鹘语本《须大拏本生》是以绘图本的形式流传的。1956年,熊谷宣夫对此绘图本进行了报道。[3] 其后,茨默(Peter Zieme)等学者释读出了此故事更多的残片。[4]

1.4.2.1.6 藏文本

在藏文大藏经中,除藏译本《破僧事》和《药事》中的须大拏太子故事之外,还有《须大拏本生》,《太子须大拏经》对应的藏文本 *Rgyal-bu Don-grub-kyi mdo*,经首相应的梵语经名为 *Ārya-jinaputra-arthasiddhi-sūtra*(《圣最胜子义成经》)。该故事被西方学者翻译,收入《西藏故事》之中。[5]

1.4.2.1.7 蒙文本

1964年,N. Poppe 从吐鲁番出土文书中甄别出了蒙古语《须大拏

---

〔1〕康马泰(M. Compareti)著、李欣译:《印度神祇的印度图像研究——考古和文字证据》,载《敦煌学辑刊》2008年第4期,第145-167页。

〔2〕牛汝极:《回鹘佛教文献——佛典总论及巴黎所藏敦煌回鹘文佛教文献》,新疆大学出版社2000年版,第43页。

〔3〕熊谷宣夫:《吐鲁番将来版画〈须大拏本生图〉解说》,载《龙谷大学论集》第351号,1956年,第99-101页。(Kumagai Nobuo, "Fragment of Wood-blockprint of Viśvantara-Jātaka from Turfan," *Monumenta Serindica*, 5: *The Ancient Buddhist Arts in Central Asia and Tunhuang*, Kyoto, 1962, pp.99-101.)

〔4〕茨默著,桂林、杨富学译:《回鹘版刻佛本生故事变相》,原载《敦煌学辑刊》2000年第1期,第138-148页。收入茨默:《佛教与回鹘社会》,附录3,民族出版社2007年版,第204-216页。

〔5〕*Tibetan Tales: Derived from Indian Sources*, translated from the Tibetan of the Kahgyur by F. Anton von Schiefner and from the German into English by W. R. S. Ralston, London: George Routledge & Sons Ltd., 1926, pp.257-272.

本生》的译本。[1] 在蒙文佛教大藏经中，也应有此本生故事。

1.4.2.1.8　古缅甸语文本

缅甸是南传佛教的兴盛之地。在古代缅甸的寺院中，至少流传两种《本生经》，一种有 550 个故事，另一种有 547 个故事。不过，一般都通称为《五百五十本生经》，经中最后的那个故事就是须大拏本生。该经有多个传本，各本中的人名、神名等专有术语有一定的差别，[2] 反映了缅甸对印度佛教文化的吸收与消化。

1.4.2.1.9　傣文本

同样受南传佛教的影响，傣文《维生达腊本生经》中也收录了须大拏本生，而且其中的巴利语词对傣文也有影响。[3] 傣文《维生达腊本生经》"十般若蜜"部分"第十世轮回"中的一个故事，即"Vessantara 修得 pañcamahā paricā gadā na 五种施献"。[4]

1.4.2.1.10　汉译本

见存最丰富的须大拏太子故事，在汉译佛经中，比较详细的有 5 种，即：

三国康僧会译《六度集经》卷 2 的"（一四）须大拏经"；

西秦沙门圣坚译《太子须大拏经》；

唐义净译《根本说一切有部毗奈耶药事》卷 14"尾施缚多罗太子"故事；

唐义净译《根本说一切有部毗奈耶破僧事》卷 16"自在蔺（间）太子"故事。

僧伽斯那（Saṃghasena）撰、托名支谦译《菩萨本缘经》卷上至卷中"一切持王子品"。一切持王子好施舍的故事与须大拏太子的故事情

---

[1] N. Poppe, "The Mongolian Version of *Vessantarajātaka*", *Studia Orientalia*, vol. 30, no. 2, 1964.

[2] G. H. Luce, "The 550 Jātakas in Old Burma", *Artibus Asiae*, vol. 19, no. 3/4, 1956, pp. 291 - 307.

[3] 张公瑾：《傣文〈维先达罗本生经〉中的巴利语借词——以〈十愿经〉第一节为例》，载《民族语文》2003 年第 4 期，第 1 - 7 页。

[4] 姚珏：《傣族本生经研究——以西双版纳勐龙为中心》，载《世界宗教研究》2006 年第 3 期，第 47 - 52 页。

节多有雷同,[1]也被看作是须大拏故事的一个“变种”。

诸汉译本中,从文字与内容来看,《六度集经・须大拏经》与《太子须大拏经》是异译本的关系,虽然,前者收入故事集《六度集经》,而后者是单行经。《药事》与《破僧事》均属于根本说一切有部的律事系列,但《药事》中的“尾施缚多罗太子”故事和《破僧事》的“自在太子蔺(间)”故事,并非是能与《六度集经・须大拏经》、《太子须大拏经》一一对应的异译本关系,而是平行文本的关系。换言之,须大拏太子的故事以略显异样的面貌进入了律部文献之中。再者,即便出自义净的译笔,“尾施缚多罗太子”故事和“自在蔺(间)太子”故事的情节与文字也不是一模一样的,而是各呈异彩。汉译文本对研究此故事也有独特的价值。[2] 从故事学的角度来考察,须大拏太子故事与印度大史诗《罗摩衍那》(*Rāmāyaṇa*)的《阿逾陀篇》(*Ayodhyā Kāṇḍa*)主干故事的部分情节以及《十车王本生》(*Daśaratha Jātaka*),亦有不少的类似之处。[3]

1.4.2.2 概要型

1.4.2.2.1 犍陀罗语本

参见前文。

1.4.2.2.2 于阗语本

出自敦煌藏经洞的于阗语《本生赞》(*Jātakastava*)(原编号为 Ch. 00274)中收录了 51 个本生故事,其中第 45 个故事的主人公就是须大拏太子(Veśvāṃttara)。于阗语《本生赞》是诗歌体裁,约抄写于 10 世纪于阗国王Śrī Vīśa' Śūrr 在位时期(967—978 年)。须大拏故事在《本

---

〔1〕唐清凉山大华严寺沙门澄观述《大方广佛华严经随疏演义钞》卷第 50 云:“疏又《菩萨本缘经》:说一切持王施二子者,经有三卷。今当第一一半向后,至第二卷一半向前。然其缘起,全似须大拏。”(高楠顺次郎、渡边海旭主编:《大正新修大藏经》第 36 册,第 393 页上栏)

〔2〕Hubert Durt, “The Offering of the Children of Prince Viśvantara /Sudāna in the Chinese Tradition,”《国际佛教学大学院大学研究纪要》第 2 号,1999 年,第 147 – 182 页。另见 Hubert Durt, “The Casting-off Madrī in the Northern Buddhist Literary Tradition,” 载《国际佛教学大学院大学研究纪要》第 3 号,2000 年,第 133 – 158 页。

〔3〕Richard Gombrich, “The Vessantara Jātaka, the Rāmāyaṇa and the Dasaratha Jātaka”, *Journal of the American Oriental Society*, vol. 105, no. 3, 1985, pp. 427 – 437.

生赞》中被拆分为两个部分(第141－143颂;第161－163颂),内容转译为散文,如下:

45(1):从前有一位强力的、充满热情的国王,英勇无敌,容易暴躁,像一团大火出现那样,充满了光辉。国王有一头高贵的、勇敢的、出类拔萃的大象,名叫“王增长”(Rrājevarrdaṃ)。[141]

[大象]是大王萨阇(Saṃjaya)的大珍宝;对湿波(Śibi)国的人们来说,它是贴心的庇护,是敌人笑声的征服者和摧毁者,被认为是这个国家的一大财富。[142]

你,须大拏,立即送掉了他一件礼物。你冒犯了国王乃至国人。在你所住的檀特山(Vaṃka),在檀特(Ttaṃttraa)林中,你也没有克制施舍。向你致敬,高尚的人啊![143][1]

45(2):当一位婆罗门来到檀特(Ttaṃttraa)林中,向你索取两个孩子时,你的心是喜悦的,年幼的孩子们是可爱的、幸福的、天真的、说着充满甘露般的讨人喜欢的话语。[161]

然后你为了觉悟(菩提,bodhi)而将他们(孩子们)给了他(婆罗门)。出于对你的孩子们的自然天性的爱,你感到剧烈的痛苦。这个婆罗门将他俩用枝条捆绑,用长长的、带刺的藤条鞭打他俩。[162]

他俩尖声哭喊,苦苦哀求,极度的不幸,带着令人忧伤的哀痛、非常可怜和无助,在遥远的地方,你还能听到那令人绝望的话语。你如同须弥山(Sumeru)一样忍耐。因此,向你致敬![163][2]

1.4.2.2.3　汉译本

梁沙门宝唱等集《经律异相》卷第31(行菩萨道长上诸国太子部上)的“须大拏好施为与人白象诘摈山中七”,[3]引文注明“出《须大拏经》”,实际与《六度集经·须大拏经》同。

[1]M. J. Dresden, “Jātakastava or ‘Praise of the Buddha's Former Births’”, *Transactions of the American Philosophical Society*, NS. 45:5, 1955, p.441. 又,Ttaṃttraa Vaṃka实为一个词,指:弹多落迦山,即檀特山。

[2]M. J. Dresden, “Jātakastava or ‘Praise of the Buddha's Former Births’”, p.444.

[3]高楠顺次郎、渡边海旭主编:《大正新修大藏经》第53册,第166页下栏。

唐代西明寺沙门释道世撰《法苑珠林》卷第80“六度篇第八十五”的“布施部”下“通施部第四”,引“《佛说太子须大拏经》”,[1]此即出法坚译本。

唐清凉山大华严寺沙门澄观述《大方广佛华严经随疏演义钞》卷第50,对须大拏的故事进行了归纳,[2]同法坚译《太子须大拏经》。

钱唐沙门释智圆述《维摩经略疏垂裕记》卷第3,也简略地引用了一小段须大拏的故事。[3]

1.4.2.3 摘引型

简短摘引或提及须大拏太子故事的文本可能无法统计,仅仅以《护国尊者所问经》等为例,略加说明。

梵本《护国尊者所问经》(*Rāṣṭrapāla-paripṛcchā-sūtra*)的序篇中,叙述了佛陀前生的多个故事,基本上是用一颂两句来描述一件事。第121颂就是须大拏的故事,即:caratā ca purā jagadarthe madri pativrata tyakta saputrā / duhitāpyanapekṣyadasaṃgha āsi nṛpātmajo yada sudaṃṣṭraḥ// 121 //[4] 该梵本共有3个汉译本,即(1)西晋月氏国三藏竺法护译《佛说德光太子经》,但此译本中缺乏本生故事部分。另两个译本如下:

隋三藏法师阇那崛多(Jñānagupta)译《大宝积经》(*Ratnakūṭa*)卷第80“护国菩萨会第一十八之一”,对应的句子为:

我昔修行为众生　曾作王子苏达拏

时有人来乞妻子　我不爱惜尽施与[5]

---

[1]高楠顺次郎、渡边海旭主编:《大正新修大藏经》第53册,第879页至第882页中栏。

[2]高楠顺次郎、渡边海旭主编:《大正新修大藏经》第36册,第392页下栏至第393页上栏。

[3]高楠顺次郎、渡边海旭主编:《大正新修大藏经》第38册,第751页上栏。

[4]P. L. Vaidya, ed., *Mahāyanasūtrasaṅgraha*, Part I (Sutra No. 12). Darbhanga: The Mithila Institute, 1961, p.134. Daniel Boucher 对此偈颂的英译为:“When I formerly was the prince Sudaṃ ṣ ṭra, training for the sake of the world, I abandoned the devoted Madri and my son and daughter, indifferent and unattached was I.” Cf. Daniel Boucher, *Bodhisattvas of the Forest and Formation of the Mahāyāna: A Study and Translation of the Rāṣtra- pāla- paripṛcchā Sūtra*, Honolulu: University of Hawai ‘i Press, 2008, p.132.

[5]高楠顺次郎、渡边海旭主编:《大正新修大藏经》第11册,第461页下栏。

北宋施护(Dānapāla)译《佛说护国尊者所问经》,卷第2中对应的句子为:

常为世间行利乐　弃舍王位及眷属
一心志求无上道　又昔曾为妙牙王[1]

在其他没有对应梵本流传的汉译佛经中,也有简略提及须大拏的地方。比如:

周宇文氏天竺三藏阇那耶舍译《大乘同性经》(亦名《一切佛行入智毗卢遮那藏说经》)卷上云:

昔世亿生转精事　难行苦行求菩提
布施饮食及衣乘　亿数七珍与乞者
不思议劫无悔吝　舍国聚落及臣民
王宫庄严宝丰满　亿劫难舍皆能舍
昔名王子须大拏　于山林中施妻子[2]

唐天竺三藏地婆诃罗译《证契大乘经》(亦名《入一切佛境智陪卢遮那藏经》)卷上,云:

往昔为王子　名曰须达拏
止于苦行林　舍妻及男女[3]

这样的引文多见于经文的偈颂之中,一般是在颂扬佛陀前生志业的场合中出现。

1.4.2.4　中土创作型

须大拏故事流传中土,不仅仅是由于佛教大力宣扬的施舍观,更吸引中土民众的是故事中那一段催人泪下的"施子"场景。除S.4456a等3种敦煌《须大拏经》抄本残卷之外,敦煌还有两种出土的、以须大拏为主人公的中土再创作的文学作品,堪称代表。此外,还有一个道教的故事与须大拏故事类似。

1.4.2.4.1　敦煌本《须大拏太子好施因缘》

[1]高楠顺次郎、渡边海旭主编:《大正新修大藏经》第12册,第5页中栏。
[2]高楠顺次郎、渡边海旭主编:《大正新修大藏经》第16册,第641页下栏。
[3]高楠顺次郎、渡边海旭主编:《大正新修大藏经》第16册,第654页上栏。

以往被称为敦煌本《须大拏变文》,共有两个抄本,即俄国所藏的Dx285和北京图书馆(现中国国家图书馆)所藏的北8531(字206),学者多有校注和研究,[1]此不赘言。

1.4.2.4.2　敦煌戏文曲辞《须大拏太子度男女》

此为具有戏剧特点的曲辞,共有S.1497和S.6923两个残抄本,摘取太子施舍儿女一段设计台词。该文本最早由任半塘先生辨认出,学界陆续有所研究。[2]

1.4.2.4.3　《道藏》中的"须大拏太子故事"改写本

许理和(Erik Zürcher)首次从《道藏》中,辨认出一个与须大拏太子故事类似的文本,即灵宝经系列《太上洞玄灵宝智慧定志通微经》(简称《定志通微经》)中的乐净信之子法解的故事。[3] 虽然人物的宗教背景不同,故事的主旨不一,情节也有差异,但是,这两个故事却有不少的共同点。《定志通微经》中的法解为了继承父志,而和妻子一起卖掉两个孩儿,以所得去供奉道士,这与须大拏太子施舍两个孩子有异曲同工之妙。柏夷(Stephen R. Bokenkamp)仔细考察了须大拏太子故事对《定志通微经》中法解的故事的影响,探明了这两个故事之间的因袭与

---

[1]陈洪:《敦煌本须大拏变文残卷研究》,载《苏州大学学报》2004年第2期,第59-64页。陈开勇:《须大拏与悉达——唐代俗讲的新倾向及其影响》,载《敦煌学辑刊》2008年第2期,第121-126页;《宋元俗文学叙事与佛教》,上海古籍出版社2008年版,第185-217页。

[2]玄幸子:《"须大拏太子变文"について》,载新潟大学人文学部《人文科学研究》第95辑,1998年,第1-25页;《关于〈须大拏太子变文〉以及〈小小黄(皇)宫养赞〉》,载郑阿财等著:《佛教文献与文学》,佛光文化事业有限公司2011年版,第497-527页。任半塘:《敦煌歌辞总编》,中册,上海古籍出版社1987年版,第786-800页。项楚:《敦煌歌辞总编匡补》,巴蜀书社2000年版,第88-92页。李小荣:《变文讲唱与华梵宗教艺术》,上海三联书店2002年版,第239-243页。陈洪:《余论:佛教艺术传播的一个缩影——关于太子须大拏故事写经、变相、变文和戏文的考察》,收入氏著《佛教与中古小说》,学林出版社2007年版,第205-219页。郑阿财:《经典、图像与文字:敦煌"须大拏本生"叙事图像与文学的互文研究》,载中央文史研究馆等编《庆贺饶宗颐先生九十五华诞敦煌学国际学术研讨会论文集》,中华书局2012年版,第666-683页。

[3]Erik Zürcher, "Buddhist Influence on Early Taoism: A Survey of Scriptural Evidence", *T'oung Pao*, vol.66, Livr. 1/3, 1980, pp.84-147; especially pp.102-104. 该故事见于《太上洞玄灵宝智慧定志通微经》,《中华道藏》本,第3册,中华书局2003年版,第302页上栏至第304页中栏。

改造关系。[1] 《定志通微经》还有敦煌残抄本(P. 5563),可与传世本相比勘。

1.4.2.5　西域改写本

敦煌回鹘文《阿烂弥王本生》(*Araṇemi Jātaka*,编号 Pelliot Ouïgour 1)约写于10世纪,可能译自吐火罗语本。故事的主人公是一位愿意施舍一切的国王阿烂弥,该残卷中还提到一位丑陋不堪的婆罗门。[2] 此本生故事可能是《须大拏本生》的变体,其直接的源头尚未在梵、巴、汉、藏佛教文献找到,Marcel Erdel 指出,相应的残片已发现于吐火罗语 A 和 B 方言、图木舒克语写本之中,或许其中有此回鹘译本之基础。[3]

1.4.2.6　主题

要分析须大拏的故事与叙事情节,可以有多方面的解读。笔者认为,其重要的主题有如下两个:

1.4.2.6.1　施舍

从《六度集经·须大拏经》开始,《须大拏太子经》等多种文本均以佛教六度之首的"檀波罗蜜/布施度无极"作为经文的主旨,经文中主要的施舍品有:大象、马车、儿女、妻子。这样的显在主旨,无需多言。

1.4.2.6.2　无恩无报 / 批判提婆达多

《药事》卷14所引须大拏故事的缘起为"佛言:复次大王,我为求无上菩提故,而行慧施,作诸福业。大王谛听。"[4]强调的是主人公"能行布施,修无量福业,发无上菩提愿。"[5]虽然故事相同,但《破僧事》卷16所引须大拏故事却放在叙述"提婆达多(Devadatta)往昔之时无

---

[1] Stephen R. Bokenkamp, "The *Viśvantara-Jātaka* in Buddhist and Daoist Translation", in Benjamin Penny ed., *Daoism in History: Essays in honour of Liu Ts'un-yan*, London and New York: Routledge, Taylor & Francis Group, 2006, pp. 56 - 73.

[2] 牛汝极:《回鹘佛教文献——佛典总论及巴黎所藏敦煌回鹘文佛教文献》,新疆大学出版社2000年版,第329 - 339页。

[3] Marcel Erdel, "Uigurica from Dunhuang", *BSOAS* (= *Bulletin of the School of Oriental and African Studies, University of London*), vol. 52, no. 2, 1988, pp. 251 - 257 (especially in p. 252). Cf. Johan Elverskog, *Uygur Buddhist Literature*, (Silk Road Studies I), Brepols, 1997.

[4] 高楠顺次郎、渡边海旭主编:《大正新修大藏经》第24册,第64页下栏。

[5] 高楠顺次郎、渡边海旭主编:《大正新修大藏经》第24册,第68页中栏。

有恩报”这个系列之中,其缘起为“汝等比丘,复当谛听,提婆达多无恩无报,乃往古昔……”[1]故事中向太子索取两个孩子的那位婆罗门,就是提婆达多的前身。所以,《破僧事》此处虽然也提到了要“多施”,但是主要的目的还是在于批判佛陀的“敌人”提婆达多。可见,即便是同一个故事,文字大同小异,但在不同的语境之中,其主旨却有相当大的差距。值得注意的是,此故事在不同的文本中,多半属于本生类,也有属于譬喻类的。在本生的语境中,对故事出场人物的“前世”与“今生”的对应关系,在说明上也有不少的差异。

除前述各种须大拏故事文本之外,须大拏故事流传的另一个主要途径是图像。东晋高僧法显去天竺求法时,记载在师子国的见闻,“王便夹道两边,作菩萨五百身已来种种变现:或作须大拏,或作睒变,或作象王,或作鹿、马。如是形像,皆彩画庄挍,状若生人。”[2]这说明须大拏的图像是很流行的。见存的须大拏故事图像(单幅或连环画)包括雕塑、壁画和纸画、与文字对照的绘图本等多种形式,[3]遍及南亚(巴尔胡特古塔、桑奇大塔北门、阿旃陀石窟、[4]案达罗地区[5]等)、东南

---

[1]高楠顺次郎、渡边海旭主编:《大正新修大藏经》第 24 册,第 181 页上栏。

[2]高楠顺次郎、渡边海旭主编:《大正新修大藏经》第 51 册,第 865 页中栏。章巽校注《法显传校注》,上海古籍出版社 1985 年版,第 154 页。

[3]Leslie Grey, *A Concordance of Buddhist Birth Stories*, Oxford: Pāli Text Society, 1990, pp. 167 - 169.

[4]A. Ghosh, ed., *Ajanta Murals*, New Delhi: Archaeological Survey of India, 1996, plates LVII、LVIII、LXIX、LXX、LXXI and figure 19. A·詹姆柯德卡尔著,杨富学译:《须大拏本生研究》,载《敦煌研究》1995 年第 2 期,第 64 - 68 页。

[5]Ratan Parimoo, "On Re-identification of Āndhra Buddhist Jātaka Relief Sculptures," *Artibus Asiae*, vol. 55, no. 1/2, 1995, pp. 125 - 154.

亚(比如,缅甸[1])、中亚和丝绸之路上的库车(龟兹)、[2]吐鲁番、米兰、[3]敦煌、[4]河南[5]等地,对佛教义理、文化和艺术的传播起到了重要的作用。从美术史和文化交流史的角度,学界对此故事的图像已经有比较丰富的研究成果,[6]但结合出土文献,从图像与文本相结合的角度,还有进一步讨论的空间。

1.5 新出犍陀罗语须大拏太子名号及其源流辨析

须大拏太子喜好施舍的故事是最流行的佛教叙事文学作品,不仅详细记载于佛教律典之中,而且还以单本的佛经形式存在,其流传下来

---

[1]Jane Gaston Mahler, "The Art of Medieval Burma in Pagān", *Archives of the Chinese Art Society of America*, vol. 12, 1958, pp. 30 – 47.

[2]勒柯克指出,须大拏太子故事除见于新疆克孜尔石窟中洗足窟所绘系列本生譬喻故事画外,还见于音乐家窟、十六带剑者窟、菩萨天井窟、魔鬼窟和喀拉霍加山谷北面的第 10 号寺院中的壁画。参见阿尔伯特·冯·勒柯克、瓦尔德施密特著,管平、巫新华译:《新疆佛教艺术》,新疆教育出版社 2006 年版,第 436 – 437 页。Li Chongfeng, "The Representation of jātakas in the Kizil Caves", in: Desmond Durkin-Meisterernst etc., eds., *Turfan Revisited-The First Century of Research into the Arts and Cultures of the Silk Road*, Berlin: Dietrich Reimer Verlag, 2004, pp. 163 – 168. 又,新疆克孜尔尕哈石窟的第 11、14 号窟中也绘有须大拏太子乐善好施的本生故事壁画。参见新疆龟兹石窟研究所编、王卫东主编:《克孜尔尕哈石窟内容总录》,文物出版社 2008 年版,第 34、42 页。

[3]斯坦因中亚收集品的一件来自米兰(Miran)的艺术品,现藏印度国家博物馆,编号 M. III. 002,经过辨认,是一幅须大拏太子的本生画。参见 Radha Banerjee, "The Vessantara Jataka from Miran, Central Asia", (http:// www. ibiblio. org/radha/p_a012. htm)2009 年 6 月 16 日下载。又,林梅村:《寻找楼兰王国》,北京大学出版社 2009 年版,第 164 – 165 页。

[4]敦煌莫高窟共有 7 个石窟中描绘了须大拏太子故事画,即北周 294、428 窟;隋 419、423、427 窟;晚唐 9 窟;宋 454 窟。其中 419、428 两窟中为长卷连环画。参见沙武田:《敦煌壁画故事与历史传说》,甘肃人民出版社 2009 年版,第 114 页。张景峰:《敦煌莫高窟第 294 窟须达拏太子本生故事画研究及相关问题》,载《敦煌研究》2010 年第 2 期,第 17 – 26 页。

[5]河南河内县北孔村道俗 90 人的造像碑(东魏孝静帝武定元年/543),其碑阴有 3 层计 11 幅线刻画,第三层有 4 幅画,题记指明为须大拏本生故事画。参见陆增祥:《八琼室金石补正》卷 19,文物出版社 1985 年,第 114 页。

[6]略举几例,Vidya Dehajia, "On Modes of Visual Narration in Early Buddhist Art", *The Art Bulletin*, vol. 72, no. 3, 1990, pp. 374 – 392. Julia K. Murray, "Buddhism and Early Narrative Illustration in China", *Archives of Asian Art*, vol. 48, 1995, pp. 17 – 31. 影山悦子《ヴェッサンタラ・ジャータカの图像について:インドから中国へ》,《古代文化》(*Cultura antiqua*), vol. 53, no. 12, 2001, pp. 1 – 16.

的至少有犍陀罗语、梵语、巴利语、吐火罗语、于阗语、粟特语、藏语、蒙语、缅甸语、傣语和汉语等十数种文本[1]。在不同的文本中,这位太子的名字、绰号有不同的称呼,且在汉语译本中,有多种不同的译法(包括意译与音写词形),即便是在敦煌写卷《须大拏太子度男女》(S.1497、S.6923V)[2]和敦煌本《须大拏太子变文》(或拟名《须大拏太子好施因缘》,Дx.00285、Дx.02150、Дx.02167、Дx.02960、Дx.03020、Дx.03123、北8531/字206)等中土撰述中[3],他的名字也没有一定之规。因此,就很有必要对其诸多名号,加以辨析,以免简单罗列,混为一谈。不当之处,祈请方家教正。

1.5.1 须大拏太子的"胡名"梳理

须大拏太子的故事有多个语种、多个版本流传,其名字和称号有多种写法,为了清晰起见,现将非汉语文本中的须大拏诸个名号列表如下:

[1]陈明:《新出犍陀罗语须大拏太子故事跋》,载《出土文献研究》第9辑,中华书局2010年版,第297-308页。

[2]任半塘:《敦煌歌辞总编》(中册),上海古籍出版社1987年版,第786-800页。项楚:《敦煌歌辞总编匡补》,巴蜀书社2000年版,第88-92页。李小荣:《变文讲唱与华梵宗教艺术》,上海三联书店2002年版,第239-243页。陈洪:《余论:佛教艺术传播的一个缩影——关于太子须大拏故事写经、变相、变文和戏文的考察》,收入氏著《佛教与中古小说》,学林出版社2007年版,第205-219页。

[3]玄幸子:《〈須大拏太子変文〉について》,载新潟大学人文学部《人文科学研究》第95辑,1998年,第1-25页;《关于〈须大拏太子变文〉以及〈小小黄(皇)宫养赞〉》,载郑阿财等著:《佛教文献与文学》,佛光文化事业有限公司2011年版,第497-527页。陈洪:《敦煌本须大拏变文残卷研究》,载《苏州大学学报》2004年第2期,第59-64页。陈开勇:《须大拏与悉达——唐代俗讲的新倾向及其影响》,载《敦煌学辑刊》2008年第2期,第121-126页;《宋元俗文学叙事与佛教》,上海古籍出版社2008年版,第185-217页。

表 1-5 “须大拏”非汉语名号表

序号	名号	语言	词义	出处	备注
1	Sudaṣa	犍陀罗语	having strong or beautiful teeth	*British Library Kharoṣṭhī Fragments* 16+25	
2	Sudāna	梵语	good gift		据汉语译本
3	Viśvaṃtara			*Āryaśūra's Jātaka-mālā*(《本生鬘》)	
4	Sudaṃṣṭra		having strong or beautiful teeth	*Saṅghabheda-vastu*(《破僧事》)	义净译《破僧事》卷 16
5	Viśvatyāga		all-giver	*Tibetan Tales*	意译一切施
6	Viśvāntara				
7	Vessantara	巴利语		*Vessantara Jātaka*	
8	Vaiśvantara	俗语		5 世纪 Ajanta 石窟第 17 窟的铭文[1]	来自巴利语 Vessantara
9	Viśvāntara	吐火罗语 A 方言		*Viśvāntara Jātaka*[2]	
10	Veśvāṃtta-ra	于阗语		*Jātaka-stava*(《本生赞》)[3]	第 45 个故事
11	Suδāšan	粟特语	having strong or beautiful teeth	*Vessantara Jataka*[4]	
12	Viśvantara	回鹘语		《毗般达罗本生故事》[5]	源自梵语

[1]此例由中国人民大学国学院张丽香博士提供,特此感谢。

[2]Werner Thomas, *Probleme der Ubertrugung buddhistischer Texte ins Tocharische*, Akademie der Wissenschaften Klasse Jahrgang 1989, 10. Stuttgart: Franz Steiner Verlag, 1989.

[3]M. J. Dresden, "Jātakastava or 'Praise of the Buddha's Former Births'", *Transactions of the American Philoso-phical Society*, NS. 45:5, 1955, pp. 397-508. 又,《塞语词典》中未收此词。Cf. H. W. Bailey ed., *Dictionary of Khotan Saka*, Cambridge University Press, 1979.

[4]Robert Gauthiot, "Une version sogdienne du Vessantara Jātaka", *Journal Asiatique* 19, 1912. Ilya Gershevitch, "On the Sogdian Vessantara Jātaka", *Journal of the Royal Asiatic Society of Great Britain and Ireland*, 1942, pp. 97-101. E. Benveniste, *Vessantara Jataka*, Sogdien éd., trad. et com. Paris, 1946. 又,Mariko Namba Walter 在《粟特与佛教》(*Sogdian and Buddhism*)一书中转写作 Sudāšan。参见 Mariko Namba Walter, *Sogdian and Buddhism*, (*Sino-Platonic Papers*, no. 174), University of Pennsylvania, 2006, p. 37.

[5]牛汝极:《回鹘佛教文献——佛典总论及巴黎所藏敦煌回鹘文佛教文献》,新疆大学出版社 2000 年版,第 13、19、43-44 页。

表 1－5(续)

序号	名号	语言	词义	出处	备注
13	Thams-cad-sgrol	藏语	all-protecting	*Mahāvyutpatti*	意译“普护”
14	qamuγ i getülgegci	蒙语		*A New Critical Edition of the Mahāvyutpatti*	
15	Wesantar	缅甸语		The 550 Jātakas in Old Burma〔1〕	
16	Wessantara				
17	Wesantarā				
18	Wisantarā				
19	Ve²sɛn¹ta¹-ra⁴	傣语		《维先达罗本生经》〔2〕	

表 1－5 中的 19 种并没有穷尽须大拏的全部名号，因为在南亚和东南亚的其他语种的文本中，还有一些须大拏的故事，有待考查。

1994 年出自阿富汗、现藏于大英图书馆的犍陀罗语写经中，编号 16＋25 的佉卢文残叶包含了一组佛陀及弟子们的前生故事。其中的第二个就是须大拏太子的故事，主人公名字写作 Sudaṣa。对于犍陀罗语 Sudaṣa 的来源，Timothy Lenz 指出，它和粟特语 Suδāšan 一样，与梵语 Sudaṃṣṭra 有关，而 Sudaṃṣṭra 意为“having strong or beautiful teeth”(有坚固或者漂亮牙齿的)〔3〕。因此，严格说来，Sudaṣa 并不能音译为“须大拏”，而应该音译为“苏达娑”。为了行文的简便，作者此处使用了主人公常见的汉译名字须大拏。

〔1〕G. H. Luce, “The 550 Jātakas in Old Burma”, *Artibus Asiae*, vol. 19, no. 3/4, 1956, pp. 291－307.

〔2〕张公瑾:《傣文〈维先达罗本生经〉中的巴利语借词——以〈十愿经〉第一节为例》，载《民族语文》2003 年第 4 期，第 1－7 页。又，Vessantara 本生属于傣文《维生达腊本生经》“十般若蜜”部分“第十世轮回”中的一个故事，即“Vessantara 修得 pañcamahā paricā gadā na 五种施献”。参见姚珏:《傣族本生经研究——以西双版纳勐龙为中心》，载《世界宗教研究》2006 年第 3 期，第 47－52 页。

〔3〕Timothy Lenz, with contributions by Andrew Glass and Bhikshu Dharmamitra, *A New Version of the Gāndhārī Dharmapada and a Collection of Previous－Birth Stories: British Library Kharoṣṭhī Fragments* 16＋25, Seattle and London: University of Washington Press, 2003, pp. 158－159.

表1－5所列须大拏的原名或者名号(绰号),至少可以分为如下3个系列:

其一,巴利语Vessantara,俗语Vaiśvantara,梵语Viśvaṃtara和Viśvāntara。梵语Viśvaṃtara和Viśvāntara应该是同源的。Viśvaṃtara也有转写为Viśvantara的情况。由梵语导出的有:吐火罗语A方言Viśvāntara,于阗语Veśvāṃttara,回鹘语Viśvantara。由巴利语导出的有:俗语Vaiśvantara,缅甸语Wesantar、Wessantara和Wesantara,傣语Ve^{2}sɛn^{1}-ta^{1}ra^{4}。而藏语thams cad < sgrol/grol是对梵语的意译,蒙古语qamuγ i getülgegci译自藏语。

其二,梵语Sudāna。

其三,梵语Sudaṃṣṭra,犍陀罗语Sudaṣa,粟特语Suδāšan。

须大拏太子的名号非一,意义相异,当"来自不同的传统"。[1] 在Viśvaṃtara/Viśvāntara、Sudaṃṣṭra、Sudāna 3个名号中,Viśvaṃtara/Viśvāntara是太子的原名,而Sudaṃṣṭra是太子的最初绰号,源自称赞他的形貌;Sudāna是太子后来的绰号,源自对他喜爱施舍的行为(或美德)的称赞。在Sudaṃṣṭra和Sudāna两个名号之间,可能还存在一个中间词,即Sudanta-,也是"妙牙"、"善牙"的意思。笔者推测,其演变关系可能是,从Sudaṃṣṭra到Sudanta,再到Sudāna,因为Sudaṃṣṭra和Sudanta的词义相同,而Sudanta和Sudāna的词形相近。

1.5.2 须大拏太子的汉译诸名及其解释

在汉译佛经或中土佛教文献中,对上述须大拏太子的三组名号也就有不同的译法或者解释,试梳理如下。

1.5.2.1 须大拏

康僧会《六度集经》卷2第14号小经《须大拏经》云:"王有太子,

〔1〕A·詹姆柯德卡尔著,杨富学译:《须大拏本生研究》,载《敦煌研究》1995年第2期,第64－68页。

名须大拏。"[1]该经中没有说明其得名的缘由。而圣坚译《太子须大拏经》云:"宫中二万夫人闻太子生,悉皆欢喜踊跃,乳湩自然而出。以是之故,便字太子为须大拏。"由"乳湩自然而出"这个原因来给太子取名,符合古代印度依"瑞应"而"立字"(取名)的习俗。[2] 从"须大拏"的词源来看,它应该是梵语 Sudāna 的音译。由于至今没有发现《六度集经》和《太子须大拏经》的原典,无法直接得知与所谓"悉皆欢喜踊跃,乳湩自然而出"对应的确切文字。Sudāna 的本意是"富足的、慷慨的礼物",[3]荻原云来在《梵和大辞典》的 Sudāna 条下,列出了 3 种意译"善与、善施、好施"以及 3 种音译"须大拏、须达拏、苏陀娑拏"。[4]所以,很难将 Sudāna 与"乳湩自然而出"的涵义联系起来。《梵和大辞典》中所列"苏陀娑拏"并不恰当,因为它不可能是 Sudāna 的对音。

1.5.2.2 尾施缚多罗 / 自在蔺(间)

义净译《根本说一切有部毗奈耶药事》卷 14 云:"形貌端严,众相具足,人所喜见。作生日会,为立名号。共相议曰:'此是尾施缚蜜多王子,应与名曰尾施缚多罗'。"[5]很显然,尾施缚多罗也是一个音译词。尽管 1930 年代吉尔吉特(Gilgit)地区出土的梵本《根本说一切有

[1]高楠顺次郎、渡边海旭主编:《大正新修大藏经》第 3 册,第 7 页下栏。另,陈洪:《〈六度集经〉文本的性质与形态》(原刊《徐州师范大学学报》2003 年第 4 期,第 11 – 17 页)认为,康僧会:《六度集经》有"原编本"、"改编本"和"新编本"三种形态,其中卷 2 的《须大拏经》是梁代以后、唐代智升:《开元释教录》之前才插入《六度集经》的。另参见陈洪:《佛教与中古小说》,学林出版社 2007 年版,第 219 – 239 页。Hubert Durt 等西方学者并没有对《六度集经》的成书过程进行辨析,参见 Hubert Durt, "The Offering of the Children of Prince Viśvantara /Sudāna in the Chinese Tradition",《国际佛教学大学院大学研究纪要》第 2 号,1999 年,第 147 – 182 页。

[2]元魏凉州沙门慧觉等在高昌郡集译:《贤愚经》卷第 8:"天竺作字,依于二种:或依星宿,或依变异。"(高楠顺次郎、渡边海旭主编:《大正新修大藏经》第 4 册,第 405 页上栏)又,"尔时国法,依于二事,而为作字:一者瑞应,二者星宿。"(高楠顺次郎、渡边海旭主编:《大正新修大藏经》第 4 册,第 403 页上栏)有关《贤愚经》的"翻译"及其语言,cf. Victor Henry Mair, "The Linguistic and Textual Antecedents of The Sutra of the Wise and the Foolish", *Sino-Platonic Papers*, 38, April 1993, pp. 1 – 95. 汉译文,梅维恒著,朱冠明译:《〈贤愚经〉的原典语言》,载《汉语史研究集刊》第 8 辑,巴蜀书社 2005 年版,第 424 – 444 页。

[3]Monier Monier-Williams, *A Sanskrit-English Dictionary*, Oxford University Press, Reprint, 1988, p. 1224.

[4]荻原云来编纂:《汉译对照梵和大辞典》,台湾新文丰出版公司 1988 年版,第 1479 页。

[5]高楠顺次郎、渡边海旭主编:《大正新修大藏经》第 24 册,第 65 页上栏。

部毗奈耶药事》(*Bhaiṣajya-vastu*)刚好缺漏了这一段须大拏太子的故事,但幸运的是,与《药事》同属于根本说一切有部的律典系列、且保存了相应的须大拏太子故事的梵本《根本说一切有部毗奈耶破僧事》(*Saṃghabheda-vastu*)也有吉尔吉特出土的残卷,其卷 16 中与《药事》此句对应的句子为:

dārako jātaḥabhirūpo darśanīyaḥprāsādikaḥgauraḥkanakavarṇaḥ chatrākāraśirāḥpralambabāhur vistīrṇalalāṭaḥ saṅgatabhrūs tuṅganāsaḥ sarvāṅgapratyaṅgopetaḥ; tasya jātau jātimahaṃ kṛtvā nāmadheyaṃ vyavasthāpyate; kim bhavatu dārakasya nāma? iti; jñātaya ūcuḥ: ayam dārako viśvāmitrasya rājñaḥputraḥ; tasmāt bhavatu dārakasya viś- vantara iti nāma iti. (vol. ii, p. 119)[1]

她的儿子是端严漂亮的、好看的、可爱的。他的肤色是金色的;他的头像伞;他的胳膊是下垂的;他的前额是宽广的;他的双眉相连;他的鼻子高而直;他的诸肢体是具足的。在他生后,举办生日会仪式,然后确定他的名字。国王想道:"他应该取个什么名字呢?"他的族人们说:"这个孩子是国王尾施缚蜜多(Viśvāmitra)的儿子,因此,应该给他取名为尾施缚多罗(Viśvantara)。"

义净译《破僧事》卷 16 中此段的译文为:"形仪端正,殊妙可观。颜色光晃,如真金铤。头有伞髻,手臂纤长,额广平正,双眉相连,鼻高且直,诸根具足。亲族立字,名自在蔺。"[2]与梵本相比,《破僧事》此处义净有可能省略了亲族为太子取名的依据,即"这个孩子是国王尾施缚蜜多的儿子"这句话。而与梵本相比,《药事》中保留了这句话,但只用"众相具足"就代替了梵本中对太子容貌的系列描写。

须大拏太子的故事见于现存的梵本有 5 世纪圣勇(Āryaśūra)的

〔1〕Raniero Gnoli, ed., *The Gilgit Manuscript of the Saṅghabhedavastu, Being the 17th and Last Section of the Vinaya of the Mūlasarvāstivādin*, Part II, Roma: Istituto Italiano per il Medio ed Estremo Oriente, 1978, p. 119.

〔2〕高楠顺次郎、渡边海旭主编:《大正新修大藏经》第 24 册,第 181 页上栏。

《本生鬘》(*Jātaka-mālā*)、11 世纪安主(Kṣemendra)的《譬喻如意藤》(*Avadānakalpalatā*)的第 23 个故事以及同时代月天(Somadeva)的著名故事集《故事海》(*Kathāsaritsāgara*)中的 Tārāvaloka 的故事。[1] 圣勇的梵本《本生鬘》(*Jātaka-mālā*)中,共辑录了 34 个本生故事,第 9 个就是须大拏太子的故事,该故事尾题"第九名为《尾施缚多罗本生》(iti viś vaṃtara-jātakaṃ navamam)"。[2] 此处记载 Viśvaṃtara 的父亲是湿波国(Śibi)的国王 Saṃjaya(萨阇、散惹野[3]),而对他本人的描写为:"tasya rājñaḥ pratipatty-anantaraṃ prathita-guṇa-gaṇa-nirantaro viśvaṃtaro nāma putro y- uvarājo babhūva."(这位国王就在完成[祭祀]之后,有了一位功德无间的王储,因此名为 Viśvaṃtara)。[4] 可见,此处虽未直接说明 Viśva- ṃtara 取名的原因,而实际上,句子中的 an-antara-和 nir-antara-两个词暗示了 Viśvaṃtara 取名的由来。

安主的《譬喻如意藤》是一部诗体故事集,共有 48 个故事,其中第 23 个故事就是《须大拏譬喻》(*Viśvaṃtara-avadānam*)。该譬喻故事的第 5 颂提到了主人公的名字,即:"tasya viśvaṃtaro nāma vadānyas-tanayo 'bhavat / apūrvatyāginā yena hṛtam kalpatayor-yaśaḥ// 5 // "[5]可译为:"一个前所未有的布施者,从 Kalpatayor(或指双马童?)那里抢来了名声,他的太子也[会]是一个慷慨的人,故名为 Viśvaṃtara。"此处亦间接

[1] N. M. Penzer, ed., *The Ocean of Story, being C. H. Tawney's translation of Somadeva's Kathā - Sarit - Sāgara (or Ocean of Streams of Story)*, vol. viii, London: Chas. J. Sawyer Ltd., 1924. pp. 124 - 131.

[2] Hendrik Kern, ed., The *Jātaka - mālā: Stories of Buddha's former incarnations*, (The Harvard Oriental Series, volume one), Cambridge Massachusetts: The Harvard University Press, 1914, p. 67. Cf. Peter Khoroche, tr., *Once the Buddha was a monkey: Āryaśūra's Jātaka-mālā*, Chicago and London: The University of Chicago Press, 1989, pp. 58 - 73.

[3] 除"萨阇"外,Saṃjaya 在佛经中另有音译形式。北宋施护译:《佛说守护大千国土经》卷上:"复有矩尾啰长子名散惹野大药叉,常乘于人。"(高楠顺次郎、渡边海旭主编:《大正新修大藏经》第 19 册,第 581 页上栏)"散惹野"就是 saṃjaya 的音译。

[4] Āryaśūra, *Jātaka-mālā or Bodhisattvāvadāna-mālā*, ed. by Hendrik Kern, Cambridge, Mass.: Harvard University Press, 1891, p. 52. Cf. Peter Khoroche, tr., *Once the Buddha was a monkey: Āryaśūra's Jātaka-mālā*, p. 58.

[5] P. L. Vaidya, ed., *Avadānakalpalatā* (Buddhist Sanskrit Texts, 22), 2 vols, Darbhanga: Mithila Institute, 1959.

交代了 Viśvaṃtara 得名的由来。

《根本说一切有部毗奈耶破僧事》卷十六云:"乃往古昔有一王都,王名自在友。……亲族立字,名自在蔺。"[1] 从梵汉本《破僧事》的对勘中可见,尾施缚多罗是梵语 Viśvantara 的音译。其得名的缘由是"此是尾施缚蜜多王子",这说明 Viśvantara(尾施缚多罗/自在蔺)是依父名 Viśvāmitra(尾施缚蜜多/自在友)而来的。这与古代印度"因父母而立名字"的习俗相吻合。[2] 从《破僧事》中对这两个人名的意译来看,Viśvāmitra 译名"自在友",可分拆为 Viśvā-(自在?)和 mitra-(友)。Viśvā-/ Viśva-,没有"自在"的意思,其原意为"全、都、一切;整个世界、宇宙"等,相当于"遍"。其来源于动词词根√viś-,有"散布"、"充满"、"遍及"的意思。

为何《破僧事》将 Viśvāmitra 译作了"自在友"呢?作者推测有两种可能,其一,译者将 Viśva 误作了读音有点相近的 Īśvara,Īśvara 就有"自在"的意思,Maheśvara 即译作"大自在天"。其二,与 Viśvāmitra 相似的神名 Viśva-karman(工巧天、毗首羯磨天)也被译作了"自在天王",可能在某些语境中,Viśvā-/ Viśva-有由"遍布"而引申的"自在"的意思。

类似 Viśvāmitra 的 Viśvamitra 作为仙人名,其译法见于梵汉本《孔雀明王经》系列,[3] 共有 4 种形式:善及(友)大仙(《大金色孔雀王咒经》,失译人名,今附秦录)、苾沙蜜多罗(梁扶南三藏僧伽婆罗译《孔雀王咒经》卷下)、安隐知识大仙(未确定,义净译《佛说大孔雀咒王经》卷下)、种种友(不空译《佛母大孔雀明王经》卷下)。仙人 Viśvamitra 的音译名还见于《金刚针论》(法称菩萨造、北宋法天译)卷1,共有3种音写形式:尾湿$_{二合}$弥怛览$_{二合}$、尾湿嚩$_{二合}$弥怛噜$_{二合}$大仙、尾湿嚩$_{二合}$大仙、

[1] 高楠顺次郎、渡边海旭主编:《大正新修大藏经》第 24 册,第 181 页上栏。又,在中华书局印行的《中华大藏经》版本中的《破僧事》,第 39 册,第 780 页,中栏,亦作"自在蔺"。

[2] 东晋天竺三藏佛陀跋陀罗共法显译《摩诃僧祇律》卷第 6 云:"时王土法,或因福相、或因星宿、或因父母,而立名字。"(高楠顺次郎、渡边海旭主编:《大正新修大藏经》第 22 册,第 279 页下栏)

[3] 田久保周誉校订:《梵文孔雀明王经》(*Ārya-Mahā-Māyūrī Vidyā-Rājñī*),山喜房佛书林 1972 年版。

弥怛啰二合大仙。[1] 与 Viśvāmitra 和 Viśvamitra 类似的还有 Viśvāmitrā，见于《佛所行赞》卷 1“离欲品第四”的“毗尸婆梵仙”、《佛母大孔雀明王经》卷 3 的“尾湿嚩蜜怛啰河王”。“尾湿嚩蜜怛啰”是 Viś- vāmitrā 的完整音译，而“毗尸婆”是 Viśvāmitra 的前半部分 Viśvā 的音译。此外，《华严经》中有人名“遍友”，可能原词就是 Viśvāmitra。[2] 唐代中天竺国沙门地婆诃罗译《方广大庄严经》卷 4 的“示书品”中有该词的音译形式“毗奢蜜多”。[3]

Viśvantara 译为“自在蔺”，即此复合词的前半部分 viśvan-译为“自在”，原因与 Viśva 相同；其后半部分 tara-翻译成“蔺”(在明代的《破僧事》版本中，写作“间”)。而 tara 的意思有“通路、渡船场”等，“蔺(间)”对译的是 antara(中、中间)。这说明“自在蔺”对应的原词应该是 Viśvāntara(Viśva-antara)。译者很可能将 Viśvantara 看成了 Viśvāntara，[4] 这可能是俗语连音现象所造成的。

《梵英词典》中并未提供 Viśvaṃtara 的意义解释，而《梵和大辞典》中给出了一个译名“普护”，[5] 当系抄自《翻译名义大集》(*Mahāvyutpatti*)第 32 条，即“Viśvaṃtaraḥ，[藏] Thams-cad-sgrol. [汉] 普护 [和] 一切を救くるもの。”[6] 从藏译名来看，此处的“普护”改译作“普度”更准确一些。石滨裕美子、福田洋一在《新订翻译名义大集》中对此条目做了增补，其第 32 条下列出：“[S] viśvantaraḥ; [T] thams cad < sgrol/grol L > ; qamuγ i getülgegci qumuγ i getülgegci。”[7]

藏语大藏经中不仅有《太子须大拏经》对应的藏文本 *Rgyal-bu*

[1] 高楠顺次郎、渡边海旭主编：《大正新修大藏经》第 32 册，第 170 页下栏。

[2] 魏国西寺沙门法藏述《华严经探玄记》卷第 20“尽法界品”云：“童子师者，显教导师范故也。名遍友者，谓遍于一切学类，众生悉为师训，故以为名。”(高楠顺次郎、渡边海旭主编：《大正新修大藏经》第 35 册，第 485 页上栏)

[3] 高楠顺次郎、渡边海旭主编：《大正新修大藏经》第 3 册，第 559 页上栏。

[4] Viśvāntara 也是古代印度的人名。比如，《故事海》中有一个国王的名字就叫作 Viś vāntara。

[5] 荻原云来编纂：《汉译对照梵和大辞典》，第 1251 页。

[6] 榊亮三郎校订：《梵藏汉和四译对校翻译名义大集》，铃木学术财团 1962 年重印，第 3 页。

[7] 石滨裕美子、福田洋一：《新订翻译名义大集》(*A New Critical Edition of the Mahāvyutpatti, Sanskrit-Tibetan-Mongolian Dictionary of Buddhist Terminology*)，东洋文库 1989 年版，第 2 页。

Don-grub-kyi mdo，经首提供的梵语经名为 *Ārya-jinaputra-arthasiddhi-sūtra*（《圣最胜子义成经》），而且还有藏译的《药事》与《破僧事》。藏文本须大拏太子本生故事中，也交代了太子的得名缘由："在他出生后，当举行庆生宴会时，他的亲族要给他取名。他们说：'既然这个孩子是国王 Viś-vāmitra 的儿子，那么，他就将叫做 Viśvaṇtara。'"[1]这个说法与《破僧事》中的基本上是一致的。

值得注意的是，藏文本须大拏太子故事的尾声中提到，当太子从山野重返王宫后，依然坚持施舍，他又获得了一个称号，即"从那以后，国王 Viśvantara 以'一切施者'之名而著称。"此句的英译为"Thereafter King Viśvantara was known by the name of Viśvatyāga (all-giver)."[2]此情节不见于巴利语《须大拏太子本生》中，但在梵本《破僧事》中有相应的句子，即"tato viśvantaro rājā sarvaṃdado babhūva"。其英译为"Then Prince Viśvanrara became the all-giving king."[3]汉译本《破僧事》中为"作大施会"，而《药事》译为"时彼菩萨具一切施"。可见，Viśvatyāga (all-giver)一词对应的就是 sarvaṃdada-(all-giving)，意即"一切施"。

与梵语 Viśvantara 相对应的巴利语人名为 Vessantara。Franklin Edgerton 的《佛教混合梵语辞典》(*Buddhist Hybrid Sanskrit Grammar and Dictionary*)指出，Viśvaṃtara = Pali Vessantara。[4]

巴利语《本生经》(*Jātaka*)中的最后一个(第 547 个)故事，即《须大拏本生》(*Vessantara Jātaka*)中，太子的父亲是 Sivi 国的国王 Sañjaya (散惹野)，母亲是王后 Phusatī。其母名字的来由是"因为她的身体像

---

[1] *Tibetan Tales: Derived from Indian Sources*, translated from the Tibetan of the Kahgyur by F. Anton von Schiefner and from the German into English by W. R. S. Ralston, London: George Routledge & Sons Ltd., 1926, p. 257.

[2] W. R. S. Ralston, tran., *Tibetan Tales: Derived from Indian Sources*, p. 257.

[3] Timothy Lenz, *A New Version of the Gāndhārī Dharmapada and a Collection of Previous-Birth Stories: British Library Kharoṣṭhī Fragments* 16 + 25, p. 236.

[4] Franklin Edgerton, *Buddhist Hybrid Sanskrit Grammar and Dictionary*, vol. ii, Dictionary, Delhi: Motilal Banarsidass, Reprint, 1985, p. 502.

曾喷洒过旃檀木香一样，在她的命名日，他们就称她为 Phusatī。"[1]她出生时，身体就有芳香，是因为她前生曾经向毗尸佛献过一段旃檀木，因此，帝释天给了她 10 个恩惠，其中就有取名 Phusatī 一项。[2] Phusatī 的原意是动词"喷洒"的意思。太子自己名字的得名缘由是：

> 在他的命名日，因为他出生于 Vessa 街，他们（亲族们）给了他一个名字 Vessantara。为此，可以说：
>
> 我名非从母，亦非从父出；
>
> 我生 Vessa 街，名 Vessantara。[3]

很显然，此处不是依据父母而立名字的。在 *Vessantara Jātaka* 中，Vessantara 的父亲是 Sivi 国的国王 Sañjaya（散惹野），母亲是王后 Phusatī。因为王后在 Jetuttara 城内 Vessa 街的一个房间中生下了他，所以，根据出生的地点，亲族们给了他一个名字 Vessantara。

对巴利语名字 Vessantara 的词源，学者们至今还没有一致的看法。K. R. Norman 在《*Vessantara Jātaka* 的诸批注》一文中指出，该本生中交代 Vessantara 得名缘由的偈颂句子（Vessānaṃ vīthiyā majjhe janesī Phusatī mamaṃ … jāto 'mhi vessavīthiyaṃ tasmā Vessantaro ahun ti.）借自巴利语《所行藏经》（*Cariyāpiṭaka*）中的第 9 个故事《须大拏所行赞》（*Vessanta-cariyam*）。[4]

1.5.2.3 毗输安呾啰 / 多能

义净在《南海寄归内法传》卷 4"三十二赞咏之礼"中叙及，"又东印度月官（Candragomin）大士，作毗输安呾啰太子歌词，人皆舞咏，遍五

---

[1] E. B. Cowell, *The Jātaka or Stories of the Buddha's Former Births*, vol. vi, Reprint, Delhi: Motilal Banarsidass Publishers Private Limited, 1994, p. 249.

[2] G. P. Malalasekera, *Dictionary of Pāli Proper Names*, vol. ii, Munshiram Manoharlal Publishers Pvt Ltd, 1998, p. 257.

[3] E. B. Cowell, *The Jātaka or Stories of the Buddha's Former Births*, pp. 250 – 251.

[4] K. R. Norman, "Notes on the Vessantara-jātaka", *Studien zum Jainismus und Buddhismus*, Wiesbaden 1981, pp. 163 – 174. Cf. K. R. Norman, *Collected Papers II*, Oxford: The Pali Text Society, 2003, pp. 172 – 186.

天矣，旧云苏达拏太子者是也。"[1]所谓"毗输安呾啰"（也写作"毗输安恒啰"）就是义净在《药事》中所音译的"尾施缚多罗"（梵语 Viśvantara）。[2] "毗输安呾啰"与"苏达拏"的两个译名，都不是义净创造的，前者实际来自世亲菩萨造、隋天竺三藏笈多共行矩等译《摄大乘论释论》卷第 8 的"种种本生中示现者，如毗输安恒啰王子隋云多能，即是须达拏也。《本生经》中说，菩萨以儿施婆罗门。"[3]"毗输安恒啰"中的"恒"，应该是"呾"字的形误。

达摩笈多（Dharmagupta）指出毗输安呾啰就是须达拏（Sudāna），但将其词义解释为"多能"，并没有说明理由。作者认为，可以从两个方面来理解。其一，"多能"是比喻才能出众，出类拔萃，与众不同，即智周所谓的"众异"（详见下文）。其二，此处的"多能"也应该与"持一"意义相关，比如，唐清凉山大华严寺沙门澄观述《大方广佛华严经随疏演义钞》卷第 11 云："更为具作，应云多能持一，多是有力，能持于一。"[4]而"持一"就是"一切持"的同义语，"一切持"刚好与须大拏（须达拏）有关。僧伽斯那（Saṅghasena）撰、吴月支优婆塞支谦（字恭明）译《菩萨本缘经》卷上的"一切持王子品第三之一"中的王子名为"一切持"，他的施舍事迹与须大拏太子相似，"一切持"也被看做是 Viśvant-

---

〔1〕义净原著，王邦维校注：《南海寄归内法传校注》，中华书局 2009 年版，参见第 184 页，并见第 185 页注释（二）。王邦维先生指出，高楠顺次郎的《南海寄归内法传》英译本写作"Chinese, Pi-yu-an-ta-ra"，显然是作"毗踰安呾啰"，未根据正确版本加以改正"踰"字的错误，今不从。Cf. I-Tsing, *A Record of the Buddhist Religion as practiced in India and the Malaya Archipelago* (*AD* 671—695), translated by J. Takakusu, Munshiram Manoharlal Publishers Pvt. Ltd., reprinted 1998, p. 164. 而 Michael Hahn 引用此条史料时，则写作 p' i-shu-an-ta-lo[= Viśvantara, erroneously for Maṇicūḍa], 对音无误。Cf. Michael Hahn, "The play Lokānandanātaka by Candragomin", *Kailash*, volume 7, Number 1, 1979, p. 52.

〔2〕王邦维：《南海寄归内法传校注》第 184 页的校记（1）以及"附录二 专名译名对照"第 268 页所列的梵文原名为 Viśvāntara，也是正确的。

〔3〕高楠顺次郎、渡边海旭主编：《大正新修大藏经》第 31 册，第 305 页中栏。

〔4〕高楠顺次郎、渡边海旭主编：《大正新修大藏经》第 36 册，第 84 页中栏。

ara(毗输安呾啰)的意译。[1] 不过,柏夷(Stephen R. Bokenkamp)在《佛道翻译中的〈须大拏本生〉》一文中认为,王子的名字"一切持"是"奉献一切"的意思。[2] 从"多能"—"持一"—"一切持"—毗输安呾啰—须大拏这样的脉络来看,我们就能解释所谓"隋云多能"的含义了。

又,义净《南海寄归内法传》中的"苏达拏"译名与玄奘的《大唐西域记》同,详见下文。

1.5.2.4 毗湿饭怛啰/众异

唐代沙门智周撰《成唯识论演秘》卷第4(末)对"本生"与"本事"进行了解释,云:

> 先世相应所有余事,名为本事。先世所受生类差别,名为本生,如毗湿饭怛啰等。依此本生,先所修行种种苦行,名难修行。释曰:领者摄捡,受谓纳受。乘斯化业,摄纳化果,故名领受。与身相应非身之事,名为本事。所受身事,名为本生。毗湿等者,此云众异,有多德伎,异众人故,即须达拏太子别名,举事明也。[3]

此处的"毗湿饭怛啰"也是上文的 Viśvantara(尾施缚多罗、毗输安呾啰)的又一种音写形式。所谓"此云众异",其原因是"有多德伎,异众人故",这与"隋云多能"恰好可以相互印证,因为"多能"与"多德伎"基本上是指同样的意思,就是指才能出众,而"众异"中的"众"对译出了 Viśvantara 的 Viśva(一切、全),而"异"对译的是 antara(中、别、异、余、不共、殊异)。可见,"众异"与前文的"自在蔄(间)"一样,对译的都是 Viśvāntara。这种理解的结果应该是源自梵本中出现了 Viśvantara(Viśvaṃtara)和 Viśvāntara 两种写法。

---

[1] Hubert Durt, "The Offering of the Children of Prince Viśvantara /Sudāna in the Chinese Tradition",《国际佛教学大学院大学研究纪要》第2号,1999年,第147-182页。另见 Hubert Durt, "The Casting-off Madrī in the Northern Buddhist Literary Tradition",《国际佛教学大学院大学研究纪要》第3号,2000年,第133-158页。

[2] Stephen R. Bokenkamp, "The *Viśvantara-Jātaka* in Buddhist and Daoist Translation", in Benjamin Penny ed., *Daoism in History: Essays in honour of Liu Ts'un-yan*, London and New York: Routledge, Taylor & Francis Group, 2006, pp. 56-73.

[3] 高楠顺次郎、渡边海旭主编:《大正新修大藏经》第43册,第906页上栏。

1.5.2.5 苏达那、苏达拏 / 妙牙

义净《根本说一切有部毗奈耶药事》卷 14 的同一个故事中，除上述“尾施缚多罗”之外，还有另一种译名“苏达那”，原文如下：

时有一人，闻城中人众一时大哭，怪而问曰：“是何啼哭之声？”众人告曰：“汝可不知？此城王子苏达那被流出境。然而王子立性，爱乐布施，大王治责，今欲入山林中。缘此城内人民啼泣。”[1]

梵本《根本说一切有部毗奈耶破僧事》中的平行故事的相应句子为：

anyataraṃ puruṣam uvāca: bhoḥ puruṣa kiṃ kṛto 'yam mahājanasya ruditaśabdaḥ? iti; sa uvāca: kim bhavān na jānīte

asmāt purān nṛpatinā svasutaḥ sudaṃṣṭro

nirvāsyate sthiradhṛtir nirataḥ pradāne |

taṃ prasthitaṃ vanam upetya saputradāram

paurāḥ sametya subhṛśam karuṇaṃ rudanti || iti. (vol. ii, pp. 122 – 123)

义净译《根本说一切有部毗奈耶破僧事》卷 16 中的句子为：

时有一人，闻是大众泣泪哀号，问言：“今此大众因何悲泣？”答曰：“汝岂不闻？”便以颂报：

城中有太子　自将象宝施

王责远驱摈　由是众悲啼。[2]

对照梵本《破僧事》，太子的名字是 Sudaṃṣṭra，共出现了 3 处，均在偈颂部分，而义净在《根本说一切有部毗奈耶破僧事》中却一处也没有翻译出太子的名字。据此段梵本推测，《药事》中“苏达那”对应位置应是 Sudaṃṣṭra；而从音韵的角度来看，“苏达那”不是 Sudaṃṣṭra 的音译，而是 Sudāna 的音译。

---

[1] 高楠顺次郎、渡边海旭主编：《大正新修大藏经》第 24 册，第 65 页下栏。

[2] 高楠顺次郎、渡边海旭主编：《大正新修大藏经》第 24 册，第 182 页上栏。

值得注意的是，上引梵本中有偈颂，《破僧事》增加了"便以颂报"这样的引出偈颂的标记，并将偈颂译为了五言诗，而《药事》中的段落却将偈颂译为了散行形式。

除梵本《破僧事》中出现了Sudaṃṣṭra之外，在梵本《护国尊者所问经》(*Rāṣṭrapāla-paripṛcchā-sūtra*)序篇的第121颂中，也有此词。即：

caratā ca purā jagadarthe madri pativrata tyakta saputrā |

duhitāpyanapekṣyadasaṃgha āsi nṛpātmajo yada sudaṃṣṭraṛ ‖

121 ‖[1]

Daniel Boucher对该经的早期梵本进行了新的解读与翻译。他将其中描述须大拏太子本生的偈颂英译为："When I formerly was the prince Sudaṃṣṭra, training for the sake of the world, I abandoned the devoted Madri and my son and daughter, indifferent and unattached was I."[2]该梵本共有3个汉译本，即：

(1)西晋月氏国三藏竺法护译《佛说德光太子经》，但此译本中没有本生故事部分。

(2)《大宝积经》(Ratnakūṭa)中所收隋三藏法师阇那崛多(Jñānagupta)译卷第80"护国菩萨会第一十八之一"，对应的句子为：

我昔修行为众生　曾作王子苏达拏

时有人来乞妻子　我不爱惜尽施与[3]

(3)北宋施护(Dānapāla)译《佛说护国尊者所问经》，卷第2中对应的句子为：

常为世间行利乐　弃舍王位及眷属

一心志求无上道　又昔曾为妙牙王[4]

对比可见，阇那崛多笔下的"苏达拏"与施护笔下的"妙牙"对应的

---

[1]P. L. Vaidya, ed., *Mahāyanasūtrasaṅgraha*, Part I (Sutra No. 12). Darbhanga: The Mithila Institute, 1961, p. 134

[2]Daniel Boucher, *Bodhisattvas of the Forest and Formation of the Mahāyāna: A Study and Translation of the Rāṣṭrapālaparipṛcchā-sūtra*, Honolulu: University of Hawai'i Press, 2008, p. 132.

[3]高楠顺次郎、渡边海旭主编：《大正新修大藏经》第11册，第461页下栏。

[4]高楠顺次郎、渡边海旭主编：《大正新修大藏经》第12册，第5页中栏。

就是 Sudaṃṣṭra。“苏达拏”是 Sudāna 的音译，而“妙牙”正好是 Sudaṃṣṭra 的意译，即 Su(妙)-daṃṣṭra(牙)。有关 daṃṣṭra-的单独翻译，见于唐代利言《梵语杂名》：“牙：能瑟吒啰三合 daṃṣṭra。”[1]可见，daṃṣṭra-的意译为“牙”，音译为“能瑟吒啰”。除“能瑟吒啰”外，daṃṣṭra-的音译还有：不空译《菩提场所说一字顶轮王经》卷 4 中对应 daṃṣṭri 的“能瑟吒㗚三合”[2]；善无畏译《苏悉地羯罗供养法》卷上中对应 daṃṣṭra 的“能瑟吒路二合”；[3]青龙寺沙门法全集《大毗卢遮那成佛神变加持经莲华胎藏菩提幢标帜普通真言藏广大成就瑜伽》卷上的“如来牙真言”中有“能去瑟吒啰三合，牙也”[4]等音写形式。

1.5.2.6　苏达拏、苏达挐/善牙；提黎挐(须提拏、须提那、须地那)/好爱、好与、善与

玄奘、辩机《大唐西域记》卷 2 云：“商莫迦菩萨(Śyāmaka)被害东南行二百余里，至跋虏沙城。城北有窣堵波，是苏达拏太子唐言善牙以父王大象施婆罗门。”[5]玄奘当年实地考察过印度古代的一些佛教遗址，对须大拏太子的故事自然是了如指掌。对此处的“苏达拏”，《大唐西域记校注》认同日本学者堀谦德的观点，认为“善牙”是“善与”的讹写，而“苏达拏”可还原为 Sudāna，意译“善牙”如何都不妥当。[6] 作者不认同这一观点，因为他们没有利用到上述梵本《破僧事》中的资料。“苏达拏”可以看做是 Sudāna 的音译，而玄奘的注释“唐言善牙”，说明

---

[1]高楠顺次郎、渡边海旭主编：《大正新修大藏经》第 54 册，第 1223 页下栏。参见松本照敬：《〈梵语杂名〉の原语比定》，《成田山佛教研究所纪要》通号 31，2008 年，第 55－155 页。“牙”条见该文第 79 页。又，有关利言的《梵语杂名》，参见陈明：《〈梵语杂名〉作者利言事迹补考》，载《清华大学学报》2008 年第 6 期，第 103－110 页。

[2]高楠顺次郎、渡边海旭主编：《大正新修大藏经》第 19 册，第 212 页上栏。

[3]高楠顺次郎、渡边海旭主编：《大正新修大藏经》第 18 册，第 706 页上栏。

[4]高楠顺次郎、渡边海旭主编：《大正新修大藏经》第 18 册，第 148 页上栏。另见《佛说一切如来真实摄大乘现证三昧大教王经》卷 12 和卷 22 的“能瑟吒啰三合，引”。

[5][唐]玄奘、辩机原著，季羡林等校注：《大唐西域记校注》，中华书局 1985 年版，第 256 页。

[6]季羡林等校注《大唐西域记校注》，第 257 页。

了与“苏达拏”相关的另一个词是 Sudaṃṣṭra，该词就是“善牙”的意思。[1] 玄奘的这个译法被后人承袭。比如，道宣《释迦方志》卷上云：“又东南约二百里，跋鲁沙城北东二十余里，弹多落迦即檀特也山岭上塔，是苏达拏云善牙也栖隐之所。婆罗门捶男女处，流血涂地，今诸草木皆同绛色。”[2]

细检佛经，笔者发现“善牙”的译法六朝已有，元魏天竺三藏毗目智仙等译《三具足经忧波提舍》（有释论无经本）中，就有“又复本作善牙童子，我于尔时，所爱妻子舍施不吝”。[3] 显然，此处的“善牙童子”舍施妻子就是须大拏太子的故事。因此，与“妙牙”一样，“善牙”是 Sudaṃṣṭra 的意译无疑。此外，天亲菩萨造、毗目智仙译《转法轮经忧波提舍》（有释论无经本）亦云：“又言本生，作摩那婆，身及妻子，我皆舍施。又言本生，作梵得王，所爱二子，我舍布施，心不生悔。又言本生，作善牙王，最端正女，人中胜妙，名孙陀利，施婆罗门。”[4] 此处的“善牙王”也是喜好施舍的人物，与须大拏太子不无关系。

又，法云《翻译名义集》卷 3 云：“提黎拏太子：《大论》：秦言好爱。《西域记》云：苏达拏，唐言善牙，亦云善与。”[5] 此处的“苏达拏”就是“苏达拏”的异写，也是“善牙”（Sudaṃṣṭra）的意思。“唐言善牙，亦云善与”亦能证明堀谦德的观点是站不住脚的。“善牙”即 Sudaṃṣṭra 的意译，“善与”是“Sudāna”的意译，因为 dāna 意即“施舍、给与”。因此，虽然“善与”与“善牙”并不是指同一个词，但二者都是指须大拏太子的名号。之所以有“善与”与“善牙”之间的误会，也可能有语音方面的问题，李家浩指出过，上古甲骨文中的“与”字音“牙”。后世两个字或许存在音借的关系。由此之故，“善牙”被当做了“善与”之误。

此外，《翻译名义集》此处的“提黎拏”一词，不见其他佛经。所谓

---

[1] 荻原云来编纂：《汉译对照梵和大辞典》在 Sudaṃṣṭra 条下，列出“牙生”的译名，未能提供原文出处。（参见荻原云来编纂：《汉译对照梵和大辞典》，第 1478 页）。

[2] 高楠顺次郎、渡边海旭主编：《大正新修大藏经》第 51 册，第 955 页上栏。

[3] 高楠顺次郎、渡边海旭主编：《大正新修大藏经》第 26 册，第 360 页中至下栏。

[4] 高楠顺次郎、渡边海旭主编：《大正新修大藏经》第 26 册，第 357 页上栏。

[5] 高楠顺次郎、渡边海旭主编：《大正新修大藏经》第 54 册，第 1095 页上栏。

“《大论》:秦言好爱”,是出自龙树菩萨造、鸠摩罗什译《大智度论》卷12,其原文为“如须提拏太子秦言好爱以其二子,布施婆罗门,次以妻施,其心不转。”[1]可见,“提黎拏”应该是须提拏的误写,而“须提拏”就是“须达拏”的异写。

与“须提拏”相似的译名还有“须提那”和“须地那”。《翻梵语》(疑为梁代僧宝唱所作)卷2:“须提那:译曰好与;亦云善与。《十诵律》第二/三卷。”[2]又,《翻梵语》卷4“刹利名第二十”云:“须提拏太子:应云须地那。论曰:好;译曰:好与。《大智论》第十二卷。”[3]因此,“须提拏”、“须提那”、“须地那”是 sudāna 的音译;“好与”、“善与”则是 sudāna 的意译。

1.5.2.7 须达拏/善爱/好爱

鸠摩罗什译《大智度论》时,将须提拏解释为“秦言好爱”。这种解释被唐代佛教学者所认同。魏国西寺沙门法藏述《华严经探玄记》卷第8“尽此回向品”:“如须达拏者,此云善爱,或云好爱,如《太子经》具说施妻子等。”[4]唐清凉山大华严寺沙门澄观述《大方广佛华严经疏》卷29“十回向品第二十五”云:“须达拏者,此云善爱,或云好爱,事如彼经。”[5]又,澄观述《大方广佛华严经随疏演义钞》卷第50云:“疏:须达拏者,此云善爱,或云好爱。经唯一卷,说事甚广,今当略引。阿难请问,佛说过去不可说劫有一大国,名为叶波,王号湿波,无子祷神,后乃有子。内外欢喜,号须大拏。年十五六,无艺不通,纳妃名曼垣(Madrī),生一男一女。太子广行惠施。”[6]

有关《华严经》的这三部经疏中,列出了须达拏(Sudāna)的两种意译“善爱”和“好爱”。这可以从两个方面来理解。

第一,“善”和“好”是梵语 Su 的对译,殆无疑义。dāna 多音译为

[1]高楠顺次郎、渡边海旭主编:《大正新修大藏经》第25册,第146页中栏。
[2]高楠顺次郎、渡边海旭主编:《大正新修大藏经》第54册,第996页上栏。
[3]高楠顺次郎、渡边海旭主编:《大正新修大藏经》第54册,第1008页下栏。
[4]高楠顺次郎、渡边海旭主编:《大正新修大藏经》第35册,第263页上栏。
[5]高楠顺次郎、渡边海旭主编:《大正新修大藏经》第35册,第717页中栏。
[6]高楠顺次郎、渡边海旭主编:《大正新修大藏经》第36册,第392页下栏。

"檀那",意为"施舍"、"给予/与",从恩惠的角度来说,"施"和"与"就是"爱"的表现。因此,"爱"可以作为 dāna 的引申义来理解,这样,Sudāna 译为"好爱"或"善爱"就没有什么问题了。

第二,所谓"秦言好爱",也可能是将 Sudāna 误成了 Sundara,后者正是"好爱"的意思。天台智者大师说《妙法莲华经文句》卷第 2 上云:"孙陀罗难陀:孙陀罗,此翻好爱,亦端正,难陀如前。"[1]法云《翻译名义集》卷 1 云:"孙陀罗难陀(Sundara-nanda):孙陀罗,此云好爱。妻名也,或云孙陀罗利(Sundrī),此云善妙。难陀,云欢喜,已号也。简放牛难陀,故标其妻。"[2]Sundara 意为"美妙的、可爱的",它与 Sudāna 的词形容易相误,因此,Sudāna 也可能被理解成了"好爱"。

1.5.2.8　须达拏、苏达那、苏陀沙拏、苏陀沙/好施、善与、善施

《翻梵语》卷第 6"杂人名第三十"列出了"须达拏:译曰好施。(《华严经》)第十六卷。"[3]

慧琳《一切经音义》卷 33 中,玄应音释《太子须大拏经》"须大拏"条,"须大拏:女加反,或言须达拏,或云苏陀沙拏,此译云善与,亦言善施也。"[4]又,慧琳《一切经音义》卷 47 中,玄应音《佛地经论》第 7 卷的"苏达那"条,"苏达那等:梵语亦作苏陀沙等,此云善与,亦言好施,旧云须达拏,讹也。"[5]

玄应对"须大拏"的解释中,收录了"须达拏"、"苏陀沙拏"、"苏达那"、"苏陀沙"4 种音译;以及"善与"、"善施"和"好施"3 种意译。其中,"须达拏"和"苏达那"对音 Sudāna,"善与"、"善施"和"好施"也是 Sudāna 的意译。而"苏陀沙"是"苏陀沙拏"的略写,二者对应的应该是 Sudaṃṣtra。

1.5.2.9　须帝󠄀𫛡拏

鸠摩罗什《大智度论》卷 33"序品第一"排列了数种布施之事,"又

[1]高楠顺次郎、渡边海旭主编:《大正新修大藏经》第 34 册,第 17 页中栏。
[2]高楠顺次郎、渡边海旭主编:《大正新修大藏经》第 54 册,第 1064 页下栏。
[3]高楠顺次郎、渡边海旭主编:《大正新修大藏经》第 54 册,第 1019 页中栏。
[4]高楠顺次郎、渡边海旭主编:《大正新修大藏经》第 54 册,第 528 页上栏。
[5]高楠顺次郎、渡边海旭主编:《大正新修大藏经》第 54 册,第 617 页中栏。

如须帝躲拏菩萨，下善胜白象，施与怨家，人在深山；以所爱二子，施十二丑婆罗门；复以妻及眼施化婆罗门。尔时，地为大动，天为雷震，空中雨花。”[1]这位“须帝躲拏菩萨”的布施事迹与须大拏太子的故事吻合。但“须帝躲拏”与 Sudāna 的对音不符。因为“帝”与“躲”（“隶”的异体字）音同，二字或重出，很可能“须帝躲拏”就是“须帝拏”或者“须躲拏”，则此二译名与前述《大智度论》中的“须提拏”是相同的。为什么鸠摩罗什会有“须提拏”、“须帝拏”或“须躲拏”这样的音译呢？笔者推测，鸠摩罗什所据《大智度论》的原写本中，Sudina（意即“明亮的、光明的；幸福”）替代了 Sudāna。因为在写本中，元音 i 与 ā 之间的替代，并不罕见。如此，“须提拏”、“须帝拏”或“须躲拏”也可能是 Sudina 的音译。由于尚未发现 Sudina 指代须大拏太子的文献证据，因此，有关 Sudina 的推测还有待证实。

此外，与 Sudāna 容易混淆的梵语词还有 Sudhana，汉译“善财”，也值得注意。梵汉本《药事》中有一段善财的故事，曲折动人。《药事》卷13云：“欲立何名？众人议曰：‘王既名财，王子今可立号善财。’”[2]梵本《药事》对应的句子为：kiṃ bhavatu dārakasya nameti / amātyāḥ kathayanti / ayaṃ dārako dhanasya rājñaḥ putraḥ/ bhavatu dārakasya sudhana iti nāmeti / tasya sudhana iti nāmadheyaṃ vyavasthāpitam /。[3] 对勘可见，“善财”就是 sudhana 的意译。

综上，在古代汉译佛经或者本土著述中，须大拏太子名字、绰号的译法（含音写与意译）有多种写法（不包括现代汉语中的各种译法），可列表归纳如下：

〔1〕高楠顺次郎、渡边海旭主编：《大正新修大藏经》第 25 册，第 304 页下栏至第 305 页上栏。

〔2〕高楠顺次郎、渡边海旭主编：《大正新修大藏经》第 24 册，第 60 页下栏。

〔3〕Sitansusekhar Bagchi, ed., *Mūlasarvāstivādavinayavastu*, vol. i., Buddhist Sanskrit Text No. 16, Darbhanga: The Mithila Institute of Post-graduate Studies and Research in Sanskrit Learning, 1967. p. 82.

表 1－6　须大拏太子汉译名号一览表

序号	音译名	意译名	出　处	原　名	备　注
1	须大拏		《六度集经·须大拏经》	Sudāna	亦见《太子须大拏经》
2	尾施缚多罗		《根本说一切有部毗奈耶药事》	Viśvantara	
3		自在蔺(间)	《根本说一切有部毗奈耶破僧事》	Viśvāntara	梵本《破僧事》中为 Viśvantara
4	毗输安呾啰	多能	《摄大乘论释论》	Viśvantara	亦见《南海寄归内法传》Viśvāntara
5	毗湿饭怛啰	众异	《成唯识论演秘》	Viśvāntara	
6	苏达那		《根本说一切有部毗奈耶药事》	Sudāna	梵本：Sudaṃṣṭra
7	苏达拏		《大宝积经·护国菩萨会》	Sudāna	亦见《大唐西域记》，梵本为 Sudaṃṣṭra
8		妙牙	《佛说护国尊者所问经》	Sudaṃṣṭra	
9		善牙	《三具足经优波提舍》	Sudaṃṣṭra	
			《大唐西域记》	Sudaṃṣṭra	亦见《释迦方志》
10	提黎拏		《翻译名义集》	Sudāna	应为"须提拏"
11	须提拏	好爱	《大智度论》	Sudāna	即"须达拏"
12	须帝⾝⾸拏		《大智度论》	Sudina(?)	应为"须帝拏"或"须⾝⾸拏"
13	须达拏	善爱	《华严经探玄记》	Sudāna	
14		好施	《翻梵语》	Sudāna	
15		善与	《一切经音义》	Sudāna	
16		善施		Sudāna	
17	苏陀沙拏			Sudaṃṣṭra	
18	苏达那	善与、好施		Sudāna	
19	苏陀沙			Sudaṃṣṭra	

表 1-6(续)

序号	音译名	意译名	出处	原名	备注
20	须提那	好与、善与	《翻梵语》	Sudāna	同"须提拏"
21	须地那	好与			
22		一切持	《菩萨本缘经》	Viśvantara	

1.6 余论

从文献史的角度而言,学者们多以某些词(包括人名)的译法来推定该经的译者或年代的归属,这固然是不二法门。然而,值得警惕的是,有些译者不仅在不同佛经中对同样的词有不同的译法,而且在同一部佛经中对同一个的词前后译法也有出入,且音译与意译往往错综复杂。这些译法中,有的是沿袭前人,有的则是译者自己新造的。因此,不宜遽下结论,而需要从多个方面进行综合考察。

从人名与文化交流的角度而言,敦煌吐鲁番等地出土文献、墓志等石刻史料乃至传世典籍中的胡人姓名研究,目前逐渐引起学界的关注。这些汉语文献与非汉语文献中的胡名比勘,"尤其是穆格山粟特文书与敦煌、吐鲁番汉文文书中胡名的比勘,正在显示诱人的前景。"[1]与此类似,古代汉译的印度人名探究也是不容忽视的。印度的神灵名号

[1]蔡鸿生:《胡名试探》,收入《仰望陈寅恪》,中华书局2004年版,第143-149页。新刊讨论丝绸之路胡语人名的书籍,无疑为与汉语文献的胡名比勘提供了重要的史料。Cf. Nicholas Sims-Williams, *Bactrian Personal Names* (Iranische Onomastik 7), (Iranisches Personennamenbuch II, 7), Wien: Austrian Academy of Sciences, 2010. Pavel B. Lurje, *Personal Names in Sogdian Texts* (Iranische Onomastik 8), (Iranisches Personennamenbuch, II, 8), Wien: Austrian Academy of Sciences, 2010.

繁多,像梵天、毗湿奴、[1]湿婆、[2]因陀罗这样的大神每个都有多种名号,其交叉重复者亦不在少数。佛经中,佛陀、菩萨的名号也不少见,诸如北宋法天译《圣多罗菩萨一百八名陀罗尼经》等。佛陀的弟子也有不少的名号,阿难陀就被冠以 Vedehamuni(鞞提诃牟尼)之类的称呼,其名称背后自有深刻的文化内涵,如此称呼的原因同样值得探究。[3]

整体言之,佛经中的人名堪称繁杂,其情形与中土古籍中的一些名物词一样,属于外来词的范畴,不仅需要从对音的角度小心考查,也需要从其语义的演变进行分析,方能对语源不一者做出明晰的解说,为汉语外来词乃至中外文化交流史的研究提供佐证。[4] 本节所论及的"须大拏"一名就有如此复杂的语言背景。在以往的佛教音义著作或辞书中,同一词语的译法多样,其相互混淆之处并不鲜见,而利用多语种的文献,仔细地排比史料,才可能有效地追根溯源,穷其原委,解开汉译名称背后的种种谜团。

---

〔1〕据云毗湿奴的名号上千,相关研究参见葛维钧:《毗湿奴及其一千名号》,载《南亚研究》2005 年第 1 期,第 48 – 53 页;(续一),《南亚研究》2005 年第 2 期,第 48 – 51 页;(续二),《南亚研究》2006 年第 1 期,第 52 – 56 页;(续三),《南亚研究》2006 年第 2 期,第 62 – 69 页;(续四),《南亚研究》2009 年第 1 期,第 119 – 129 页;(续五),《南亚研究》2009 年第 2 期,第 107 – 118 页。

〔2〕参见葛维钧:《湿婆和"赞词之王"》,载《南亚研究》2003 年第 2 期,第 65 – 71 页;(续一),《南亚研究》2004 年第 1 期,第 40 – 44 页;(续二),《南亚研究》2004 年第 2 期,第 49 – 56 页。

〔3〕田村典子:《佛弟子アーナンダの称呼 Vedehamuni》,载《インド哲学佛教学研究》第 11 卷,2004 年,第 28 – 41 页。

〔4〕参见张永言:《汉语外来词杂谈》,载《语言教学与研究》1989 年第 2 期,收入氏著:《语文学论集》(增补本),语文出版社 1999 年版,第 290 – 305 页。又,张永言:《汉语外来词杂谈》(补订稿),载《汉语史学报》第 7 辑,上海教育出版社 2008 年版,第 1 – 15 页。

2 出土文献与汉译佛经的对勘研究

2.1 新出土(或新刊)梵语佛教文献及其价值简述

2.1.1 邵格延收集品的研究系列

1996年面世的那批巴米扬文献,写于贝多罗树叶和桦树皮上,少量的为皮革文书。大部分被挪威富商马丁·邵格延(Martin Schøyen)分批购得。近年由挪威奥斯陆大学颜子伯(Jens Braarvig)教授牵头,组织了哈特曼(Jens-Uwe Hartmann)、桑德尔(Lore Sander)、哈理松(Paul Harrison)、松田和信、辛岛静志等一批学者国际合力进行转写、释读与研究。目前已经出版了颜子伯主编的3部专书《邵格延收集品中的佛教写本》第一、二、三卷。具体内容略介如下:

2.1.1.1 《邵格延收集品中的佛教写本》第一卷

该书主要介绍了该批佛教写本的内容及其价值,并对一批文书作了转写、内容比定和翻译,以及与相关梵巴汉藏语对应文本的对照。据此书披露,该批佛教写本内有:《八千颂般若经》(*Aṣṭasāhasrikā Prajñāpāramitā Sūtra*)、大众一说出世部的*Caṃgīsūtra*(或译为《商伽经》)、大乘经典的《胜鬘狮子吼一乘大方便方广经》(*Śrīmālādevī-siṃhanādanirdeśa*)、《新岁经》(*Pravāraṇasūtra*)、《诸法无行经》(*Sarvadharmāpravṛttinirdeśa*)、《阿阇世王经》(*Ajātaśatrukaukṛtyavinodanāsūtra*)、阿育王的传奇故事、大众一说出世部的《波罗提木叉分别》(*Prātimokṣa-Vibhaṅga*)残片以及犍陀罗语《大般涅槃经》,甚至还有非常罕见的写在皮革上的大夏语的早期佛经残片等。书后附有Lore Sander撰写的对该书涉及的婆罗谜字体写本的一个简要的字体学分析。[1]

2.1.1.2 《邵格延收集品中的佛教写本》第二卷

在该书中比定出的佛典残卷有：阿含部的《商伽经》（*Caṃgīsūtra*）、《大般涅槃经》（*Mahāparinirvāṇasūtra*）、《盲经》（*Andhasūtra*）等；大乘的《八千颂般若经》、《月上女授记经》（*Candrottarādārikāvyākaraṇa*）、《妙法莲华经》（*Saddharmapuṇḍarīkasūtra*）、《三昧地王经》（*Samādhirājas-ūtra*,《月灯三昧经》）和《大阿弥陀经》（*Sukhāvatīvyūhasūtra*）；律部的大众—说出世部《波罗提木叉分别》、"羯磨法"（Karmavācanā）；论部的《舍利弗阿毗昙论》（*Śāriputra-Abhidharma*）；杂类佛典有：一部早期的论疏、佛传故事、弥曼差学派的哲学文本残片、《光明童子因缘经》（Jyotiṣkāvadāna）、摩咥里制吒（Mātṛceṭa）的佛赞（Buddhastotras）、圣勇（Āryaśūla）与诃利跋吒（Haribhaṭṭa）各自编撰的《本生鬘》（*Jātakamālā*）。这批佛经写卷对研究贵霜（Kuṣāṇa）时期的佛教史、早期佛教经典的形成史、佛教思想史、佛教在中亚的传播等方面的问题，均有着不可估量的重要意义。[2]

在邵格延收集品中有一批梵本《八千颂般若经》残片，经国际知名的印度与中亚字体学家桑德尔（Lore Sander）释读，她还断定它们是属于贵霜时代的写本。许多年前，温特尼茨（Winternitz）和康泽（Edward Conze）曾推想应该有如此早的《八千颂般若经》写本存在，而今终于得到证实。在《贵霜时期的〈八千颂般若经〉写卷残片》（Fragments of an Aṣṭasāhasrikā manuscript from the Kuṣāṇa period）一文中，桑德尔对该写本的 46 叶小残片，已辨明了 32 叶。该残本的语言是俗语化的梵语（prakritized Sanskrit），其中夹杂了一些佛教混合梵语（Buddhist Hybrid Sanskrit）因素，有中古印度语的词汇和形式。比如，在 r-之后，有辅音

[1] Jens Braarvig (ed.), *Manuscripts in the Schøyen Collection I: Buddhist Manuscripts*, vol. I, Oslo: Hermes Publishing, 2000.

[2] Jens Braarvig (ed.), *Manuscripts in the Schøyen Collection III: Buddhist Manuscripts*, vol. II, Oslo: Hermes Publishing, 2002. 上述两部书的出版，引起了学界的极大关注。Daniel Boucher、David Seyfort Ruegg、Bhikkhu Pāsādika 和萨尔吉等学者分别作了评介。其中萨尔吉的书评刊登于《华林》第 3 卷，中华书局 2004 年版，第 441－444 页。

双写的现象，主要为-tt-和-vv-等。写本中的俗语 āvusa，对应梵语为 āyuṣmān，汉译为“具寿”。俗语形式 vutte，对应梵语为 ukte，意为“说”。又如，kāmāvacarehi，-ehi 是该词的具格复数格尾形式，这一格尾形式是俗语的特色之一，在《大事》(*Mahāvastu*)中比较多，对应于梵语的格尾形式 - air。此词在《道行般若经》中的汉译为“爱欲[天子]”(kāmāvacarair devaputrair)。该残本的内容与 11、12 世纪的尼泊尔梵本非常接近，但与早期的汉译本多有差异。它应该不是后汉支娄迦谶在公元 179—180 年所译《道行般若经》的母本，这说明 2—3 世纪已有多个《八千颂般若经》抄本存在。但是，它对研究《般若经》的文献形成史、传播史等都非常重要。由于其时代如此之早，与支娄迦谶译本的年代非常接近，即使不是母本，也具有比较研究的重大价值。该写本现有如下各品的残片：

第一品：Sarvākārajñatādhikāra，妙行品(以下均依玄奘译名)。

第二品：Śakra，帝释品。

第六品：Anumodanāpariṇāmanā，随喜回向品。

第七品：Niraya，地狱品。

第八品：Viśuddhi，清静品。

第十品：Dhāraṇaguṇaparikīrtana，总持品。

第十二品：Lokasaṃdarśana，现世间品。

第十四品：Aupamya，譬喻品。

第十五品：Deva，天赞品。

第十六品：Tathāta，真如品。

第十七品：Avinivartanīyākāraliṅganimitta，不退相品。

第十八品：Śūnyatā，空相品。

第二十二品：Kalyāṇamitra，善友品。

第三十品：Sadāprarutida，萨陀波伦菩萨品(此依支谶译名)。

在《贵霜时期的〈八千颂般若经〉新残片》(New fragments of the Aṣṭasāhasrikā Prajñāpāramitā of the Kuṣāṇa period)一文中，桑德尔又释读出该经第八品、第十六品、第二十品(Upāya-kauśalya-mīmāṃsā，方便善

巧品)中的一些残片。以前的梵汉对勘,只能利用时代较晚的公元11、12世纪的尼泊尔梵本,而我们现在有了与支娄迦谶同时代的梵本,可以说是何等幸运的事情。

梵本般若经的源流比较复杂,前辈学者已有详论,无须赘言。《八千颂般若经》通常称作"小品般若",现存的汉译本有6种,即《道行般若经》10卷(后汉支娄迦谶译)、《大明度经》6卷(吴支谦译)、《摩诃般若钞经》5卷(前秦昙摩蜱共竺佛念译)、《小品般若波罗蜜经》10卷(后秦鸠摩罗什译)、《大般若波罗蜜多经》第4和第5会(唐玄奘译)、《佛说佛母出生三法藏般若波罗蜜多经》25卷(北宋施护译)。这些差不多都是各个时代的有代表性的译者之作,再加上两种梵本,堪称研究"佛教混合汉语"的理想语料,可以俯瞰从东汉到宋代汉译佛典的词汇演变。因此,汉语史研究者开始关注于此。胡敕瑞的《〈道行般若经〉与其汉文异译的互校》与《略论汉文佛典异译在汉语词汇研究上的价值——以"小品般若"汉文异译为例》两篇论文,[1]主要利用"小品般若"上述6种汉译本,来探求佛经词汇的变化历程。他认为,就"小品般若"汉文异译来说,其价值至少体现在3个方面:有助于判定一些新词、新义的形成;有助于考察一些常用词的演变;有助于观察一些词义在历时中的消亡。辛岛静志近年来致力于汉译佛典语言研究,已经编撰了《正法华经词典》、《妙法莲华经词典》和《道行般若经词典》以及《道行般若经校释》。他不仅利用汉文译本,还利用梵本和藏文本,以解明各种文本之间的读法差异,既为佛教语言研究也为深入探究般若经的思想提供材料。他已发表的《〈道行般若经〉和异译的对比研究——〈道行般若经〉与异译及梵本对比研究》一文,[2]充分体现了这

---

[1]胡敕瑞:《〈道行般若经〉与其汉文异译的互校》,载《汉语史学报》第4期,上海教育出版社2004年版,第127–146页;《略论汉文佛典异译在汉语词汇研究上的价值——以"小品般若"汉文异译为例》,载《古汉语研究》2004年第3期,第80–85页。

[2]分载四川大学汉语史研究所编:《汉语史研究集刊》第4集,巴蜀书社2001年版,第313–327页;《汉语史研究集刊》第5集,2002年版,第199–212页。另见辛岛静志:《汉译佛典の言语研究——〈道行般若经〉と异译及び梵本との比较研究》(1),刊于《初期佛教かちアビダルマへ:樱部建博士喜寿纪念论集》,2002年,第171–183页。其(2)刊于《创价大学国际佛教学高等研究所年报》(第5号),创价大学国际佛教学高等研究所2002年版,第3–12页。

种思路。对《八千颂般若经》6种汉译本之间的关系，辛岛静志指出，《大明度经》和《摩诃般若钞经》并不是真正的译本，而是支娄迦谶所译《道行般若经》的“翻版本”，其中所替换的词语对研究中古汉语演变有独特的价值。[1] 只有在这种全方位比较的视野下，我们才可能对该贵霜梵本《八千颂般若经》的语言学价值，有周密而细致的了解。此外，党淑萍利用《八千颂般若经》的这一新史料，撰写了硕士学位论文。[2]

2.1.1.3 《邵格延收集品中的佛教写本》第三卷

本书的主编仍是挪威奥斯陆大学教授颜子伯（Jens Braavig），编委会则由他和 Paul Harrison、Jens-Uwe Hartmann、松田和信（Kazunobu Matsuda）、Lore Sander 5位在佛教写本学和文献学方面卓有成就的学者组成。

除致谢、总序、凡例、缩略语、参考文献外，本书共有14篇论文和38页图版。所附图版对读者的后续研究不可或缺。本书所收佛教残卷分为经部（Sūtra）、律部（Vinaya）和杂类文献三大类。其中，经部又分为阿含类（Āgama，阿笈摩）和大乘类（Mahāyāna）。与第二卷相比，此次没有刊载论部（Abhidharma）文献。本书的主要内容略介如下：

Jens-Uwe Hartmann 和 Klaus Wille 合撰的《〈尸迦罗越经〉的一个译本》（A Version of the *Śikhālakasūtra / Siṅgālovādasutta*）。该经的内容流传其广，收录于上座部、法藏部、根本说一切有部、大众一说出世部等多个部派的佛典之中。此次刊布的两叶双面抄写、可拼合的残片代表了该经用印度语言抄写的第三种文本，其第一种为完整的上座部巴利语文本（《长部尼迦耶》的第31部经 Siṅgālovāda-suttanta），第二种为中亚的根本说一切有部的梵语文本（刊于《德藏吐鲁番梵文写本丛刊》之中）。该残卷约抄写于5世纪，有相当多的俗语（Prakrit）成分。现存的

[1]辛岛静志：《利用“翻版”研究中古汉语演变——以〈道行般若经〉“异译”与〈九色鹿经〉为例》，载《中正大学中文学术年刊》2011年第2期（专辑：佛教语言、文学与文化），第165－188页。

[2]党素萍：《〈八千颂般若经〉若干章节的梵汉对勘研究》，北京大学硕士生学位论文，2004年5月。又，党素萍：《略谈〈八千颂般若经〉历代汉译本的特点——从梵汉对勘谈起》，载《南亚研究》2010年第3期，第134－144页。

内容与多种平行的汉译本《长阿含经》(后秦弘始年佛陀耶舍共竺佛念译)卷第11中的第16部小经《善生经》(佛说长阿含第二分善生经第12)、东晋罽宾三藏瞿昙僧伽提婆译《中阿含经》卷第33的"[一三五]中阿含大品善生经第十九"、西晋沙门支法度译《佛说善生子经》、托名后汉安世高译《佛说尸迦罗越六方礼经》略有出入。该经名中的梵语人名Śikhālaka,其巴利语文本中写作Sigālaka或Siṅgāla,《佛说尸迦罗越六方礼经》中其音译为尸迦罗越,而上列其他3种汉译本中的意译均为"善生",然而"善生"是否为Śikhālaka的意译,似乎还有讨论的余地。

Jens-Uwe Hartmann的《〈弥勒授记经〉》(*Maitreyavyākaraṇa*)一文,刊布了1叶《弥勒授记经》梵语残片,抄写于6或者7世纪。它可与吉尔吉特(Gilgit)、加尔各答、加德满都的3种写卷相对照,并且在年代上早于后3者。对于弥勒系列的著作及其传译,特别是《弥勒授记譬喻经》(*Maitreyāvadānavyākaraṇa*)和剧本《弥勒会见记》(*Maitreyasamiti*)两大系列的异同关系,季羡林先生在《敦煌吐鲁番吐火罗语研究导论》[1]和《吐火罗文〈弥勒会见记〉译释》[2]两书中,有过很好的区分和归纳。此次刊布的残片属于《弥勒授记经》系列,对进一步研究弥勒经文的传播以及弥勒信仰的形成与发展提供了新的素材。

Jens-Uwe Hartmann和Ulrich Pagel合撰的《〈菩萨藏经〉残片》(Fragments of the *Bodhisattvapiṭakasūtra*)一文,篇幅较长,分为导言(Ulrich Pagel撰写)、《菩萨藏经》11卷的内容大纲、《菩萨藏经》在大乘经典系统中的文本位置及其分类、对残片的外在描述、对残片的转写、利用校订的藏译本和两种汉译本(玄奘、北宋法护译)等平行文本对残片的重构,还包括对应段落的英译。在邵格延收集品中已识读出16叶《菩萨藏经》梵语残片,本次刊布了12叶。诚如作者所言,《菩萨藏经》不仅是指收录于《宝积经》系统(Ratnakūṭa collection)的一部佛经,而且

[1]季羡林:《敦煌吐鲁番吐火罗语研究导论》,新文丰出版公司1992年版。

[2]季羡林:《季羡林文集》第11卷,江西教育出版社1998年版;《季羡林全集》第11卷"学术论著三",外语教学与研究出版社2010年版。

有时指代与菩萨行等观念密切相关的一类经典。新刊《菩萨藏经》梵语残片对研究该经的起源地有独一无二的价值,它很可能不是如以往认为的编写于西北印度再被带到犍陀罗地区的。该经的不少文句与一些大乘经典有相当复杂的关系。比如,利用此处《菩萨藏经》梵语残片与日本大正大学综合佛教研究所近年出版的《智光明庄严经》(*Jñānālokālaṃkāra*)梵语写卷进行对照研究,[1]无疑将有力地推动有关菩萨藏文献及其思想史的研究。

《金刚经》是在中土最流行的大乘般若类经典之一,其梵语写卷见于中亚、尼泊尔等多个地区。Paul Harrison 和渡边章悟(Shōgo Watanabe)合撰的《论〈金刚般若波罗蜜经〉》(*Vajracchedikā Prajñāpāramitā*)一文,指出已经刊出了 9 种《金刚经》梵语写本(特别是 E. Conze 的校订本)的价值,分析了邵格延收集品中的残卷与其他现存写卷之间的关系,并总结了该残卷的语言特点,还将其内容与 E. Conze 的校订本进行了比较。该文的第二部分是对 21 叶双面抄写的残片进行转写,并作了几条校勘记。由于该经的梵本比较常见,相对而言,其释读和转写困难不大。

Paul Harrison 基于两个出自大犍陀罗地区的梵语写本(即邵格延收集品中的残卷和吉尔吉特的写卷),对《金刚般若波罗蜜经》(*Vajracchedikā Prajñāpāramitā*)进行了新的英语翻译。在此之前,该经梵本已经有了至少 8 种值得注意的英译本,更不用说那些汉语和日语的现代译本以及从古汉译再翻译的英译本。Paul Harrison 在前言部分,详细列举了这些译本的情况,并对比了 4 种梵文本、7 种古汉译本、藏译本和两种英译本的一些句子。有关《金刚经》的研究成果甚多,别的不说,国内 30 多年前金克木先生曾经指导过胡海燕的硕士论文,对《金刚经》5 种文本进行对勘,其成果曾计划在上海古籍出版社出版。金先生撰写的序言《〈汉梵对勘金刚经〉小引》刊发于《南亚研究》

---

[1] 大正大学综合佛教研究所梵语佛典研究会编:《梵藏汉对照〈智光明庄严经〉》(*Jñānālokālaṃkāra*: Transliterated Sanskrit Text Collated with Tibetan and Chinese Translations),日本大正大学出版会 2004 年版。

(1985年第2期),然而该书日后却一直未见出版,诚为憾事。《金刚经》现存有鸠摩罗什(Kumārajīva)、菩提流支(Bodhiruci)、真谛(Paramārtha)、达摩笈多(Dharmagupta)、玄奘和义净的译本。其中对达摩笈多译《金刚能断般若波罗蜜经》的性质,目前存在许多的争论。它与前后5个意译本相比,句式古怪,难于卒读,与通常的汉语完全不符,给人不知所云之感。比如,该经开篇的"大比丘众共半三十比丘百"一句,鸠摩罗什、菩提流支、真谛、玄奘、义净这些大译师均译作"与大比丘众千二百五十人俱"。朱庆之认为,该经不是供信众阅读的,而是"与梵语配合使用的,作用是帮助汉地信众学习佛教原典和原典语言。当然,它也可以帮助那些精通梵语的西域僧人学习汉语"。因此,它的意义之一就在于"它或多或少为我们提供了有关时人如何学习梵语的一些信息"。[1] 因此,利用现存的多种梵汉文本,对达摩笈多的译本可以做更深入的探究。

与佛教戒律有关的则有3篇论文,分别是:辛岛静志(Seishi Karashima)的《用早期西部笈多体抄写的大众—说出世部的〈波罗提木叉分别〉》(The Prātimokṣa-Vibhaṅga of the Mahāsāṃghikā-Lokottaravādins in Early Western Gupta Script)、Jin-il Chung(郑镇一)的《羯磨文献的更多残片》(More Fragments of Karmavācanā Texts)、佐佐木闲(Shizuka Sasaki)和山极伸之(Nobuyuki Yamagiwa)合撰的《有关持律者成就法的一件律文残片》(A Vinaya Fragment on the Qualifications of a Vinayadhara)。辛岛静志所刊布的两叶波罗提木叉分别(Prātimokṣa-Vibhaṅga)梵语残片约写于4世纪,略早于东晋天竺三藏佛陀跋陀罗共法显在公元418年所译的大众部律典《摩诃僧祇律》(*Mahāsaṃghika Vinaya*)。他不仅转写和重构了残片的内容,还将汉译《摩诃僧祇律》卷第20"明单提九十二事法之九"等相应段落进行了英译。Jin-il Chung的文章中,刊布了由8叶残片拼合而成的四段白羯磨(Karmavācanā)残文,分别属

[1]朱庆之:《略论笈多译〈金刚经〉的性质及其研究价值》,载《普门学报》第36期,2006年,第17-34页。另见:Stefano Zacchetti, "Dharmagupta's unfinished translation of the Diamond-cleaver (*Vajracchedikā Prajñāpāramitā-sūtra*)", *T'oung Pao*, vol. 82, Fasc. 1/3, 1996, pp. 137-152.

于清静布萨(viśuddhiposatha)、ovādopasaṃkramaṇa 和亡人衣(mṛtapariṣkāra)3 种不同的羯磨法范畴。通过与汉译《摩诃僧祇律》卷第 27“明杂诵跋渠法之五”中的译文对比,可以窥见梵汉律文的一些不同,有些梵文段落没有对应的汉译,或者被省略了。因此,这样的对勘材料可以用来分析律文汉译过程中的一些特点。

Siglinde Dietz、Olle Qvarnström 和 Peter Skilling 3 人合撰了《一叶〈大会经〉未知刊本的注疏残片》(A Fragment of a Commentary (?) on a Hitherto Unknown Recession of the Mahāsamājasūtra)一文。《大会经》(*Mahāsamājasūtra*)原有一个巴利语的全本(收录于《长部尼迦耶》之中)和中亚的一叶梵语残片,以及两个汉译本(其中之一为《长阿含经》卷 12 的“佛说长阿含第二分大会经第十五”)。因此,新的注疏残片对研究《大会经》的文本流传提供了新的珍贵证据。

山本充代(Mitsuyo Demoto)在《〈撰集百缘经〉残片》(Fragments of the *Avadānaśataka*)一文中认为,邵格延收集品中的《撰集百缘经》(*Avadānaśataka*,或译《譬喻百颂诗集》)梵语残卷约抄写于 6 世纪,稍晚于汉译《撰集百缘经》,但比以往所见的梵文写卷和藏译本要早得多。历代经录和学者们多认为《撰集百缘经》是支谦所译,但山本充代女士的研究表明,《撰集百缘经》不是支谦所译,年代要晚到 6 世纪中叶。[1] 季琴、[2] 陈祥明、[3] 段改英亦分别从词汇、词语和语法的角度,[4] 得出类似的结论:《撰集百缘经》的译者不是支谦,翻译的年代也在三国之后,不会早于西晋。就内容的比较而言,汉译《撰集百缘经》

---

〔1〕山本充代:《〈撰集百缘经〉の译出年代について》,载《パーリ学佛教文化学》第 8 卷,1993 年,第 99 – 108 页。辛岛静志:《〈撰集百缘经〉的译出年代考证——山本充代博士的研究简介》,载《汉语史学报》第 6 辑,上海教育出版社 2006 年版,第 49 – 52 页。

〔2〕季琴:《从词汇的角度看〈撰集百缘经〉的译者及成书年代》,载《宗教学研究》2006 年第 4 期,第 64 – 67 页;《从词语的角度看〈撰集百缘经〉的译者及成书年代》,载《中国典籍与文化》2008 年第 1 期,第 19 – 23 页;《从语法的角度看〈撰集百缘经〉的译者及成书年代》,载《语言研究》2009 年第 1 期,第 105 – 109 页。

〔3〕陈详明:《从语言角度看〈撰集百缘经〉的译者及翻译年代》,载《语言研究》2009 年第 1 期,第 95 – 104 页。

〔4〕段改英:《对“颇……不”疑问句的历史考察——兼论〈撰集百缘经〉的翻译年代》,载《西南科技大学学报》2011 年第 4 期,第 63 – 65、88 页。

中的细节丰富程度超过梵本，但二者的情节基本上能够吻合。《撰集百缘经》汉译本中的词语与语法对中古汉语史研究者颇具吸引力。[1] 鉴于《撰集百缘经》在佛教譬喻文学中的重要地位[2]，因此，新刊的这些残片对研究梵汉本《撰集百缘经》的意义恐怕是不可低估的。

最令笔者感兴趣的是 Jens-Uwe Hartmann 的论文《一部戏剧的一叶残片》（A Fragment of a Play）。虽然仅有一叶残片，但它是一部从未见过的剧本，是阿富汗地区众多佛教残经中的文学作品的代表。该剧本是韵散结合体，其语言也是梵语和俗语夹杂。该剧是否出自佛教徒的手笔，以及是否由印度本土带到犍陀罗地区等问题，均有待深究。该剧中出场的人物起码有 6 人：Viśākha、Viśvila、Vidūṣaka、（Rāja?）、大臣和大王。Jens-Uwe Hartmann 对该残片的意义进行了阐释，并做了转写和翻译。笔者曾经撰写《印度古典戏剧研究的学术史考察》一文，[3] 发现国内学者多提及百年前在新疆出土的马鸣《舍利弗剧》（*Śāripu-tra-prakaraṇa*）等印度戏剧对中国戏剧形成的影响，但往往语焉不详。除早年许地山的《梵剧体例及其在汉剧上底点点滴滴》一文[4] 和近年的季羡林先生外，基本上没谈到《舍利弗剧》的内容及其戏剧特点，更没有涉及印度的这些古典戏剧是通过什么途径以及如何影响中国戏剧的。季先生在《新日知录》一文中，指出要研究中国戏剧的渊源。[5] 他出版了《吐火罗文〈弥勒会见记〉译释》，将新疆出土的吐火罗语《弥勒

---

[1] 陈秀兰、遇笑容从梵汉对勘角度分别研究了《撰集百缘经》的词语和语法，参见陈秀兰：《"S，N 是"句型在梵、汉本〈撰集百缘经〉中的对勘》，载《中国语文》2009 年第 6 期，第 568 – 571 页；《〈撰集百缘经〉词语札记二则》，载《中国俗文化研究》第 6 辑，2010 年，第 58 – 65 页；《梵汉对勘研究〈撰集百缘经〉的副词》，香港国际学术文化信息出版公司 2010 年版。遇笑容：《〈撰集百缘经〉语法研究》，商务印书馆 2010 年版。

[2] 丁敏：《佛教譬喻文学研究》，台湾东初出版社 1996 年版，第 143 – 161 页。

[3] 陈明：《印度古典戏剧研究的学术史考察》，载王邦维主编：《东方文学研究集刊》(1)，湖南文艺出版社 2003 年版，第 133 – 160 页。

[4] 许地山：《梵剧体例及其在汉剧上底点点滴滴》，原载《小说月报》第 7 卷中国文学研究专号（上海商务印书馆 1928 年版，第 1 – 36 页），收入郁龙余编：《中印文学关系源流》，湖南文艺出版社 1987 年版，第 12 – 56 页。

[5] 季羡林：《新日知录》，载《北京大学学报》2002 年第 4 期，第 5 – 11 页。

会见记》剧本整理和翻译出来。[1] 2008 年,耿世民先生出版了一部重要的新著《回鹘文哈密本〈弥勒会见记〉研究》。[2] 中国戏剧(含说唱文学)的起源虽然还是一个有待解决的大难题,但随着新出土的印度戏剧逐渐增多,中印戏剧的关系问题终将会真相大白的。因此,国内的戏剧史和比较文学研究者们应该充分注意到这些新刊剧本残卷的学术价值。[3]

Gudrun Melzer 和 Lore Sander 合作了论文《来自 Alchon Huns 时代的一件铜卷铭文》(A Copper Scroll Inscription from the Time of the Alchon Huns)。该铭文刻于薄铜片上，出自阿富汗北部 Mehama 地区的 Śārdīysa 村。其珍贵之处在于它是有纪年的,即某纪元的第 68 年。铭文中的施主名单包括了著名国王们的名字:Khiṅgila、Toramāṇa 和 Javūkha。作者认为,其年代大约是在 Laukika 时代,即公元 492/493 年。该铭文较长,前面有经文和偈颂,后面列出对佛教寺院提供施舍品的施主名单以及发愿文。这件铭文不仅对研究佛教史、佛教文献的传播、寺院经济乃至世俗的心态史等社会生活的多面相有用,而且对比较印度、中亚、新疆、敦煌等地的发愿文也是珍贵的史料。

Mark Allon 等 4 位作者合写的《邵格延和西尼尔收集品中的佉卢文残片的放射性碳测年龄》(Radiocarbon Dating of Karoṣṭhī Fragments from the Schøen and Senior Manuscript Collections),利用科技手段来测定佉卢文残片的年代,为认识这些残片的价值提供了一种新的参考。最后一篇论文是岩松浅夫(Asao Iwamatsu)的《关于〈诸法无行经〉的偈颂的韵律》(On the Metre of the Verses of the Sarvadharmāpravṛttinirdeśa),而利用韵律来分析文本的年代一直是学界行之有效的方法之一。

综合来看,该书保持了前两卷的特点:在准确识读和转写的基础上,利用梵汉藏等多种文本的对照进行翻译或者讨论,体现了海外学者

[1] Ji Xianlin, *Fragments of the Tocharian A Maitryasamiti – Nāṭaka of the Xinjiang Museum, China*, Berlin, New York: Mouton de Gruyter, 1998. 季羡林:《吐火罗文〈弥勒会见记〉译释》,(《季羡林全集》第 11 卷),外语教学与研究出版社 2010 年版。

[2] 耿世民:《回鹘文哈密本〈弥勒会见记〉研究》,中央民族大学出版社 2008 年版。

[3] 陈明:《阿富汗出土梵语戏剧残叶跋》,载《西域研究》2011 年第 4 期,第 90 – 100 页。

的扎实学风。本书所刊布的新史料，对研究佛教文献、佛教史、印度与中亚社会史，乃至佛教文学史、戏剧史等方面都将打开一扇扇新的窗口。就国内的汉译佛经语言研究来说，上述的新出土文献也是极为难得的宝贵材料。惜乎国内汉语史研究界留意不多，故略作申述，以期引起更多的关注。

2.1.2 "大英图书馆藏梵语残片"系列

近十年来，日本创价大学国际佛教学高等研究所正在逐步建设成为国际学界注目的佛教古典文献学研究中心。到2012年底为止，该研究所不仅出版了《创价大学国际佛教学高等研究所年报》(*Annual Report of The International Research Institute for Advanced Buddhology at Soka University*)共15号，其中发表了许多与西域出土文献有关的论文，比如，汤山明(Akira Yuyama)对中亚《金光明经》的研究；辛岛静志(Seishi Karashima)对《正法华经》与《妙法莲华经》的梵、藏语原典系列研究；工藤顺之(Noriyuki Kudo)对《羯磨分别》(*Karmavibhaṅga*，或译《业分别》)的研究，以及那体慧(Jan Nattier)对早期汉译佛经词汇的研究。该所还编辑了《佛教文献与哲学丛书》(*Bibliotheca Philologica et Philosophica Buddhica*，简称*BPPB*)，目前已出版了十多种专书。其中涉及西域佛经文献的成果，主要有辛岛静志的《正法华经词典》(1998)、《妙法莲华经词典》(2001)、《道行般若经词典》(2010)、《道行般若经校注》(2011)、M. I. Vorobyova-Desyatovskaya 重新转写的俄藏梵本《大宝积经·迦叶品》(2002)、工藤顺之对尼泊尔所藏梵本《羯磨分别》(*Karmavibhaṅga*)的转写与注释(2004)、左戈番(Stefano Zacchetti，左冠明)对《光赞经》的研究(2005)、那体慧对东汉三国佛经的总体考察(2008)等。可以说，这些成果为促进佛教文献学、佛教语言学、佛教史以及相关的佛教文化史研究，做出了新的贡献。[1]

从2006年起，该所又新刊了一个系列，这就是所谓的"大英图书馆藏梵语残片"(British Library Sanskrit Fragments，简称BLSF)。目前已

[1]上述出版物大部分可以在该所的网站(http://iriab.soka.ac.jp/)下载。

经出版了两卷，内容简介如下：

2.1.2.1 《中亚佛教写卷：大英图书馆藏梵语残片》（第1卷）

由辛岛静志（Seishi Karashima）和 Klaus Wille 共同主编的《中亚佛教写卷：大英图书馆藏梵语残片》（第1卷），[1]也是辛岛静志主持的自2005年初实施的“大英图书馆藏梵语残片”研究计划系列成果的第一种收获。要了解该项目的前因后果，有必要首先阅读他为本书撰写的后记。

大英图书馆所藏的来自中亚的梵语佛教写卷的残片，并没有一个完整的目录，初步统计，共有超过4600件残片。这些残片主要存在于霍恩雷（Augustus Frederic Rudolf Hoernle）和斯坦因的收集品之中。尽管约一个世纪之前霍恩雷等学者对它们进行了初步的释读或者转写，但是，它们绝大部分基本上还是“养在深闺人未识”，既没有详细的注记目录，也没有被释读、转写或者刊布。辛岛静志主持的这个项目主要目标就是要刊布所有大英图书馆藏的梵语残片。根据他们与馆方的合作协议，所有的这些残片将陆续推出网络电子版照片，据查，目前在国际敦煌项目（International Dunhuang Project，简称 IDP）组的网站（www.idp.bl.uk）上，已经公布了2300多件的残片照片。这对相关学者有效利用、积极参与这些残卷的研究，无疑是一个极大的推动。从学术史的角度来说，实际上，在辛岛看来，他的工作是对前辈渡边海旭（Kaikyoku Watanabe）的继承和推进。在上个世纪初，渡边海旭对英藏文献的研究，就已经做了一些工作，比定出不少的残片，包括《金光明最胜王经》、《智光明陀罗尼经》等，但他的手稿从未出版过，因此几乎不为学界所知。

该书主要是对梵语（以及少量的吐火罗语）佛经残片进行释读与转写，为进一步的研究提供了重要的原始史料。无须讳言，不少梵语佛典的电子化为现有梵语残片的成功释读，提供了相对便利的条件。但

[1] Seishi Karashima and Klaus Wille, ed., *Buddhist Manuscripts from Central Asia: The British Library Sanskrit Fragments*, Volume 1, The International Research Institute for Advanced Buddhology, Tokyo: Soka University, 2006.

仔细辨认和转写梵语佛经残片,仍然是一项非常繁琐而辛苦的工作。

该书共收录了12篇文章,书后附有133页清晰的图版。除第一篇是叙述性的论文外,其余都是对残片的释读和转写。Ursula Sims-Williams的《中亚学和梵文学家霍恩雷的文集》(The papers of the Central Asian scholar and Sanskrit Rodulf Hoernle)一文,公布了大英图书馆藏霍恩雷未刊手稿的详细情况,全面揭示了霍恩雷的先驱之功。霍恩雷因对《鲍威尔写本》(*The Bower Manuscript*)的研究而享誉学界。他的研究涉及了英藏的梵语、于阗语写卷多种。他的未刊文集是1918年12月由印度事务部图书馆员托马斯(F. W. Thomas)收集的,包括他对残卷的著录、笔记本和未刊书稿。霍恩雷的成果至今仍有参考价值。比如,霍恩雷对印度古典医学文献下过一番工夫。他对于阗语本《医理精华》(他写作 *Siddhasāraśāstra*)写过一条注释。他收集过印度医学的研究资料、写过涉及印度眼科的文章、整理了《遮罗迦本集》(*Caraka-saṃhitā*)和《妙闻本集》(Suśruta-saṃhitā)的部分词汇。他晚年的一项主要工作就是对梵语、于阗语双语写本《耆婆书》(*Jīvaka-pustaka*)的研究。他将该书梵语部分的前17条药方进行了复原工作。他的成果只有已故恩默瑞克教授(R. E. Emmerick)提及和利用过。[1]

Klaus Wille所撰《新近辨识的英藏斯坦因与霍恩雷收集品中的梵语残片》(之二)(Some recently identified Sanskrit fragments from the Stein and Hoernle collections in the British Library, London (2))一文,分为两个部分。第一部分公布了对来自丝路北道库车的霍恩雷收集品、编号Or. 15003/1－289之中的160件残片的释读定名。第二部分是对丝路南道出土的部分残片的释读与转写,其中包括了《宝幢分》(*Ratna-ketuparivarta*)、《月灯三昧经》(*Samādhirājasūtra*)、《妙法莲华经》、《金光明经》、《佛说首楞严三昧经》(*Śūraṃgasamādhi-sūtra*)、《罗睺罗颂》(*Rāhulastava*)、《优陀那品》(*Udānavarga*,《法句经》)、《杂阿含经》

〔1〕作者在拙著《敦煌出土胡语医典〈耆婆书〉研究》(台北新文丰出版公司2005年版)之中,仅仅利用了恩默瑞克所介绍的内容,但当时无缘得见霍恩雷校订《耆婆书》的手稿,未能善加利用之,诚为憾事。

(*Saṃyuktāgama*)、《实相般若波罗蜜多经》(*Adhyardhaśatikā Prajñāpāramitā*)等佛经。

Klaus Wille《霍恩雷收集品 Or. 15003 中的梵语残片》(*The Sanskrit Fragments Or.* 15003 *in the Hoernle Collection*)一文,是对上文第一部分的深入。作者通检了 Or. 15003/1 – 289 中的 289 件残片(不包括几件吐火罗语或者 Or. 15003/121 等梵语—吐火罗语的双语残片),按号进行转写,并给出了部分残片的相应定名。

辛岛静志《斯坦因收集品中来自铁提克日木(Farhād-Bēg)的〈妙法莲华经〉写卷》(之一)(The *Saddharmapuṇḍarīkasūtra Manuscript* from Farhād-Bēg in the Stein Collection(1))一文,重新转写了斯坦因第二次西域探险在喀达里克(Khadalik)附近铁提克日木所获得的《妙法莲华经》残叶(共 6 叶,编号分别为 IOL San 482、483、484、485、486、487),并给出了所谓"喀什本"《妙法莲华经》中的相应文句。

辛岛静志《斯坦因收集品中的一件梵语〈妙法莲华经〉残片》(A Sanskrit fragment of the *Saddharmapuṇḍarīkasūtra* in the Stein Collection),则转写了 IOL San 650.

辛岛静志《斯坦因收集品中的四件梵语〈宝幢分〉残片》(Four Sanskrit Fragments of the Ratnaketuparivarta in the Stein Collection),分别转写了 IOL San 820、IOL San 729、IOL San 535、IOL San 819 等 4 件残片。作者不仅列出了一种梵本和一种藏译文本的相应段落,还列出了两种汉译文本——昙无谶(Dharmakṣema)译《大方等大集经》中的《宝幢分》、波罗颇蜜多罗(Prabhākaramitra)译《宝星陀罗尼经》。

辛岛静志与 Klaus Wille 合写的《斯坦因收集品中来自安得悦的梵语〈度一切诸佛境界智严经〉写卷》(The Sanskrit Manuscript of the *Sarvabuddhaviṣayāvatāra-jñānālokālaṃkara* from Endere in the Stein Collection)一文,披露了渡边海旭一个世纪前所作的比定成果。在未知此成果之前,2004 年,辛岛静志与 Klaus Wille 分别独立得出了相同的结果,可谓与前人不谋而合。此文公布了斯坦因第一次西域探险时 1901 年在安得悦一座佛寺遗址中所获梵本中的 46 件残片。2004 年,日本大正大学综合佛教研究所梵语佛典研究会出版了来自我国西藏自治区布达拉宫的《梵藏汉对照〈维摩经〉》写本，附有《智光明庄严经》的梵藏汉对照文本。后者有3个汉译本：北魏昙摩流支（Dharmaruci）译《如来庄严智慧光明入一切佛境界经》、僧伽婆罗（Saṃghavarman）等译《度一切诸佛境界智严经》、北宋法护（Dharmarakṣa）与惟净等译《佛说大乘入诸佛境界智光明庄严经》。本文提供了转写，并以新版《智光明庄严经》梵本为参照，作了校注说明。日后要深究《智光明庄严经》，有必要将这两种新刊梵本结合起来考察。

该书其他的文章分别是：工藤顺之《斯坦因收集品中的一件梵语〈大般若经〉残片》（A Sanskrit Fragment of the Larger *Prajñāpāramitā* in the Stein Collection），转写了 IOL San 534，并提供了相应梵汉本的对照。铃木健太（Kenta Suzuki）《斯坦因收集品中的一件梵语〈般若波罗蜜多赞〉残片》（A Sanskrit Fragment of the *Prajñāpāramitāstotra* in the Stein Collection），转写了 IOL San913，并提供了 Michael Hahn 已刊布的一个梵本的对照。工藤顺之《一件梵语〈四支提经〉和 *Tripusabhallikasūtra* 残片》（A Sanskrit Fragment of the *Caityacatuṣka*-and *Tripusabhallikasūtra*），转写了 IOL San 396，这件残片包括了《四支提经》（*Caityacatuṣkasutra*）的结尾以及 *Tripusabhallikasūtra* 的开头。工藤顺之《一件不知名的梵语大乘咒残片》（A Sanskrit Fragment of Unknown Mahāyāna Charm），转写了 IOL San 397，为探讨咒语从大乘到密教的发展提供了新佐证。最后一篇文章是玉井达士（Tatsushi Tamai）的《霍恩雷收集品 Or. 15003 中的吐火罗语残片》（The Tocharian Fragments in Or. 15003 of the Hoernle Collection），转写了 Or. 15003/6、Or. 15003/108、Or. 15003/121、Or. 15003/141、Or. 15003/241、Or. 15003/247、Or. 15003/258，但这些残片过于破碎，几乎无法比定。

就该书刊布的大量残片的史料价值而言，大致体现在以下几个方面。第一，它们是佛教写本的文书学（特别是字体学）研究的新刊史料，提供了丰富的例证。第二，补充了现有的梵语佛经资料，各位作者转写的文本以及相应的大量注释，为诸文献的比较校勘做了很好的铺垫。特别是在目前佛教汉语研究开始趋向热门的时候，国内相关学者必须关注并有效利用这类新资料，才能为在梵汉对勘基础上的佛经词汇与语法研究展开更为全面的探讨，而不是仅仅局限于汉译佛经文本的范围内。第三，这些写卷残片出自敦煌、库车等多个地区，文本抄写的年代也各异。如果将这些残片落实到西域佛教史的时空脉络之中，那么，对像《般若经》、《金光明经》、《妙法莲华经》等重要经典的传播史就有更深入的认识。此外，佛教赞颂类(Stotra、Stava)的文学作品残片也不少，综合起来，就能更凸显西域作为中印文学交流的中介作用，而这一段恰恰是目前国内有关中印文学交流史研究的盲点。

2.1.2.2 《中亚佛教写卷：大英图书馆藏梵语残片》(第2卷)

该书仍然由辛岛静志和 Klaus Wille 共同主编，分为两册，上册为录文和研究部分，下册为相应的图版。上册共收10篇文章，分别简介如下：

Ursula Sims-Williams 的《大英图书馆藏霍恩雷收集品》(之一)主要介绍了霍恩雷收集品的情况。Klaus Wille 的《出自于阗的佛教梵语史料》主要梳理和列出了来自新疆于阗地区的梵语佛经史料。[1] Klaus Wille 的《霍恩雷收集品中的梵语残片 Or. 15004》转写了 Or. 15004 编号下(共有120叶)的梵语残片，涉及 *Pravāraṇasūtra*、《法集要颂经》(*Udānavarga*)、摩咥里制吒的《四百赞》(*Varṇārhavarṇastotra*)和 *Prasādapratibhodbhava* 等佛赞、*Munayastava*、对应汉译《杂阿含经》卷第379号小经的《转法轮经》(*Dharmacakrapravartanasūtra*)、《长阿含经》系列中的《大般涅槃经》(*Mahāparinirvāṇasūtra*)和《大譬喻经》(*Mahāvadānasūtra*)以及《十上经》(*Daśottarasūtra*)等等。

《霍恩雷收集品中的梵语残片 Or. 15009》一文由6位学者合作，他们分别完成了该编号下的350件残片的释读与转写工作，即：叶少勇(Or. 15009.1－50;201－250)、长岛润道(Judo Nagashima,51－90;251

〔1〕有关于阗研究的比较详尽的目录，参见荣新江、广中智之编：《于阗研究论著目录》，收入张广达、荣新江：《于阗史丛考》(增订本)，中国人民大学出版社2008年版，第303－418页。

-290)、平林二郎(Jiro Hirabayashi,91 - 100;291 - 300)、工藤顺之(101 - 150)、Gudrun Meizer(151 - 120)、吹田隆道(Takamichi Fukita,301 - 350)。该编号下的内容相当丰富,所涉及的大大小小的佛教文献有百来种,包括常见的经、律、论,以及本生故事、譬喻故事、赞颂、陀罗尼(dhāraṇī)、曼陀罗(mantra)、护经(rakṣā text)以及梵语语法注疏等。

辛岛静志《霍恩雷收集品中的梵语残片 Or. 15010》转写了 Or. 15010 编号下(共有 210 叶)的梵语残片,涉及一些重要的大乘佛经,比如《般若经》、《大宝积经》、《妙法莲华经》、《金光明经》、《大般涅槃经》等。

福田裕美(Hiromi Habata)《斯坦因与霍恩雷收集品中的〈大般涅槃(大)经〉》一文主要释读了 29 件相关的梵语残片。迄今已知的大乘《大般涅槃经》共有 36 件残片,绝大多数来自喀达里克地区。

Jens - Uwe Hartmann 和 Chanwit Tudkeao《三件〈宝幢分〉梵语残片》、施杰我(Prods Oktor Skjaervø)《霍恩雷收集品 Or. 15009 和 Or. 15010 中的〈金光明经〉》、Paul Harrison《大英图书馆藏〈金刚般若波罗蜜多经〉梵语残片》,分别转写了相应的一部佛经残片。这些为研究《宝幢分》、《金光明经》和《金刚般若波罗蜜多经》提供了新的语料。

玉井达士《霍恩雷收集品 Or. 15004、Or. 15009 和 Or. 15010 中的吐火罗语残片》一文转写了 19 件残片中的吐火罗语部分,其中有些残片是双语(梵语—吐火罗语)抄写的,比如,在丝绸之路非常流行的摩咥里制吒的《四百赞》。[1] 这些双语文献为理解西域的语言和文化交流提供了最新的证据。[2]

2.1.3 梵语佛教残片的语言学价值举隅

无论是《邵格延收集品中的佛教写本》系列,还是《中亚佛教写卷:

---

[1]陈明:《〈四百赞〉:丝绸之路被湮没的佛教赞歌》,载《南亚研究》2003 年第 1 期,第 73 - 79 页。《四百赞》的汉译参见萨尔吉:《摩咥里制吒及其〈四百赞〉》,载《南亚研究》2009 年第 4 期,第 112 - 126 页。

[2]陈明:《佛教双语字书与唐代胡语风气》,载《四川大学学报》2009 年第 2 期,第 58 - 68 页。

大英图书馆藏梵语残片》系列，所刊布的大量写卷虽然很残，有些仅仅几行而已，但即便如此，一些经文由于现存着汉藏语译本或者其他不同时期的梵本，通过诸文本的对勘，残片所蕴含的语言学价值仍然不可小视。试举3例如下：

2.1.3.1 芥子/葶苈

《中亚佛教写卷:大英图书馆藏梵语残片》(第1卷)的第183页，用早期南道婆罗谜字体(Early South Turkestan Brāhmī)所抄写的一件梵语《宝幢分》残片，编号IOL San 535 (Kha. 0015. b)，其正面第4行，有+ +[pha]le一词，根据辛岛静志所条列的文献，可以发现此词原是sarṣapaphale；又，其下第5行亦有sarṣa[pa]phalasya一词，不难得出，此词的原形为sarṣapa-phala-。sarṣapa-，巴利语为sāsapa，意即“芥”；phala-，意即“果实”。sarṣapa在汉译佛经中有几种音译形式。大德跋驮木阿译《佛说施饿鬼甘露味大陀罗尼经》云：“人民疾疫畜生夭横者，当作火炉，取萨利杀波子唐云白芥子和苏蜜等、呼诸毕利哆等。”[1]《一髻文殊师利童子陀罗尼念诵仪轨》云：“又法，有药名数沙波多那，亦名萨沙波此云白芥子。”[2]义净《金光明最胜王经》卷7“大辩才天女品第十五之一”列出了芥子的音译“萨利杀跛”。[3] 义净的《梵语千字文》中列出了两条：“啰引移　芥　/ 萨利杀二合跛　白芥。”[4]可见，sarṣapa的音译至少有“萨利杀波、沙波多那、萨沙波、萨利杀跛”。又，“啰引移”对应的梵语词为rāyī。

昙无谶在《大方等大集经·宝幢分》中这两处分别译作“葶苈”和“葶苈子”；而波罗颇蜜多罗(Prabhākaramitra)《宝星陀罗尼经》均译作“芥子”。藏译本均作yungs' bru。昙无谶用“葶苈”对译sarṣapa-phala-，不仅涉及佛经翻译过程中的词汇“省略”技巧问题，而且还与佛经词汇选择所关联的文化问题(通常称为“格义”)有莫大干系。在中医

[1]高楠顺次郎、渡边海旭主编:《大正新修大藏经》第21册，第487页中栏。
[2]高楠顺次郎、渡边海旭主编:《大正新修大藏经》第20册，第783页中栏。
[3]高楠顺次郎、渡边海旭主编:《大正新修大藏经》第16册，第435页上栏。
[4]高楠顺次郎、渡边海旭主编:《大正新修大藏经》第54册，第1204页上栏。

本草文献中，葶苈属于草部下品，而芥属于菜部上品，两者是不同性能的药物。“葶苈子”细黄至苦，而芥子“性辛”，其功能亦异。

昙无谶之所以将 sarṣapa－phala－译作“葶苈”，可能有两个原因。其一，《尔雅注》中提到葶苈“实、叶皆似芥，一名狗荠”。《一切经音义》卷84慧琳释《集古今佛道论衡》第4卷“葶艾”条云：“上定丁反，《考声》云：葶苈，草名也。《郭注尔雅》云：实、叶皆似芥，一名狗等（荠）。下，吾盖反。《郭注尔雅》云：蒿，艾也。《说文》：二字并从草，亭、乂并声也。”[1]这说明昙无谶（或者译经助手）无疑对中土类似的说法是相当熟悉的，他才能用一种外形类似的物品去替代。其二，前后期译经直接用“芥子”的现象比比皆是。使用CEBTA的《大正新修大藏经》电子版检索，发现使用“葶苈”的次数还不及“芥子”的零头，而且以昙无谶的笔下为多。这可能是昙无谶的个人偏好，已显示了其对中土文化的了解。景盛轩、吴波在比较南、北本《大般涅槃经》的词汇差异时，也讨论了“葶苈/芥子”这一现象。[2]卢巧琴也注意到在南北本《大般涅槃经》中，“葶苈子”是北方译经的词汇，而“芥子”是南方译经中的偏爱。[3]

在昙无谶之前或者之后的译经中，也有少量用“葶苈”代译“芥子”的现象。鸠摩罗什译《大庄严论经》卷9，亦译“云何以葶苈，用比于须弥？”[4]但后来的译者们无疑已放弃这种译法。因此，《宝幢分》残片中的这一词语，为理解昙无谶译经词汇的选择提供了新的佐证。

2.1.3.2　诸大德/具寿/长寿

《中亚佛教写卷：大英图书馆藏梵语残片》（第2卷）的第52页，转写了Crosby收集品中的《比丘戒法》（*Bhikṣuprātimokṣasūtra*）残片，其中有这样的一个句子：

---

〔1〕高楠顺次郎、渡边海旭主编：《大正新修大藏经》第54册，第853页下栏。

〔2〕景盛轩、吴波：《南、北本〈大般涅槃经〉的词汇差异》，载《汉语史研究集刊》第11辑，巴蜀书社2008年版，第272－296页（此见第283－284页）。又见景盛轩：《〈大般涅槃经〉异文研究》，巴蜀书社2009年版，第273－274页。

〔3〕卢巧琴：《东汉魏晋南北朝译经语料的鉴别》，浙江大学出版社2011年版，第72－73页。

〔4〕高楠顺次郎、渡边海旭主编：《大正新修大藏经》第4册，第308页中栏。

Crosby MS：(u)[uddi]ṣṭā mayāyuṣmantaś ca[tv](ārah)(r4) pārājayikā o dharmā yebhyo bhikṣyr anya[t]. +[n]yatamaṃ pārājayikaṃ [dh](arma) (r5)m

此句可在后秦世罽宾三藏佛陀耶舍译《四分僧戒本》(出自昙无德部/Dharmaguptakas)中找到相应的译文，即："诸大德，我已说四波罗夷法。若比丘犯一一波罗夷法，[不得与诸比丘共住]。"[1]

该句中有一个非常普通的名词 āyuṣmantaś/āyuṣmantaḥ复数、呼格。原形为 āyuṣ-mat-，"具备寿命的"，通常的汉译为"具寿"。在《四分僧戒本》中，āyuṣmantaḥ均译为"诸大德"。很显然，这是一种意译法，因为"诸大德"字面上反映不出 āyuṣmantaḥ的原意。

āyuṣ-mat-至少有两种用法。其一，用作形容词，用在人名之前，作为修饰语。其例甚广，略举其一。Gilgit 出土的梵本《根本说一切有部毗奈耶破僧事》(*Saṃghabheda-vastu*)卷 1 有一个句子：atha-āyuṣmato mahāmaudgalyāyanasya-etad abhavat. (vol. i, p. 6)对应义净的汉译"于时具寿大目揵连，而作是念。"句中的 āyuṣmato(具寿)与 mahāmaudgalyāyanasya(大目揵连)均为属格单数形式，用来修饰后者。值得注意的是，义净的汉译本中除"具寿"这个常见的意译词外，还有很少见的音译词"阿瑜窣满"。该词形仅在《破僧事》卷 10 中出现了 8 次。梵汉本《破僧事》中对应的例句如下：

[梵] ācaritaṃ śāriputra-maudgalyāyanayoḥ kālena kālaṃ narakacārikāṃ caritum; atha-āyuṣmānśāriputra āyuṣmantaṃ mahāmaudgalyāyanam idam avocat: āyuṣman mahāmaudgalyāyana bhagavatā devadattaḥ pratyekabodhau vyākṛtaḥ; ehi-āvām avīciṃ mahānarakaṃ gatvā devadattam āśvāsayāva iti; atha-āyuṣmantau śāriputra-mahāmaudgalyāyanau avīciṃ mahānarakaṃ gatau; tatra-āyuṣmānśāriputra āyuṣmantaṃ mahāmaudgalyāyanam āmantrayate: samanvāhara āyuṣman mahām-

[1]高楠顺次郎、渡边海旭主编：《大正新修大藏经》第 22 册，第 1023 页下栏。

audgalyāyana nārakān satvān iti. (vol. ii, p. 262)[1]

[僧]时阿瑜窣满舍利弗呾啰、毛嗢揭罗演那,每于时时,往[棕]落迦,而为看行。时舍利弗呾啰告毛嗢揭罗演那曰:仁可共我往无隙狱,观其天授,为慰问耶。于时舍利弗呾啰与毛嗢揭罗演那,往阿毗止,既至其所,时舍利弗嗢(呾)啰命毛嗢揭罗演那曰:[2]

对比可见,"阿瑜窣满"就是 āyuṣmān(āyuṣmat-,"具寿")的音译。此段还有两个罕见的音译词"舍利弗呾啰"、"毛嗢揭罗演那",分别是梵语人名Śāriputra-(舍利弗)、Maudgalyāyana-(大目揵连)的音译。这3个音译词形乃义净译本中的独特译法。正是这几个独特的音译词形反映了一个事实,即《破僧事》卷10应该是义净译场中的"半成品",未完成全部的译场工作程序,否则,义净绝不可能将佛陀的两大弟子舍利弗、大目揵连两人的名字定为"舍利弗呾啰"和"毛嗢揭罗演那"这样人所不知的词语。

其二,"具寿"用作呼格,表示对人的称呼,但往往是对出家人(修行者)的称呼。Gilgit 出土的梵本《根本说一切有部毗奈耶药事》(*Bhaiṣajya-vastu*)卷1有这样的例子:sa tasya bhikṣoḥ sakāśaṃ gataḥ//sa kathayati / āyuṣmaṃs-tvayā vasopayuktā / māpi vaidyena vasā vyapadiṣṭā / asti kācid-avaśiṣṭā vaseti //[3]对应义净汉译的《药事》卷一:"而彼比丘即往至前服药比丘所,问言:'具寿,汝先服脂,风得除差。医人教我,亦服此脂。汝有残脂,见惠于我。'"[4]句子中的 āyuṣmaṃs,即 āyuṣman,"具寿",呼格,单数形式。

与"具寿"类似的称呼还有"长寿"。朱庆之《佛典与中古汉语词汇

---

[1]Raniero Gnoli, ed., *The Gilgit Manuscript of the Saṅghabhedavastu, Being the 17th and Last Section of the Vinaya of the Mūlasarvāstivādin*, Part II, Roma: Istituto Italiano per il Medio ed Estremo Oriente, 1978, p. 262.

[2]高楠顺次郎、渡边海旭主编:《大正新修大藏经》第24册,第150页中栏。

[3]Sitansusekhar Bagchi, ed., *Mūlasarvāstivādavinayavastu*, vol. i, Buddhist Sanskrit Text No. 16, Darbhanga: The Mithila Institute of Postgraduate Studies and Research in Sanskrit Learning, 1967. p. 3.

[4]高楠顺次郎、渡边海旭主编:《大正新修大藏经》第24册,第2页上栏。

研究》中认为“长寿”作为称呼语，是当时的口语词。[1] 朱冠明在《移植：佛经翻译影响汉语词汇的一种方式》中，所举译经中的“移植”现象诸例，其例四即为“长寿，称呼语”。他认为，“佛经中常常尊称别人为‘长寿’，类似于今天的‘先生’，而与被称呼者实际年龄的大小无关。”他还指出了该词所对应的梵文词为 āyuṣmat（长寿的）。[2] 若通检汉译佛典，不难发现作为称呼语的 āyuṣmat 译作“具寿”，比译作“长寿”的例子要多得多。而在汉语的语境中，“长寿”与“具寿”是不同的。二者构词方式不一样，前者是偏正式，后者是动宾式。与 āyuṣmat 相较，若“长寿”属于“移植”的话，那么“具寿”则属于梵汉可直接对应的“仿译”，[3] 因为 āyuṣ（/ āyur）意为“寿、命”，mat-是一个派生词缀，“这个词缀加在第一格的词后，表达第六格或第七格的意义，即表示‘拥有……’或‘有……’”[4] mat-也即意为“具有……”

还应该注意到“长寿”作为称呼中的敬语，它的语源并非 āyuṣmat-，而是另有所本。辛岛静志《汉译佛典的语言研究》（3）在讨论“和南”一词时，列举了《摩诃僧祇律》卷 35《明威仪法》以及对应的梵文本 *Abhisamācārikā – Dharma* 中的例子。现将其梵本中的例句迻录如下：

> yadi tāva koci kṣīvati, na dāni vaktavyaṃ “jīva” ti. atha khalu yadi vṛddhatarako bhavati, vaktavyaṃ “vandāmi” tti. atha dāni navako kṣīvati, “āroge” ti (āroceti) vaktavyaṃ.
>
> 有人打喷嚏时，不应该［对他］说“长寿！”但如果他是比自己法腊高的［比丘］的话，应该说 vandāmi（“我敬礼”）；［比自己］法腊低的［比丘］打喷嚏时，应该说“健康！”[5]

---

〔1〕朱庆之：《佛典与中古汉语词汇研究》，台北文津出版社 1992 年版，第 21 页。

〔2〕朱冠明：《移植：佛经翻译影响汉语词汇的一种方式》，载《语言学论丛》2008 年第 37 辑，第 169 – 182 页（此见第 173 – 174 页）。

〔3〕朱庆之：《佛经翻译中的仿译及其对汉语词汇的影响》，载《中古近代汉语研究》第 1 辑，上海教育出版社 2000 年版，第 247 – 262 页。

〔4〕段晴：《波你尼语法入门》，北京大学出版社 2001 年版，第 509 页。

〔5〕辛岛静志：《汉译佛典的语言研究》（3），载《语言学论丛》2008 年第 37 辑，第 144 – 168 页（此见第 145 页）。另见辛岛静志：《汉译佛典の言语の研究》，载《创价大学国际佛教学高等研究所年报》第 10 号，2007 年，第 445 – 460 页。

这段威仪法还见于其他的律部文献之中。义净译《根本说一切有部毗奈耶杂事》卷第10“第二门第七子摄颂”云：

世尊为众演说无常法已，还至寺中洗足就座而坐。告诸比丘：汝等当知，如是之事皆由见他嚏喷之时，愿言“长寿”(jīva)。是故比丘，若他嚏时，不应言“长寿”。若故言者，得越法罪。[1]

佛言：俗人之类皆乐长寿。若见嚏时，应云“长寿”。若诸比丘见老者嚏，小者应起一礼，口云“畔睇”(vandāmi)。若小有嚏喷，大者应言“无病”。若不作者，俱得越法罪。[2]

又，尊者毗舍佉造、义净译《根本说一切有部毗奈耶颂》卷下云：

若见诸俗人　　及老比丘嚏
应云“久长寿”　不言便得罪
大者见小嚏　　应告言“无病”
小者于尊年　　即须云“敬礼”[3]

又，《根本萨婆多部律摄》(尊者胜友集，义净译)卷13云：

大者嚏时，小云“畔睇”。小者若嚏，大云“阿路祇”(āroge)。若不言者，俱得恶作。然不应云“愿得长命”。若俗老母及莫诃罗，愿长寿者，道时无犯。闇中礼拜，不应至地。口云“畔睇”，即是致敬已。[4]

这说明根本说一切有部与大众部的律典在此条威仪法上持相同的观点。上述3个例子中的“长寿”与“久长寿”，就是对诸俗人或者比自己法腊高的比丘(老者、老比丘)在打喷嚏时所说的敬语。此戒条的来历还见于《四分律》卷53：

尔时世尊在祇桓中，与无数众说法，时世尊嚏。诸比丘呪愿言：“长寿”。诸比丘、比丘尼、优婆塞、优婆夷亦言：“长寿”，大众遂便闹乱。佛言：“不应尔。”时有居士嚏，诸比丘畏慎不敢言“长

[1]高楠顺次郎、渡边海旭主编:《大正新修大藏经》第24册,第249页上栏。
[2]高楠顺次郎、渡边海旭主编:《大正新修大藏经》第24册,第249页下栏。
[3]高楠顺次郎、渡边海旭主编:《大正新修大藏经》第24册,第647页下栏。
[4]高楠顺次郎、渡边海旭主编:《大正新修大藏经》第24册,第599页中栏。

寿”，居士皆讥嫌言：“我等嚏，诸比丘不呪愿长寿。”诸比丘白佛，佛言：“听呪愿长寿。”时诸居士礼比丘，比丘畏慎不敢言“长寿”，世尊不听我呪愿。诸居士皆嫌言：“我等礼比丘，比丘不呪愿我等‘长寿’。”诸比丘白佛，佛言：“听呪愿‘长寿’。”[1]

佛教僧团中的这种问候敬语的规定，与印度婆罗门教的规定有一定的关联，属于日常生活的仪礼之一。婆罗门教的经典《摩奴法论》(*Manu-smṛti*)第二章中规定的致敬之仪，就有十几条。其中，第125条就指出：“婆罗门致敬后应该得到这样的回答：‘愿你长寿，亲爱的！’”[2]

此外，在一般见面所问候的话语中，也用到“长寿”。李维琦归纳“长寿”作敬称时，可用于称呼各色人等，还可作祝福语。[3] 比如，(1)比丘对俗人的称呼，《摩诃僧祇律》卷3：“若船主系船着岸边，有客比丘来语船主言：长寿，借我船渡。船主答言：我独一人，那得相渡。”[4](2)俗人对俗人的问候。梵汉本《根本说一切有部毗奈耶药事》卷12的一个段落对应如下：

> tato asau brāhmaṇastvaritaṃ rājñaḥ sakāśamupasaṃkrāntaḥ/ upasaṃkramya jayenāyuṣā ca vardhayitvā rājānmuvāca / deva mayā yavāḥ prakīrṇāste sauvarṇāḥ saṃvṛttāḥ/tatrādhiṣṭhāyikena prasādaḥ kriyatāmiti/[5]

> 是时婆罗门速诣王所，起居问讯：“少病长寿。”又白王言：“大王当知，我才种麦，生长成金，唯愿大王差人取分。”[6]

upasaṃkramya jayenāyuṣā ca vardhayitva，意思是“至前，用‘胜利’和‘长寿’问询之后”，“长寿”所对应的词是 āyuṣ-，使用的是具格单数形式(āyuṣā)。义净的译本中用“少病”和“长寿”来对译 āyuṣā，而 jay-

[1]高楠顺次郎、渡边海旭主编：《大正新修大藏经》第22册，第960页中栏。

[2]蒋忠新译：《摩奴法论》，北京社会科学出版社1986年版，第27页。

[3]李维琦：《佛经词语汇释》，湖南师范大学出版社2004年版，第39－40页。

[4]高楠顺次郎、渡边海旭主编：《大正新修大藏经》第22册，第246页下栏。

[5]Sitansusekhar Bagchi, ed., *Mūlasarvāstivādavinayavastu*, vol. i, p. 46.

[6]高楠顺次郎、渡边海旭主编：《大正新修大藏经》第24册，第52页中栏。

ena(胜利)似乎未译出。

2.1.3.3 有三受……/ 云何

出土佛教残卷不仅对梵汉词汇的比较有益,而且也有助于梵汉语法的对比。Or. 15009/ 206 是《杂阿含经》(*Saṃyuktāgama*)的一叶残片,正背书写,每面为6行。其正面的第1、2行内容如下:

/// danā aduḥkhāsu.. + ///

/// ··· duḥkhato dṛṣṭā bha[v]. ///

与该残卷对应的巴利语《相应部尼迦耶》(*Saṃyutta Nikāya*)中的第一句为:tisso imā bhikkave vedanā / katamā tisso // sukhā vedanā dukkhā vedanā adukkhamasukhā vedanā //。[1] 巴利文本的这一句可译为:"比丘,有如此三种受。何等为三? 苦受、乐受、不苦不乐受。"而对应的汉译本——宋天竺三藏求那跋陀罗译《杂阿含经》卷第17"杂因诵第三品之五"的第467部小经中的句子为:"佛告罗睺罗:有三受:苦受、乐受、不苦不乐受。"[2] 该经同卷第468部小经中也有同样的一句话。通过比较可以发现,这个句子是由3个小句组成的:起归纳作用的领句、疑问句、回答句。这一问一答中显示了对话双方的存在。但在汉译时略去了中间的疑问句"katamā tisso / 何等为三?"而将前后两个小句并成了一句,只有叙述者,而使发问的听众消失了。这种改变原本句式的译法并不少见。在《根本说一切有部毗奈耶药事》卷1中,有两个类似的句子,梵句以及义净的译本如下:

[梵]pañca kṣārāḥ katame//yava-kṣāraḥ yāvaśū-kṣāraḥ sarji-kṣāras-tila-kṣāro vāsakā- kṣāraś ca //[3]

[汉]五种灰者,谓麸麦灰、油麻灰、麸麦弋灰、牛膝草灰、婆奢树叶灰。[4]

---

[1]Ye Shaoyong, "Or. 15009/201 – 250", p. 231. in: Seishi Karashima and Klaus Wille ed., *Buddhist Manuscripts from Central Asia: The British Library Sanskrit Fragments*, vol. II. 1, *Texts*, Tokyo: The International Research Institute for Advanced Buddhology, Soka University, 2009, p. 231.

[2]高楠顺次郎、渡边海旭主编:《大正新修大藏经》第2册,第119页上栏。

[3]Sitansusekhar Bagchi, ed., *Mūlasarvāstivādavinayavastu*, vol. i, p. 2.

[4]高楠顺次郎、渡边海旭主编:《大正新修大藏经》第24册,第1页中栏。

［梵］pañca lavaṇāni katamāni / saindhavaṃ viḍaṃ sauvarcalaṃ romakaṃ sāmūdrakaṃ //[1]

［汉］五种盐者，谓乌盐、赤盐、白石盐、种生盐、海盐。[2]

这两个句子中，前者的“pañca kṣārāḥ katame”意即“云何五种灰?”后者中的“pañca lavaṇāni katamāni”意即“云何五种盐?”均是一般疑问句。义净的汉译本分别译为“五种灰者”和“五种盐者”。这是将一般疑问句改译成了陈述句。在《药事》的同一段落中，义净并不是全将这类的陈述句改译，有的还保留了原句中的疑问形式。比如：

［梵］pañca kaṣāyāḥ katame //āmra-kaṣāyo nimba-kaṣāyo jambu-kaṣāyaḥ［śirīṣa-kaṣāyaḥ］kośamba-kaṣāyaś ca //[3]

［汉］云何五种涩药？谓阿摩罗木、楝木、赡部木、尸利沙木、高苦薄迦木。[4]

可见，此句中的“pañca kaṣāyāḥ katame”就直接译成了“云何五种涩药?”这种交错的译法使汉译本不至于太单调。

巴利文本中的 katamā tisso 是最简明的疑问句，由一个疑问词加上一个数词构成。类似的 pañca kṣārāḥ katame、pañca lavaṇāni katamāni 和 pañca kaṣāyāḥ katame，则多出了一个名词。对这类疑问句的翻译，并不是一种固定不变的方式。从《大宝积经·迦叶品》(Kāśyapa-parivarta)的 4 个不同时期的汉译本中，可以发现这一点。下面选取了该经梵本中的两个完全一样的疑问句，[5]并列出相应的汉译句子：

例 1：

［梵本］katame c［a］(tvā) raḥ

［谶本］何等为四?

［晋本］云何四?

［1］Sitansusekhar Bagchi, ed., *Mūlasarvāstivādavinayavastu*, vol. i, p. 2.

［2］高楠顺次郎、渡边海旭主编：《大正新修大藏经》第 24 册，第 1 页中栏。

［3］Sitansusekhar Bagchi, ed., *Mūlasarvāstivādavinayavastu*, vol. i, p. 2.

［4］高楠顺次郎、渡边海旭主编：《大正新修大藏经》第 24 册，第 1 页中栏。

［5］M. I. Vorobyova-Desyatovskaya, *The Kāśyapaparivarta*, *Romanized Text and Facsimiles*, The International Research Institute for Advanced Buddhology, Soka University, Tokyo 2002.

［秦本］何谓为四？

［宋本］迦叶白言：是义云何，此四法者？

例 2：

［梵本］katame catvārah

［谶本］何等为四事？

［晋本］云何为四？

［秦本］何谓为四？

［宋本］四种法者，其义云何？

katame，原形 katama-，疑问词，“谁、什么、多少”，阳性、主格、复数。谶本为“何等”，晋本为“云何”，秦本为“何谓”，宋本为“（其义）云何”。虽然，晋本和宋本多用“云何”，但晋本中用作主语，而宋本中用作谓语，二者显然有别。catvārah，原形 catur-，数词，“四”，阳性、主格、复数。谶本为“四”/“四事”，晋本、秦本为“四”，宋本为“四法”/“四种法”。不难发现，这个简短的疑问句，译法多样，不仅在异译本中不同，就是同一个译本前后的译法也不相同。仅从这两组中就可归纳出 3 个不同之处：其一，是否有“为”；其二，是否有名词（“事”、“法”）或量词（“种”）；其三，是否添加对话的标记“迦叶白言”。

遇笑容指出，译经中的“云何”是从梵语疑问代词 kiṃ 对译过来的，还有不表示疑问的用法。[1]“云何”是中土原有的疑问词，但其用法受到佛经翻译的影响，已经有好几篇论文对此进行讨论了。[2]实际上，“云何”所对应的情况起码有以下 5 种：

［1］遇笑容：《说“云何”》，载《开篇》第 22 卷，东京好文出版社 2003 年版，第 48－50 页。收入曹广顺、遇笑容：《中古汉语语法史研究》，巴蜀书社 2006 年版，第 73－78 页。又，遇笑容：《汉语语法史中的语言接触与语法变化》，载《汉语史学报》第 4 辑，上海教育出版社 2003 年版，第 27－34 页。

［2］沈林林：《〈杂宝藏经〉“云何”研究》，载《重庆工学院学报》2006 年第 4 期，第 115－117 页。李建生：《两部〈维摩诘经〉“云何”历时研究》，载《湖北广播电视大学学报》2008 年第 2 期，第 93－94 页。卢烈红：《魏晋以后疑问代词“云何”的发展与衰亡》，载《长江学术》2008 年第 4 期，第 94－101 页。又，卢烈红：《佛教文献中“何”系代词的兴替演变》，载《语言学论丛》2005 年第 31 辑，第 242－264 页。卢烈红：《先秦两汉时期的“云何”》，载《语言研究》2003 年第 3 期，第 22－25 页。吴娟：《汉译〈维摩诘经〉中“云何”的特殊用法》，载《中国语文》2011 年第 1 期，第 43－52 页。

其一，对译梵本中的疑问代词 kiṃ。

其二，还对译梵本中的疑问词 katama-。如上所述例子，不烦举。

其三，还对译梵本中的疑问副词 katham。《药事》卷 14 中的例子如下：

[梵] amba yathā-katham / tayā yathāvṛttaṃ sarvaṃ vistareṇa samākhyātam /[1]

[汉] 问曰："此事云何？"其母具说。

其四，对译梵本中的关系代词 yad。比如：梵汉本《根本说一切有部毗奈耶破僧事》中的例子：

[梵] rājā kathayati: bhavantaḥ sa evāsāv ekacorikaḥ; na śobhanaṃ kṛtaṃ yan na gṛhītāḥ; sarvathā tiṣṭhata yūyaṃ; aham evainaṃ gṛhṇāmi-iti. (vol. ii, pp. 34－35)[2]

[汉] 王曰："彼是狗贼，云何不捉？甚为不善。汝等宜止，我自捉取。"[3]

"云何不捉？"属于反意疑问句，其中的"云何"是"为什么"的意思。该句对应的是 na śobhanaṃ kṛtaṃ yan na gṛhītāḥ，意思是"此人没有被捉住，甚为不善"。其中的 yan 是 yat 在 na 前的变化形式，因为梵语句内连声法的规则，辅音 t 作尾音时，在鼻音前变成相应的鼻音，所以，yat na 就变成了 yan na。yat 就是关系代词 yad 的中性、主格、单数形式，此处它相当于从句的引导词 who。因为 yad 作为关系代词的语干"那个"，可以表示 who、which、what、whichever、whatever 和 that，因此，义净选用了"云何"，用一个反意疑问句"云何不捉？"来翻译，可以加强语气。

其五，梵本中并无疑问词，而汉译时增加了"云何"一词。梵汉本《根本说一切有部毗奈耶药事》中就有这样的例子：

[1] Sitansusekhar Bagchi, ed., *Mūlasarvāstivādavinayavastu*, vol. i, p. 90.

[2] Raniero Gnoli, ed., *The Gilgit Manuscript of the Saṅghabhedavastu, Being the 17th and Last Section of the Vinaya of the Mūlasarvāstivādin*, Part II, pp. 32－36.

[3] 高楠顺次郎、渡边海旭主编：《大正新修大藏经》第 24 册，第 160 页上栏。

[梵] tatra kālikāni maṇḍaḥ odanaṃ kulmāṣaḥ māṃsamapūpāśca | -yāmikāmaṣṭau pānāni | cocapānaṃ mocapānaṃ kolapānam-aśvatthapānam-udumbarapānaṃ pāruṣikapānaṃ mṛdvīkā-pānaṃ kharjūrapānaṃc-a //[1]

[药] 言时药者:一麨、二饼、三麦豆饼、四肉、五饭。此并时中合食,故名时药。言更药者,谓八种浆。云何为八?一招者浆、二毛者浆、三孤洛迦浆、四阿说他果、五乌昙跋罗、六钵鲁洒、七篾栗坠浆、八渴树罗浆。[2]

梵本中是一般陈述句,可直译为:"诸时药[是]麨、饼、麦豆饼、肉和饭;更药[是]八种浆。[即] 招者浆、毛者浆、孤洛迦浆、阿说他果、乌昙跋罗、钵鲁洒、篾栗坠浆和渴树罗浆。"义净的汉译本中的"云何为八?"就是义净的增译,这种增译改变了句子的形态。

[梵] tatra mūla-bhaiṣajyaṃ mustaṃ vaco haridrārdrakamativiṣā-iti //[3]

[药] 云何根药?谓香附子、菖蒲、黄姜、生姜、白附子。[4]

梵句是一个陈述句,意即"此根药就是香附子、菖蒲、黄姜、生姜、白附子"。同样的,义净汉译本中的"云何根药?"这个疑问句也是增译的。义净译本中的这两个例子与上文将"pañca kṣārāḥ katame"("云何五种灰?")和"pañca lavaṇāni katamāni"("云何五种盐?")中的"云何"省略不译,情形刚好相反。

因此,如果能将多部出土的梵本佛经与汉译本中的"云何"放在一起进行综合考察,那么,所得出的结论与目前的认知必将有所不同,相对来说,就可能会更全面一些。

---

[1] Sitansusekhar Bagchi, ed., *Mūlasarvāstivādavinayavastu*, vol. i, p. 2.

[2] 高楠顺次郎、渡边海旭主编:《大正新修大藏经》第24册,第1页中栏。

[3] Sitansusekhar Bagchi, ed., *Mūlasarvāstivādavinayavastu*, vol. i, p. 2.

[4] 高楠顺次郎、渡边海旭主编:《大正新修大藏经》第24册,第1页中栏。

2.2 《七处三观经》平行梵本及其汉译本

2.2.1 安世高的译经及其特点

东汉桓帝时期，安息王子安世高来洛阳译经，正式揭开了中国千年之久的佛经翻译运动的序幕。安世高所译经文的具体数目，在历代的经录中有不同的说法，即便是最具权威性的早期经录——南北朝梁代僧佑的《出三藏记集》在这方面的记载也不尽可靠。该书卷2列出安世高翻译了《安般守意经》、《阴持入经》、《百六十品经》、《大十二门经》、《小十二门经》、《大地道经》等34部经，凡40卷。[1] 这些经文并非全部为安世高所译。有些经文在僧佑的时代就已经佚散，而且后世还有陆续佚散的，但也有千年之后又重见天日的。比如，1999年发现的日本金刚寺写卷中，就有安世高所译的《佛说十二门经》（相当于《大十二门经》）和《佛说解十二门经》（相当于《小十二门经》）等。[2] 经过许理和（Erik Zürcher）等当代学者们的考证，[3]结合新出的失本佛典，大约可以确定以下经典是安世高所译出的：

(1)《长阿含十报法经》(T13)[4]

(2)《佛说人本欲生经》(T14)

(3)《佛说一切流摄守因经》(T31)

(4)《佛说四谛经》(T32)

(5)《佛说本相猗致经》(T36)

---

[1]［梁］僧佑撰，苏晋仁、萧錬之点校：《出三藏记集》，中华书局1995年版，第23-26页。

[2]Stefano Zacchetti, "An Shigao's Preserved in the Newly Discovered Kongō-ji Manuscript and Their Significance for the Study of Early Chinese Buddhism", *Journal of Indian and Buddhist Studies*, Vol.53, no.2, 2004, pp. 898-895.

[3]Erik Zürcher, "A New Look at the Earliest Chinese Buddhist Text", *From Benares to Beijing: Essays on Buddhism and Chinese Religion in Honour of Prof. Jan Yun-hua*, ed. by Koichi Shinohara and Gregory Schopen, Oakville, Ontario: Mosaie, 1991, pp.277-304. 许理和（Erik Zürcher）著，顾满林译：《关于初期汉译佛经的新思考》，载《汉语史研究集刊》第4辑，巴蜀书社2001年版，第286-312页。

[4]T13表示《大正新修大藏经》中编号为第13号的佛经，下同。

(6)《佛说是法非法经》(出中阿含)(T48)

(7)《佛说漏分布经》(出中阿含令劫意)(T57)

(8)《佛说普法义经》(T98)

(9)《佛说八正道经》(T112)

(10)《佛说七处三观经》(T150A)

(11)《佛说大安般守意经》(T602)

(12)《阴持入经》(T603)

(13)《禅行法想经》(T605)

(14)《地道经一卷》(T607)

(15)《佛说法受尘经》(T792)

(16)《阿含口解十二因缘经》(T1508)

(17)《安般守意经》(金刚寺本)

(18)《佛说十二门经》(金刚寺本)

(19)《佛说解十二门经》(金刚寺本)

(20)《十二门经》的一个佚名经疏(金刚寺本)

(21)《阿毗昙五法行经》(T1557 ,* *Pañcavastuka*)

(22)《佛说九横经》(T150B)

(23)《杂阿含经》(T101)

(24)《佛说转法轮经》(T109)

即使是上述的这个目录,其中可能还有些不是安世高的译作,比如第15部《佛说法受尘经》(T792),经过左戈番(Stefano Zacchetti)、[1]那体慧(Jan Nattier)、[2]胡敕瑞等的研究,[3]基本判定该经并非安世高所译。至于《杂阿含经》(T101)的译者归属,印顺法师、何离巽(Paul

〔1〕Stefano Zacchetti,"Defining An Shigao's 安世高 Translation Corpus: The State of the Art in Relevant Research",《西域历史语言研究集刊》第3辑,科学出版社2010年版,第249-270页。

〔2〕Jan Nattier, *A Guide to the Earliest Chinese Buddhist Translations: Texts from the Eastern Han* 东汉 *and Three Kingdoms* 三国 *Periods*, Tokyo: The International Research Institute for Advanced Buddhology at Soka University, 2008, pp. 38-72.

〔3〕胡敕瑞:《中古汉语语料鉴别述要》,载《汉语史学报》第5辑,上海教育出版社2005年版,第270-279页。

Harrison)和自拙法师均认为其中有“从后说绝”是安世高所译；而那体慧对此推论持保留态度，苏锦坤则详细讨论了该经中的“从后说绝”现象，认为若判定该经整体为安世高所译，尚需要提供更多的证据。[1]

之所以要不厌其烦地列出上述经文的名目，是因为只有确定了哪些经文为安世高所译，才能确定这些经文的翻译年代，为讨论经文中的偈颂提供一个相对明晰的时间坐标。[2] 中古汉语史研究者已经开始从语言来判定佛经翻译年代的工作，[3]文学史研究者也应该了解这些成果，为自己的研究服务。

由于是在佛经翻译的起始阶段，各方面的条件都不如后世，译人对汉语的了解以及助手对胡语的知识掌握，均有所欠缺。因此，安世高的译经历来被认为是比较难懂的。虽然，《出三藏记集》卷13“安世高传”认为，安译经文“义理明晰，文字允正。辩而不华，质而不野。凡在读者，皆亹亹而不惓焉。”[4]但这显然是过誉之辞。唐代神清在《北山录》卷7评述前代译经时就认为，安世高的译经“词非典雅”，其所代表的古译经文在唐代读者看来，“以古译经文不润，遂不能讨究，瞢然无所悟解也，如安世高所译者也”。[5]《北山录》卷10还指出，安世高所译的佛经一般读者难以理解，在其心中会产生误会乃至毁谤。“其所翻译，方诸寰中之典，既乖视听，深违背欲。将使积昏之士，背风靡草，

〔1〕苏锦坤：《从后说绝——单卷本〈杂阿含经〉是否将偈颂译成长行》，载《正观杂志》2010年第55期，第6－104页。

〔2〕李小荣与吴海勇合作的《佛经偈颂与中古绝句的得名》的注释中认为：“最早将gāthā译成‘偈’的是后汉安世高，如其所译《佛说尸迦罗越六方礼经》里有‘佛说呗偈’之语”（收入陈允吉主编：《佛经文学研究论集》，复旦大学出版社2004年版，第350页）。这种结论值得商榷。因为《佛说尸迦罗越六方礼经》并非安世高所译。最早将gāthā译成“偈”的是支娄迦谶。

〔3〕比如，曹广顺、遇笑容：《从语言的角度看某些早期译经的翻译年代问题——以〈旧杂譬喻经〉为例》，载《汉语史研究集刊》第3辑，巴蜀书社2000年版，第1－9页。方一新：《翻译佛经语料年代的语言学考察——以〈大方便佛报恩经〉为例》，载《古汉语研究》2003年第3期，第77－83页；《〈佛说柰女祇域因缘经〉翻译年代考辩》，载《汉语史学报》2008年第7辑，第238－261页。卢巧琴、颜洽茂：《中古译经年代与“感染生义”的判别》，载《中国语文》2010年第1期，第83－85页。

〔4〕又，《高僧传》卷1“安世高传”中的评价与此相同。

〔5〕高楠顺次郎、渡边海旭主编：《大正新修大藏经》第52册，第617页下。

逆坂走丸，祇增其忿，诚又难也以翻译三藏来既遐远，不达此方语言，致令词有质朴，文非流美，如安世高所译等经。不了之士，逆便相非，增于谤讟，则为未可者也。"[1] 许理和是率先研究东汉译经语言的西方学者之一，他对安世高及其助手的译经作品在术语和风格上的特点，做了如下的归纳：

> 这是一批很相近的经文，语言和风格上的特征明显一致，其语言古怪、粗俗，有许多土话，常常混乱到无法理解的程度。对专业术语显然倾向于意译，也自由地使用非佛教的、自造的汉语对应词，如用"道弟子"译 bhikṣu（比丘），用"度世无为"译 nirvāṇa（涅槃），对外来专有名词，则主要用音译法：其风格明显是"非中国式"的，毫无向中国文学语言看齐的倾向，也没有任何的相似之点：叙述语言没有诗一样的格式，没有排比句式，没有典型的僵化的文言成分。佛经原典用韵文表达的段落被翻译成了散文，尽管有时候标明"下面是偈颂"。这类作品大致产生于公元 150—170 年。[2]

2.2.2 梵汉本《佛说七处三观经》词汇对比

在《邵格延收集品中的佛教写本》（第 2 卷）中，刊布了一件写在桦树皮上的《盲经》（*Andhasūtra*）残片，Siglinde Dietz 为此撰写了《〈盲经〉、提婆达多"三过"经以及〈诗童譬喻经〉残片》（Fragment of the Andhasūtra，of the sūtra on the Three Moral Defects[3] of Devadatta，and of the Kavikumārāvadāna）一文。[4] 该文详细叙述了《盲经》残片的编号（MS 2382）、形制、字体（吉尔吉特/巴米扬第 I 型，6 世纪）、内容，做了转写和释读，并指出其相对应的段落（平行文本）存在于巴利文《增支部》（*Aṅguttara Nikāya*）之《补特伽罗品》（Puggalavagga）及安世高汉译的《佛说七处三观经》"三观"部分。Siglinde Dietz 还利用巴利文写经

〔1〕高楠顺次郎、渡边海旭主编：《大正新修大藏经》第 52 册，第 631 页中。

〔2〕许理和（Erik Zürcher）著，顾满林译：《关于初期汉译佛经的新思考》，第 294 页。

〔3〕题目中的"Three Moral Defects"在义净译《根本说一切有部毗奈耶破僧事》中，对应的词语为"（三）成就罪恶之法"。

〔4〕Jens Braarvig (ed.), *Buddhist Manuscripts, vol. II: Manuscripts in the Schøyen Collection*. III. Oslo: Hermes Publishing, 2002, pp. 25 – 36.

的对应部分，将现存的梵文残片拟构"完整"，并将安世高的汉译经文转译成英文。

《佛说七处三观经》的梵本原名，南条文雄拟构为：*Saptāyatana-tridhyāna-sūtra*。[1] 学界新的拟构一般为 *Saptasthānasūtra*，而略去了"三观"。若补充完整或许可拟构为 *Saptasthāna-tridhyāna-sūtra*。此处的"观"还原为表示禅定观想的 dhyāna，经中具体指"观身为一色，观五阴为二，观六衰为三，故言三观。"

《大正藏》本的《佛说七处三观经》(T2, No. 150A)，分为两大部分：前者为《佛说七处三观经》，有 30 种小经（第 30 种名为"佛说积骨经"）；后者为《佛说九横[经]》，有 17 部小经，[2] 合共 47 部小经。尾题则为"《佛说七处三观经》卷上"。47 部小经中约有 30 部在巴利文《增支部尼迦耶》中可找到相应的内容。

现存梵本残片的散文部分对应的是《佛说七处三观经》前者的第 3 部小经，偈颂部分对应的是后者的第 11 部（总第 41 部）小经。梵本与汉文本并不是每一句都能一一对应，而仅仅是平行文本的关系。梵本共有 8 首偈颂，1～2 颂、3～4 颂、5～7 颂分别描述无眼、一眼、两眼；而巴利文本和汉译本只有 6 颂，其第 1 颂、2～3 颂、4～5 颂分别描述无眼、一眼、两眼。从构成形态来说，梵本、巴利文本为一个系统，但偈颂部分又有差异；安世高汉译本及其原典应是另一个系统，两个系统之间的内容有交叉。二者之间的关系涉及北传的《增一阿含经》(*Ekottarāgama-sūtra*)系统与南传的《增支部尼迦耶》(*Aṅguttara Nikāya*)系统的关系，属于另一个更复杂的问题，此处暂不涉猎。[3] 为方

---

[1] 童玮编：《二十二种大藏经通检》就是因袭南条文雄译补《大明三藏圣教序目录》中的梵名，中华书局 1997 年版，第 467 页。另参见 Lewis R. Lancaster, *The Korean Buddhist Canon: A Descriptive Catalogue*, California, 1979. 其书中没有拟构《七处三观经》的梵名。

[2] 从第 31 部至第 47 部，仅第 31 部为"九横死"的内容。《大正藏》又将其内容单列出来，即《佛说九横经》(T2, No. 150B)。

[3] 有关安世高所译《增一阿含经》相关经文的研究，参看 Paul Harrison, "The Ekottarikāgama Translations of An Shigao", *Bauddhavidyāsudhākaraḥ: Studies in Honour of Heinz Bechert on the Occasion of his 65th Birthday*, ed. by Petra Kieffer-Pülz and Jeans-Uwe Hartmann (Indica et Tibetica, 30), Swisttal - Odendorf, 1997, pp. 261 - 283.

便下文的讨论,将这两部分经文移录如下(标点与段落划分参考 Siglinde Dietz):

闻如是。一时佛在舍卫国,行在祇树给孤独园。佛告比丘:有三辈人。何等三?一辈眼不见,二辈一眼,三辈两眼。

无有眼为何等?世间比丘有人无有是眼因缘,我当为未得治生当为治生。无有是意。已得亦复妄用。亦无有是眼。我当为布施。我当为作福。令我从是因缘后世善乐,亦从是上天。无有计。是名为无有眼。

一眼人名为何等?世间比丘一眼者,有如是眼。令我未得财当为得,已得财当为莫折减。但有是眼无有是眼。我当为幻布施。当从是因缘得上天。无有如是眼。是名为一眼。

两眼名为何等?世间比丘有人有是眼。令我未得财产当为得致。已致得当为莫折减。有如是眼。亦复有是眼。令我行布施。令从是因缘上天。亦有是眼。是名为两眼人。

从后说绝。

无有财产,亦不行布施。是堕两侵。眼在但无所见。从是堕地狱。无有眼到彼间处。

不自守者。名为一眼。盗、弊态、两舌、妄语。但有财产但世间自乐。

致法非法谀谄。致大多财。亦不自乐,亦不布施。已堕地狱一眼处。

两眼者最第一法。致治生自所有自食亦布施。从是行福自在。

如不黠自食亦施,得时上天,常不离法。

无有眼亦一眼,但当远莫近。黠人但当校计两眼。两眼第一今世后世。

佛说如是。

梵本残片虽短,也不是汉文本的翻译底本,但有巴利文对应文本的帮助,对理解安世高汉译本的词汇及其句式等,仍然有相当大的作用。

首先,我们利用梵本将《佛说七处三观经》的几个词语略释如下:

眼不见:梵语 andha、acakṣus、巴利语 andha,意为"瞎的,看不见的"。梵文本为两个并列的同义词。巴利文本中仅一词,而没有与 acakṣus 对应的词(acakkhu)。

无有眼:原语同上,与 acakṣus 的对应更直接。前缀 a 表示否定,cakṣus 为名词"眼睛"。朱庆之《佛经翻译中的仿译及其对汉语词汇的影响》一文,[1]讨论了汉译佛经中的"否定前缀类 + 梵语词根"这一类的仿译现象,否定词常见的有"不、非、未、无"。此处"无有 + 名词"这一表示法,与"无 + 名词"格式意同。[2] "无有"是安世高的译语偏好之一,比如《长阿含十报法经》、《人本欲生经》中的实例就非常多。

辈:梵本缺此句。巴利文本为 Tayo 'me bhikkhave puggalā santo saṃvijiamānā lokasmiṃ。只有数词 tayo,而无量词,即数词直接加上名词。这说明作量词的"辈"是增译的。巴利文本另一句为 Katame tayo? Andho,ekacakkhu,dvicakkhu。对应汉译为"何等三?一辈眼不见,二辈一眼,三辈两眼"。原句式极为简练,其中也没有量词。"一辈"、"二辈"、"三辈"均为增译。

有人:梵语 ekatyasya pudgal(asya),巴利语 ekaccassa puggalassa,属格、单数形式。意为"有些/某些(ekatyá/ekacca)人(pudgala/puggala)的"。ekatya 一词可另参见爱哲顿《佛教混合梵语词典》中的解说。[3]

无有:梵语 na bhavati,巴利语 na hoti,加否定的动词陈述语气、主动语态、第三人称单数形式,意即"不存在、没有"。

未得:梵语 anadhigatvā,巴利语 anadhigatam,动词原形均为 an-adhi-√gam-,意即"没有得到"。

---

[1]朱庆之:《佛经翻译中的仿译及其对汉语词汇的影响》,浙江大学汉语史研究中心:《中古近代汉语研究》第1辑,上海教育出版社2000年版,第247-262页。

[2]"无有"表示否定并不是如太田辰夫所说的那样是中古的新形式,而是上古就有的旧用法(《孟子》中就有例句)。志村良治亦认为"无有"是上古用法。此点承蒙胡敕瑞兄指教,特此致谢。

[3]Franklin Edgerton, *Buddhist Hybrid Sanskrit Grammar and Dictionary*, vol. 2: *Dictionary*, New Haven, 1953, pp. 152-153.

治生：梵语 bhoga，巴利语同。意为“财富”。汉文本下文“未得财当为得”与“未得财产当为得致”，亦可证“治生”与“财/财产”意同。宇井伯寿则译为“治生产业”。[1]

当为得/当为得致：梵语 adhigacchet，巴利语 adhigaccheyya，原形均为 an-adhi-√gam-，此为动词现在时、祈愿语气、主动语态、第三人称单数形式，意即“应该得到”。“当为”是通过动词的语尾形式表达出来的。

莫折减：梵语 sphītīkuryāt，巴利语 phāṭim kareyya，此为动词现在时、祈愿语气、主动语态、第三人称单数形式，意即“应该增多/增加”。可见汉本“莫折减”是用反义词的否定方式来表达的。

布施/幻布施/行布施：梵语 sevitavyam，原形√sev-，此为动词必要分词形式，原意即“奉献、祭献”。Siglinde Dietz 认为“幻”即“行”。宇井伯寿则认为乃指“假者似真”或“虚而不实”。[2]

两侵：相当于梵语 dvayam，指“两种（情况）、两方面”。Siglinde Dietz 英译为 double misfortune。

堕地狱：梵语 niraya upapannaḥ，巴利语 nirayaṃ gantvā。niraya 即地狱。动词 upa-√pad-和√gam-，意为“到达、去”。

上天：梵语 svarge upapadyāte，巴利语 uṭṭhānādhigataṃ。svarge 意为“在天上”，为名词的依格单数形式，而不是业格形式。

校计：胡敕瑞释为“计较”。[3] Siglinde Dietz 认为也许读作“交计”，意即“have dealings with”。他的读法值得商榷。在东汉之后的汉译佛典以及敦煌文书中，“校计”一词出现渐多。义项有：计算、思维/思量、计较等。

又，安世高译本中，将原语中的双牛释复合词多译成“数字 + 类名结构”的形式：

一眼：梵语 ekacakṣus、巴利语 ekacakkhu。

---

〔1〕宇井伯寿：《译经史研究》，东京岩波书店 1971 年版，第 372 页。

〔2〕宇井伯寿：《译经史研究》，第 372 页。

〔3〕胡敕瑞：《〈论衡〉与东汉佛典词语比较研究》，巴蜀书社 2002 年版，第 29 页。

两眼:梵语 dvicakṣus、巴利语 dvicakkhu。

另外,此段短文中的音译词极少,“祇树给孤独园”亦为意译词。需要与安世高的其他译本相结合,才能够讨论音译词与意译词的比例关系。[1] 至于句式方面,通过梵、巴、汉文本的对比,我们也可略见端倪。

第一组:

无有眼为何等? 梵本 Katamo bhikṣavaḥ pudgalaḥ andho acakṣuḥ/ 巴利文本 Katamo ca bhikkhave puggalo andho ?

一眼名为何等? 梵本 Katama ekacakṣuḥ/ 巴利文本 Katamo ca bhikkhave puggalo ekacakkhu ?

两眼为何等? 梵本 Katamaś ca bhikṣavaḥ pudgalo dvicakṣuḥ/ 巴利文本 Katamo ca bhikkhave puggalo dvicakkhu ?

此组中的巴利文本的句式基本上是一致的。梵本的第一、三句一致,而第二句是简化句式。汉文本则分别加了“为、名为、为”来表示,这说明在翻译结构相似的相对应句式时,还是有些变化和增衍,尽管这种变化不大。

第二组:

是名为无有眼。 梵本(Ayam ucyate bhi)kṣavaḥ pudgalaḥ andho acakṣuḥ/ 巴利文本 Ayaṃ vuccati bhikkhave puggalo andho

是名为一眼。 梵本(Ayam ucya)te bhikṣavaḥ pudgalaḥ ekacakṣuḥ/ 巴利文本 Ayaṃ vuccati bhikkhave puggalo ekacakkhu.

是名为两眼人。 梵本(A)yam ucyate bhikṣavaḥ pudgalaḥ dvicakṣuḥ/ 巴利文本 Ayaṃ vuccati bhikkhave puggalo dvicakkhu.

汉文本第三句直译出了“人”,前两句则略译之。除此之外,这一组的梵巴汉文本的句式基本一致。但是,梵本是被动句式,ucayate 是动词√vac-(“说”)的被动形式,意为“被称作、被叫做”。汉文本译作

〔1〕参见顾满林:《试论东汉佛经翻译不同译者对音译或意译的偏好》,载《汉语史研究集刊》第5辑,巴蜀书社2002年版,第379-390页。该文统计安世高现存21部译经中的纯译音词共46个。

"名为",有用主动的形式来表示被动的意味,换言之,此乃翻译中的主动句式与被动句式的转换。[1]

又,《佛说七处三观经》中的"从后说绝",梵本与巴利文本均缺。"绝"应该意为"偈",即:gāthā。许理和在前引文的注释13中已经指出这一点。并认为"绝"的最初来源还不清楚。用"偈"来翻译gāthā,最早见于支娄迦谶译的《般舟三昧经》。齐藤隆信在《汉译经典中有关gāthā一词的译语变迁》一文中,梳理了gāthā的4种汉译名"绝、缚束、偈、伽他"以及所流行的时代。他从语音的角度,论证了安世高所译"绝"与后世gāthā的译法"偈"之间的关系,基本上可以肯定,"绝"对译的就是gāthā。[2]

据考察,安世高对gāthā一词及其诗句的翻译确实还没有固定的形式,其译经中表达偈颂的引语方法不只4种,印顺法师在《华雨集》第3册归纳出了"从后说绝"、"说是绝"、"从移(后)说绝辞"、"从后来说"、"从后缚束说"、"从后现说"、"从后现譬说"、"从后说"、"从后缚束"、"从后来结说"、"从彼(后)舍来说"等数种。[3] 本书作者在《"从后说绝":安世高译经中的偈颂翻译》一文中则归纳出至少有9种,即"从后说绝"("说是绝"、"说绝辞")、"从后缚束说"("从后缚束")、"从后束结说"、"从后来(束)说"、"从后现说"、"从后敛说"、"从后现譬说"、"从后说说"、"后有说"。[4] 上述的多种表达法中,"从

---

[1]汉译佛典中的被动式是汉语史学界的一个研究要点之一。比如,朱庆之:《汉译佛典中的"所V"式被动句及其来源》,载《古汉语研究》1995年第1期,第29－31页。安世高译经中的被动式情况,参见高列过:《从被动式看东汉西域译经者的翻译风格》,载《西域研究》2002年第2期,第77－80页。

[2]齐藤隆信:《汉訳经典におけるgāthāの訳语とその变迁:绝・缚束・偈・伽他》,载《印度学佛教学研究》第54卷第1号,2005年,第37－42页。

[3]印顺:《华雨集》第3册,正闻出版社1989年版,第290－291页。此据印顺:《印顺法师佛学著作全集》第12卷,中华书局2009年版,第188－189页。"从后来结说"原文为"从后束结说",乃印误。从语意判定,"从后来说"应该为"从后束说"之字形误。

[4]陈明:《"从后说绝":安世高译经中的偈颂翻译》,载《东方文学研究集刊》第6辑《东方文学研究:文本解读与跨文化研究》,2011年,第210－230页。此文惜未参考到印顺法师的上述归纳,漏掉了"从彼舍来说"。不过,本书作者认为,从语意判定,"从彼舍来说"或为"从后结束说"之误。"从后结束说"与"从后束结说"意思是一样的。

后说绝”使用次数最多,见于《杂阿含经》(T101)和《佛说七处三观经》之中。除“从后敛说”见于《佛说四谛经》之外,其余的多见于《地道经》之中。维德(Timann Vetter)在《安世高汉译的辞典式研究》一书的“从后”条下,列出了“从后敛说”、“从后说绝”和“从后缚束说”3种。[1]

安世高的译经无论是在研究汉传佛教史、佛教思想史、佛经翻译史,还是在中古汉语史与中西交通史等方面都占有重要的一席之地。毓之、[2]许理和、[3]宇井伯寿、[4]傅洛林(Florin Deleanu)、[5]王邦

[1] Timann Vetter, *A Lexicographical Study of An Shigao's and his Circle's Chinese Translations of Buddhist Texts*, (Studia Philologica Buddhica: Monograph Series, 28), Tokyo: The International Institute for Buddhist Studies of The International College for Postgraduate Buddhist Studies, 2012. p. 103.

[2] 毓之:《安世高所译经的研究》,载《现代佛学》1959 年第 2 期。

[3] Erik Zürcher, "Late Han Vernacular Elements in the Earliest Buddhist Translations", *Journal of the Chinese Language Teachers Association*, XII, no. 3, 1977, pp. 177 – 203. (蒋绍愚译:《最早的佛经译文中的东汉口语成分》,《语言学论丛》14,商务印书馆 1987 年版,第 197 – 225 页) Erik Zürcher, *Vernacular Elements in Early Buddhist Texts: An attempt to define the optimal source materials*, Vernacularisms in Medieval Chinese Texts, Sino-Platonic Papers, 71, March, 1996. 又,许理和著,李四龙等译:《佛教征服中国》,江苏人民出版社 1996 年版。

[4] 宇井伯寿:《ツナ佛教最初の译经弘传者安世高の研究"》,载《译经史研究》,东京岩波书店 1971 年版,第 1 – 467 页。

[5] Florin Deleanu:《安世高译〈安般守意经〉现行本の成立につぃて》,《东洋の思想と宗教》9,1992,pp. 48 – 63; "A preliminary study on An Shigao's translation of the *Yogācārabhūmi*,"《关西医科大学教养部纪要》(*Journal of the Department of Liberal Arts-Kansai Medical University*), 17, 1997, pp. 33 – 52.

维、[1]福安敦(Antonino Forte)、[2]何离巽、左戈番、[3]维德[4]等学者已经做了相当深入的研究。福安敦所撰《质子安世高及其后裔》,甚至试图证明安世高不仅仅是一名佛经翻译家,还是安息国的质子,而且他的后裔在北魏隋唐的历史舞台上演出过辉煌的一幕。当然他的观点遭到了中国学者的有力质疑。[5]

近年来,由于阿富汗内战等各种因缘,不少早期佛教写卷得以面世,不能不说是学界之幸。早在1996年12月荷兰莱顿召开的"安世高国际学术讨论会"上,就有两位学者的论文涉及了《佛说七处三观经》。[6] 其一,邵瑞祺(Richard Saloman)在《新发现的犍陀罗语佛教写本集:早期佛教经典研究的新原始史料》(A Newly Discovered Corpus of Gandhāra Buddhist Manuscripts : A New Source for the Study of Early Buddhist Canons)一文中提到了与《佛说七处三观经》相关的新写本断片。[7] 其二,维德在《安世高辑本新探:以〈七处三观经〉为主》(Some

---

〔1〕王邦维:《安息僧与早期中国佛教》,载《伊朗学在中国论文集》,北京大学出版社1993年版,第83－93页。Wang Bangwei,"Mahāyāna or Hīnayāna:A Reconsideration on the yāna Affiliation of An Shigao and His School"(王邦维:《大乘还是小乘:安世高及其所传学说性质的再探讨》),载叶奕良编:《伊朗学在中国论文集》第2卷,北京大学出版社1998年版,第106－114页。孔慧怡:《从安世高的背景看早期佛经汉译》,载《中国翻译》2011年第3期,第52－58页。

〔2〕Antonino Forte, *The Hostage An Shigao and his Offspring. An Iranian Family in China* (Italian School of East Asian Studies Occasional Papers 6) , Kyoto : Italian School of East Asian Studies, 1995.

〔3〕Stefano Zacchetti,"An early Chinese translation corresponding to Chapter 6 of the *Peṭakopadesa* An Shigao's *Yin chi ru jing* T630 and its Indian Original: a preliminary survey",*BSOAS*, vol. 65, no. 1, 2002, pp. 74－98.

〔4〕Timann Vetter, *A Lexicographical Study of An Shigao's and his Circle's Chinese Translations of Buddhist Texts*, The International Institute for Buddhist Studies of the International College for Postgraduate Buddhist Studies, 2012.

〔5〕荣新江:《安世高与武威安姓——评〈质子安世高及其后裔〉》,载黄时鉴主编:《东西交流论谭》,上海文艺出版社1998年版,第366－379页。后收入荣新江:《中古中国与外来文明》,三联书店2001年版,第427－440页。

〔6〕参见Florin Deleanu:《安世高国际会议に参加して》,载《东方学》1997年第94辑,第82－88页。

〔7〕另参见Richard Salomon,*Ancient Buddhist Scrolls from Gandhāra : The British Library Kharoṣṭhī Fragments*,Seattle: University Washington Press, 1999. 犍陀罗语写本《增一阿含经》的情况另参见Mark Allon, *Three Gāndhārī Ekottarikāgama-Type Sūtras: British Library Kharoṣṭhī Fragments 12 and 14*. Gandhāran Buddhist Texts 2. Seattle: University of Washington Press. 2001.

Remarks on Editing Texts by An Shigao, with Special Reference to His *Saptasthānasūtra*)一文中,着重讨论了《七处三观经》所表现的佛教思想。此外,维德和何离巽在《安世高译〈七处三观经〉》一文中,[1]重点研究了安世高的汉译本。苏锦坤从重新校勘与标点《七处三观经》的角度,对前文进行了响应。[2] 而上述《七处三观经》平行梵本残卷的发现,无疑为我们进一步探询安世高的译经风格提供了以往传世文献所欠缺的重要线索,结合其他新出土的文献,我们还可探究异域佛教和中国本土文化最早接触时的一些情况。

2.3 《阿阇世王经》梵本残卷及其汉译本

2.3.1 《阿阇世王经》新出梵本残卷简述

在邵格延(Martin Schøyen)的收集品中,研究者们意外地发现收集品内有《阿阇世王经》的一个梵本残卷,梵文经名为 *Ajātaśatrukaukṛtyavinodanāsūtra*。该经题名中的词汇可分解为 Ajātaśatru,音译阿阇世,意译为"未生怨";[3] kaukṛtya,除狐疑、悔过;vinodanā,离、断除;整个题目的意思是"阿阇世王除疑断灭经"。[4]

据 Paul Harrison 与 Jens-Uwe Hartmann 两位教授合作的《〈阿阇世

---

[1]Cf. Timann Vetter and Paul Harrison, "An Shigao's Chinese translation of the *Saptasthānasūtra*", in Paul Harrison and Gregory Schopen, eds., *Sūryacandrāya: Essays in honour of Akira Yuyama on the occasion of his 65th birthday* (Indica et Tibetica, 35), Swisttal – Odendorf, 1998, pp. 197 – 216.

[2]苏锦坤:《〈七处三观经〉研究(1)——〈七处三观经〉校勘与标点——兼对 Tilmann Vetter 与 Paul Harrison 论文的响应》,载《福严佛学研究》2012 年第 7 期,第 1 – 74 页。

[3]阿阇世王有时也略称为阇王。*Ajātaśatru* 可分拆为:首字母 a-,表示否定("未");jāta-,源于动词词根√jā-,("生长、出生"),是分词形式;śatru-,即"怨敌、仇敌"。因此,该词合译即"未生怨"。这一名字的取名因缘,参见《大般涅槃经》卷 34(《大正新修大藏经》第 12 册,第 565 页下)等。又,玄奘、辩机撰《大唐西域记》卷 9,译名为"阿阇多设咄路王",并注为"唐言未生怨。旧曰阿阇世,讹略也。"道世《法苑珠林》卷 29,引作"阿阇多没吐路唐云未生怨也即是阿阇世王也。"此中的"没"当是"设"(对音 śa)之形误。(《大正新修大藏经》第 53 册,第 504 页下)对阿阇世王的新近研究可参见 Michael Radich, *How Ajātaśatru Was Reformed: The Domestication of "Ajase" and Stories in Buddhist History*, Tokyo: The International Institute for Buddhist Studies, 2011.

[4]以"阿阇世王"为题的佛经还有西晋沙门法炬译《阿阇世王问五逆经》一卷、《阿阇世王授决经》一卷。

王经〉梵本》一文及其附录,该梵本写卷现已比定出 19 张残片,属于 16 叶,但没有 1 叶是完整的。利用藏文本和汉文本,可以帮助确定残片所处的页码位置。在总的写卷中,位置为第 532 - 545 叶。这些残片均正背书,除 1 张残存 3 行外,其余的为每面 4 行。经过与法护译本《文殊师利普超三昧经》的对勘,除第 1 张残片对应法护译本卷 3 之外,其余的多对应其后半部分,即卷 10 至卷 12。[1] 这些残片中的第 5 张,曾由这两位专家先行刊布和研究。[2] 他们在松田和信、Klaus Wille 等学者的帮助下,不仅释读出《阿阇世王经》的残片,做了转写,还分别找出了汉藏译本的对应段落,并将藏语本的段落译成了英文。这些规范性的基础研究,为我们的进一步探讨提供了坚实的基础。[3]

据他们的另一篇文章《〈阿阇世王经〉的另一叶残片》,[4] 新近辨认出的又一残片(编号 MS2378/1/11b,2378/106)位置在 536 叶的中间部分,亦正背书,每面 4 行,每行均不完整。它有两个方面的意义:其一,它可能预示同一写卷的残片可能还有存世的。其二,它提供了 Schøyen 收集品中的梵文伪本的一些情况。这叶残片本身是真品,但中间商对残片的型制进行了修改,修剪了残片的四周,擦掉了中间的一些词句,然后新打了一个绳孔,试图伪造为另一个写卷,目的在于提高价码。

梵本《阿阇世王经》并非用佛教混合梵语写成,但也具有类似的一些语言特点。经初步察看,可以看出以下几个方面的现象:

其一,元音方面的变化。

---

〔1〕Paul Harrison and Jens-Uwe Hartmann, "*Ajātaśatrukaukṛtyaa vinodanāsūtra*", in Jens Braarvig (ed.), *Manuscripts in the Schøyen Collection I: Buddhist Manuscripts*, vol. I, Oslo: Hermes Publishing, 2000, pp. 167 - 216; pp. 301 - 302.

〔2〕Jens-Uwe Hartmann & Paul Harrison, "A Sanskrit Fragment of the *Ajātaśatru-kaukṛtyavinodanā-sūtra*," *Sūryacandrāya. Essays in Honour of Akira Yuyama On the Occasion of His 65th Birthday*, ed. Paul Harrison and Gregory Schopen (Indica et Tibetica, 35), Swisttal-Odendorf, 1998, pp. 67 - 86.

〔3〕换言之,本书作者本节如果有什么进展的话,那也是建立在他们的成果之上的,特作此交待,以明学术源流,并示不敢掠人之美。

〔4〕Paul Harrison and Jens-Uwe Hartmann, "Another Fragment of the *Ajātaśatrukaukṛtyaa vinodanāsūtra*", in Jens Braarvig (ed.), *Manuscripts in the Schøyen Collection III: Buddhist Manuscripts*, vol. II, Oslo: Hermes Publishing, 2002, pp. 45 - 49.

A. 同类元音的替换。比如，a 与 ā 的替换。No. 1（SC2378/1/28）的正面第 1 行，abhijñabala-，古典梵语形式应为 abhijñābala-，“神通力”。

B. 不同类元音的替换。比如，a 与 i 的替换。No. 6（MS2378/1/11b，2378/106）的正面第 2 行，carimabhavika，古典梵语形式应为 caram-abhavika-。

其二，辅音方面的变化。辅音的重复（双写）形象。比如，辅音 k 的重复。No. 2（SC2378/1/38a）的背面第 4 行，asaṃkkrāṃtavigatā，应为 asaṃkrāṃtavigatā。又，鼻音 m 的重复。No. 13（SC2378/1/6）的正面第 2 行，saṃmyaksaṃbodhim，应为 saṃyaksaṃbodhim。

其三，复合词的变化。比如，No. 7（SC2378/1/13，1/16）的背面第 3 行，ehi bhikṣūti，古典梵语形式应为 ehi bhikṣa iti。

其四，词组的变化。比如，No. 8（SC2378/1/23）的正面第 4 行，yathākāri……tathāvādi，古典梵语形式应为 yathāvādī……tathākārī。

这反映出该梵本在流传的过程中，加入了一些佛教混合梵语的因素。

2.3.2 《阿阇世王经》的汉译本、译者与异译本

梁代僧佑的《出三藏记集》卷 2，记载了后汉高僧支娄迦谶（Lokakṣema）的译经共 14 部、27 卷。如下：

《般若道行品经》十卷或云《摩诃般若波罗经》，或八卷。光和二年十月八日出

《首楞严经》二卷中平二年十二月八日出，今阙

《般舟般三昧经》一卷旧录云：《大般舟三昧经》，光和二年十月八日出

《伅真陀罗经》二卷旧录云：《屯真陀罗王经》，别录所载，安录无，今阙

《方等部古品曰遗日说般若经》一卷今阙

《光明三昧经》一卷出别录，安录无

《阿阇世王经》二卷安公云：出《长阿含》，旧录《阿阇贳经》

《宝积经》一卷安公云一名《摩尼宝》，光和二年出。旧录云《摩尼宝经》二卷

《问署经》一卷安公云：出方等部。或云《文殊问菩萨署经》

《胡般泥洹经》一卷今阙

《兜沙经》一卷

《阿閦佛国经》一卷或云《阿閦佛刹诸菩萨学成品经》,或云《阿閦佛经》

《孛本经》二卷今阙

《内藏百品经》一卷安公云:出方等部。旧录云:《内藏百宝经》,遍校群录,并云《内藏百宝》,无《内藏百品》,故知即此经也

右十三(四)部,凡二十七卷。汉桓帝灵帝时,月支国沙门支谶所译出。其《古品》以下至《内藏百品》凡九经,安公云:似支谶出也。[1]

这个数量有些夸大,经过许理和(Erik Zürcher)、辛岛静志[2]等学者的考证,现存支娄迦谶的译经共有9部,即:

《道行般若经》(*Aṣṭasāhasrikā Prajñāpāramitā*)10卷(T224)[3]

《佛说兜沙经》1卷(T280)

《阿閦佛国经》1卷(T313)

《般舟三昧经》3卷(*Pratyutpannasamādhisūtra*)(T418)

《文殊师利问菩萨署经》(*Mañjuśrī-paripṛcchāsūtra*)1卷(T458)

《遗日摩尼宝经》1卷(T350)

《阿阇世王经》2卷(*Ajātaśatru-kaukṛtyavinodanasūtra*)(T626)

《佛说内藏百宝经》1卷(T807)[4]

---

[1][梁]僧佑撰,苏晋仁、萧錬子点校:《出三藏记集》,中华书局1995年版,第26-27页。

[2]许理和著,顾满林译:《关于初期汉译佛经的新思考》,载《汉语史研究集刊》第4辑,巴蜀书社2001年版,第286-312页。辛岛静志:《〈道行般若经〉和"异译"的对比研究——〈道行般若经〉与异译及梵本对比研究》,载《汉语史研究集刊》第4辑,巴蜀书社2001年版,第313-327页(主要参见第324页的注释1)。不过,辛岛静志在另一篇论文的批注中,将《伅真陀罗所问如来三昧经》列入支娄迦谶名下(Seishi Karashima, "Underlying languages of early Chinese translations of Buddhist scriptures", in: *Studies in Chinese Language and Culture: Festschrift in Honour of Christoph Harbsmeier on the Occasion of his 60th Birthday*, ed. by Christoph Anderl and Halvor Eifring, Oslo, Hermes Academic Publishing, 2006, pp. 355-366。汉译文:辛岛静志著,徐文堪译:《早期汉译佛教经典所依据的语言》,载《汉语史研究集刊》第10辑,巴蜀书社2007年版,第293-305页,主要见第301页批注5),但该经的译者尚存争议。另见史光辉:《从语言角度判定〈伅真陀罗所问如来三昧经〉非支谶所译》,载《汉语史学报》第5辑,上海教育出版社2005年版,第280-286页。

[3]T224表示《大正新修大藏经》中编号为第224号的佛经,下同。

[4]Paul Harrison, "Sanskrit Fragments of A Lokottaravādin Tradition", in L. A. Hercus, et al., eds., *Indological and Buddhist Studies, Volume in Honour of Professor J. W. de Jong on his Sixtieth Birthday*, Canberra: Faculty of Asian Studies, 1982, pp. 211-234.

《阿弥陀三耶三佛萨楼佛檀过度人道经》2 卷(T362)

《出三藏记集》卷 2 在“《阿阇世王经》二卷”条下,注明“安公云:出《长阿含》。《旧录》:《阿阇贳经》。”[1]此经在东晋道安的《综理众经目录》中认为是“似支谶出也”。可见道安的时代,该经的译者归属已不能十分肯定。[2] 道安又判定该经出自《长阿含》。实际上是指《长阿含》卷 2 的《游行经》、卷 17 的《沙门果经》记载了阿阇世王的故事,与此《阿阇世王经》并无关联。自《出三藏记集》之后,历代经录中均已确定该经是支谶所译。[3]

《出三藏记集》卷 7 所收支慜度撰写的《合首楞严经记》,对支娄迦谶的译经特点与门徒传承有所介绍:

> 谶,月支人也。汉桓灵之世,来在中国。其博学渊妙,才思测微。凡所出经,类多深玄。贵尚实中,不存文饰。今之《小品》、《阿阇贳》、《屯真般舟》悉谶所出也。又有支越,字恭明,亦月支人也。其父亦汉灵帝之世,来献中国。越在汉生,似不及见谶也。又,支亮字纪明,资学于谶,故越得受业于亮焉。越才学深彻,内外备通。以季世尚文,时好简略,故其出经颇从文丽。然其属辞析理,文而不越,约而义显,真可谓深入者也。[4]

在《出三藏记集》卷 10 支娄迦谶的传记中,僧佑指出其翻译作品,“凡此诸经,皆审得本旨,了不加饰,可谓善宣法要、弘道之士也。”对支娄迦谶的译经风格,许理和总结如下:

> 这些译经独具风格而内部一致,自成一类,与安世高等人的译文不大相同。和安世高的译文相比,其语言更自然更容易理解,某

---

〔1〕〔梁〕僧佑撰,苏晋仁、萧鍊子点校:《出三藏记集》,中华书局 1995 年版,第 27 页。

〔2〕光川丰芸:《初期汉译经典からみた大乗佛教——支谶译〈阿阇世王经〉の场合》,*Bulletin of Research Institute for Buddhist Culture, Ryukoku University*, vol. 24, 1985, pp. 30–43. 此文本书作者尚未寓目。

〔3〕后世的经录中,亦将《阿阇世王问五逆经》和《阿阇世王女阿术达菩萨经》简称为《阿阇世王经》,后一部又为《阿阇世王女经》之略。实际上,它们是 3 部不同的佛经。分别参见隋费长房《历代三宝记》卷 4(《大正新修大藏经》第 49 册,第 53 页上)和唐代明佺等撰《大周刊定众经目录》卷 3(《大正新修大藏经》第 55 册,第 390 页上)。

〔4〕〔梁〕僧佑撰,苏晋仁、萧鍊子点校:《出三藏记集》,中华书局 1995 年版,第 270 页。

些段落甚至相当生动流畅，白话成分丰富。这一类译文的另一个特点是喜欢音译专名和术语，有时12个音译字连在一起，这使叙述语言难以卒读。这些译经中还没有中国式文学的特征，但已出现了无韵的佛教诗句的端倪，译者在此显得犹豫不定：在同一部经中，原典语句整齐的部分有的被译成了散句，而另一些段落又被翻译成句式整齐的五言或六言、七言的汉语偈颂。[1]

对《阿阇世王经》的翻译，僧佑明确地指出过，"又有《阿阇世王》、《宝积》等十部经，以岁久无录，安公挍练古今，精寻文体，云'似谶所出'。"在《出三藏记集》中，僧佑基本上遵循的是道安的判断，《阿阇世王经》是"似谶所出"，可见他并没有十足的把握能肯定该经的译者就是支娄迦谶。宫崎展昌对《阿阇世王经》、《伅真陀罗所问如来三昧经》和《阿阇世王授决经》进行了系列的讨论。[2]《阿阇世王经》中有比较典型的支娄迦谶译经《道行般若经》中的译语，但也有自身的特点，目前的研究并不能否认《阿阇世王经》与支娄迦谶之间的关系。因此，笔者认可安公的判断，将《阿阇世王经》作为支娄迦谶的译本来看待。

《阿阇世王经》通行本收入《大正新修大藏经》第15册（T626），汉语异译本有下述两种：

其一，西晋竺法护（Dharmarakṣa）译《文殊师利普超三昧经》4卷

---

〔1〕许理和著，顾满林译：《关于初期汉译佛经的新思考》，载《汉语史研究集刊》第4辑，巴蜀书社2001年版，第294页。

〔2〕宫崎展昌：《〈阿阇世王经〉（T626）の汉訳者につい》，《インド哲学佛教学研究》（*Studies in Indian philosophy and Buddhism*）14, 2007, pp. 57－71；《〈伅真陀罗所问如来三昧经〉の汉译者につい》，《佛教文化研究论集》（11），2007, pp. 18－39；《〈阿阇世王经〉の编纂事情に关する一考察— "大乘""无生法忍"などの术语の用例に关联して》，《佛教文化研究论集》（12），2008, pp. 26－49. Miyazaki Tensho, "Discerning the Original Language of the Tibetan Versions of Mahayana Sutras: From a Simple Mistake in the *lDem kar ma Regarding the Ajātaśatrukaukṛtya-vinodhana-sūtra*"，《印度学佛教学研究》（*Journal of Indian and Buddhist Studies*）Vol. 55, No. 3, 2007, pp. 1101－1105; "Background to the Compilation of Chapter IV of the *Ajātaśatrukaukṛtya-vinodhanasūtra*: Was Chapter IV Originally a Separate Text?"，《印度学佛教学研究》（*Journal of Indian and Buddhiṣt Studies*）Vol. 56, No. 3, 2008, pp. 1110－1113; "The *Ajātaśatrukaukṛtyavinodana-sutra and the Asheshiwang shouji jing* 阿阇世王授决经"，《印度学佛教学研究》（*Journal of Indian and Buddhist Studies*）Vol. 57, No. 3, 2009, pp. 1215－1219.《〈阿阇世王经〉と〈六度集经〉第86经における〈燃灯佛授记〉の记述》，载《东方学》第119号，2010年，第179－164页。

(T627)。《出三藏记集》卷2,竺法护的译经条目中记载"《普超经》四卷",并夹注"一名《阿阇世王品》。《安录》云:更出《阿阇世王经》。或为三卷。《旧录》云:《文殊普超三昧经》。太康七年十二月二十七日出。"[1]可知该经译于286年。

其二,北宋法天(Dharmadeva?)译《未曾有正法经》6卷(T628)。该经的规模和结构与《阿阇世王经》有较大差别,可能是不同时代、地域或者部派传本之间的差异所至,具体原因尚有待进一步的研究。

还有一个主体内容相关、但结构不同且语句多不能对应的译本,即《放钵经》(T629)。该经译者不明,被道安判为西晋时代的译作。《放钵经》沿用了《阿阇世王经》的一些译语,比如很特别的一些音译词,如"赖毗罗耶佛刹"之类,而没有采用法护译本《文殊师利普超三昧经》中的相应意译"光明王佛土",这可能暗示《放钵经》译于法护译本之前。故此,在考察《阿阇世王经》时,它亦不失为一有用的辅助资料。

另有一个藏文译本,题名 *'Phags pa ma skyes dgra' i' gyod pa bsal bażes bya ba theg pa chen po' i mdo*,[2]译者不明,该藏文本9世纪初的校订者为文殊藏(Mañjuśrīgarbha)和宝护(Ratnarakṣita)。塔波(Tabo)与Newark两个版本的题记,则注明其校订者为释迦光(Śākyaprabha)和宝护。

支娄迦谶是后汉来华的月氏僧人,其翻译以大乘佛典为主。从佛教文献史的角度来说,他所译的《道行般若经》、《般舟三昧经》、《佛说遗日摩尼宝经》(即《大宝积经·迦叶品》)、《阿阇世王经》等几部经,均可起到文献断代的作用,因为它们均译于公元2世纪的下半叶,这也是大乘佛教的兴起时期。支谶的这些译本具有类似"里程碑式"的意义,可据此来划分其他一些大乘经典的相对年代,特别是探究大乘佛教

[1][梁]僧佑撰,苏晋仁、萧鍊子点校:《出三藏记集》,中华书局1995年版,第33页。又,该卷后载竺法护"《更出阿阇世王经》二卷 建武元年四月十六日出。"其译经的卷数、时间与《普超经》均不相同。笔者怀疑此记载有误。

[2]日本东北帝国大学法文学部编:《西藏大藏经总目录索引》,此经为第216号,题名 *Ma-skyes-dgraḥiḥgyod-pa bsal-ba*.

思想史的演变与发展。[1] 当然,这种年代的判断是一个复杂的过程,必须小心处理。

2.3.3 梵本《阿阇世王经》残片与汉译诸本的初步比较

现略取《阿阇世王经》中的几节为例,比较各汉译本的语汇翻译情况。

No. 1(第 1 叶残片,编号 SC 2378/1/28)r1 – v4:

(…mañjuśrī) kumārabhūto' cintyasannāhasannaddho' bhijñabalapāra(mitā…) atha khalu ye te tasya bhagavataḥ raśmirā(jasya buddhakṣetre…tasya)śākyamunes tathāgatasya darśanāya ta(sya ca mañjuśriyāḥ kumārabhūtasya……yeṣāṃ) caśaikṣāṇāṃ bhikṣūnāṃ sā prabhā kāye nipātitā (te sarve…i)ti hi tasya raśmirājasya tathāgatasya buddhakṣe(trāt…mañju)śr(i)yaṃ ca kumārabhūtaṃ sarvabodhisatvān saśrāvakān…

此段相应的汉译本位置:支谶本(T15/393b12 – 27)、法护本(T15/411c – 412a12)、法天本(T15/434a02 – a25)。亦可参见《放钵经》的缩略性文句(T15/449c12 – 18)。

第一句:

梵本:(…mañjuśrī) kumārabhūto' cintyasannāhasannaddho' bhijñabalapāra(mitā…)

支谶本:(今现在前有菩萨名)文殊师利,不可思议僧涅,其智无所不度。

法护本:(彼有大士名曰)濡(软)首,被戒德铠不可思议,一切神通力度无极。

法天本:(彼有菩萨名)妙吉祥,(具大功德)被不思议精进铠,有大智力已到彼岸。[2]

具体词汇对应如下:

(…mañjuśrī) kumārabhūtaḥ:"文殊师利童真(菩萨)。"汉译本此处

---

〔1〕Paul Harrison,"The Earliest Chinese Translations of Mahāyāna Sūtras: Some Notes on the Works of Lokakṣema",*Buddhist Studies Review*, vol. 10, no. 2, 1993, pp. 135 – 177.

〔2〕高楠顺次郎、渡边海旭主编:《大正新修大藏经》第 15 册,第 434 页上。

均未意译 kumārabhūtaḥ一词，只将 mañjuśrī 分别译为文殊师利、濡(软)首、妙吉祥。Kumāra-bhūtaḥ在支谶本、法天本、《放钵经》中均未译，只在法护本中的他处意译为“童真”。

acintya-sannāha-sannaddhaḥ：分别译为“不可思议僧涅”、“被戒德铠不可思议”、“被不思议精进铠”，分拆即 acintya-，“不可思议”、“不思议”；sannāha-sannaddha-，“僧涅”、“被戒德铠”、“被……精进铠”，此词在支谶本中音译全称为“僧那僧涅”。

abhijñabala-para(mitā…)：分别译为“其智无所不度”、“一切神通力度无极”、“有大智力已到彼岸”。abhijñabala-，即 abhijñābala-，分别译为“智”、“一切神通力”、“大智力”。其中 abhijñā-，多指“神通”，亦有“智慧”(jñāna)的意思；bala-，力量。paramitā-，分别译为“无所不度”、“度无极”、“已到彼岸”。

No. 13(编号 SC) r2 - v2：

sa eṣa śāriputra raja-ajātaśatruḥ-aṣṭabhir asaṃkhyeyakalpebhiḥanuttarāṃ saṃmyaksaṃbodhim abhisaṃbotsyate < | > pṛyadarśane kalpe (…r3…ta) thāgato' rh < ān > saṃmyaksaṃbuddho loke bhaviṣyati < | > catvāriṃśac cāsya kalpā āyuṣpramāṇaṃ bhaviṣyati < | > sapta caśatasahasrāṇiśravakāṇāṃ mahāsaṃnipāto (bhaviṣyati … r4…) m aṣṭavimokṣadhyāyīnāṃ | dvādaśa ca bodhisatvakoṭyaḥ mahāsaṃnipāto bhaviṣyati sarveṣāṃ prajñopāyaniryātānāṃ < | >……

此段相应的汉译本位置：支谶本(T15/404b20 - c3)、法护本(T15/426a7 - 18)。法天本与《放钵经》无对应。第一句：

梵本：sa eṣa śāriputra rājā ajātaśatruḥ aṣṭabhir asaṃkhyeyakalpebhiḥ anuttarāṃ saṃmyaksaṃbodhim abhisaṃbotsyate。

支谶本：其王阿阇世过如说八阿僧祇劫以后当得为佛。

法护本：过于八千不可计劫当得无上正真之道为最正觉。

具体词汇对应如下：

śāriputra：舍利弗。此处为呼格，两汉本均未译。

aṣṭabhir asaṃkhyeyakalpebhiḥ：即“八阿僧祇劫”，“八千不可计劫”，

具格、复数形式。汉译用“过……以后”、“过于”,来表示具格形式。asaṃkhyeya-,音译“阿僧祇”,意为“难以计算/不可计”。法护本中多出了数词“千”。kalpa-,劫。

anuttarāṃ saṃmyaksaṃbodhim:通常音译为“阿耨多罗三藐三菩提”。支谶本用“佛”来概括此业格(宾语)的含义,他处译为“阿耨多罗三藐三菩心”。法护本意译为“无上正真之道……最正觉”。

abhisaṃbotsyate:动词 abhi-saṃ-√bud-,意为“获得觉悟”,指“成佛”,将来时的中间语态第三人称单数形式。支谶本译为“当得为佛”;法护本译为“当得……为最正觉”;可见均用“当得为”来表示将来时的语义。

又,第四句:

梵本:sapta ca śatasahasrāṇi śravakāṇāṃ mahāsaṃnipāto (bhaviṣyati…r4…)m aṣṭavimokṣadhyāyīnāṃ

支谶本:当有七十万声闻悉已从慧得解,皆当知八惟务禅。

法护本:诸声闻众七十万人而为大会,一切慧解志八脱门。

据梵本下一句的“mahāsaṃnipāto bhaviṣyati sarveṣāṃ prajñopāyaniryātānāṃ”,又据汉译本中有“悉、皆/一切”,则此句还可补上“sarveṣām”一词。具体词汇对应如下:

sapta:数词,七。

śatasahasrāṇi:数词,十万。业格、复数形式。

śravakāṇāṃ:声闻。“声闻众”则用“众”来表示复数。法护本“声闻众七十万人”,符合梵语的语意次序(属格+被修饰的数词);而支谶本“七十万声闻”则符合梵语的句式排列次序(数词+属格)

mahāsaṃnipāto:支谶本缺,法护本译为“大会”。saṃnipāta-,会议、会合、集合,源于动词 sam-ni-√pat-,名词的主格单数形式。

aṣṭavimokṣadhyāyīnāṃ:八种解脱禅定,双牛释复合词,属格复数形式。支谶本译为“八(aṣṭa-)惟务(vimokṣa-,解脱)禅(dhyāyin-,禅定)”;法护本用“八脱门”,“门”意指禅定为解脱的门径/途径。

No. 8c-9a(504a1 acittaṃ) hi bhoḥ puruṣa na raktaṃśakyaṃ prajñaptuṃ < | > na duṣṭaṃ na mūḍhaṃśakyaṃ prajñapanāya |

支谶本:其心者亦无玷污,亦无有恶,亦无有疑。

法护本:子欲察心不可分别,不可解了,不可名淫,不可究怒,不可知痴,无淫怒痴。

梵本中的"na mūḍhaṃ",支谶本为"亦无有疑",法护本为"不可知痴"。mūḍha,原意为"痴迷、愚痴",可证支谶本中的"疑"乃"痴"之形误。

No. 12c(544v2):tena maṃjuśriyasya kumārabhūtasya saṃtikād dharmadeśanā śrutā- anulomikeṣu dharmeṣu (kṣā)ntiḥ pratilabdhā tac ca karmāvaraṇaṃ niravaśeṣ(aṃ …)

支谶本:从文殊师利闻诸法,闻已则欢喜信忍,所作罪应时尽索。

法护本:从濡首闻所说经典,得柔顺法忍,因此除罪,令无有除。

梵本"niravaśeṣ(aṃ)"一词,支谶本为"[应时]尽索",法护本为"令无有除"。可知法护本中的"除",乃是繁体的"余"字的形误。"无有余"即"尽索/尽"的意思。"无有余"与"niravaśeṣa-"的对应关系为,"无"对译其否定前缀"nir-","有余"与"avaśeṣa"("剩余者、剩下的东西")意思完全相当。"niravaśeṣa-"又意指"一切",与支谶本的"尽索"亦相吻合。

从以上粗略的比较可以看出,梵汉对勘一方面可以帮助理解音译词,即根据梵本来还原汉译本中的音译词,亦可以理解一些难词,另一方面梵汉对勘还有助于校订汉译本,可以检出汉译本在长期流传过程中所出现的一些讹误。如果有不同时代的异译本,则可以看出不同译者的译语选择及其所反映的汉语的历时变迁。

2.3.4 从《阿阇世王经》看支谶的译经风格

从中古汉语史研究的角度来说,《阿阇世王经》的语料学价值不如支谶所译的《道行般若经》,因为后者共为10卷,既有阿富汗新出土的贵霜时期的梵本《八千颂般若经》,又有尼泊尔等地的较晚期的梵本,还有从汉末到宋初的6个不同时代的汉译本,且基本上代表了各个时代的汉译佛经的最高水平。但从佛经翻译史的角度来考察,利用这些梵文残卷,《阿阇世王经》还是能够反映出支谶译经的某些特点。

不妨先考察一下音译词方面的情况。顾满林《试论东汉佛经翻译不同译者对音译或意译的偏好》一文,统计了现存的支谶译经九部,结论是支谶"将音译运用到最大限度"。[1] 现将《阿阇世王经》梵本残卷及法护译本相应的部分专名的音意译情况列表如下:

表 2-1 《阿阇世王经》梵本残卷及法护译本相应的部分专名的音意译情况

支谶译本	支谦译本	梵本
光明王佛	光明王如来	Bhagavataḥ raśmirājasya
光尊	光英	Prabhāśrī
沙诃	忍世界/忍界	sahā
文殊师利	软首童真	Mañjuśri kumārabhūta
遮迦越罗	转轮圣王	缺
须陀洹	道迹	缺
八惟务禅	八脱门/八解脱门	aṣṭa-vimokṣa-dhayāyīnām
荼毗罗耶佛刹	光明王如来佛土	raśmirājasya tathāgatasya buddhakṣetrāt
僧涅/僧那僧涅	被戒德铠/被大德铠	Sannāha-sannaddho
恒边沙	江河沙	缺
怛萨阿竭	如来/天中之天如来	tathāgata
昙摩惟惧和那罗耶	化诸法王	Saddharma-vikurvaṇarāha
般泥洹	灭度	parinirvāṇa
舍利弗	舍利弗	Śāriputra
忉利天子	忉利天子	Deveṣu trayastṛṃśeṣu devaputraḥ
宾头	宾陀罗晋言集欲	Piṇḍorīya
阿耨多罗三耶三菩心	无上正真之道/无上正真道意	anuttarāyāṃ saṃmyaksaṃbodhau
安隐觉	缺	subuddha

[1]顾满林:《试论东汉佛经翻译不同译者对音译或意译的偏好》,载《汉语史研究集刊》第5辑,巴蜀书社2002年版,第379-390页。

表 2－1(续)

支谶译本	支谦译本	梵本
安隐觉	缺	subuddha
惟位惟位汉言为严净	庄严	缺
泥犁	集欲轻地狱	Piṇḍorīye
罗陀那羇头汉言宝好	宝英	缺
弥勒	弥勒	Maitreya
阿伽佉鈚菩萨	不动菩萨大士/不动大士	Ākhyātāvī bodhisatvaḥ
释迦文佛	能仁佛	Bhagavataḥ śākyamunes tathāgatasya
八阿僧祇劫	八千不可计劫	Aṣṭabhir asaṃkhyeyakalpebhiḥ
唾曰鈚陀遍汉言者欢喜见	喜见	Priyadarśana
阿迦昙汉言者为药王	无造阴/不造欲世界	Akardama
惟首陀惟沙耶汉言者净其所部	净界如来	suviśuddhavisayasya tathāgatasya
沤和拘舍/沤和拘舍罗	善权方便	upāyakauśalya
提和竭	锭光如来	Dīpaṃkara
迦罗越	长者	gṛhapati
飏陀调	贤天	Bhadradeva
罗一耶阇	受行	Raticāra
须陀扇汉言者名曰快见	善见	Sudraśana

从上表中可以看出，支谶译经中的音译词在法护译本中绝大部分是意译，表中对音译词所加的那些解释，当非支谶所为，而是后世的增补。其中“阿迦昙汉言者为药王”，经中还有“其病者莫不愈”一句，也应是添加的注释文字。实际上，这一注释是错误的，因为注释者误将此处的“阿迦昙”(Akardama)当做了“阿迦陀”(agada)，而后者一般指解毒药，也有诸药之王的意思。陈寅恪先生曾考证神医华佗的原名乃(a-)gada

的对译,正是取此意。[1]

支谶最有自身特色的、常用的音译词有“僧那僧涅、怛萨阿竭、沤和拘舍”等。尽管他好用音译,但他的译本在处理音译词也不是一成不变,而是比较灵活地分为好几种情况:

其一,同一个词存在音译与意译的混同使用现象。且不说在不同的佛经中,这类现象是可以理解的。即使在同一部佛经的上下文中,也是音译与意译同用。比如:光明王(意)、荼毗罗耶(音),均对译 raśmirājan-。前文已述《放钵经》亦沿用了此一特殊的音译。

其二,同一个音译词的语素(音节)也不固定。如,沤和拘舍、沤和拘舍罗。

其三,用部分音节的译音来代替整个复合词的音译。比如,用“僧涅”来代替“僧那僧涅”(sannāha-sannaddha-)。

就意译词而言,《阿阇世王经》中的单音词与双音词的使用是不固定的。比如:刹/刹土/佛刹,均用来对译:buddhakṣetre。

其一,用集合名词来译原文中的分别列举的几个相关词汇。比如:No. 9c – 10a:(504v4 duḥkhaṃ duḥkhasamudayaḥ duḥ) khanirodhaḥ mārgaḥ tasya virajo vigatamalaṃ dharmeṣu dharmacakṣur viśu(dham…) 支谶译为“怛萨阿竭以四谛法而说之……”法护译本为“于时世尊为说四谛……”二者均用“四谛”来对译原文的“苦集灭道”(duḥkhaṃ duḥkhasamudayaḥ duḥkhanirodhaḥ mārgaḥ)。且梵本用的是主格形式,分别被改译为具格(“以”)和业格形式。

其二,将专有名词译为一般的类名词。比如,No. 12b(r2…) eṣa śāriputra rājā ajātaśatruḥ tataḥ piṇḍorīye mahānarakād udgamya ūrdhvadiśābhāge upapatsyate ……支谶译本为“今阿阇世虽入泥梨还上生天上方”,法护译本为“王阿阇世从集欲轻地狱出生于上方”。支谶将特指的一个专有名词 piṇḍorīya(一大地狱的名称)译成了表示一般概念的

[1]陈寅恪:《三国志曹冲华佗传与佛教故事》,原载《清华学报》第 6 卷第 1 期。收入《陈寅恪集·寒柳堂集》,生活·读书·新知三联书店 2001 年版,第 167 – 181 页。

“泥梨”(地狱)。法护译本为“集欲轻地狱”。

就句式方面而言,《阿阇世王经》中有以下一些现象:

其一,重复句式中的呼格省略。梵本的 No. 8c - 9a 为描述“心”的重复句式,重复部分为“cittaṃ hi bhoḥ puruṣa na……”译为“其心者亦不……”/“其心者亦无……”其中均将“bhoḥ puruṣa”略去未译。bhoḥ用作呼格,是一个敬词;puruṣa,阳性名词,指男人、人;合起来相当于现代汉语的“您啊!”又,该处的句式中还有“prajñapanāya”(应当知道)一词出现了两次,支谶译本为行文简明而均未译之。法护译本此处有“子当了之……”“子欲察……”“子当知……”的句式,故知是将此呼格译成了主格“子”。

其二,除将呼格省略不译之外,支谶还将呼格改译为业格或者其他格的形式。梵本的 No. 10b 中有一句: bhagavān āha | evaṃ etac chāriputra yathā vadasi | 支谶译本为“佛语舍利弗”。法护译本为“佛言:如是,舍利弗,诚如所云”。可见支谶将呼格形式的śāriputra(舍利弗)译为动词“语”(āha)的宾语(业格),而法护译本中仍作呼格形式。

2.4 《无量寿经》新出梵本残卷及其汉译本的词汇对勘

自 19 世纪末以来,英、法、俄、美、日、瑞典等国的西域探险队在中国的西北地区盗掘了大量珍贵的历史文物,其中就有所谓“胡语”的多种语言的佛经写本。而近年来,在阿富汗境内的巴米扬等地(学者称之为“大犍陀罗地区”),出土了两批更有价值的佛经写本,分别被大英图书馆(以犍陀罗语写卷为主)和挪威富商邵格延(Martin Schøyen)所收藏。这两批新文献分别由美国华盛顿大学的邵瑞祺(Richard Salomon)教授、挪威奥斯陆大学的颜子伯(Jens Braarvig)教授主持的项目组进行研究,其成果已经陆续出版。至于这些佛经写本在语言学、佛教学、历史学等方面的巨大学术价值,是如何强调也不过分的。因此,它们业已引起了国际学界的极大兴趣。在邵格延的收集品中,有一件新的梵语《无量寿经》残卷弥足珍贵。今将此梵本与该经的各汉语译本略加比勘,就教于大雅方家。

2.4.1 新梵本残卷简介

一般认为,*Sukhāvatīvyūhasūtra* 有大小两种之分,大者称为《无量寿经》(或《大无量寿经》,*Larger Sukhāvatīvyūhasūtra*),小者称为《阿弥陀经》(*Smaller Sukhāvatīvyūhasūtra*)。在 Martin Schøyen 收集品中的这件梵语《无量寿经》新写本出现之前,学界已经知道本经之梵文原本(残卷为主)至少有 38 件,主要出自尼泊尔,现散藏在世界多个图书馆中。其中只有两件是写于 12 世纪的中期,其余的 36 件写于 17 世纪末甚至 20 世纪上半叶。除这些梵本外,百济康义、Peter Zieme 等人还发现了该经的一个回鹘文译本,译自汉文本《佛说无量寿经》(曹魏康僧铠译)。R. E. Emmerick 等学者指出,该经另有一件源自梵本的于阗语本残片(编号 Kha 0013c2)。

1883 年,马克斯·缪勒(Max Müller)与南条文雄共同出版了该经的梵文整理本。1917 年,荻原云来又根据高楠顺次郎、河口慧海自尼泊尔所发现之梵本和藏译本,重新改订缪勒出版之梵文本。1965 年,足利惇(Ashikaga Astuuji)在前人的基础上,加入新资料,又做了一个新的梵文校订本。由于此经和《阿弥陀经》、《观无量寿经》(*Amitāyurdhyāna-sūtra*)同为净土教的三大要典,影响极大,因此,学者多次将其自梵本或藏文本译成英、日等现代语本。在该经的文献及其思想研究方面,日本学者取得了极为突出的成就,兹不一一列举。

此经的新梵本残卷,由 Paul Harrison、Jens-Uwe Hartmann、Kazunobu Matsuda(松田和信)刊布于颜子伯主编的《邵格延收集品中的佛教写本》(第二卷)。[1] 据此文(题名为 *Larger Sukhavatīvyūhasūtra*)介绍,此残卷由已解读出的 26 件残片组成,可拼合为 3 叶,相当于 Folio (2)13、214(?)、216。第 1 叶由编号为 SC 2382/uf20/5a, uf21/2a, 2381/uf14/

[1] Paul Harrison、Jens - Uwe Hartmann and Kazunobu Matsuda, "Larger Sukhavatīvyūhasūtraa", in Jens Braarvig (ed.), *Manuscripts in the Schøyen Collection III: Buddhist Manuscripts, vol.* Ⅱ. Oslo: Hermes Publishing, 2002. pp. 179 - 214.

1c, 2382/128, 2381/uf13/5b 共 5 个残片拼成。第 2 叶则有 SC 2382/UF25/4e, uf14/2c, uf20/6c, uf19/3a, uf7/8a, 191a, uf12/7d 等 7 片。第 3 叶则有 SC 2382/ uf6/6c, 2380/26, 2381/207, 2382/37, 109, 2381/50, uf8/2c, 2382/169, 2381/47, 2382/uf15/3d, uf9 /6a, 225, 60, 2381/55 等 14 片。这 3 叶的位置分别对应缪勒梵本的 60.17 - 63.13、66.7 - 68.8、71.8 - 76.8；对应足利惇梵本的 53.10 - 56.3、58.6 - 60.1、62.13 - 66.10。书写此残卷的字体可分别称之为装饰味的吉尔吉特—巴米扬(Gilgit-Bamiyan)字形(F. W. Thomas 定名)、圆形(Oskar von Hinüber 定名)、或者叫做吉尔吉特/巴米扬字体 I 型(Lore Sander 定名)。据此，可推定该残卷的时间约在 6—7 世纪。在此文中，三位作者不仅将此经残片进行释读、拼合、转写和翻译，与已有的梵本和 5 个汉文译本进行比对，而且还讨论了各本之间的内容差异。[1] 这反映了国外学者解读梵文写本的优势。

2.4.2 《无量寿经》的汉译本略举

《无量寿经》的汉译本极多，古来即有“五存七缺”等 12 种译本之说，以往的经录记载如下：

(1)《无量寿经》，2 卷，东汉安世高译，已佚。

(2)《无量清净平等觉经》，4 卷，东汉支娄迦谶(Lokakṣema)译。

(3)《阿弥陀经》，2 卷，三国吴之支谦译。

(4)《无量寿经》，2 卷，曹魏康僧铠(Saṅghavarman)译。

(5)《无量清净平等觉经》，2 卷，曹魏帛延译，已佚。

(6)《无量寿经》，2 卷，西晋竺法护(Dharmarakṣa)译，已佚。

(7)《无量寿至真等正觉经》，1 卷，东晋竺法力(Dharmabala)译，已佚。

(8)《新无量寿经》，2 卷，东晋佛陀跋陀罗(Buddhabhadra)译，已佚。

(9)《新无量寿经》，2 卷，刘宋宝云译，已佚。

(10)《新无量寿经》，2 卷，刘宋昙摩蜜多(Dharmamitra)译，已佚。

[1]可以说，该文为本书作者本节提供了非常好的资料和研究基础。如果本节有什么一得之见，本书作者无疑要感谢该文的三位作者。本书作者作此交代，以明此间的学术源流，并示不敢掠人之美。

(11)《大宝积经·无量寿如来会》,2 卷,唐代菩提流志(Bodhiruci)译。

(12)《大乘无量寿庄严经》,3 卷,北宋法贤(Dharmabhadra)译。

经过当代学者们的新近研究,基本确定《无量寿经》现存有 5 种汉语异译本。[1] 即:

(1)《佛说阿弥陀三耶三佛萨楼佛檀过度人道经》,2 卷,东汉支娄迦谶译(以下简称谶本)。

(2)《佛说无量清净平等觉经》,4 卷,三国吴之支谦译(以下简称谦本)。

(3)《佛说无量寿经》,2 卷,曹魏康僧铠译(以下简称僧本)。

(4)《大宝积经·无量寿如来会》,2 卷,唐代菩提流志译(以下简称菩本)。

(5)《佛说大乘无量寿庄严经》,3 卷,北宋法贤译(以下简称法本)。

这与传统的看法最大的不同在于以下两点:

其一,《佛说阿弥陀三耶三佛萨楼佛檀过度人道经》原属于《阿弥陀经》译本系列,现改为《无量寿经》译本系列。

其二,《佛说阿弥陀三耶三佛萨楼佛檀过度人道经》(原译者支谦)与《无量清净平等觉经》(原译者支娄迦谶)的译者互换。就这两种译本的内在关系而言,《无量清净平等觉经》只是前者的一个改订本。[2]

当然,有关这 5 种现存汉译本的译者,还存在着不同的意见。即:

---

[1]王日休:《大阿弥陀经》乃是一个校辑本,而非译本,故未列入。此外,Kudara Kōgi 在 1989 年辨别出一种新的汉译残本,参见 Kudara Kōgi,"A Fragment from an Unknown Chinese Version of the Larger Sukhāvatīvyūha", *Indian Philosophy and Buddhism Essays in Honour of Professor Kōtatsu Fujita on His Sixtieth Birthday*, ed., by Imanishi Junkichi et al., Kyoto, 1989, pp.373 - 394. 此文未见,内容不详。

[2]辛岛静志:《早期汉译佛典的语言研究——以支娄迦谶及支谦的译经对比为中心》,载《汉语史学报》2010 年第 10 辑,第 225 - 237 页。辛岛静志主张《大阿弥陀经》是支娄迦谶的译本,而《无量清净平等觉经》则是支谦。辛岛静志:《利用"翻版"研究中古汉语演变——以〈道行般若经〉"异译"与〈九色鹿经〉为例》,载《中正大学中文学术年刊》2011 年第 2 期(专辑:佛教语言、文学与文化),第 165 - 188 页。特别是该文的第 184 页注释第 67。

其一,《无量寿经》的译者不是康僧铠,而极有可能是佛陀跋陀罗和宝云。[1] 译出的年代也不是公元3世纪,而是5世纪初。

其二,《大乘无量寿庄严经》的译者不是法贤,而有可能是天息灾。

参照前引 Paul Harrison 三位合作的文章第183、185页,可以将现有梵本、汉译本和其他语本,按年代顺序排列如下:

表2-2 现有《无量寿经》梵本、汉译本和其他语本序列表

名称	年代(公元)	《大正藏》及其他编号	备注
支娄迦谶译本	170—190年	T.362	
支谦译本	170—190年	T.361	此为谶本的修订,所以年代同前。
康僧铠译本	421年	T.360	
邵格延梵本	6—7世纪		
菩提流志译本	706—713年	T.310.5	
藏文本	9世纪早期		译者为胜友(Jinamitra)、施戒(Dānaśīla)、Yeśes sde。
法贤本	991年	T.363	
于阗文本		英藏 Kh a 0013c2 新编号:IOL Khot 8/2	贝利转写刊于《于阗语文献集》第5集第123页(KT.5.123)。现有 Prods Oktor Skjaervø 的新转写与翻译。[2]

[1]日本学者野上俊静则主张本经系竺法护译于西晋永嘉二年(308)之译本,而非康僧铠所译。

[2]Ronald E. Emmerick, *A Guide to the Literature of Khotan*, (second edition), Tokyo: The International Institute for Buddhist Studies, 1992, p.31. Prods Oktor Skjaervø, *Khotanese Manuscritps from Chinese Turkestan in the British Library*, The British Literary, 2002, p.176. 另有于阗语《无量寿宗要经》(*Aparimitāyuḥ-sūtra*)残卷,其中的一件编号为 Or.8210/S.2471,参见 Duan Qing(段晴), *Das Khotanische Aparimitāyuḥsūtra. Ausgabe, Kommentar, bersetzung und Glossar*. Studien zur Indologie und Iranistik, Dissertationen Band 3, Verlag fur Orientalistische Fachpublikationen, Reinbek, n.y. 1989.

表 2-2(续)

名称	年代(公元)	《大正藏》及其他编号	备注
回鹘文本	9—11 世纪	英藏 Or. 8212-121	此英藏写本为百济康义辨认出。Peter Zemer 在柏林吐鲁番藏品中也发现了数件写本。[1] 另外,安卡拉等三地藏品中的回鹘文本也陆续刊布。[2]
王日休校辑本	1162—1173 年	T. 364	
尼泊尔梵本	12 世纪		现存还有年代更晚的尼泊尔梵文抄本。

从年代上来看,新出的邵格延梵本不会是谶本、谦本、僧本的翻译底本,其内容与菩本、法本也不能一一对应。这说明,新梵本与 5 种汉译本不是底本与译本的关系。但这并不说明该梵本没有价值,也不能与汉译本作词汇对勘。因为,佛教原典的产生与流传,是一个非常复杂的过程。其原典的语言并非梵语一种,而有印度西北俗语等多种。即使是同为梵本,也存在着时代和地域的差异。如果硬要按照底本与译本完全对应的关系来衡量的话,那么,所谓的梵汉对勘也许就无法开展了。所以,一方面要梳理清楚各种语言写本及译本的关系,给出一个相对明确的说法,另一方面,也可在较宽泛的意义下进行梵汉对勘。

又, Paul Harrison 等作者前引文亦指出,此残卷第 3 叶后附 17 首偈颂(gāthā),不见于任何汉译本,但在《佛说佛名经》中却找到了对应诗句。这无疑对研究《无量寿经》与《佛说佛名经》的关系提供了新的视点。

2.4.3 新梵本残卷与 5 种汉语译本的词汇对勘

以往的研究多是从佛教史的角度来进行梵汉文本的比对,关注的

---

〔1〕百济康义:《敦煌第 17 窟出土ウイグル译〈无量寿经〉断片》,载《龙谷纪要》1995 年第 17 册,第 1-16 页。P. Zieme, "Uigurische Sukhāvativyūha-Fragmente", *AoF* 12, 1985, pp. 129-149.

〔2〕参见杨富学:《回鹘文献与回鹘文化》,民族出版社 2003 年版,第 44-45 页。

是原典与译本的内容结构或术语的源流等。而从汉语史的角度,对梵本写经及其汉语异译本的语言进行比勘,来研究汉译佛经的语言,这一方法已逐渐在中古汉语史研究界兴盛起来。[1] 利用原典(梵本等),对照汉译本和其他语言的译本(特别是藏文本),以解明各种文本之间的语言和读法差异,这不但为佛教语言研究,也为佛教思想史的研究,提供了丰富的资料。学界目前已有这方面的成果,也为我们的研究提供了一些借鉴。

现将新出邵格延收集品中《无量寿经》梵本残卷的词汇(不包括校补的词汇)与5种汉译本对勘如下:

No. 1a:(此段谶本、谦本缺)

(…mañjusvarā dharmadund)u(bhinirghoṣeṇa dharmadhvajam) ucchr(ā)p(ayan)to |

ucchrāpayanto: ucchrāpayanta-,原形 ud-√śri-, 此为致使动词的现在分词形式,主格、单数。意为"高举、竖起"。僧本为"建"、菩本为"建",法本为"竖"。

dharmabherīparāhanaṃtaḥ prajñāv(i)lok(i)n(a) |

dharmabherī-parāhanaṃtaḥ:依主式复合词,主格、单数。

dharmabherī:阴性。意为"法鼓"。僧本、法本同,为"法鼓";菩本为"[大]法鼓"。

parāhanaṃtaḥ:原形 parā-√han-,此为动词的现在分词形式。意为"击打、敲击"。僧本、菩本、法本同为"击"。

prajñā-vilokina:依主式复合词,主格、单数。意为"有内在的洞察力的"。

prajñā-:阴性名词,"智慧"。

vilokin-:原形 vi-√lok-,形容词形式。意为"看、意识到的"。

僧本为"曜慧(日)"。菩本为"由智慧光(心无迷惑)"。法本为

[1]朱庆之:《佛教混合汉语初论》,载《语言学论丛》第24辑,商务印书馆2001年版,第1–33页。

"(无迷)"。僧本的"曜"对译的就是 vilokina,"日"系意译所加。菩本的"由智慧",对译"prajñā-",译作具格;"光",动词,亦对译 vilokina。而菩本中的"心无迷惑"、法本的"无迷",均对应于梵本下句中的 asaṃmūḍhā("不昧、不迷")。

a(saṃmūḍhā … pra)tatapāṇ(a)ya ｜

pratatapāṇaya:多财释复合词,主格、复数。英译为 open-handed,"乐善好施的、慷慨的"。僧本为"常行(法)施",菩本为"常行惠施",法本无。足利惇的梵文校订本中的对应词为 prasṛta-pāṇayo。

pratata-:原形 pra-√tan-,动词的分词形式,"放满的、充满的"。

pāṇaya:pāṇi-, 阳性名词,"手"。

asaṃ(kl)i(ṣṭ)ā at(ra)s(ta)m(a)n(a)s(a) ｜ (v)īrā dhaureyā ｜ dh(ṛ)tim(a)ṃta ｜ hrīmaṃta āvrīḍha(śalyāḥ… …) nirmalāḥ｜ tṛmala-pr(ah)ī(ṇāḥ…) ｜

asaṃkliṣṭā:具格、单数。"洁净的、无染的"。僧本、法本无,菩本为"离诸秽染"。足利惇梵本中的对应词为 asaṃsṛṣṭā。

a-, 表否定的前缀。菩本用"离"来表示。

saṃkliṣṭa-,原形 saṃ-√kliś-,为动词的现在分词形式。"失去光泽的、染尘的"。

atrastamanasa:应为 atrasta-manasā,具格、单数,"心不害怕"。僧本为"心不退弱"、菩本为"以淳净心",法本无。足利惇梵本中的对应词为 anuttrasta-mānasā。(an-uttrasta-, 不害怕的, = BHSD anuttraṣṭa-)[1]

a-, 表否定的前缀。

trasta-,原形√tras-,为动词的现在分词形式。"害怕、恐惧"。僧本"退弱",就是"恐惧"的意思。《杂阿含经》(宋天竺三藏求那跋陀罗译)卷42"恐怖退弱,不能自安","恐怖"与"退弱"是同义反复,而菩本"淳净"当对译它词。

---

[1] Cf. Franklin Edgerton, *Buddhist Hybrid Sanskrit Grammar and Dictionary*. vol. ii, *Dictionary*. New Haven, 1953. Delhi: Motilal Banarsidass, Reprint, 1985. p. 27.

manas-,中性名词,“心”。菩本“以……心”,表达了 manasā 的具格意味。

vīrā:vīra-,阳性名词,主格、复数。“英雄”。

dhaureyā:dhaureya-,形容词,主格、复数。“在先的、在[人]的头部”。英译 reliable。

僧本为“志勇精进”。菩本、法本无。

dhṛtimaṃta:dhṛti-mat-,形容词,主格、复数。“坚定的、平静的”。僧本、法本无。菩本为“[其心]寂定”。

hrīmaṃta:hrī-mat-,形容词,主格、复数。“有羞耻心的”。僧本、法本无。菩本为“[常怀]惭耻”。

āvrīḍhaśalyāḥ:āvrīdhaśalya-,多财释复合词,主格、复数。“拔除刺的”。僧本为“拔诸[欲]刺”,菩本为“拔诸[毒]箭”,法本无。

āvrīḍha-:BHSD 中的 āvrīḍha-,是动词 āvarhati(ā-√vṛh-,源于 ā-√bṛh-)的过去被动分词形式,[1]“萃取、拔取”。

śalya-:名词,阳性。“刺、茅、箭”。菩本“毒箭”中的“毒”为意译所加。

nirmalāḥ:nir-mala-,形容词,主格、复数。“无污点的、纯洁的、完美的”。nir-,表示否定的前缀。诸汉译本无此词对应。

tṛmala-prahīṇāḥ:多财释复合词,主格、复数。僧本为“灭三垢障”,菩本为“永离三垢”,法本无。

tṛ-mala:双牛式复合词。“三种污垢”,即僧本“三垢障”,菩本“三垢”。

prahīṇa:形容词,源于动词 pra-√hā-,“消灭”。

No. 1b:(此段谶本、谦本缺)

(··· sacet punar Ā)nanda k(alpa ···adhi)gacchey(am ··· na) ca tathāgatasya v(ai)ś(āradya ··· ta)thāgatasya cānuttaraṃ prajñāpratibhān-

---

[1] Cf. Franklin Edgerton, *Buddhist Hybrid Sanskrit Grammar and Dictionary*. vol. ii, *Dictionary*. p. 107.

am

adhigaccheyam：动词 ahi-√gam-，“成就、获得”，是现在时、主动语态、祈愿语气、第一人称单数形式。僧本中的“成就（如是无量功德）”与此处的语境不同。

tathāgatasya：阳性名词，属格、单数。“如来的”。

vaiśāradya：中性名词，“确信”。另，在佛经中常指佛的四种“无畏”。

cānuttaraṃ：

ca：不变词，“和、与、同”。

anuttara-：“无上的”。

prajñā-pratibhānam：依主释复合词，业格、单数。

prajñā-：阴性名词，“智慧”。

pratibhāna-：中性名词，“雄辩”。菩本中的“［以无碍］辩欲”或许对应此词。

按语：此段的词汇在僧本、菩本、法本的部分均未能找到确切的对应。

No. 1c：

atha khalu bhagavā（n āyuṣmantam ānandam etad avocat … praṇi）pata |

atha khalu：不变词组，表示强调，相当于英语的“now then”。谶本、谦本、僧本、法本无。菩本为“尔时”，对译的可能是 atna khalu。

bhagavān：bhagavat，“薄伽梵”，佛、世尊。主格、单数。谶本、谦本、僧本为“佛”，菩本为“世尊”。法本承前省，此处未译。

praṇipata：源于动词 pra-ṇi-√pat-，“致敬、礼敬、鞠躬”。

eṣā sā dig yatra bhagavāṃ tiṣṭhaty amitābhas tathāgato（’rhan samyaksaṃbuddhaḥ … ga ṅ gāna）dīvālikopamā buddhā bhavaṃta stunvaṃti varṇayaṃti praśaṃ（santi …）

eṣā：etad，“这个”，阴性、体格、单数形式。

sā：指示代词，阴性、体格、单数形式。

dig：diś-，阴性名词，“方向、方位”。

yatra：不变词，“哪儿、在哪儿”。

bhagavāṃ：bhagavat，“薄伽梵”，佛、世尊。主格、单数。

tiṣṭhaty：tiṣṭhati，“i”在 amitābhas 的首音“a”前音变为“y”。源于动词√sthā-，“坐、住”。

amitābhas：amitābha-，主格、单数。阿弥陀佛，“无量光”，而“无量寿”对译的是“amitāyus”。谶本为“阿弥陀（佛）”，谦本为“无量清静（佛）”，僧本、菩本、法本为“无量寿（佛）”。

tathāgato：tathāgata-，“如来”。主格、单数。

按语：以上是一个复合从句，由 yatra 引导出一个状语从句。原意可简化为“这个地方［就是］……居住的”。诸汉译本中，只有菩本“此是无量寿佛世界，”可以对应，但菩本将此从句译为一单句。

gaṅgānadīvālikopamā：依主式释复合词，主格、复数。佛经中常译作“恒河沙数”。此处仅菩本出现了“恒沙（诸佛）”一词，余本无。足利惇的梵文校订本中的对应词为 gaṅgānadīvālikāsamā。

gaṅgā：阴性名词，印度一条大河的名称，“恒河”。阴性名词。

nadī：阴性名词，“水流、河流”。

vālikā：阴性名词，“沙子”。

upamā-：阴性名词，“等同、相等”。与 sama 的意思相同。

stunvaṃti：动词√stu-，“赞美、歌颂”，是现在时、主动语态、陈述语气、第三人称复数形式。

varṇayaṃti：动词√varṇ-，“赞美、赞颂”，是现在时、主动语态、陈述语气、第三人称复数形式。

praśaṃsanti：动词 pra-√śaṃs -，“宣扬、赞美”，是现在时、主动语态、陈述语气、第三人称复数形式。

按语：这 3 个动词以同样的变位形式（包括时态、语态、语气、人称、单复数）并列，而且是同义词。在汉译本中，谶本、谦本无。僧本为“［常共］称扬赞叹”，菩本为“［常共］称赞”，法本为“称扬赞叹”。僧本、菩本用两个动词来译，而菩本只用了一个动词。

（… taṃ bha）gavaṃtaṃ draṣṭum amitābhaṃ tathāgatam arhaṃtaṃ samyaksaṃbuddhaṃ tāṃ(ś ca bodhisattvān mahāsattvān …)

bhagavaṃtaṃ:bhagavat -,世尊。业格、单数。

draṣṭum:动词√dṛś-,“参见、看见”,是动词的不定式。

amitābhaṃ:阿弥陀佛。业格、单数。

tathāgatam:如来。业格、单数。

arhaṃtaṃ:阿罗汉。业格、单数。

samyaksaṃbuddhaṃ:正等正觉。

tāṃś:原为 tān,“他们”,代词,业格。tān 的尾音 n 在 ca 之前发生音变,参见 A. F. 斯坦茨勒《梵文基础读本》的第 32 条规则。[1]

按语:虽然此句子只存在了一个不定式,作为谓语的动词残缺,但可以从汉译本中对出此处应该是一个表示愿望的动词。谶本、谦本为“愿皆欲见之”,其中的宾语“之”承前省略,指代上列的所有业格。僧本为“愿见……”菩本为“我今欲见……”法本“我亦愿乐生……”不是此句的对应。

No. 1d

(…)ānandeneyaṃ vāg < | >

ānandeneyaṃ:即 ānandena + iyaṃ。ānandena,ānanda-,人名,“阿难陀、阿难”。具格,单数。此处表示动作的执行者。iyaṃ,代词 idam(“这个”)的阴性,体格、单数形式。僧本、法本为“是”。

vāg:vāc-,阴性名词,“词语、话语”,体格、单数形式。僧本、法本为“语”。

按语:此句虽只残存主语(iyaṃ vāg)和逻辑主语(ānandena),可推测出大意为:这句话被阿难陀说了。谶本、谦本、菩本无。僧本为“[说]是语已”,法本为“[作]是语时”,均承前省略译了逻辑主语。僧本的“已”、法本的“时”,所表示动作的时态不同,一为过去时(或完成时、独立式),一为进行时,而梵语没有进行时。足利惇的梵文校订本中此

[1] A. F. 斯坦茨勒:《梵文基础读本》,季羡林译,段晴、钱文忠续补,北京大学出版社 1996 年版,第 11 页。该书修订本,段晴、范慕尤续补,北京大学出版社 2009 年版。

处为“samanantara-bhāṣitā”，samanantara 意即“尔时，同时”，与动词连用，表示动作正在进行的意味。bhāṣitā 则是动词√bhāṣ(“说、赞叹”)的过去被动分词。法本中的“时”，也可能是指下文的“atha khalu”。

atha khalu bhagvān (a) m (i) t (ā) bhas tathāgato ’rh (an samyaksaṃbuddhaḥ…avabhāse) nāvabhāsitam abhūt <|>

atha khalu：解说同前。谶本、谦本无。僧本为“实时”，菩本为“时”，法本为“[作是语]时”。

bhagvān amitābhas tathāgato ’rhan samyaksaṃbuddhaḥ：均指阿弥陀佛。体格、单数。梵本每每详细列举佛的名号，汉译本多简略，这是二者文体上的一个小小的差异。

avabhāsenāvabhāsitam：即 avabhāsena + avabhāsitam。二词均源自动词 ava-√bhās-，“照耀、照亮”。

avabhāsena：avabhāsa-，阳性名词，“光辉、光亮”。具格、单数。

avabhāsitam：avabhāsita-，“照耀、照亮的”，过去被动分词，体格、单数。

abhūt：动词√bhū-，“是”(to be)，是简单不定过去时的第三人称单数形式。

按语：汉译本意义上略可对应。谶本、谦本为“[大放]光明威神，则遍……”僧本为“[放大]光明，普照……”菩本为“[放大]光明，遍照……”法本为“[放无量]光照于……”

tena khalv api samayenāsmiṃ koṭīśatasa(hasra … mucili) ndamahāmucilindacakkravāḍa-mahācakkravaḍā ye cānye vṛkṣa(…

tena khalv：即 tena khalu，“尔时”(at that time)。

api：不变词，“也、甚至”。

samayenāsmiṃ：即 samayena + asmiṃ。

samayena：samaya-，阳性名词，“时机，时候”，具格，单数。与前面的 tena 连用，即指“尔时”。

asmiṃ：asmin，代词 idam(“这个”)的依格、单数形式。

koṭīśatasahasra：由 3 个数词组成，即 koṭī(“亿”) +śata(“百”) + sahasra（“千”）。谶本、谦本为“诸无央数（佛国）”，僧本为“一切诸佛（世界）”。菩本为“百千俱胝（那由他刹）”。法本为“百千俱胝（那由他佛刹）”。

mucilinda-mahāmucilinda-cakkravāḍa-mahācakkravaḍā：四座山名。相违释复合词，体格、复数形式。

mucilinda：谶本、谦本、僧本无。菩本、法本为“目真邻陀山”。

mahāmucilinda：谶本、谦本、僧本无。菩本、法本为“摩诃目真邻陀山”。

cakkravāḍa：谶本、谦本无。僧本为“金刚围山”。菩本、法本为“铁围山”。cakkra-，即 cakra-，辅音 k 双写。

mahācakkravaḍa-：谶本、谦本、僧本无。菩本、法本为“大铁围山”。vaḍa-，即 vāḍa-，二合元音 ā 替换为元音 a。

ye：关系代词 yad 的体格、复数形式。

cānye：即 ca + anye。anye，“另一个”，体格、复数形式。

vṛkṣa：名词，“树”。谶本、谦本、僧本无。菩本“丛薄园林”、法本“丛林树木”对应此处。需要指出的是，在汉译佛经中，“丛薄”是初唐才出现的词语，除菩本外，仅见于义净译本，即《根本说一切有部毗奈耶》卷 36 和卷 45（各 1 处）、《根本说一切有部毗奈耶杂事》卷 18 和卷 27（各 1 处）、《根本萨婆多部律摄》卷 12（1 处）。比如，《根本说一切有部毗奈耶杂事》卷 27 云：“时有老婆罗门娶得少妇，客游他乡，随路而去。时婆罗门行趣丛薄，欲为便利。”[1]“丛薄”就是“丛林”、“树林”或“草丛”的意思。敦煌 P. 2009《西州图经》描述丁谷窟的风景，“塔飞空虹，梁饮汉岩，蛮紖丛薄，汗眠既切，烟云亦亏。”P. 2543《文选》（拟题）有“幽幽丛薄”之句。《汉语大词典》“薄草”条，注作“丛生之草”。例引《文选·宋玉〈高唐赋〉》：“薄草靡靡，联延夭夭，越香掩掩。”刘良注：“薄，草丛也。”比“丛薄”出现早得多的近义词是“林薄”。《汉语大词典》例引《楚辞·九章·涉江》：“露申辛夷，死林薄兮。”王逸注：“丛

〔1〕高楠顺次郎、渡边海旭主编：《大正新修大藏经》第 24 册，第 336 页上。

木曰林，草木交错曰薄。”P. 2528《文选》卷第2《西京赋》云“荡川渎，簸林薄林薄，草木俱生也。荡，动。簸，扬。谓驱兽也。”

tad yathāpi nāma puruṣo grāmāṃtike sthito dvitīyaṃ puruṣaṃ pratyavekṣe(ta … adra)k(ṣu)r amitābhaṃ tathāgatam arhaṃtaṃ samyaksaṃbuddhaṃ sumerur i(va …… taṃ bhagavaṃ)tam atīva bhrājaṃtaṃ tapaṃtaṃ viro(camānaṃ …… bodhisattvaga)ṇaṃ taṃ (ca) bhi(kṣu)g(a)ṇaṃ (tad ya)thā (…)

tad yathāpi nāma：一个短语，意思为“就好像”(just as if)。

puruṣo：puruṣa-，阳性名词，“人”。体格、单数。

grāmāṃtike：grāmāṃtika-，中性名词，“村庄的邻居、村庄的边上”。依格、单数。

sthito：sthita-，是动词√sthā-(“住、站”)的过去分词。

dvitīyaṃ：dvitīya-，序数词，“第二”，业格、单数。

puruṣaṃ：puruṣa-，阳性名词，“人”，业格、单数。

pratyavekṣeta：动词 prati-ava-√īkṣ-，“看、看见”，是现在时、中间语态、祈愿语气的第三人称单数形式。

按语：这是一个譬喻句。谶本、谦本、僧本、法本无。菩本“譬如有人(以净天眼观一寻地)见(诸所有)”略可对应此处。

amitābhaṃ tathāgatam arhaṃtaṃ samyaksaṃbuddhaṃ：阿弥陀佛的名号，均作业格、单数。

sumerur：山名，“须弥庐山”，体格、单数。谶本、谦本中有“须弥山”，僧本中有“须弥山王”，菩本中有“须弥庐山”，法本中有“须弥山”，但皆不在对应的位置上。

atīva：不变词，“很”。

bhrājaṃtaṃ：动词√bhrāj-(“照耀、照亮”)的现在分词，阳性、业格、单数。

tapaṃtaṃ：动词√tap-(“发热、发光”)的现在分词，阳性、业格、单数。

virocamānaṃ：动词 vi-√ruc-(“照耀、照亮”)的中间分词，阳性、业格、单数。

按语：这3个词都是用来修饰阿弥陀佛的。这是梵本中常见的3词连用的现象。谶本、谦本、菩本、法本无。僧本"[唯见佛]明耀显赫"略可对应此处。

bodhisattva-gaṇaṃ："一群菩萨"。业格，单数。

bhikṣu-gaṇaṃ："一群比丘"。业格，单数。

按语：汉译本无对应。

No. 2a（此段谶本、谦本缺）

(… ta)m (a)mitābha(ṃ) tathāgat(a)m a(rhantaṃ samyaksaṃbuddhaṃ…ṃ)t(i) n(ir)v(i)cikitsān na vi(matim utpādayanti …kāyā muhūrtam)āt(r)eṇaiva evaṃrūpā bhav(a)ṃ(ti tad yathānyeṣāṃ ciropannānāṃ satvānāṃ |)

amitābhaṃ tathāgatam arhantaṃ samyaksaṃbuddhaṃ：阿弥陀佛的名号，均作业格、单数。

nirvicikitsān："不容置疑的"，体格，复数。nir-，表示否定的前缀，意为"从不存在"。

evaṃrūpā：形容词，"如是、如此"，体格、复数。

bhavaṃti：动词√bhū-（"是、存在"）的现在时、主动语态、陈述语气、第三人称复数形式。

按语：汉译本无对应。

(paśyājita prajñāviśeṣaṃ…… yatra hi) nāma pañca va(rṣa)śatāni parihīṇo bhavati sam(yaksaṃbuddhadarśa)nāt parih(īṇo bhavati dharmaśravaṇāt parihīṇo bhavati bodhisattvadarśanāt parihīṇo bhavati dharmasāṃkathyāt pari)hīṇo bhavati bodhisa(ttvacaryāyāḥ pari)hīṇo bhavati sarvaku(śalamūlasaṃpatter yad idaṃ vicikitsāpatitaiḥ saṃjñāmanasikāraiḥ |)

yatra hi nāma：一个短语，意思为"就好像"(just as if)，引导出一个譬喻句。

pañca：数词，"五"。

varṣaśatāni：varśaśata-，业格、复数。梵本表示数量的时候，将大数字(百、千、亿)置于名词之后。

varśa-:阳性名词,“年、岁”。

śata-:数词,“一百”。

按语:僧本、菩本译为“于五百岁中”。梵本中的具格,译为了表示时间状语的“于……中”。法本无。

parihīṇo:parihīṇa-,“消失的、不见的”,体格、单数。该词与从格连用,表示“被剥夺了……的,没有……的”。

bhavati:动词√bhū-(“是、存在”)的现在时、主动语态、陈述语气、第三人称单数形式。

samyaksaṃbuddhadarśanāt:依主式复合词,从格,单数。僧本、菩本为“见佛”,法本无。

samyaksaṃbuddha-:“佛,正等正觉”。

darśana-:“看、看见”。

bodhisattvacaryāyāḥ:依主式复合词,从格,单数。“行菩萨道”。

bodhisattva-:“菩萨”。

caryā-:“行”,相当于 practice。

sarvakuśalamūla-saṃpatter:依主式复合词,从格,单数。“得诸善根”。

sarva-:“所有的、一切”。

kuśalamūla-:“善根”。

saṃpatti-:“获得、获取”。

按语:梵本中连用了 6 个“parihīṇo bhavati”,相当于 6 个主语和动词谓语相同的排比句。这种排比句式在汉译本中的表示方法值得研究。僧本、菩本用“不”(相当于 parihīṇa-)来引导 6 个并列的动宾词组,其中的动词不是对译 bhavati,而是译自从格形式的复合词中的具有动词意味的名词。僧本为“不见……,不闻……,不见……,无由供养……,不知……,不得修习……”菩本为“不见……,不闻……,不见……,不知……,不能修习……,无因奉事……”

No. 2b(此段谶本、谦本缺)

(tad yathājita rājñaḥ kṣatriyasya mūrdhnābhiṣiktasya bandhanāgārāṃ bhavet …) lāḥ s(a)rv(a)sauvarṇā vaiḍū(rya …… ś)r(eṣ)ṭh(ino)v(āg)-ṛ(hapatīn vā koṭṭarājño vā paryeṣet … nātra) parimucyeta yāvan na rājā kṣatri(yaḥ……buddhajñāne) asamasamajñāne (k)iṃ (cā)pi (…)

sarva-sauvarṇā:“诸金”。体格、复数。

sarva-:形容词,“所有的、全部的、诸”。

sauvarṇa-:中性名词,“金”。形容词,“金制的”。

vaiḍūrya:中性名词,“毗琉璃”。

按语:梵本中列出了 sauvarṇa、vaiḍūrya 等“七宝”中的两种,而僧本为“七宝(庄饰)”,菩本为“(妙饰)奇珍”,法本为“珍宝(严饰)”,均意译。

śreṣṭhino:śreṣṭhin-,阳性名词,“长者”。业格、复数。菩本、法本为“长者”。

gṛhapatīn:gṛhapati-,阳性名词,“一家之主、居士”。业格、复数。菩本、法本为“居士”。

按语:菩本、法本的词序与梵本不同。僧本“[求诸]大力”中的“大力”,或许对应于此。

parimucyeta:动词 pari-√muc-(“脱离、解脱”)的被动语态、祈愿语气、中间语态的第三人称单数形式。僧本为“欲自勉(免)出”,菩本为“[虽]希出离”,法本为“[唯]求出离”。3 个汉译本中分别用“欲、希、求”来表示动词的祈愿语气。

yāvan:yāvat-,关系连词。

na:不变词,“不”,表示否定。

rājā:rājan-,阳性名词,“国王”。体格、单数。

kṣatriyaḥ:kṣatriya-,阳性名词,“刹帝力”。体格、单数。

按语:菩本、法本为“刹帝力王”。僧本有“转轮圣王、转轮王”,但不是对译上面这两个词。

asamasamajñāne:“无与伦比的智慧”。依格、单数。菩本为“广大智”。

a-sama-sama:形容词,“无与伦比的”。sama-,“相等的、同样的”。

jñāna-:名词,“智慧”。

按语:僧本只译出了前一个词“佛智”(buddhajñāne)。菩本为“[佛智乃至]广大智”。法本无。有些佛经中,将 a-sama-sama-译为“无等等、无等伦”。

No. 3a

(…paryupāsa)nāya paripraśnayituṃ <|>

paryupāsanāya:paryupāsana-,源于动词 pari-upa-√ās-(“侍奉、侍候”)。为格、单数。

paripraśnayituṃ:名动词 paripraśnaya(“询问”)的不定式形式。源于动词 pari-√prach-(“问”)。

sulabdhā ajita teṣā(ṃ) bodhisatvānāṃ lābhā ye (bhagavato'mitābhasya ta)thāgatasya samyuksaṃbuddhasya nāmadheyaṃśroṣyaṃti <|>

sulabdhā:依主释复合词。“很容易获得的利益”。体格、复数。谶本、谦本无。僧本为“得大利”,菩本为“善获利益”,法本无。

su-:“好的”。

labdhā:labdha-,动词√labh-(“获取、获得”)的过去分词形式。

ajita:“阿逸多”,呼格、单数。此乃弥勒菩萨的名号。谶本、谦本为“阿逸菩萨”,僧本为“弥勒”,菩本为“阿逸多”、法本为“慈氏”。

teṣā(ṃ):“他们的、它们的”。属格、复数。

bodhisatvānāṃ:“菩萨们的”。属格、复数。

lābhā:lābha-,源于动词√-labh(“获取、获得”)。体格、复数。谶本、谦本无。僧本为“得(大利)”,菩本为“[善]获[利益]”,法本无。

ye:代词,“他们”,体格、复数。引导一个定语从句。

tathāgatasya:“如来”,属格,单数。

samyuksaṃbuddhasya:“佛、正等正觉”,属格,单数。

nāmadheyaṃ:中性名词,“名词,称号”。业格、单数。谶本为“[阿弥陀佛]声”、谦本为“[无量清净佛]声”,则此“声”不是“声音”,而是“名号”的意思。又,僧本为“[佛]名号”,菩本为“[彼佛]名”,法本为

“［无量寿佛］名号”。

śroṣyaṃti：动词√-śru（“听”），将来时，第三人称复数形式。谶本、谦本为“闻”。僧本为“得闻”，菩本为“（有）闻”，法本为“得闻”。

nāpi te satvā hīna-adhimuktikā bhaviṣyaṃti ya iha dharmaparyāye（p）-r（asādaṃ lapsyanty）

nāpi：即 na（“不”）＋api（“也”）。

te：“他们”。体格、复数。

satvā：sattva-，“有情”。体格、复数。

hīna-adhimuktikā：多财释复合词，“下劣信解”。体格、复数。谶本、谦本、僧本、法本无。菩本为“［心无］下劣［亦不］贡高”。其中的“不”来自前面的否定词 na，“亦”则表示将此词理解为相违释复合词。

hīna-：形容词，“小的、低下的”。菩本为“下劣”。

adhimuktika-：“自信、信解”。菩本为“贡高”，意即“骄傲、自满”。

bhaviṣyaṃti：动词√bhū-（“是、成为”），将来时，第三人称复数形式。

dharmaparyāye：阳性名词，“法门、法数”。依格、单数。

dharma-：阳性名词，“法”。

paryāya-：阳性名词，“道、方法”。

按语：汉译本无对应。下文菩本对译其为“法门”。

No. 3b

（ārocayā）m（i）te ’jita prativedayāmy asya dharmaparyāyasya śravaṇāya tṛsāhasra-mahāsāhasrāṃ lokadhātum agnipratipūrṇām ava（gāhya atikramyaikaci）ttam utpādayitavyaṃ <|>

prativedayāmi：动词 prati-√ved-（“报告、宣布”），致使动词，现在时，陈述语气，第一人称单数形式。谶本、谦本为“我语（若曹）”，根据动词的形式译出了主语“我”。僧本无。菩本、法本为“告”。

asya：“它的”。属格，单数。

dharmaparyāyasya：阳性名词，“法门”。属格，单数。僧本为“经法”、菩本为“法门”。

śravaṇāya：śravaṇa-，中性名词，“听、闻”。为格、单数。僧本为“闻［是经法］”。

tṛsāhasra-mahāsāhasrāṃ：“三千大千”。谶本、谦本无。僧本、法本为“三千大千［世界］”。菩本“大千［世界］”，略译了“三千”。

tṛsāhasra-：“三千”。

mahāsāhasrā-：“大千”。

loka-dhātum：“世界”，业格，单数。谶本、谦本无。僧本、菩本、法本为“世界”。

agnipratipūrṇām：依主释复合词。“充满了火的”。谶本、谦本无。僧本为“［设有］大火充满［三千大千世界］”，菩本为“［假使经过大千世界］满中猛火”，法本为“［假使三千大千世界］满中大火”。

agni-：阳性名词。“火”。谶本、谦本无。僧本、法本为“大火”，菩本为“猛火”。

pratipūrṇa-：谶本、谦本无。僧本为“充满”，法本、菩本为“满中”。

avagāhya：动词 ava-√gāh-（“投入、陷入”）的独立式形式。菩本为“［设］入［大火］”。

atikramyaikacittam：不是复合词，分拆如下：

atikramya-：动词 ati-√kram-（“经过、超越”）的独立式形式。也可作不变词，指“已经超过”。僧本为“要当过［此］”，菩本为“［假使］经过［大千世界满中猛火］”，法本为“［亦］能超过”。

eka-cittaṃ：中性名词，“一心一意、对某一事情的不变的想法”。业格、单数。

eka-：数词，“一”。

citta-：中性名词，“心”。

utpādayitavyaṃ：动词 ud-√pad-（“产生、展示”），致使动词的必要分词，业格、单数。僧本中“为求法故，不生退屈谄伪之心”，“生……之心”对译的就是 ekacittam utpādayitavyaṃ。

tat kasya hetor ＜1＞

tat：代词，“这”。体格、单数。

kasya:“什么的”。属格、单数。

hetor:hetu-,阳性名词,“原因、理由”。属格、单数。

按语:这是一个疑问句式。僧本为“所以者何?”、菩本为“何以故?”

bodhisatvakoṭyo 'jitāśravaṇād eṣām evaṃrūpāṇāṃ dharmaparyāyāṇāṃ vivartante 'nuttarāyāḥ samyaksa(ṃbodheḥ |)

bodhisatvakoṭyo:“上亿菩萨”。体格、复数。僧本为“多有菩萨”,菩本为“彼无量亿诸菩萨等”。法本中的“一切如来”,或许对译此词。

bodhisatva-,即 bodhisattva-,“菩萨”。

koṭi-,数词,“亿”。

ajitāśravaṇād:即 ajita + aśravaṇād,ajita,阿逸多菩萨。呼格,单数。

aśravaṇād:aśravaṇa-,中性名词,“未闻”。从格、单数。可作不变词,指“由于没有听见”。

eṣām:“这些的、他们的”。属格,复数。

evaṃrūpāṇāṃ,evaṃ-rūpa-:“如此这般的、这个样子的。”属格,复数。

dharmaparyāyāṇāṃ,dharma-paryāya-:“法门”。属格,复数。

按语:此处的 3 个属格加上前一个词(从格),意思为“由于没有听到如此这般的经法”。僧本为“欲闻此经而不能得”。

vivartante:动词 vi-√vṛt-(“退转”),现在时、陈述语气、中间语态、第三人称、复数形式。

anuttarāyāḥ:anuttarāya-,形容词,“无上的”。阴性,从格、单数。

samyaksaṃbodheḥ:samyak-saṃbodhi-,阴性名词,“正等正觉”。从格、单数。

No. 3c

(yat tathā) gatena kartavyaṃ kṛtaṃ tan mayā < | >

kartavyaṃ:kartavya-,动词√kṛ-(“做、作”)的必要分词形式,业格、单数。指“应该所要做的事情”。菩本为“所应作者”。

kṛtaṃ:动词√kṛ-(“做、作”)的过去分词形式,表被动,指“已经完成的事情”。菩本译为“已作[之]”。

tan:tat-,“这”。体格、单数。

mayā:“我”。具格、单数。

按语:此句梵本为从句,由 yat……tat 引导,菩本译为“如来所应作者,皆已作之”,对译非常精当。

yuṣmābhir idānīṃ karaṇīya < ṃ > nirvicikitsair < | >

yuṣmābhir:yuṣma-,代词,“你们”。具格、复数。谶本、谦本为“若曹、汝曹”,菩本为“汝等”。

idānīṃ:不变词,“现在、此刻、既然这样、甚至”。

karaṇīyaṃ:karaṇīya-,表主动,指“所做的事情”。僧本为“所当为者”。菩本为“应当”。

nirvicikitsair:nirvicikitsa-,“无疑的”,具格、复数。nir-,表示疑问的前缀。vicikitsā-,阴性名词,“怀疑、疑问”。菩本为“[汝等应当]安住无疑”。

vīryam ārabdhavyaṃ < | >

vīryam:vīrya-,中性名词,“精力、力量”。业格、单数。可作副词用,“精进的”。

ārabdhavyaṃ:ārabdhavya-,动词 ā-√rabh-(“开始、经历、努力”)的必要分词形式。业格、单数。按语:此词组的意思是,“[你]应当精进的努力”。菩本“应常修学”,对译此处。

sarvākāravaropetaṃ mā saṃśay(ata buddhajñānaṃ | durlabho hi buddhotpādo) durlabhāryā - dharma(d)e(śanā) durlabhā{ḥ} kṣaṇasaṃpad < | >

sarva-ākāra-varopetaṃ:业格、单数。此词修饰 buddhajñānaṃ(佛智),指“具有所有的方面最好的”。有些佛经中译为“诸相具足”、“具诸最胜”、“具足诸最胜”。[1]

---

〔1〕参见荻原云来编纂:《汉译对照梵和大辞典》,台北:新文丰出版公司 1988 年重印,第 1446 页:sarvākāra-varopeta 条。

sarva-,"一切"。

ākāra-,"形相,方面"。

vara-,"最好的"。

upeta-,"具足、圆满"。

mā:不变词,表示否定。僧本为"勿得",菩本为"无"。

saṃśayata:动词 saṃ-√śī-("怀疑、疑惑")的现在时、命令语气、主动语态、第二人称、复数形式。僧本为"[勿得]……[复]生疑惑"。菩本为"使[无]凝滞"。

durlabhāryā:体格、单数。

durlabha-,"难以遇见的、罕见的、稀有的"。

āryā-,"高贵的、珍贵的"。

dharmadeśanā:依主释复合词。"佛法的教导"。体格、单数。谶本为"……说经者甚难值"。谦本译为"……为人说佛经者甚难得值。"僧本为"[菩萨]胜法……得闻亦难"。菩本为"菩萨之法……亦难开示"。法本为"正法难闻"。

deśanā-,阴性名词,"指导、教导"。

kṣaṇasaṃpad:"刹那具足",阴性,体格、单数。

按语:此处梵本用了3个并列的 durlabha 短语。汉译本多为并列句式,谶本译为"……甚难值,……亦难得值,……甚难值。"谦本译为"……甚难得值,……亦难得值,……甚难得值。"僧本为"……难值难见,……难得难闻,……亦难,……亦为难"。菩本为"……难,……亦为难得,……亦难……"法本为"[佛世]难值,[正法]难闻"。

ākhyātā mayājita sarvakuśaladharmapāramitāḥ ta(smād yūyam idānīm abhiyujyata pratipa)dyadhvaṃ < | >

ākhyātā:动词√ākh-("告诉、宣说")的过去分词。体格、复数。菩本为"[我今如理]宣说"。

mayājita:即 mayā + ajita。mayā,代词,"我",具格、单数。ajita,呼格。菩本为"阿逸多,……我[今如理宣说]"。

sarvakuśaladharmapāramitāḥ:"一切善法波罗蜜"。体格、复数。

pratipadyadhvaṃ：动词 prati-√pad-（“行动、修行”）的现在时、中间语态、命令语气、第二人称、复数形式。僧本为“应当……［如法］修行”，法本为“［亦］应随行”。菩本为“汝当修行”，用第二人称的单数替代了复数形式，但后句有“［当令］汝等”，还是用的复数。

asya khalv ajita sūtrāṃtasyārthāya mahatīṃ parindanāṃ karomi < | >

sūtrāṃtasyārthāya：即 sūtrāṃtasya + arthāya。

sūtrāṃtasya：sūtrānta-，阳性名词，“经、佛经”。属格、单数形式。

arthāya：artha-，阳性名词。“利益、好处”。为格、单数。

mahatīṃ：mahatī-，“大”。阴性，业格、单数形式。

parindanāṃ：parindanā-，= parīndanā-，阴性，“托付、赠送”。业格、单数形式。[1] 菩本为“嘱累”。《一切经音义》卷 3“嘱累”条：“嘱累：上之欲反。《韵诠》云：嘱咐也，对也。《杜注左传》云：托也。《楚辞》云：续也。《玉篇》：相寄托也，委也。《说文》：连也。从尾，蜀声也。尾，音尾，下力伪反。……”[2]

karomi：动词√kṛ-（“做、成为”）的现在时、陈述语气、主动语态、第一人称、单数形式。按语：菩本“是故我今为大嘱累”，当对译此句。

buddhadharmāṇām anaṃtardhānāya（parākramiṣyatha mā tathāgatājñ-āṃ kṣobhay）iṣyatha ||

buddhadharmāṇām：buddhadharma-，“佛法”。属格、复数。

anaṃtardhānāya：即 an-antardhānāya，“不会消失的、永存的”。为格、单数。菩本为“久住不灭”。

an-，表示否定的前缀。

antardhāna-，中性，“消失、不见的”。

kṣobhayiṣyatha：动词√kṣubh-（“动摇、搅动”）的致使式、将来时、主动语态、第二人称、复数形式。按语：菩本“当令是法久住不灭”，只对译前一句（buddhadharmāṇām anaṃtardhānāya parākramiṣyatha mā）。后

〔1〕Franklin Edgerton, *Buddhist Hybrid Sanskrit Grammar and Dictionary*. vol. ii, *Dictionary*. p. 326. 另参见荻原云来编纂：《汉译对照梵和大辞典》，第 750 页，parindanā 为“付嘱、嘱累”。

〔2〕高楠顺次郎、渡边海旭主编：《大正新修大藏经》第 54 册，第 327 页中。

一句,汉译本均无。

No. 3d

asmin khalu punar dharmaparyāye bhāṣyamāṇe dvādaśānāṃ nayutānāṃ virajo vigatamalaṃ dharmeṣu dharmacakṣur vi(śuddhaṃ … anāgāmiphala)m anuprāptavān ǀ

asmin khalu punar:短语,时间状语,"在……时候"。僧本、菩本为"尔时"。asmin,代词,"这"。依格、单数。

dharmaparyāye:"法门"。依格、单数。谶本、谦本为"[是]经"。僧本为"[此]经法"。菩本为"[是]经"。法本为"[此]法"。其中的"是、此"即代词 asmin 的对译。

bhāṣyamāṇe:动词√bhāṣ-("说、宣说")被动式、现在时中间语态的分词,依格、单数。

按语:这个词组作独立依格使用。谶本、谦本为"[佛]说是经时"。僧本为"尔时,[世尊]说此经法"。菩本为"尔时,[世尊]说是经已"。法本为"尔时,[世尊]说此法时"。其中的主语"佛、世尊"均为据文意添加。菩本用了"已",颇有不同。"已"为完成态,常常是动词独立式(绝对分词)或者过去分词的对译,表示一种先于主句所表达的主要行为的行为。[1] 菩本是将动词被动式的现在时中间语态的分词,当做绝对分词来翻译。

dvādaśānāṃ:数词,"十二"。属格、复数。

nayutānāṃ:数词,音译"那由他",数目不定,"十万、十亿"。属格、复数。谶本、谦本为"万二千亿"。僧本、菩本为"万二千那由他"。法本为"十二(俱胝)那由他"。此梵本中缺 koṭī(koṭi,俱胝,亿)一词。

[1]参见辛岛静志:《汉译佛典的语言研究》(一),载《俗语言研究》1997 年第 4 辑,第 29－49 页;《汉译佛典的语言研究》(二),载《俗语言研究》1998 年第 5 辑,第 47－57 页。关于中古中土文献中"已"的使用,参见蒋绍愚:《〈世说新语〉〈齐民要术〉〈洛阳伽蓝记〉〈贤愚经〉〈百喻经〉中的"已"、"竟"、"讫"、"毕"》,载《语言研究》2001 年第 1 期,第 73－78 页;《语言接触的一个案例——再谈"V(O)已"》,载《语言学论丛》第 36 辑,商务印书馆 2007 年版,第 268－287 页。刘承慧:《中古译经"已"对近代"了"的影响——语言接触如何牵动语法演变》,载《"中央"研究院历史语言研究所集刊》第 81 本第 3 分,2010 年,第 467－512 页。

virajo：viraja-，形容词，“不染尘的、干净、纯净的”。体格、单数。

vigatamalaṃ：多财释复合词，意为“远离尘垢的”。业格、单数。僧本、法本为“远离尘垢”。

vigata-：动词 vi-√gam-（“祛除、消除”）的过去分词。僧本、法本为“远离”。

mala-：中性名词。“尘土、不净物”。僧本、法本为“尘垢”。

dharmeṣu：“法、佛法”，依格、复数。

dharma-cakṣur：持业释复合词。“法眼”。体格、单数。谶本、谦本为“天眼”。僧本、菩本、法本为“法眼”。

cakṣu-，阳性名词。“眼睛”。

viśuddhaṃ：动词 vi-√śudh-（“干净、清净”）的过去分词，业格、单数。僧本为“清静”、菩本、法本为“净”。

anuprāptavān：“获得”。体格、单数。谶本、谦本为“悉得[天眼]”。

anuprāpta-，动词 anu-pra-√āp-（“得到、获得”）的过去分词。

vat－，后缀，表示“和……一样”。

按语：此句僧本为“得清静法眼”、菩本、法本为“远离尘垢，得法眼净”。其中的“清静法眼”和“法眼净”，在词序的安排上有差异。

aṣṭānāṃ bhikṣuśatānām anupādāyā-asravebhyaś cittāni vimuktāni <|>

aṣṭānāṃ：aṣṭa-，数词，“八”。属格、复数。

bhikṣuśatānām：“一百比丘。”属格、复数。[1] 谶本、谦本为“八百沙门”。僧本“八十万比丘”，菩本“六千八百比丘”，数目有出入。法本为“八百比丘”。

bhikṣu-，“比丘”。

śata-，数词，“一百”。

anupādāyā-asravebhyaś：“漏尽的”。从格、复数。僧本为“漏尽（意解）”，菩本为“诸漏已尽”，法本为“漏尽（意解）”。

---

[1]梵语无量词，数词与所修饰的名词的语序安排与汉语大不同，相关的语法规则参见施坦茨勒著，季羡林译：《梵文基础读本》，北京大学出版社2009年版，第39页，第126条。

an-,表示否定的前缀。“不”。

upādāya-,源于动词 upa-ā-√dā-(“接受、获得”)。upādāya,不变词,“已经获得、已经接受”。an-upādāya,指“不执着、不依附”。[1]

āsrava-,阳性名词。“漏、流、排泄物”。

cittāni:citta-,中性名词。“心”。体格、复数。僧本为“意”,菩本为“心”,法本为“意、心”。

vimuktāni:vimukta-,动词 vi-√muk-(“解脱”)的过去被动分词。体格、复数。僧本为“[意]解”,菩本为“[心]得解脱”。法本为“意[解],[心]得解脱”,“意解”与“心得解脱”重复。

catasraś ca bodhisatvakoṭyo ’ vaivartikabhūm(im anuprāptā anuttarāy-āṃ) samyaksaṃbodhau ǀ

catasraś:catasra-,数词,“四”。阴性、体格、复数。

ca:表示并列关系的连词,“和、还有”。谶本、谦本为“即”。法本为“复有”。

bodhisatvakoṭyo:bodhisatva-koṭī-,“一亿菩萨”。阴性、体格、复数。谶本、谦本、僧本、菩本为“四十亿菩萨”,而梵本只有四亿菩萨。

avaivartikabhūmim:“不退地、不退转地”。业格、单数。

avaivartika-,“不退转的”。谶本、谦本音译为“阿惟越致”。

bhūmi-,“地、境界”。

samyaksaṃbodhau:samyak-saṃbodhi-,相违释复合词。“正等正觉”。依格、单数。菩本为“于[无上]菩提”。其中的“于”,就是名词的依格形式的对译。法本音译为“三藐三菩提”。

按语:谶本、谦本为“即四十亿菩萨皆得阿惟越致”。僧本为“四十亿菩萨得不退转”。菩本为“四十亿菩萨于无上菩提住不退转”。法本“复有……人,发阿耨多罗三藐三菩提心”,与梵本出入较大。汉译中的“得”(菩本的“住”)对译 anuprāptā(“获得”)。

---

[1] Franklin Edgerton, *Buddhist Hybrid Sanskrit Grammar and Dictionary*. vol. ii, *Dictionary*. p. 30.

No. 3e

以下为偈颂部分，诸汉译本缺，而见于《佛说佛名经》，兹从略。

新的出土文献，特别是属于原典范围的梵语、犍陀罗语等佛教写经，不仅对传统的佛教文献学研究，而且对新兴的汉译佛经语言研究具有极大的学术价值。[1] 这一点无疑将成为学界的共识。要取得突破性的成就，还有待印度学、佛教学和汉语史等多方面的学者进行合作。期待在不久的将来，他们的合作研究会取得相当丰硕的成果。

2.5 《生经·舅甥经》与梵汉本《破僧事》中的平行故事词语比较

佛经在汉译的历程中，有两种现象值得注意：一者，同一部经在不同的时代，由不同的译者翻译出了不同的译本，称为异议本；或者在几个异议本的基础上，编订出一个新的本子，称为"和合本"。比如，隋代释宝贵汇编的《合部金光明经》，就是将昙无谶所译的十八品、真谛所译的四品、阇那崛多所译的二品，合为八卷二十四品。二者，虽然不是同一部佛经，但是在经文中却保留了某些相同的段落文字或者相似的故事情节，这样的两种(或多种)文本之间的关系，被称为"平行本"(平行文本、平行异本或者平行故事)。在汉译佛经中，就数量而言，所谓的"平行本"要多于异议本，值得从翻译学、汉语的历时考察等角度去进行研究。

有关早期佛经的资料，以汉译佛典最为丰富，而其所对应的原典文本基本上已荡然无存，仅有少量的残卷有幸存留天壤之间。对早期佛经的研究，其异译本固然可以发挥不可估量的作用，而其平行文本也断然不可轻易弃之不理。更何况某些时代稍晚的平行文本，还有梵语(巴利语或其他胡语)的对应文本存世。因此，不妨利用那些晚出的梵语写卷，哪怕是残篇断简，也可用来与早期的汉译佛经进行比较，虽然

〔1〕参见陈明：《新出土的非汉语文献与汉译佛经语言研究》，载《普门学报》，2004 年第 21 期第 311－331 页。

这是一种非严格意义上的梵汉对勘，但却不失为一种有益的补充手段。本节以西晋竺法护（Dharmarakṣa）所译《生经》卷2"佛说舅甥经十二"（以下简称《生经·舅甥经》）为例，[1]利用晚出的梵本平行故事，与该经进行比较研究，以证明这一思路的可行性。

2.5.1　平行故事中的对应段落

同《根本说一切有部毗奈耶药事》、《根本说一切有部毗奈耶杂事》一样，作为"根本说一切有部"的一种详细叙述僧团戒律缘起的律事文本，义净译《根本说一切有部毗奈耶破僧事》（*Saṅghabheda-vastu*）中汇集了大大小小的故事，这些故事在以往的译经中不难觅其踪影。《破僧事》的梵本于20世纪30年代出土于印度吉尔吉特（Gilgit）地区（今属克什米尔地区的巴基斯坦一方控制区）。梵汉本的年代相近、内容相应，可以作为对勘的语料。目前学界通用的是Raniero Gnoli整理的《吉尔吉特〈破僧事〉写卷》（上下册）。[2]。其中，《破僧事》卷12的"大贼"故事（The story of the great thief）与《生经·舅甥经》就是平行文本的关系，因此，利用《破僧事》的出土梵本[3]及其义净汉译本中的相应段落，[4]可以与《生经·舅甥经》作一番初步的比较。

除《生经·舅甥经》和《破僧事》"大贼"故事外，"舅甥共盗"型的故事也见于印度民间故事的集成之作《故事海》（*Kathāsarītsāgara*）。月天（Somadeva）《故事海》的第六卷《摩陀那曼朱迦》第八章讲述了两个盗贼伽吒和迦尔波罗的故事，该故事的情节与《生经·舅甥经》的前

[1]高楠顺次郎、渡边海旭主编：《大正新修大藏经》第3册，第78页中栏至79页上栏。

[2]Raniero Gnoli, ed., *The Gilgit Manuscript of the Saṅghabhedavastu, Being the 17th and Last Section of the Vinaya of the Mūlasarvāstivādin*, Part I, Part II, Roma: Istituto Italiano per il Medio ed Estremo Oriente, 1977 – 1978.

[3]Raniero Gnoli, ed., *The Gilgit Manuscript of the Saṅghabhedavastu, Being the 17th and Last Section of the Vinaya of the Mūlasarvāstivādin*, Part II, pp. 32 – 36. 本节所引均出自此处，为免繁琐，不再每句标注页码。

[4]高楠顺次郎、渡边海旭主编：《大正新修大藏经》第24册，第159页中栏至第160页下栏。所引段落亦无需每句标明出处。

半部分大致相当，伽吒类似那聪明的外甥。[1]

左景权、[2]钱钟书[3]对“舅甥共盗”（或称“舅甥窃库”）型的故事流传进行了追溯，向西可以追溯到希腊史家希罗多德的《历史》等文本，乃至埃及的文献之中。王晓平在后来的研究中指出，该故事向东可以在日本《今昔物语集》卷17（源自《法苑珠林》）、[4]朝鲜《鸡鸭漫录》的《盗婿》等文本中找到其影响的痕迹。[5] 不过，这些故事的主旨内涵相互之间有相当的出入，可堪注意。

《生经·舅甥经》的故事在中土佛教文献中亦不乏摘引。隋天台智者大师（智顗）所说《妙法莲华经文句》卷1下有《舅甥经》的情节缩写，引“昔者《生经》云……”[6]唐天台沙门湛然述《法华文句记》卷第2“释序品”亦有类似的情节缩写：“昔无数劫，甥舅俱为官御织师……”[7]唐代西明寺沙门释道世撰《法苑珠林》卷第31的“潜遁篇第二十三”之“引证部第二”，作了摘引（“如《生经》云……”）。[8]

兹按照《破僧事》梵本、义净译本和《生经·舅甥经》的次序（分别简称为[梵]、[僧]、[舅]），将相应的段落文字排列如下：

---

〔1〕月天著，黄宝生、郭良鋆、蒋忠新译：《故事海选》，人民文学出版社2001年版，第342－344页。

〔2〕左景权：《佛说生经——敦煌古图书蠡测之二》，原载《香港中文大学学报》1979年第10卷上册，收入氏著：《敦煌文史学述》，新文丰出版公司2000年版，第15－28页。左景权著，福井文雅、平木真快译：《敦煌本〈生经〉をめぐって—ユシプトとィンドの接触》，牧田谛亮、福井文雅编，载《讲座敦煌》7《敦煌と中国佛教》，东京：大东出版社1984年版，第279－296页。有关左景权此项研究的评价，参见张弓：《敦煌四部籍与中古后期社会的文化情境》，载《敦煌学》2004年第25辑（潘重规先生逝世周年纪念专辑），第311－335页。柴剑虹：《怀念左公》，载《敦煌吐鲁番研究》第11卷（2008），上海古籍出版社2009年版，第499－504页。

〔3〕钱钟书：《一节历史掌故，一个宗教寓言，一篇小说》，载《文艺研究》1983年第4期，第4－12页。

〔4〕王晓平：《佛典·志怪·物语》，江西教育出版社1990年版，第34－51页。又，王晓平：《甥舅共盗：犯罪文学的胚胎》，收入《远传的衣钵：日本传衍的敦煌佛教文学》，宁夏人民出版社2005年版。

〔5〕王晓平：《一则从古埃及走到朝鲜半岛的掌故》，原刊《中华读书报》，收入氏著《日本中国学述闻》，中华书局2008年版，第331－335页。

〔6〕高楠顺次郎、渡边海旭主编：《大正新修大藏经》第34册，第11页下栏至中栏。

〔7〕高楠顺次郎、渡边海旭主编：《大正新修大藏经》第34册，第173页下栏至第174页上栏。

〔8〕高楠顺次郎、渡边海旭主编：《大正新修大藏经》第53册，第515页上栏至下栏。

[梵] bhūtapurvaṃ bhikṣava anyatarasmin karvaṭake gṛhapatiḥ prativ-asati.

[僧] 曾于过去,于聚落中,有一长者。

[舅] 佛告诸比丘:乃昔过去,无数劫时,

案:"乃昔过去"与"曾于过去"所对应的均是 bhūtapurvaṃ。bhūtapurvaṃ 乃 bhūtapūrvaṃ 之误。在抄本中,元音 ū 和 u 的混淆是比较常见的现象。该词作为一般故事开头的常用语,相当于"从前,很久很久以前"。《梵和大辞典》在 bhūta-pūrva 条下,列出了 9 种译法:"昔有、昔曾有、过去、于过去、乃往、乃往过去、乃往古昔、乃去往古、古昔、昔时"。该词的译法相当多,类似的译法还有:昔过去、昔过去时、昔过去世、乃昔过去世时、往昔过去、如昔过去,等等。

《生经》共 5 卷,含 55 部小经,类似引出本生故事、表示时间的词至少有 18 种译法,即:乃往过去久远世时(1、3、9、25、26、39、40、45、49、51、53)、乃往过去无数世时(2、4、5、6)、乃往久远无数劫时(7、11)、过去无数劫时(8)、乃往过去无数劫时(10)、乃昔过去无数劫时(12)、乃往过去无数久远世时(24)、乃往古久远世时(27)、乃去往古久远世时(28、29)、乃昔去世(30)、昔(31、42、44、55)、昔者(34、35、36、37、38、43、55)、昔者过去久远世时(46、47)、乃往过世(48)、乃往过去(50)、往昔过去久远世时(52)、乃古无数世时(54)、昔无数劫时(55)等。

《破僧事》中,对此词的译法还有多种,比如,过去(vol. i, p. 161/T24, p. 137a)、往古昔时(vol. i, p. 162 / T24, p. 137b)、往昔之时(vol. i, p. 207 / T24, p. 146a)、往昔(vol. ii, p. 16 / T24, p. 155b)、往昔世时(vol. ii, p. 38 / T24, p. 161a)、昔(vol. ii, p. 44 / T24, p. 162c)、乃往过昔(vol. ii, p. 51 / T24, p. 164c)、乃往古昔(vol. ii, p. 55 / T24, p. 165c)等等。

[梵] tena sadṛśāt kulāt kalatram ānītam;

[僧] 取邻人长者女,纳以为妻。

按:义净译《根本说一切有部毗奈耶出家事》(*Pravrajyā-vastu*)卷 4

中有类似的句子描写,[1]即:

[梵](śrāvastyām anyatamo gṛhapatis)tena sadṛśāt kulāt kaḍatram ānītaṃ

[家]有一长者,娶妻

案:《出家事》的后半部分几乎与《破僧事》中的一样,但汉译却极为简略。kaḍatram ānītaṃ 与 kalatram ānītam 意思相同,前者译作“娶妻”;后者译作“纳以为妻”。ānīta-,是动词的被动分词形式,与“娶”最契合。而“纳以为妻”是典型的汉语表达方式。

[梵] sa tayā sārdhaṃ krīḍati ramate paricārayati; tasya krīḍato ramamāṇasya paricārayataḥ putro jātaḥ;

[僧]未经多时,遂即有娠,便诞一子。

案:此句是梵语中的一个固定的表达方式,描述男女欢爱而得子的情况。《出家事》中有完全一样的句子,但汉译情形却有较大的不同,即:

[梵] sa tayā sārdhaṃ krīḍati ramate paricārayati | tasya krīḍato ramamāṇasya paricārayataḥ putro jātaḥ

[家][娶妻]未久,便诞一息,资以乳餔。

案:梵本《破僧事》和《出家事》均没有相应的哺乳孩子的内容。《出家事》汉译本中的“资以乳餔”是根据语境而增添的。

[梵] sa patnīm āmantrayate: bhadre jāto' smākaṃ dhanaharo ṛṇaharaḥ;

[僧]复告妻曰:“今有此子,食用我财,亦能为我等还债。”

---

[1]本文所利用的梵汉本《根本说一切有部毗奈耶出家事》语料的出处:N. Dutt, ed., *Gilgit Manuscript*, vol. III: *Mūlasarvāstivāda-vinayavastu*, part IV, Calcutta, 1950, pp. 3-68. C. Vogel, K. Wille: “The Final Leaves of the Pravrajyāvastu Portion of the Vinayavastu Manuscript Found Near Gilgit, Part 2, Nāgakumārāvadāna and Lévi Text With Two Appendices Containing a Turfan Fragment of the Nāgakumārāvadāna and a Kuḥā Fragment of the Upasaṃpadā Section of the Sarvāstivādins”, ed. V. Näther, rev. and transl. C. Vogel and K. Wille, *Sanskrit-Texte aus dem buddhistischen Kanon: Neuentdeckungen und Neueditionen*, IV, (Sanskrit-Wörterbuch der buddhistischen Texte aus den Turfan-Funden, Beiheft 9), Göttingen 2002, pp. 11-76.《大正新修大藏经》第23册,第1035页中栏至第1041页上栏。

案：bhadre，是 bhadra（贤）的呼格形式，相当于 bhadra-mukha-（贤首）的缩写。[1]《破僧事》汉译本中，没有译出此呼格形式的词。《出家事》中的句子几乎完全相同，如下：

［梵］sa patnīm āmantrayate | bhadre jāto 'smākaṃṛṇaharo dhanaharaḥ

［家］尔时长者告其妻曰："贤首，生此子者，虽用我财，亦能代我偿诸债负。"

案：《出家事》汉译本中用了"虽……，亦……"这样的转折复句形式来翻译，而《破僧事》汉译本中却不是这样。

［梵］gacchāmi paṇyam ādāya mahāsamudram avatarāmi-iti；

［僧］"我今将诸财物，入海兴易。汝可在后，若看此儿，好知家事。"

案：《破僧事》汉译本的后一句"汝可在后，若看此儿，好知家事"，在梵本中没有对应的句子，可能是译者根据上下文的语意而添加的。"好知家事"这一短语在汉译佛经中仅此一例。《出家事》中的类似描写如下：

［梵］gacchāmy ahaṃ paṇyam ādāya deśāntaraṃ |

［家］作是语已。便将货物，诣往外国，兴易取利。

案：paṇyam，原形 paṇya-，中性名词，"贸易，生意"。此为名词的业格、单数形式。ādāya 是动词 ā-√dā-（"获得、取得"）的独立式形式。短语 paṇyam ādāya 意即《破僧事》中的"兴易"和《出家事》中的"兴易取利"，"兴易"与"取利"相当于同义重复。

又，梵本《出家事》中的这一句用的是第一人称（ahaṃ，我），应该还是"长者"对妻子所说的话，但句子中没有用来表示直接引语结束的标记 iti，因此，《出家事》汉译本中就将此句由第一人称改译为第三人称，即把"长者"自己所说的话变成了对"长者"行为的客观描述。这样的

[1]有关"贤首"的研究，参见陈明：《〈根本说一切有部毗奈耶药事〉词汇选释》，载《敦煌吐鲁番研究》2009 年第 11 卷，第 391－405 页。

处理也影响到了《出家事》的下一句。

［梵］sā kathayati：āryaputra-evaṃ kuruṣva-iti；

［僧］妻答夫曰："一依所教。"

案：āryaputra，"圣子"，呼格，未译出。男人对女人的称呼为"贤首"，而女人对男人（尤其是妻子对丈夫）的称呼为"圣子"。《出家事》中的类似描写如下：

［梵］｜sā kathayati：āryaputra-evaṃ kuru｜

［家］（未译）

案：与上一句连起来看，梵本《出家事》中是丈夫与妻子的对话，一说一答，结构对称。由于上一句更改了句式，那么用来表达妻子的回答的这一句就没有了着落，因此，译者只好将其删略不译了。

［梵］sa paṇyam ādāya mahāsamudram avatīrṇaḥ；sa tatraiva ca nidhanam upayātaḥ；

［僧］长者入海，遇风舡破，并诸财物，没溺不回。

案：《出家事》中的类似描写：

［梵］sa paṇyam ādāya deśāntaraṃ gatas tatraivāṇayena vyasanam āpannaḥ

［家］便没不还。

［梵］tatas tasya patnyā śokavinodanaṃ kṛtvā sa dārako hastabalena jñ- ātibalena ca-api-āyitaḥ poṣitaḥ saṃvardhitaḥ；

［僧］妻闻夫死，持孝修福，复自佣力，并诸眷属，各相拯济，养活于儿，渐令长大。

案：《出家事》中的类似描写：

［梵］tayāpy asau putro jñātibalena hastabalena āpāyito poṣitaḥ saṃvardhitaḥ｜

［家］其妻以自身力，及托诸亲，种种养育，年渐长大。

［梵］tasya nātidūre kuvindaḥ prativasati svaśilpakṛtāvī；tasya svaśilpāt sarvaṃ saṃpadyate；

［僧］于其舍侧，有善织师，以彼工巧，自得存活。

案:kuvinda,m.“织师”。

[梵] sā tasya svaśilpād bhogasaṃpattiṃ dṛṣṭvā kathayati: varaṃ kuvindakarma na samudrāvataraṇam;

[僧]彼长者妻见已,即作是念:“入海兴易,不如织络,工巧为业,其入海者,多死不还。”

案:kuvindakarma,“织络”。

[梵] tasmin gate-anayena vyasanam āpadyante-iti;

[僧]“夫织络者,常得居家,经求自济。”复作是念:“今我此子,令学织业。”

[梵] tayāsau kuvindo 'bhihitaḥ: bhrāta imam api bhāgineyaṃ kuvindakarma śikṣayeti;

[僧] 思惟是已,即将其子,往诣织家,白织师言:“大兄,此外甥教为织业。”

案:梵本中,没有与“思惟是已,即将其子,往诣织家”对应的句子。“大兄”是 bhrāta 的对译。kuvindakarma,“织业”。bhāgineyaṃ, bhāgineya-,m.“外甥”,业格,单数。

[梵] sa kathayati:śobhanam evaṃ bhavatu-iti;

[僧] 织师答曰:“好。”留子教织。

案:śobhana,“善、可”,即“好”。译者用“好”表述了梵本中的śobhanam evaṃ bhavatu iti 一句,而“留子教织”是添译的。

[梵] sa taṃ śikṣayitum ārabdhaḥ;

[僧] 其子聪敏,不久学成。

[梵] paṭupracāro 'sau ; tenālpīyasā kālena kuvindakarma śikṣitam;

[僧] 每与织师,并机双织。所得财利,将归本家。所得物归,常用不足。

[梵] sa kuvindaḥ susnātaḥ suprāvṛtaḥ praṇītam āhāraṃ bhuṅkte;

[僧] 织师所得,恣意有余。

[梵] sa dārakaḥ kathayati: mātula tvam api tad eva karma karoṣi;

[僧] 外甥问舅:“我今与舅,同作一业。”

案：mātula 是呼格，"舅舅！"原句直译为："外甥曰：'舅舅！我今与你，同作一业。'"可见，义净将呼格名词译作了句子的宾语（业格），原句是对话的一部分。学习纺织技术的这位年轻人是故事的主人公，他与织师并非血缘上的甥舅关系，他之所以称呼织师为"舅"，这是印度当地一种习俗的体现。义净译《根本说一切有部毗奈耶》卷第26云："圣方国法，唤老者为舅，名少者为外甥。牛见野干年老，唤言：'阿舅，岂可温风吹身，困极垂耳耶？'"[1]可见，"舅"或"阿舅"是对年老者的一种称呼。"圣方国法，唤老者为舅，名少者为外甥。"这句话应该是义净的译注，在传抄的过程中，变成了正文。义净现存的译经中，除了小字标明的注释之外，[2]可能还有类似混入了正文中的注释文字，其价值同样值得关注，在阅读的过程中，也有必要将这些注释文字分离出来。

同样的甥舅称呼语早已有之。后秦北印度三藏弗若多罗译《十诵律》卷第27"第四诵之七"云："乃过去世，一河曲中有二獭，河中得大鲤鱼，不能分。是二獭一面住守之。有野干来，欲饮水，见言：'外甥，是中作何等？'獭言：'阿舅，是河曲中得此鲤鱼，不能分，汝能分不？'野干言：'能。'"[3]

又，《根本说一切有部毗奈耶破僧事》卷20中还有"阿舅"这样的例子。"时诸群鼠出穴游行，乃见老猫安然坐禅。其鼠问曰：'阿舅，今何所作？'老猫答曰：'我昔少年气力盛壮，作无量罪。今欲修福，除其旧罪。'"[4]《根本说一切有部毗奈耶破僧事》卷15的动物故事中，还有"阿舅"（mātula）与"外甥"（bhāgineya）对答的例子。其梵汉句子对应如下：

---

[1]高楠顺次郎、渡边海旭主编：《大正新修大藏经》第23册，第768页上栏至中栏。

[2]谭代龙：《义净译著中的注文及其作者之研究》，载《青海师范大学学报》2006年第1期，第114－120页；谭代龙：《略论义净译著中的注文在词汇史中的研究价值》，载《重庆三峡学院学报》2006年第4期，第51－54页。

[3]高楠顺次郎、渡边海旭主编：《大正新修大藏经》第23册，第199页下栏。类似的故事段落见《十诵律》卷58。

[4]高楠顺次郎、渡边海旭主编：《大正新修大藏经》第24册，第201页下栏。

[梵] athāsau dārukoṭakaḥ tam mṛgādhipatiṃ vyapagata-duḥkhadaurmanasyaṃ viditvā pramuditamanās tatsamīpam upasaṃkramya kathayati: mātula idaṃ tad asthi tava duḥkha-nimittabhūtam iti; tato 'sau mṛgādhipatiḥ paraṃ vismayam āpannaḥ kathayati: bhāgineya asyopakārasya mayā tavāvaśyaṃ pratyupakāraḥ kartavyaḥ, kālena kālam upasaṅkramethāḥ iti. (vol. ii, p. 103)

[僧]乌见欢喜,从树飞下、以骨示之。报师子云:"阿舅,苦痛皆由此骨。"师子欢庆,报彼乌云:"外甥,我久苦痛,今得除差。我欲一生供养承事,唯愿外甥日日来此。"[1]

[梵] aham api tad eva; atha kasmāt tvaṃ susnātaḥ suprāvṛtaḥ praṇītam āhāraṃ bhuṅkṣe; mama tu na saṃpadyate iti;

[僧]"何故舅室,恒得充饶,而我家中,每不支济?"

[梵]sa kathayati: bhāgineya ahaṃ karmadvayaṃ karomi, divā kuvindatvam, rātrau cauryam iti;

[僧] 舅报外甥:"我作二业,汝即为一。"外甥问舅:"第二业何?"彼便报曰:"我夜窃盗。"

[梵] sa kathayati: mātula yadi-evam aham api cauryaṃ karomi;

[僧] 外甥白言:"我亦随盗。"

[梵] bhāgineya śakṣyasi tvaṃ cauryaṃ kartum?

[僧] 舅即报曰:"汝不能盗?"

[梵] mātula śakṣyāmi;

[僧] 答曰:"我甚能作。"

[梵] sa saṃlakṣayati: jijñāsayāmi tāvad enam iti;

[僧] 舅作是念:"我且先试。"

[梵] sa tam ādāya vīthīṃ gataḥ;

[僧] 作是念已,便共向市,

[梵] tena tatra śaśakaḥ krītvā tasya dattaḥ bhāgineya sādhaya tāvad y-

[1]高楠顺次郎、渡边海旭主编:《大正新修大藏经》第24册,第177页上栏。

ad ahaṃ snātvāgacchāmi; sa snātvā-āgataḥ;

［僧］舅买一兔，使令料理："我暂洗浴，即来当食。"

案：bhāgineya，"外甥"，呼格。汉译未见此词。

黄征：《敦煌变文俗语词校释》中讨论了"撩治"、"撩理"和"料理"，3个词都有"啖食冶择之名"，亦即"做饭菜"的意思，至少出现于晋代郭璞《尔雅注》之时。[1] 梁晓虹认为，"料理"为中古常用口语，用作动词，有营护、照顾之义，并引余嘉锡《世说新语笺疏》为证。[2] 徐时仪在《略论〈一切经音义〉与词汇学研究》一文，例引此段，解释"料理"的引申义为"烹饪前的整治加工"，"料理"乃由"撩理"演变而来。[3] 慧琳《一切经音义》卷59引音释《四分律》第13卷的"撩理"条云："撩理：力条反。《通俗文》：理乱谓之撩理，谓撩捋、整理也。今多作料量之料字也。捋音，力活反。"[4] 这说明了"料理"与"撩理"之间的承袭关系。

对照梵本，"料理"对应的是动词独立式 sādhaya，原形为√sādh-，"准备"。"使令料理"中的"使令"并没有梵本根据。不过，下句中"料理"对应的 sādhayitvā，是致使动词的独立式，有"使令"的意味。

［梵］tena taṃ laghu laghu-eva sādhayitvā-ekapādo bhakṣitaḥ;

［僧］彼料理已，舅未至间，便食一脚。

［梵］sa kuvindaḥ snātvā-āgataḥ: bhāgineya sādhitaḥ śaśakaḥ?

［僧］舅洗浴回，问其外甥："料理竟不？"

案：bhāgineya，"外甥"，是呼格形式。汉译时，译者将其改成了动词的宾格形式。这是翻译对话句式时经常出现的现象，值得注意。又，sādhitaḥ是动词√sādh-的过去被动分词形式，表示动作已经被完成了，

---

[1] 黄征：《敦煌变文俗语词校释》，载黄征：《敦煌语言文字学研究》，甘肃教育出版社2002年版，第175－176页。

[2] 梁晓虹：《〈四分律音义〉俗字拾碎》，载梁晓虹：《佛教与汉语史研究——以日本资料为中心》，上海古籍出版社2008年版，第129－130页。

[3] 徐时仪：《略论〈一切经音义〉与词汇学研究》，载《陕西师范大学学报》2009年第3期，第106－111页。

[4] 高楠顺次郎、渡边海旭主编：《大正新修大藏经》第54册，第701页中栏。

所以义净在“料理”后用了一个“竟”来表达动作的完成。

［梵］ mātula sādhitaḥ；

［僧］ 答曰：“已了。”

案：“已了”对应 sādhitaḥ，表示动作的完成。可见，“已了”除反映梵本动词的独立式、必要分词外，还可以反映过去被动分词。

［梵］ paśyāmi tāvat；

［僧］ 舅曰：“料理既竟，将来我看。”

案：“料理既竟”，不见于梵本，乃义净根据上下文的对话语境而增补的。综合上下文来看，此段的“料理”均对应动词√sādh-，是指“烹调”的意思。慧琳《一切经音义》卷39“料理”条指出，“料理：上，了簫反；正作敹。”[1]可见，“料理”的“料”是“敹”字的俗写。从汉译佛经中的情况来看，“料理”的含义有“整理、处理、管理、打理、护理、清理、治理”等多种，“料理”的使用次数远远胜于“撩理”，“料理”可能是由“撩理”演变而来。

［梵］ tena samarpitaḥ；

［僧］ 外甥擎兔，过与其舅。

案：samarpitaḥ，动词 saṃ-√ṛ-，致使动词的过去被动分词形式，“擎”。此句意为“［兔子］被他［外甥］扔给了［舅舅］”。可见梵文是被动句，汉译时改成了主动句。

［梵］ paśyati pādatrayaṃ；

［僧］ 舅见其兔，遂少一脚。

［梵］ sa kathayati bhāgineya-asya caturthaḥ pādaḥ kva gataḥ?

［僧］ 问外甥曰：“兔第四脚，今在何处？”

案：同前文一样，bhāgineya，“外甥”，也是呼格形式。汉译时，译者亦将其改成了动词的宾格形式。

［梵］ sa kathayati：mātula śaśakasya caturthaḥ pādo nāsti；kva gamiṣyati-iti；

〔1〕高楠顺次郎、渡边海旭主编：《大正新修大藏经》第54册，第566页上栏。

[僧] 外甥报曰:“其兔本来,有此三脚。云何问我,索第四耶?”

案:mātula(舅舅)也是呼格形式,汉译时被略去了。

[梵] sa saṃlakṣayati: ahaṃ tāvac coraḥ, ayaṃ tu mahācora iti;

[僧] 舅作是念:“我先是贼,今此外甥,大贼胜我。”

案:mahācora,“大贼”。

[梵] sa tam ādāya tripādakaṃ ca śaśakaṃ pānāgāraṃ praviṣṭaḥ

[僧] 即将其兔,共入酒家。

案:pānāgāraṃ,“酒家”。

[梵] bhāgineya madyaṃ pibāmaḥ; pibāmaḥ; tābhyāṃ pītam;

[僧] 舅安坐已,即唤外甥,共坐饮已。

案:madyaṃ,“酒”。pibāmaḥ,“饮”。

[梵] kuvindaḥ kathayati: bhāgineya madyamūlyam apalapāmaḥ;

[僧] 即令外甥,计算酒价。

案:madyamūlyam,“酒价”。apalapāmaḥ,“计算”,“支付”。

[梵] sa kathayati: mātula yena pītam so 'palapatu; ahaṃ naiva pibāmi; kim apalapāmi iti;

[僧] 外甥报曰:“若人饮酒,可使令算。我本不饮,何论算耶?舅今自饮,舅当自算。”

案:apalapatu,“可使令算”。“舅今自饮,舅当自算”不见于梵本。

[梵] sa kuvindaḥ saṃlakṣayati: mahācoro 'yam; śakyam anena sārdhaṃ cauryaṃ kartum iti;

[僧]舅作是念:“我先是贼,今此外甥,大贼胜我。若共同本,亦堪作贼。”

[梵]sa tena sārdhaṃ cauryaṃ kartum ārabdhaḥ;

[僧] 即与外甥于夜分中,穿他墙壁,拟盗财物。

[梵]sa kuvindaḥ sandhau śiraḥ prakṣipati;

[僧]既穿孔已,其舅即先将头,欲入孔中。

[梵]tenocyate: mātula cauryaṃ api na jñāyate tvayā kartum; pādau pūrvaṃ prakṣeptavyam na śiraḥ; yadi śiraś-chidyate pratyabhijñāyate, kulaṃ sarvaṃ vināśam upaiti; pādau prakṣipa iti;

［僧］外甥告曰："舅不闲盗法，如何先以己头，入于孔中？此事不善，应先以脚入孔。若先以头入，被他割头，众人共识，祸及一族。今应先以脚入。"

［梵］tena pādau prakṣiptau;

［僧］舅闻是已，便以脚入。

［梵］tataś coraś cora iti kolāhalo jāta iti padbhyāṃ gṛhītaḥ; mahājanakāyo lagnaḥ;

［僧］［舅适入窟］，财主既觉，便即唱贼。众人闻声，即共于内孔中，捉其贼脚。

［舅］为守者所执，执者唤呼，诸守人捉，

［梵］sa eko na śaknoti-ākarṣṭnum;

［僧］尔时外甥复于孔外，挽出其舅，力既不禁。

［舅］甥不制。

［梵］sa śiraś-chittvā tad ādāya prakrāntaḥ;

［僧］恐祸及己，即截其头，持已而走。

［舅］畏明日识，辄截舅头，出窟持归。

［梵］amātyai rājño niveditam: deva ekaś coraḥ sandhiṃ praviṣṭo gṛhītaḥ; tasya ko 'pi śiraś-chittvā tad ādāya prakrāntaḥ;

［僧］于时群臣奏王此事。

［舅］晨晓藏监具以启闻。

案：梵本中原有群臣启奏的内容，即："天/神！一贼被捉，其头被截而持走。"与前文有些重复，因此，义净就对其进行了省略化的处理。而"具以启闻"中的"具"，实际上也就表达了此句承前省略的意思。

"藏监"与"群臣"对应的是 amātyai，这是名词 amātya（"大臣"）的具格、复数形式。"群臣"的"群"刚好表达了该处的复数涵义。"启闻"和"奏"对应的则是动词 niveditam。nivedita-是动词 ni-√vid-的过去被动分词形式，意即"报告、启奏"。

［梵］ < rājā kathayati: bhavantaḥ > yaḥ śiraś-chittvā prakrāntaḥ sa mahācoraḥ;

［僧］王告群臣:“截头去者,最是大贼。”

［舅］王又诏曰:

［梵］gacchata taṃ kabandhaṃ caturmahāpathe sthāpayitvā pratigupte pradeśe tiṣṭhata;

［僧］汝可将彼贼尸,置四衢中,密加窥觇。

［舅］“舆出其尸,置四交路。”

案:“其尸”与“贼尸”对应的是 kabandha(无头躯干)。“四交路”与“四衢”对应的是 caturmahāpathe,这是双牛释复合词 caturmahāpatha(四大道交叉的地方,即十字路口[1])的依格形式。“置四衢中”的“中”字表达出了依格(表处所)的意义。又,“置”对应的是 sthāpayitvā,后者乃动词√sthā-(安放;站立)的致使动词的独立式形式。

［梵］yas taṃ gṛhītvā roditi tenaikacoreṇa bhavitavyam, gṛhṇīta iti;

［僧］“或有悲泣、将尸去者,此是彼贼,便可捉取。”

［舅］“其有对哭、取死尸者,则是贼魁。”

案:“贼魁”与《破僧事》中的“大贼”均对应梵本中的 mahācora(大贼)。“对哭”与“悲泣”均对应 roditi,后者乃动词√rud-(哭泣)的现在时、主动语态、第三人称单数形式。

［梵］tatas te rājapuruśāḥ taṃ kabandhaṃ caturmahāpathe sthāpayitvā pratigupte pradeśe sthitāḥ;

［僧］群臣奉命,即将死尸,如王设法。

［舅］弃之四衢,警守积日。

案:所谓“如王设法”是承前省略式的意译,而“弃之四衢”基本上可以与 taṃ kabandhaṃ caturmahāpathe sthāpayitvā(置其尸于四衢)对应。“警守”对应 pratigupte,此乃动词 prati-√gup-(警卫、保卫)的过去、被动分词形式。“警守积日”是 pratigupte pradeśe sthitāḥ(站在警卫

［1］方一新、王云路释“四交路”为“四通八达的大路”,与“四衢”同义。参见方一新、王云路编著:《中古汉语读本》,第 39 页,注释 20。

的地方)的意译。

［梵］sa ekacoraḥ saṃlakṣayati：

［僧］彼贼外甥便思念云：

［梵］na nāma mayā mātulaṃ kaṇṭhe gṛhītvā roditavyam；

［僧］“我今不应直抱舅尸，恐众人识我。”

［梵］sa unmattakaveṣam ātmānaṃ kṛtvā striyam api kaṇṭhe gṛhṇāti；

［僧］我应佯狂，于诸四衢，

案：unmattakaveṣam，分拆为 unmattaka-veṣam。unmattaka-意即“疯狂的”，veṣa 意即“装扮的”，该复合词相当于汉译本的“佯狂”。

［梵］puruṣam api vṛkṣam api aśvam api vṛṣabham api mahiṣam api chāgam api kukkuram api grahītum ārabdhaḥ；

［僧］“或抱男女，或抱树石，或抱牛马，或抱猪狗。”作是念已，便行其事。

［梵］yadā lokena vijñāta unmattako 'yam iti tadā taṃ kabandhaṃ kaṇthe gṛhitvā yāvadāptaṃ ruditvā prakrāntaḥ；

［僧］时世间人，既见其人处处抱物，咸知是狂。然贼外甥始抱其舅，尽哀悲泣，便即而去。

［舅］其人射闹。

案：“射闹”就是“佯狂”(佯装疯狂，打打闹闹)的意思，对应梵本中的 unmattaka-(疯狂的)。

［梵］rājapuruṣai rājño niveditam：deva unmattakas taṃ kabandhaṃ kaṇṭhe gṛhītvā yāvadāptaṃ ruditvā prakrānta iti；

［僧］群臣奏王，皆曰守尸，唯一狂人抱尸哀泣而去，更无余人。

［舅］守者明朝具以启王。

［梵］rājā kathayati：bhavantaḥ sa evāsāv ekacorakaḥ；na śobhanaṃ kṛtaṃ yan na gṛhītāḥ；

［僧］王便告曰：“彼是狗贼，如何不捉？”

［舅］王诏微伺，伺不周密。

［梵］idānīm gṛhṇīta iti.

[僧] "今可捕取。"

[舅] 若有烧者,收缚送来。

[梵]ekacorakaḥ saṃlakṣayati: na nāma mayā mātulaḥ satkārayitavya-ḥ? iti;

[僧] 尔时彼贼复作是念:"我今如何不葬我舅? 我必须葬。"

[梵]sa śākaṭikaveṣaṃ kṛtvā kāṣṭhasya śakaṭaṃ pūrayitvā taṃ pradeś a- ṃ gataḥ; tasyopari śakaṭam kāṣṭhapūrṇam sthāpayitvā balīvardān utsṛjya śa- kaṭe agniṃ datvā prakrāntaḥ;

[僧] 便作一驾车人,满着柴束,驱至尸上,速解牛络,放火烧车,便走而去。

[舅] 于是外甥,将教僮竖,执炬舞戏,人众总闹,以火投薪。

[梵]tena dahyamānena sa kabandho dagdhaḥ;

[僧] 当尔之时,车柴之火,烧尸遂尽。

[舅] 薪燃炽盛。

[梵]rājapuruṣai rājña niveditam: deva sa ekacorako dagdhaḥ;

[僧] 守尸之人,寻奏王曰:"彼贼尸者,今已烧尽。"

[舅] 守者不觉。

[梵]rājā kathayati: kena;

[僧] 王问彼曰:"谁烧贼尸?"

[梵]tair yathāvṛttaṃ samākhyātam;

[僧] 臣具上事。

[舅] 具以启王。

[梵] rājā kathayati: bhavanto yo 'sau śākaṭikaḥ sa evāsāv ekacorikaḥ;

[僧] 王曰:"汝等当知,彼驾车人,即是狗贼。"

[舅] 王又诏曰:"若已蛇维,更增守者,严伺其骨。"

[梵] na śobhanaṃ kṛtaṃ yan na gṛhītaḥ; gṛhṇīta iti;

[僧] "云何不捉? 今可捕取。"

[舅] "来取骨者,则是原首。"

[梵]sa ekacorakaḥ saṃlakṣayati: na nāma mayā mātulasya śmaśāne pitṛkāryaṃ kṛtam iti;

[僧] 尔时彼贼复作是念:"我今要须于葬舅尸之处,设诸祭祀。"

案:梵本中的 ekacoraka,原卷多次抄作 ekacorika。现直接改动,不一一出注。

[梵]sa brāhmaṇaveṣaṃ kṛtvā adhiṣṭhāne bhikṣām aṭitvā tasya tāṃ bhikṣām śmaśāne paktvā piṇḍān dattvā prakrāntaḥ;

[僧] 念已,便作净行婆罗门形,于国城内,遍行乞食。即以其食,于烧尸处,五处安置,阴祭其舅,作已便去。

[梵]rājapuruṣai rājño niveditam: deva brāhmaṇenādhiṣṭhāne bhikṣām aṭitvā yasmin pradeśe sa kabandho dagdhaḥ tatra pañca piṇḍān datvā prakrānta iti;

[僧] 时守尸人,具以白王。

案:汉译本是省略句式,用一个"具"字就将原文中重复的内容涵盖了。

[梵]rājā kathayati: bhavantaḥ sa evāsāv ekacorakaḥ; na śobhanaṃ kṛtaṃ yan na gṛhīta iti;

[僧] 王曰:"彼是狗贼,如何不捉?甚为不善。"

[梵]ekacorakaḥ saṃlakṣayati: na nāma mayā mātulasyāsthīni gaṅgāyāṃ prakṣeptavyāni? iti;

[僧] 尔时彼贼,复作是念:"我今要将舅骨,投于弶伽河中。"

[梵]sa kāpālikaveṣa kṛtvā taṃ pradeśaṃ gataḥ;

[僧] 作是念已,便作一事髑髅外道形,就彼骨所。

[梵]sa tatra gātraṃ bhasmanā uddhūlayitvā asthīnāṃ bhasmanāṃ ca karparakaṃ pūrayitvā gaṅgāyāṃ prakṣipya prakrāntaḥ;

[僧] 取其余灰,以涂其身。收取烧骨,于髑髅中安置,投弶伽河中。作已便去。

[舅] 受骨而去。

[梵]rājapuruṣai rājño yathāvṛttam ārocitam;

[僧] 彼守尸人复以奏王。

［舅］明复启王，

［梵］rājā kathayati：bhavantaḥ sa evāsāv ekacorakaḥ；na śobhanaṃ kṛtaṃ yan na gṛhītāḥ；

［僧］王曰："彼是狗贼，云何不捉？甚为不善。"

［舅］王又诏曰："前后警守，竟不级获。"

案："级获"是"活捉"的意思，对应于梵文本中的 gṛhītāḥ，动词原形为√grah-（抓住、捉住）。

［梵］sarvathā tiṣṭhata yūyaṃ；aham evainaṃ gṛhṇāmi iti；

［僧］"汝等宜止，我自捉取。"

［舅］"斯贼狡黠，更当设谋。"

［梵］rājñā gaṅgāyāṃ naubhir udyānaṃ kāritam；

［僧］尔时其王，乘一泛舟，前后侍从，游弶伽河中。

［梵］ubhayakūle ārakṣakāḥ puruṣāḥ sthāpitāḥ；

［僧］于河岸上，置人守捉。

［梵］rājño duhitā abhirūpā darśānīyā prāsādikā tasmin jalodyāne sthāpitā；

［僧］王先有女，颜容端正，众人乐见，同于河中游戏，令稍相远。

［舅］王即出女，庄严璎珞，珠玑宝饰，安立房室，于大水傍。

［梵］uktā ca yadi tvāṃ kaś-cid gṛhṇāti ravayiṣyasi iti；

［僧］报其女曰：有人捉汝，汝便高声。

［舅］素教诫女，得逆抱捉，唤令众人。

案："得逆抱捉"与"有人捉汝"是相同的意思，对应梵文本中的 yadi tvāṃ kaścid gṛhṇāti（意即：如果有某人抱住你）。gṛhṇāti，动词原形为√grah-（抓住、捉住、抱捉），此乃动词的陈述语气、主动语态的第三人称单数形式。

［梵］ārakṣakapuruṣānāṃ cājñā dattā：

［僧］又敕守岸人曰：

［梵］yadaiṣā rāvayati tadā yuṣmābhir jalodyānaṃ gantavyam；

［僧］"我女作声，汝等即须相近。"

[梵] yadi kaścit tatra puruṣo bhavati sa gṛhītvā māṃ neyaḥ; iti;

[僧] "若见男子,便可捉取。"

[舅] "则可收执。"

案:"收执"、"捉取"与前文的"级获"同义,对应于梵文本中的动词不定式 gṛhītvā,动词原形为√grah-(抓住、捉住)。

[梵] ekacorakaḥ saṃlakṣayati: na nāma mayā rājaduhitryā sārdhaṃ paricārayitavyam iti;

[僧] 尔时狗贼复作是念:"今王与女游戏河中,应要与彼女相共嬉戏。"

[梵] sa tatra gaṅgāyām anusroto 'vasthitaḥ;

[僧] 作是念已,即于上流而住。

[梵] sa tatra riktapiṭharikān kṣeptum ārabdhaḥ;

[僧] 放一瓦锅,随流而下。

[舅] 因水放株,令顺流下。

[梵] ekaḥ kṣiptaḥ; ārakṣakapuruṣāḥ cora iti kṛtvā dhāvitāḥ;

[僧] 岸夫见已谓是贼,竞持棒打,

[舅] 唱叫犇急,守者惊趣。

[梵] tair asau prahāreṇa bhagnaḥ;

[僧] 瓦锅便破,乃知非贼。

[梵] dvitīyaḥ kṣiptaḥ; so 'pi bhagnaḥ; tṛtīyaḥ kṣiptaḥ; so 'pi bhagnaḥ; ārakṣakā riktapiṭharikā- eta uhyante-iti-api-upekṣitā vyavasthitāḥ;

[僧] 第二、第三亦复如是,乃至十数。时守岸人屡见瓦锅,便舍不打。

[舅] 如是连昔,数数不变。

[梵] tato 'sāv ekacorakaḥ riktapiṭharikāyā <ṃ> śiraḥ prakṣipya śrotasā-uhyamānas taṃ pradeśam āgataḥ;

[僧] 尔时狗贼头戴一锅,随流而下,至王女所,上女舟中。

[舅] 甥即乘株,到女室。

[梵] tato nāvam abhirūḍho dārikāyāḥ kathayati:

[僧] 手执利刀,告王女曰:

[舅] 甥告女曰:

[梵] mā śabdaṃ kariṣyasi; na tvāṃ praghātayiṣyāmi iti;

[僧]"汝勿作声,若作声者,我当害汝。"

[梵] sā saṃtrastā tūṣṇīm avasthitā; tayā sārdhaṃ paricārya prakrāntaḥ.

[僧] 王女怕惧,不敢作声,因与戏会。既戏会已,便走而去。

[梵] sā pralapitum ārabdhā: eṣa coro māṃ paricārya gacchati-iti;

[僧] 女见贼去,高声啼泣,作如是言:"彼贼强私我,今已去讫。"

[舅] 而大称叫。

案:方一新指出,"称"有叫义,"称叫"就是叫喊,属于同义复合词。[1] "大称叫"是"高声叫喊",对应《破僧事》中的"高声啼泣"。pralapitum 是动词 pra-√lap-的不定式形式,对应的就是"称叫"。

[梵] ārakṣakāḥ kathayanti: yadā paricārayati tadā tūṣṇīṃ tisthasi; yadā paricārayitvā prakrāntas tadā rodiṣi;

[僧] 守河岸人报王女曰:"汝嬉戏时,默然欢乐。贼今既去,乃始啼泣。"

[梵] idānīṃ kutra samanveṣāma iti;

[僧]"我等于今何处求贼?"

[梵] ārakṣakai rājño yathāvṛttam ārocitam;

[僧] 守岸人等,具以告王。

[舅] 明具启王。

[梵] rājā kathayati: na śobhanaṃ kṛtaṃ yan na gṛhītaḥ iti;

[僧] 王曰:"汝等云何不善防守,致令如是?"

[舅] 王又诏曰:"此人方便,独一无双。久捕不得,当奈之何?"

[梵] dārikā corena sārdham paricārayitvā āpannasattvā saṃvṛttā;

---

[1]参见方一新:《中古汉语词义求证法论略》,载《浙江大学学报》(人文社会科学版)2002年第5期,第33-41页。

［僧］时彼王女被狗贼交，遂便有胎。

［舅］女即怀妊。

案："女即怀妊"与"遂便有胎"可以对应。梵本中使用了 3 个动词，即 paricārayitvā（原形 pari-√car-的独立式）、āpannasattvā（原形 āpanna-√sat-的独立式）、saṃvṛttā（原形 saṃ-√vṛt-的过去分词）。这 3 个动词经常连用，表示男女双方的游乐与性爱活动。[1]

［梵］sā <ṣṭānaṃ > vā navānām < vā > māsānām atyayāt prasūtā; dārako jātaḥ;

［僧］具足十月，诞生一子。

［舅］十月生男。

［梵］ekacorakena śrutaṃ; sa saṃlakṣayati:

［僧］时彼狗贼闻王女生子，复作念云：

［梵］na mayā putrasya janmani pramodaḥ kṛtaḥ iti;

［僧］"我今必为我儿作诸喜庆。"

［梵］sa kāñcukīyam ātmānaṃ kṛtvā rājakulān nirgamya pauruṣeyān āmantrayate:

［僧］作是念已，即变其形，为一给使。从王内出，告诸人曰：

［梵］bhavanto deva ājñāpayati pattanaṃ luṇṭhayata iti;

［僧］"王有教令：

［梵］te saṃlakṣayanti: rājño naptā jātaḥ; tenāsmābhir ājñā dattā; luṇṭhayāmaḥ;

［僧］我女生子，汝诸国人，可于今夜，恣意欢乐，互盗衣服财帛，任情而作。"

［梵］te luṇṭhayitum ārabdhāḥ;

［僧］时国群臣及诸人众，闻是语已放情嬉戏。

［梵］uccaśabdamahāśabdo jātaḥ;

---

［1］参见陈明：《梵汉本〈破僧事〉词语札记》（载《欧亚学刊》第 10 辑，中华书局 2012 年版，第 277－291 页）中的"游喜/游乐/戏会"条。

[僧]其声喧闹闻于王内。

[梵]rājā pṛcchati kim etat-iti;

[僧]王问诸人:"我诸国人,云何喧闹若是?"

[梵]atmātyair vistareṇa samākhyātam;

[僧]国人答曰:"我等先奉王教,令我如是。"

[梵]sa kathayati: evam api-ahaṃ tena khalīkṛtaḥ; rājyaṃ vā parityajāmi tasya vā nigrahaṃ karomi-iti;

[僧]王闻是已,知是狗贼所作,便作是念:"我若捉此狗贼不得,我便舍去国位。"

[梵]tena viditvā maṇḍalavāṭaḥ kāritaḥ;

[僧] 即设一计,造一大堂。

[梵]kaṃcit kālaṃ vinodya amātyānām ājñā dattā:

[僧] 堂既了已,其儿年已六岁。

[梵]bhavanta adhiṣṭhāne evaṃvidhaṃ ghaṇṭāvaghoṣaṇaṃ kārayata;

[僧] 令诸群臣,击鼓宣令:

[梵]yāvanto 'dhiṣṭhāne puruṣāḥ prativasanti taiḥ sarvair niṣparihārair bhūtvā maṇḍalavāṭaṃ praveṣṭavyam;

[僧]"尽唤国内所有男子尽入堂内。"

[梵]yo na praviśati tasya vadho daṇḍa iti;

[僧]"有不来者捉获杀之。"

[梵]amātyair ghaṇṭāvaghoṣaṇā kāritā; sarne 'dhiṣṭhānavivāsinaḥ puruṣā praviṣṭāḥ;

[僧]尔时国人尽来入堂,时彼狗贼亦在其中。

[梵]tato rājñā tasmai dārakāya mālāṃ datvā-uktam:

[僧]时王即以华鬘,告其儿曰:

[梵]yas tava pitā tasmai tāṃ mālām anuprayaccha iti;

[僧]"汝持此鬘,于彼众中,若见汝父,以鬘与之。"

[梵]ārakṣakāś ca puruṣā uktāḥ:

[僧] 复令傍人随逐,

[梵]yasyāyaṃ dārako mālāṃ dadāti sa yuṣmābhir gṛhītvā matsakāśam upaneyaḥ iti;

[僧]"其儿与鬘,汝便捉取。"

[梵]tatas tām puṣpamālāṃ gṛhītvā paribhramitum ārabdho janakāyān nirīkṣamāṇaḥ;

[僧] 尔时彼儿,即持花鬘至于众中。

[梵]tenāsau coro dṛṣṭaḥ; acintyaḥ sattvānāṃ karmavipākaḥ;

[僧] 以业力故,果见其父,

[梵]tena tasmai mālā dattā;

[僧]便以鬘与。

[梵]rājapuruṣai ekacoro gṛhītvā rājña upanāmitaḥ;

[僧]时彼傍人,便捉狗贼,将至王所。

[梵] rājā-amātyān āmantrayate: bhavantaḥ katham atra pratipattavyam? iti;

[僧]王集群臣,共议此事:"如此罪人,云何处分?"

[梵]te kathayanti: deva praghātyatām iti;

[僧]"可杀之耳。"

案:梵本中的"te kathayanti: deva"意即"他们说:'天/神!'"这是对话的标记,在汉译的时候,有时候是增译,但有时候却是省译。很显然,义净此处为了行文的简洁,省略了这句对话标记。

[梵] rājā kathayati: bhavantaḥ katham īdṛśo vīrapuruṣaḥ praghātyaḥ; upasaṃgraho 'sya kartavyaḥ iti;

[僧]王即思惟:"此是智贼,云何杀之?"告群臣曰:"此人勇猛,兼有智慧,可留侍卫。"

[舅] 王曰:"卿之聪哲,天下无双。"

案:梵本原只有一句话,iti 相当于一个引号,引号内的句子就相当于动词 kathayati 的宾语。原句可译为"王曰:现在为何要杀这样的勇士? 应该对他礼敬。"义净将句子分拆,增加了"告群臣[曰]",这样表示话语对象的标记。īdṛśo vīrapuruṣaḥ对应"此人勇猛", vīra-puruṣa-原指“勇敢的人，即勇士、英雄”，是主格、单数形式。vīra-puruṣa 中的 vīra，所表示的“勇敢、英雄”之中，还包含了“有智慧”、“聪哲”以及“天下无双”。汉译本充分展示了该词的丰富内涵。

“可留侍卫”所对应的 upasaṃgraho' sya kartavyaḥ，意即“应该对他礼敬”。upasaṃgraha，是“礼敬”的意思。kartavya-是动词√kṛ-（做、作）的必要分词形式。必要分词通常含有“可以、应该”的意味，此处的情态动词“可”就反映了 kartavya 的必要分词形式。此句的“可留侍卫”并不是指“他可以留下来当任侍卫”，而是“可以留下他来加以礼敬（即让他享受高级的待遇）”。此处的“侍卫”有“礼敬”的意思。

［梵］tena tasmai sā duhitā sarvālaṅkāravibhūṣitā bhāryārthaṃ dattā;

［僧］便嫁与女，以之为妻。

［舅］“随卿所愿，以女配之，得为夫妇。”

［梵］upārdharājyena saṃvibhaktaḥ.

［僧］仍以半国给之。

［梵］kiṃ manyadhve bhikṣavaḥ?

［僧］佛告诸比丘：

［舅］佛告诸比丘：

［梵］yo 'sāv ekacorika aham eva sa tena kālena tena samayena;

［僧］“尔时狗贼，即我身是。”

［舅］“欲知尔时甥者，则吾身是。”

［梵］yo 'sau tasya putraḥ eṣa evāsau rāhulas tena kālena tena samayena;

［僧］时彼儿者，即罗怙罗是。

［舅］“子，罗云是也。”

［梵］tadāpi-anena mālayā vijñātaḥ;

［僧］由于昔时于人众中能识我故，

［梵］etarhi-api-aham anena modakena vijñātaḥ;

［僧］今复于此众中能识于我。

［梵］evaṃ hi vo bhikṣavo 'cintyaḥ sattvānaṃ karmavipākaḥ iti karmaparāyaṇair bhavitavyam.

[僧]“诸比丘当知:业力不可思议,汝等应随业行。”

透过《生经·舅甥经》和《破僧事》汉译本中的这一平行故事与梵本《破僧事》的对照,我们不难发现相应语段中的一些词语存在意义上的关联,可谓是为理解这些词语提供了必要的“方便法门”。

2.5.2 《生经·舅甥经》中的“不制”词义补说

《生经·舅甥经》中的词语颇得中古汉语史研究者的青睐,迄今已有数篇论文,包括太田辰夫、江蓝生《〈生经·舅甥经〉词语札记》;[1]黄征《敦煌陈写本晋竺法护译〈佛说生经〉残卷 P.2965 校释》;[2]方一新《敦煌写本〈生经·佛说舅甥经〉语词琐记》[3]及其与王云路合编的《中古汉语读本》(修订本)中对《〈生经·舅甥经〉》的注释;[4]刘汉文《〈生经·舅甥经〉词语补札》;[5]谭代龙《〈生经·舅甥经〉“有名”考》[6]和《〈生经·舅甥经〉“不制”解》;[7]陈立华《〈生经〉异文研究》等。[8]《生经·舅甥经》中的某些词语不太容易理解,各家观点并不一致。比如,“不制”一词可谓众说纷纭。

(1)太田辰夫、江蓝生《〈生经·舅甥经〉词语札记》一文指出,“诸守人捉甥不制”的“不制”当为“不成”、“不得”之意,但尚缺少旁证。

(2)刘汉文《〈生经·舅甥经〉词语补札》则将“执者唤呼,诸守人捉甥不制”读作“执者唤呼诸守人,甥捉不制”,并对比《根本说一切有部毗奈耶破僧事》卷 12 中的相关语句,他认可“不制”是“不能‘制’”

---

[1]太田辰夫、江蓝生:《〈生经·舅甥经〉词语札记》,载《语言研究》1989 年第 1 期,第 81–85 页。该文收入王云路、方一新编:《中古汉语研究》,商务印书馆 2004 年版,第 178–186 页。

[2]黄征:《敦煌陈写本晋竺法护译〈佛说生经〉残卷 P.2965 校释》,收入《敦煌语言文学论文集》,浙江古籍出版社 1988 年版,第 276–290 页。

[3]方一新:《敦煌写本〈生经·佛说舅甥经〉语词琐记》,《浙江社会科学》1996 年第 2 期,第 71–75 页。

[4]方一新、王云路:《中古汉语读本》(修订本),上海教育出版社 2006 年版,第 35–48 页。

[5]刘汉文:《〈生经·舅甥经〉词语补札》,载《阿坝师范高等专科学校学报》2007 年第 1 期,第 83–84 页。

[6]谭代龙:《〈生经·舅甥经〉“有名”考》,载《中国语文》2006 年第 3 期,第 265 页。

[7]谭代龙:《〈生经·舅甥经〉“不制”解》,载《古汉语研究》2008 年第 2 期,第 82 页。

[8]陈立华:《〈生经〉异文研究》,湖南师范大学硕士学位论文,2011 年 5 月,第 51–61 页。

的意思。刘汉文轻易调换原句词序的做法是有问题的,而且也没能解释清楚"不制"的确切含义。

(3)谭代龙《〈生经·舅甥经〉"不制"解》一文也指出"不制"与义净译《根本说一切有部毗奈耶破僧事》卷12"大贼"故事中的"力既不禁"之间的对应关系,他认为,"不制"的"制"和"不禁"的"禁",就是"禁制"(控制、约束)的意思。

不妨将《生经·舅甥经》、义净译《破僧事》和梵本《破僧事》中相关的句子依次排列如下:

[舅]:舅适入窟,为守者所执,执者唤呼,诸守人捉,甥不制。畏明日识,辄截舅头,出窟持归。[1]

[僧]:舅闻是已,便以脚入。财主既觉,便即唱贼。众人闻声,即共于内孔中,捉其贼脚。尔时外甥复于孔外,挽出其舅,力既不禁,恐祸及己,即截其头,持己而走。[2]

[梵]:tena pādau prakṣiptau; tataś coraś cora iti kolāhalo jāta iti padbhyāṃ gṛhītaḥ; mahājanakāyo lagnaḥ; sa eko na śaknoti-ākarṣṭum; sa śiraśchittvā tad ādāya prakrāntaḥ;(vol. ii, p. 33)

梁沙门僧旻、宝唱等集《经律异相》卷第44(男庶人部上)"舅甥共盗甥黠慧后得王女为妻十二",摘引了《舅甥经》的故事,此句云"舅这(适)入穴,为守者所执。执者唤呼,甥畏人识,截取舅头而去"。[3] 此外,在天台智者大师说《妙法莲华经文句》卷第一下,也有《舅甥经》的故事情节缩写,此句为"甥因令舅倒入,被执。甥恐人识,即级舅

[1]高楠顺次郎、渡边海旭主编:《大正新修大藏经》第3册,第78页。钱钟书引述《舅甥经》时,将此标点为"诸守人捉,甥不制",参见钱钟书:《一节历史掌故,一个宗教寓言,一篇小说》,载《文艺研究》1983年第4期,第4-12页。吕有祥对《舅甥经》所作的白话译注中,也有类似的理解。他译为"抓住舅舅的人又喊其他看守人捉外甥,但都制服不了他。"(西晋三藏竺法护著、吕有祥译注:《佛说本生经》,宗教文化出版社2005年版,第85页)可见,他将"制"理解成"制服"。方一新、王云路的《中古汉语读本》(修订本)的标点为"执者呼唤,诸守人捉甥不制"(见该书第37页)。王晓平:《佛典·志怪·物语》中的引文则为"执声呼唤,诸人甥捉不制"(见该书第36页)。此处与他书颇有出入。

[2]高楠顺次郎、渡边海旭主编:《大正新修大藏经》第24册,第159页下栏。

[3]高楠顺次郎、渡边海旭主编:《大正新修大藏经》第53册,第230页上栏。

头。"[1]明代金庭比丘通润笺《妙法莲华经大窾》亦大同此。这 3 处刚好没有"不禁"或"不制"。唐天台沙门湛然述《法华文句记》卷 2 也有《舅甥经》的故事情节缩写,相应的句子为:"甥知不济,恐明人识,辄截头留身而去。"[2]显然,湛然是用"不济"来表达"不制"的含义的。

需要指出的是,就梵汉文本的关系而言,《舅甥经》不是梵本《破僧事》中"大贼"故事的对译,也就是说,《舅甥经》和汉译《破僧事》中的"大贼"故事不是异译本的关系。尽管如此,但二者可称为平行文本,因此,上述的这段话可以进行比勘。此处需要考察的是 sa eko na śaknoti-ākarṣṭum 一句,相应的汉译分别为"甥不制"和"尔时外甥复于孔外,挽出其舅,力既不禁"。sa eko na śaknoti-ākarṣṭum 的原意为"他一个人不能挽出[其舅]"。具体的对应关系如下:

sa:他,译为"外甥"。eko, 即 eka-,数词,"一"。na:否定词,"不"。

śaknoty,即śaknoti, 来自动词√śak-,是动词的现在时、主动语态、陈述语气、第三人称单数形式,意即"能够、有力量、有能力"。此故事的前文有一句话,也用到了动词√śak-。即:

[僧]答曰:"我甚能作。"

[梵] mātula śakṣyāmi;

这是外甥对舅舅问话("汝不能盗?")的回答,原句意思为:"舅舅,我将能够[做]。"śakṣyāmi 是动词√śak-的将来时第一人称单数形式("我将能够"),即义净所译的"我甚能作"。

动词√śak-常与其他动词的不定式形式连用,表示"能够做什么事情"(be able to do something)。śaknoti 的这种用法在《破僧事》中还有它例可证,比如:

[僧] 堪为太子宫中侍卫。[3]

[梵] śaknoti-eṣā kumārasya cittagrāhaṃ kartum; eṣā praveśyatām(vol. i, p. 62)

---

[1]高楠顺次郎、渡边海旭主编:《大正新修大藏经》第 34 册,第 11 页下栏。

[2]高楠顺次郎、渡边海旭主编:《大正新修大藏经》第 34 册,第 173 页下栏至第 174 页上栏。

[3]高楠顺次郎、渡边海旭主编:《大正新修大藏经》第 24 册,第 112 页上栏。

梵句的意思是："她能够去做童子的心上人。"śaknoti + kartum（动词√kṛ-，"做"）即"能够去做"，即汉译本中的"堪为"。此处的"堪"对译的就是śaknoti。动词√śak-与否定词 na 连用，表示"不能；没能力、没力量"。动词√śak-加上否定词，再与其他动词的不定式形式连用，就表示"不能够做什么事情"。比如：vikshituṃ na śaknoti，意即"he is not able to see"[1]。类似的用法在义净译《根本说一切有部毗奈耶药事》卷 12 中就有，其梵汉对应的句段如下：

［药］［具寿阿难陀］白言：世尊，我念世尊于灯明中，而不眠卧，意欲灭止。以手衣扇，擿拨吹之，竟不能灭。佛言：阿难陀，勿自疲劳，纵令无碍大风，来吹此灯，尚不能灭。况汝以手衣扇，能令吹灭？[2]

［梵］āyuṣmānāndandaḥ saṃlakṣayati / asthānamanavakāśo yadbuddhā bhagavantaḥ ālokaśayyāṃ kalpayiṣyanti yattvahaṃ pradīpaṃ nirvāpayeyamiti / sa hastena nirvāpayitum-ārabdho na śaknoti tataś-cīvarakarṇikena tato vyajanena tathāpi na śaknoti-iti / bhagavān-āha /mā khedamānandāpatsyase / yadi vairaṃbhā api vāyavo vāyeyuste api na śaknuyur-nirvāpayituṃ prāgeva hastacīvarakarṇiko vyajanaṃ vā /[3]

"竟不能灭"对应的是 nirvāpayitum… na śaknoti，同样的，śaknoti 是动词√śak-的现在时、主动语态、陈述语气、第三人称单数形式，nirvāpayitum 是动词 nir-√vap-的致使动词的不定式形式，意为"使……吹灭"。"尚不能灭"对应的是 api naśaknuyur-nirvāpayituṃ，其中的śaknuyur，是动词√śak-的现在时、主动语态、祈愿语气、第三人称复数形式。由此可见，动词√śak 与否定词 na 连用，均被译成了"不能"。那么，与 na śaknoti 对应的"不制"和"不禁"无疑就是"不能"的意思。

上引梵本《破僧事》例句中的 ākarṣṭum 是动词 ā-√kṛṣ-的不定式形

---

［1］Monier Monier – Williams, *A Sanskrit – English Dictionary*, Oxford University Press, 1899 (reprinted 1988), p. 1044.

［2］高楠顺次郎、渡边海旭主编：《大正新修大藏经》第 24 册，第 55 页下栏至第 56 页上栏。

［3］Sitansusekhar Bagchi, ed., *Mūlasarvāstivādavinayavastu*, vol. i., Buddhist Sanskrit Text No. 16, Darbhanga: The Mithila Institute of Postgraduate Studies and Research in Sanskrit Learning, 1967, pp. 57 – 58.

式,意即“拉向自己、拉拽、拉走”等(draw towards one's self, attract, draw away with one's self; take away)。义净此处对译为“挽出”。

从梵汉文本的语意来看,na śaknoty ākarṣṭum(不能挽出)对应的就是“不制”和“挽出[其舅],力既不禁”。义净的对译实际是“挽出,力不禁”。“其舅”是增译的动词宾语,表动作的对象,而“力既不禁”中的“既”也是义净的增译,旨在与下文的“即”形成语法关系。可以看出,义净用“不禁”来对译 na śaknoti(不能),用“挽出”来对译 ākarṣṭum(拉拽)。那么,《舅甥经》的“不制”对应的应该是“挽出[其舅],力[既]不禁”,并不仅是“不禁”。因此,这个“不制”应该同时含有“不能”和“挽出”两个意思。换句话说,其一,“不制”与“不禁”所对应的是“不能”(na śaknoti);其二,“不制”还有隐含的意思“挽出”,对译的是“拉拽”(ākarṣṭum)。从“挽出”这层含义来说,笔者推测,这里的“制”或许相当于“掣”字,即“拽”。《经典释文》云:“掣,拽也。”

西明寺沙门释道世撰《法苑珠林》卷第31“潜遁篇第二十三”引证了《生经》中的《舅甥经》故事,这段文字为“舅适入窟,为守者所执。执者唤呼诸人,甥捉不制,畏明识之,辄截舅头,出窟持归”。与今本《舅甥经》中的“执者唤呼,诸守人捉,甥不制”有所不同。谭代龙据此认为,《法苑珠林》所引“甥捉不制”与“力既不禁”恰好对应。[1] 而从文本的源流来看,“甥捉不制”的写法并非《法苑珠林》作者道世的发明。敦煌藏经洞出土了陈朝写本 P. 2965《生经》卷1《舅甥经》,黄征(1988)[2]和方一新(1996)[3]已进行了研究。该写经文首残缺,见存

[1]谭代龙:《〈生经·舅甥经〉“不制”解》,载《古汉语研究》2008年第2期,第82页。

[2]黄征:《敦煌陈写本晋竺法护译〈佛说生经〉残卷 P.2965 校释》,收入《敦煌语言文学论文集》,浙江古籍出版社1988年版,第276-290页。另见王菡薇:《作为书法作品的陈写本〈生经〉——敦煌〈佛说生经〉残卷(P.2965)的探索途径》,载《新美术》(中国美术学院学报)2009年第6期,第61-66页。作者将该文更名为《敦煌陈写本〈佛说生经〉残卷新探》,另刊《古籍整理研究学刊》2010年第4期,第37-40页。

[3]方一新:《敦煌写本〈生经·佛说舅甥经〉语词琐记》,载《浙江社会科学》1996年第2期,第71-75页。

第一行末尾3字为"[置]四交";[1]其第二行仅剩末尾二字为"甥捉",字迹清晰明了。据其尾题,此敦煌抄本写于陈太建八年(576),远早于唐代的《法苑珠林》,可见,《舅甥经》的最初译文可能就是"甥捉不制"。后世的传本中,句子改做了"执者唤呼,诸守人捉,甥不制"。

然而,"甥捉不制"的"捉"并不一定就是"挽出"(ākarṣṭum)的意思,它所对应的可能是前一句的动词 gṛhīta(源于动词√grah-,是过去分词形式,意为"被抓住、被捉住")。在义净的译本中,译的就是"捉[其贼脚]"。

从梵本的两个动词(śaknoti、ākarṣṭum)来看,此处的"制"与"禁"对译的是"śaknoti(能够),所以它们不能等同"禁制"的意思。义净所用"力不禁"的表达形式,在汉译律典中有如下先例:

例1:后秦北印度三藏弗若多罗译《十诵律》卷第58"第十诵之三":"复有阿罗毗国僧房中起浴室,挽材上。比丘少材重,捉不禁,材堕杀木师。诸比丘生疑:我将无得波罗夷耶?是事白佛。佛知故问:汝以何心?比丘言:人少材重,力不禁故,失材。佛言:无罪,从今日当一心好观下。复有阿罗毗国作治浴室,故挽梁上。比丘少梁重,捉不禁故,梁堕杀木师。……比丘言:诸比丘少材梁重,捉不禁,故失。"[2]

例2:宋求那跋摩译《佛说优婆塞五戒相经》1卷:"有居士起新舍,在屋上住,手中失梁,堕木师头上即死。居士生疑:是罪为可悔不?问佛,佛言:无罪。屋上梁,人力少不禁,故梁堕木师头上杀木师。居士即生疑,佛言:无罪,从今日作好用心,勿令杀人。"[3]

义净所译律文中也有类似的译法:

例3:义净译《根本说一切有部毗奈耶》卷第8"断人命学处第三之三":"云何温堂事?尔时薄伽梵在旷野林中,比丘造温堂,事同浴室,于中别者,如世尊言。……时诸比丘于温堂处,助其营作,共舁材木,安

[1]"[置]四交"应即"置四交露",但此4字为后文内容,此行疑为衍文。黄征:《敦煌陈写本晋竺法护译〈佛说生经〉残卷 P.2965 校释》一文据此认为敦煌本《生经》"原卷佚文中必有与今本不同的内容"。

[2]高楠顺次郎、渡边海旭主编:《大正新修大藏经》第23册,第436页中栏。

[3]高楠顺次郎、渡边海旭主编:《大正新修大藏经》第24册,第941页中栏。

置梁栋。匠人在下,遥共持举。移木之时,比丘手脱。大木堕落,打匠人头,因此致死。……以此因缘,具白世尊。世尊告曰:汝等无犯,然诸比丘不应辄举力不禁物。必有事缘,须移转者,应间着俗人,众共扶举。若举若放,相告同时。若比丘不依教者,得越法罪。如世尊言:比丘不应辄移重物力不禁者。诸比丘不知齐何是应举物。佛言:若俗人一担之重,比丘应分两人,违者得越法罪。是谓温堂事。"〔1〕

"力不禁"和"力少不禁"在这3段引文中,语意基本相同,"禁"均为"能够"的意思,而没有"禁制"(控制、约束)的含意。这也为理解"不制"提供了参照。律典中还有类似的例子:

例4:姚秦罽宾三藏佛陀耶舍共竺佛念等译《四分律》卷第16:"若比丘经营作房舍,手失瓦石而误杀;若土墼材木、若屋柱栌栋椽,如是手捉不禁,堕而杀者。"〔2〕唐代翻经沙门慧琳撰《一切经音义》卷第59,引玄应音释《四分律》此处的"不禁"条,其解释为:"不禁:急林、居鸩二反。案,禁犹制也。"〔3〕又,慧琳《一切经音义》卷第55,引玄应音释《过去现在因果经》卷1的"自禁"条,"自禁:记林、居鸩二反。禁,犹制也、止也。言制止不禁也。"〔4〕玄应这两处都是把"禁" 解释为"制"了。

从这4个例子来看,基本上可以肯定,"不禁"对应的就是na śaknoti的意思。"禁"和"制"表示"能够"的意思,并不是受梵语的影响,而是中土上古文献中的用法。在《淮南子·修务》中,有"夫马之为草驹之时,……人不能制。"高诱注:"制,禁也。"或许"不能制"在后来的演变中,缩略成了"不制",其"能"(能够)的意义就涵括到"制"的语义之中了。值得注意的是,从句法来看,"禁"和"制"表示"能够"时,一般用于否定句式中。这样的例子还见于义净译《根本说一切有部毗奈耶杂事》卷第7:

---

〔1〕高楠顺次郎、渡边海旭主编:《大正新修大藏经》第23册,第663页下栏至第664页上栏。

〔2〕高楠顺次郎、渡边海旭主编:《大正新修大藏经》第22册,第677页中栏。

〔3〕高楠顺次郎、渡边海旭主编:《大正新修大藏经》第54册,第701页下栏。徐时仪校注:《一切经音义三种校本合刊》(中册),上海古籍出版社2009年版,第1558页。

〔4〕高楠顺次郎、渡边海旭主编:《大正新修大藏经》第54册,第673页中栏。徐时仪校注:《一切经音义三种校本合刊》(中册),第1476页。

例 5:"乃于后时,彼胜光王,严驾四兵,出行游猎。其所乘马,忽尔奔驰,控制不禁。遂至劫比罗国,入大名园内。"[1]

此处的"控制不禁"就是"不能控制"的意思,其中的"禁"字不能用"控制"二字来替换。与"不制"类似的用法见于《根本说一切有部毗奈耶破僧事》卷 10:

例 6:[僧]"是时,长者,日将曛暮,方见人传,遂寻觅之,到其牛所。长者念曰:'泥深牛大,我独无堪。待至明朝,详来济拔。'"[2]

[梵]sa saṃlakṣayati: na śaknomi-aham adhunā samuddhartuṃ; śvaḥ-prabhāte samuddhariṣyāmīti.[3]

śaknoti 是动词√śak-的现在时、主动语态、陈述语气、第一人称单数形式。na śaknomi aham adhunā samuddhartuṃ 的意思是"我现在不能去济度"。该句子的结构仍然是否定词 na + 动词√śak- + 动词 sam-ud-√dhr-的不定式,即"不能够去济度"。这相当于义净所译的"我[独]无堪[济拔]"。因此,义净所译的"无堪"与《舅甥经》中的"不制"意义相同。[4]

当然,在不同的语境中,"禁"与"制"也可以表示"禁制"、"控制"的意义。比如,义净译《根本说一切有部目得迦》卷 9:

例 7:诸人报曰:"圣者,仁等解明咒耶?群象惊走,我等不禁,仁等如何遂令象住?"[5]

所谓"我等不禁"可能就是"我们不能控制[惊走的群象]"。另外,在《根本说一切有部毗奈耶出家事》卷 4 和《破僧事》卷 5 中,笔者发现了下列的对应例子:

---

[1]高楠顺次郎、渡边海旭主编:《大正新修大藏经》第 24 册,第 234 页下栏。

[2]高楠顺次郎、渡边海旭主编:《大正新修大藏经》第 24 册,第 151 页下栏。

[3]Raniero Gnoli, ed., *The Gilgit Manuscript of the Saṅghabhedavastu, Being the 17th and Last Section of the Vinaya of the Mūlasarvāstivādin*, Part II, p. 266.

[4]"无堪"作"不能"解,见于汉译佛经多处。比如,萧齐外国三藏僧伽跋陀罗译:《善见律毗婆沙》卷 4"阿育王品第三"云:"佛以慈悲心而答婆罗门:'我不见佛于林中生时,堕地向北行七步,自观百亿万天人、梵、魔、沙门婆罗门,无堪受我礼者。观看已,而自唱言:天上天下,唯我为尊。'"《大正新修大藏经》第 24 册,第 699 页中栏。

[5]高楠顺次郎、渡边海旭主编:《大正新修大藏经》第 24 册,第 448 页下栏。

例8:《出家事》卷4:"又淫欲过度、被女所伤、因重所伤、涉路而损、大小便痢不能禁制,如斯等类,亦不应度。若度者,得越法罪。"[1]

[梵]:bhikṣavas strīcchinnāṃ bhāracchinnāṃ mārgacchinnāṃ kandalīcchinna-katālamuktakāṃ pravrājayanti | bhagavān āha | evaṃvidhā-api na pravrājayitavyāḥ| pravrājayanti sātisārā bhavanti |[2]

此处的"大小便痢不能禁制"对应 kandalīcchinna-katālamuktakāṃ,没有出现与"禁制"相应的动词。

例9:[僧]:是时菩萨作是念已,便开诸根,随情喘息,饮食诸味,而不禁制,涂拭沐浴,纵意而为。[3]

[梵]:sa yathāsukham āśvasiti, yathāsukhaṃ praśvasiti; audārikam āhāram āharaty odanakulmāṣān; sarpistailābhyāṃ gātrāṇi mrakṣayati; sukhodakena ca kāyaṃ pariṣiñcati.[4]

此处的"禁制"就是"控制、约束"的意思。不过,从梵本来看,它所对应的是"audārikam āhāram āharaty odanakulmāṣān",意即"他接受了美食饭粥"。此处并没有与"而不禁制"直接一致的词语,显然,"而不禁制"是对动词 āharaty(即 āharati,来自动词 ā-√hṛ-,是现在时、主动语态、第三人称单数形式,意为"接受")的翻译,将原典中的肯定意味用双重否定(不+禁制)的形式来强化表达。与 audārikam(美) āhāram(食) āharaty(受)类似的句式有 audārikam āhāram āhṛtya。此种类似的描写见于西晋月氏三藏竺法护(Dharmarakṣa)译《普曜经》卷5:"吾身宁可服柔软食,平复其体,使有势力。然后乃往,至其树下,能成佛道。"[5]异译本唐代中天竺国沙门地婆诃罗(Devākara)译《方广大庄严经》卷7"往尼连河品第十八"为:"是故我今应受美食,令身有力,方能

[1]高楠顺次郎、渡边海旭主编:《大正新修大藏经》第23册,第1041页上栏。

[2]Sitansusekhar Bagchi, ed., *Mūlasarvāstivādavinayavastu*, vol. ii., p. 107.

[3]高楠顺次郎、渡边海旭主编:《大正新修大藏经》第24册,第121页中至下栏。

[4]Raniero Gnoli, ed., *The Gilgit Manuscript of the Saṅghabhedavastu, Being the 17th and Last Section of the Vinaya of the Mūlasarvāstivādin*, Part I, p. 108.

[5]高楠顺次郎、渡边海旭主编:《大正新修大藏经》第3册,第511页下栏。

往诣菩提之场。"[1]这两部佛经对应的梵本为 *Lalitavistara-sūtra*(《方广大庄严经》,或译《神通游戏经》),[2]其第 18 章中与"服柔软食"和"受美食"相应的词句即为 audārikam āhāram āhṛtya("受美食")。[3] 这里的汉译与梵本基本一致,没有提到"不禁制"之类的说法。

概言之,"甥不制"中的"不制",不是"不成、不得"之意;"制"和"禁"也不是"控制、约束"之意。《汉语大辞典》在"禁 2[jīn ㄐㄧㄣ]"条下列出了多种意义,其中第 3 项为:与"不"结合,用在消极意义的词后面,表示程度深。例句有宋·贺铸《思越人》词:"几行书尾情何限,一尺裙腰瘦不禁。"而根据笔者上述的讨论,此条下至少还可以补入一个义项:"禁"和"制"有"能够"的意思,一般用于否定句中,构成"不禁"或"不制"。相应的同义用法为"无堪"和"不济"学。

---

[1]高楠顺次郎、渡边海旭主编:《大正新修大藏经》第 3 册,第 583 页上栏。

[2]王邦维:《佛传神话中的"字书"》, 载《东方研究》(2008 年),经济日报出版社 2009 年版,第 89－92 页。

[3]P. L. Vaidya (ed.), *Lalita－vistara*, (Buddhist Sanskrit Texts, No. 1), Second edition edited by Shridhar Tripathi, Darbhanga: The Mithila Institute of Post－Graduate Studies and Research in Sanskrit Learning, 1987, p. 219.

3　新刊梵本《迦叶品》与《佛说遗日摩尼宝经》诸译本的词汇对勘

3.1　梵本《迦叶品》与《佛说遗日摩尼宝经》及其异译本

120卷《大宝积经》(*Ratnakūṭa-sūtra*)中有一品名为《迦叶品》,现存梵本名为*Kāśyapaparivarta*。《迦叶品》(*Kāśyapaparivarta*)是重要的大乘佛经之一,不仅值得从佛教思想、哲学等方面进行研究,而且对中古汉语史研究者来说,该经也有不可忽视的价值。其原因至少有二:

其一,该经有4个见存的汉译本,最早的汉译本名为《佛遗日摩尼宝经》(以下简称谶本),[1]是后汉月氏国三藏支娄迦谶(Lokakṣema)光和二年(179年)所译的早期佛教大乘经典之一。其翻译的年代从后汉绵延到北宋,正好经历了佛经汉译的开端与尾声两个时期。其3个汉译本如下:

(1)《佛说摩诃衍宝严经》(一名《大迦叶品》):晋代失译,以下简称晋本。

(2)《普明菩萨会》:失译附秦录,后由唐代菩提流志(Bodhiruci)勘同编入《大宝积经》卷112,以下简称秦本。

(3)《佛说大迦叶问大宝积正法经》:北宋施护译,以下简称宋本。除汉译本外,《迦叶品》还有藏文与蒙文译本。

[1]《至元法宝勘同总录》卷第1指出,"《佛遗日摩尼宝经》1卷,亦名《古品日遗日说般若经》"。(《昭和法宝总目录》第二册,新文丰出版公司2003年版,第187页)

其二，该经有梵本出土，可以与汉译本进行比较研究。现存《迦叶品》的梵本及其残卷共有 4 种。最长的一种写卷是 19 世纪末在新疆和田（于阗）附近出土的，由当地的盗宝人员倒卖给当时俄国驻喀什领事彼特文斯基（Petrovsky），后者送给圣彼得堡的俄国科学院。它现藏俄罗斯科学院东方研究所圣彼得堡分所（St. Petersburg Branch of the Institute of Oriental Studies, Russian Academy of Science），编号为 SI P/2。该写卷共 81 叶，正背书，每面 5 行。早在 20 世纪 20 年代，俄国爱沙尼亚籍印度学家钢和泰（Baron A. von Staël-Holstein）任教北京大学期间，利用随身携带的一套写本照片进行研究，并于 1926 年在商务印书馆出版了《大宝积经迦叶品梵藏汉六种合刊》（*The Kāśyapaparivarta: A Mahāyānasūtra of the Ratnakūṭa class edited in the original Sanskrit in Tibetan and in Chinese*）。[1] 钢和泰的《大宝积经迦叶品梵藏汉 6 种合刊》在 20 世纪 20 年代的中国学界，确实是一部振聋发聩的新作，给语言学、梵藏汉佛教文献学、佛教史学研究者以极大的震撼。[2] 对于本书的学术价值，梁启超（任公）先生在其序言中指出："我们有了这部合刻本，第一，可以令将来研究梵文藏文的人得许多便利，增长青年志士学梵文的趣味，为佛学开一条新路。第二，用四部译本并着读，可以看出翻译进化之迹及其得失，给将来译家很好的参考，就这两点论，我们学界拜钢先生之赐实在多多了。"[3] 可惜本书在我国很长的一段时间内，处于曲高和寡的境地。其在国外的不凡影响倒印证了那句俗谚"墙内开花墙外香"。正如王邦维先生所指出的，钢和泰的书"只是实际上的影响和反映，在国外学术界似乎倒比在国内学术界大一些。德

[1] Baron A. von Staël-Holstein, *The Kāśyapaparivarta: A Mahāyānasūtra of the Ratnakūṭa class edited in the original Sanskrit, in Tibetan and in Chinese*, Shanghai, 1926.

[2] 有关钢和泰的学术贡献，参见王启龙：《钢和泰学术年谱简编》，中华书局 2008 年版。王启龙、邓小咏：《钢和泰学术评传》，北京大学出版社 2009 年版。

[3] 梁启超：《大宝积经迦叶品梵藏汉文六种合刊序》，钢和泰：《大宝积经迦叶品梵藏汉文六种合刊》，上海：商务印书馆 1926 年版，第 Ⅲ－Ⅳ 页。又，除钢和泰的本子之外，邦嘎尔—列文等在《中亚出土的印度语文献》（1、2 卷）中也涉及俄藏的梵本残卷。参见 Grigorij M. Bongard-Levin & M. I. Vorobyeva-Desyatovskaya, *Pamyatniki indiiskoi Piemennosti in Tsentralnoi Azii*. Ⅰ－Ⅱ, Moscow 1985－1990.

国学者 F. Weller(1889—1980 年)后来发表了一系列有关《迦叶品》的论文和著作,其中包括他在 1965 年出版了《迦叶品》的德文译本。1977 至 1979 年间,Pāsādika 比丘又发表英文的翻译。"[1]钢和泰在北京大学从教多年,其学术成果对我国的音韵学研究、佛学研究等有着不能忽视的价值。[2]

斗转星移,2002 年,俄国学者沃罗比耶娃—捷夏卡夫斯卡娅(M. I. Vorobyova - Desyatovskaya)在日本学者辛岛静志和工藤顺之(Noriyuki Kudo)的协助下,对梵本《迦叶品》(编号 SI P/2),在钢和泰一书的基础上作了新的转写。该新书中还收集了《迦叶品》的其他 3 种残卷。书后还附有图版。[3]

《迦叶品》的第二种残卷,也收藏在俄罗斯科学院东方研究所圣彼得堡分所,编号为 SI P/85A,仅 1 叶,正背书,每面 7 行。

《迦叶品》的第三种残卷,由来自大英图书馆的霍恩雷收集品(Hoernle Collection)和芬兰赫尔辛基大学图书馆的曼涅尔海姆收集品(Mannerheim Collection)之中的两个残片拼接而成,即 Mannerheim Fragment No. 3 + Hoernle Fragments No. 143, S. B. 38 + S. B. 39,合共 1 叶,正背书,每面 8 行。2004 年,辛岛静志发表《曼涅尔海姆收集品中的梵本〈迦叶品〉和〈五波罗蜜多别释〉残片》(Sanskrit Fragments of the *Kāśyapaparivarta and the Pañcapāramitā- nirdeśa* in the Mannerheim Collection)一文,对该残卷重新作了转写,并提供了拼接后的完整图版。[4]

---

[1]参见王邦维评 *Studien zur Indologie und Buddhismuskunde : Festgabe des Seminar fur Indologie und Buddhismuskunde fur Professor Dr. Heinz Bechert*,《敦煌吐鲁番研究》第二卷,1996 年,第 371 页。

[2]钢和泰在中国的学术活动经历,参见钱文忠:《男爵和他的幻想——纪念钢和泰》,载《读书》1997 年第 1 期,第 49 - 55 页。王启龙:《钢和泰学术年谱简编》,中华书局 2008 年版。王启龙、邓小咏:《钢和泰学术评传》,北京大学出版社 2009 年版。陈怀宇:《从陈寅恪论钢和泰的一封信谈起》,载《书城》2009 年第 6 期,第 13 - 18 页。

[3]M. I. Vorobyova - Desyatovskaya, *The Kāśyapaparivarta*, *Romanized Text and Facsimiles*, The International Research Institute for Advanced Buddhology, Soka University, Tokyo 2002.

[4]Seishi Karashima, "Sanskrit Fragments of the *Kāśyapaparivarta and the Pañcapāramitānirdeśa* in the Mannerheim Collection", *Annual Report of the International Research Institute for Advanced Buddhology at Soka University* (*ARIRIAB*), vol. 7, 2004, pp. 105 - 109.

《迦叶品》的第四种残卷来自柏林吐鲁番收集品(Turfan Collection)中,编号为Kat. Nr. 374[K 751(T III MOR)],仅1叶,正背书,每面4行。2007年,辛岛静志与沃罗比耶娃—捷夏卡夫斯卡娅合作,发表了《俄罗斯科学院东方研究所圣彼得堡分所收集品中的一些佛教梵语残片》一文,新辨认出用早期南道婆罗谜字体抄写的SI P /20/2,正背书,每面4行,内容为《迦叶品》的又一叶残片,可以与上述第一种残卷对应,相应位置为SI P /2 139 70r1 -71r1。[1]

根据钢和泰的意见,此梵文写本(即SI P/2)约抄写于9—10世纪,而新刊本的前言中认为是7—8世纪。在4个汉文译本中,此梵本与宋本(以及藏译本)关系最近,属于最晚出的同一个梵本系统(the youngest Sanskrit manuscript);而晋本与秦本对应较早出的梵文写本,只有谶本译自最早的梵本(the oldest Sanskrit manuscript)。[2]《迦叶品》的这些梵文写本经历了最早、较早、最晚的3个发展阶段而逐步形成,晚出的必然包含了最早文本的成分,其语言具有一定的特色。[3] 因此,利用沃罗比耶娃—捷夏卡夫斯卡娅的新刊梵本《迦叶品》,在梵汉对勘的基础上,我们不仅可以清楚汉译文本中某些疑难词语的意义,以及明了某些译经词语的历时变化情况,而且能对梵本中抄录词语的正误进行辨析。

---

[1]Seishi Karashima and Margarita I. Vorobyova-Desyatovskaya, "Some Buddhist Sanskrit Fragments from the St. Petersburg Branch of the Institute of Oriental Studies of the Russian Academy of Sciences (1)", *Annual Report of The International Research Institute for Advanced Buddhology at Soka University* (=*ARIRIAB*), vol. 10, 2007, pp. 45 -56.

[2]Cf. Baron A. von Staël-Holstein, "Preface", in: *The Kāśyapaparivarta: A Mahāyānasūtra of the Ratnakūṭa class edited in the original Sanskrit in Tibetan and in Chinese.*

[3]Seishi Karashima, "Some features of the Kāśyapaparivarta", in: *Annual Report of The International Research Institute for Advanced Buddhology at Soka University for the Academic Year* 2001, vol. V, 2002, pp. 43 -66.

3.2 梵本《迦叶品》与《佛说遗日摩尼宝经》诸译本的词汇对勘

《佛说遗日摩尼宝经》的译名与译语保存了许多古朴的风味。钢和泰在上述专著的序言中指出,该经的译文中有专名"极大珍宝之积遗日罗经",对应梵文词为"Mahāratnakūṭa-dharmaparyāya"。据此,《佛说遗日摩尼宝经》的梵名可还原为"Mahā-maṇi-ratna-kūṭa-vaipulyasūtra"或者"Mahā-ratna-kūṭa-vaipulya-sūtra"。荻原云来认为,其中的"遗日"应为"遗曰"(即"遗曰罗")的形误,对应于梵语 vipula 或 vaipulya,是一个不完整的音写词。[1] Vaipulya,此词后世多译为"方广、方等",音译为"毗佛略"等。钢和泰在其书序中还指出过,在《佛说遗日摩尼宝经》中,支娄迦谶用"佛"、"天中天"对译"Bhagavat"(世尊);用"经"对译"Dharma"(法)、"经师"对译"Buddha-dharma"(佛法);"大道"、"小道"分别对译"Mahāyāna"(大乘)、"Hīnayāna"(小乘)。这些词汇的对译可以反映出支娄迦谶的翻译风格的某些侧面。

国际学界早有涉及《遗日摩尼宝经》词汇的研究论著。比如,许理和著,蒋绍愚译《最早的佛经译文中的东汉口语成分》,[2] 松尾良树(Yoshiki Matsuo)《汉代译经と口语——译经によゐ口语史・初探》等。[3] 近 20 年来,研究汉译佛典语言正逐渐升温,国内学界也有不少论著开始涉及《遗日摩尼宝经》。比如,朱庆之《佛典与中古汉语词汇

---

[1] 万金川也认同荻原云来的意见,"遗曰罗"对应的梵语音节划分为 vip - u - la 或 vaip - u - lya,他指出,"事实上,不论是'日'的上古音或中古音,其韵部的音值都不可能是 u。"因此,不太可能是"遗日罗"。参见万金川:《佛典研究的语言学转向:佛经语言学论集》,正观出版社 2005 年版,第 247 - 248 页。

[2] 许理和著,蒋绍愚译:《最早的佛经译文中的东汉口语成分》,载《语言学论丛》第 14 辑,商务印书馆 1987 年版,第 197 - 225 页。又,蒋绍愚、吴娟的新译文收入朱庆之编:《佛教汉语研究》,商务印书馆 2009 年版,第 75 - 112 页。

[3] 松尾良树(Yoshiki Matsuo):《汉代译经と口语——译经によゐ口语史・初探》,载《禅文化研究所纪要》第 15 卷,1988 年,第 25 - 57 页。

研究》、[1]李维琦《佛经释词》与《佛经续释词》、[2]胡敕瑞《〈论衡〉与东汉佛经词汇比较研究》、[3]史光辉《东汉佛经词汇研究》[4]以及笔者撰写的《梵汉本〈遗日摩尼宝经〉词汇札记》[5]等。与《遗日摩尼宝经》相关的研究还有相马一意的《遗日摩尼经について》、[6]落合俊典《毗罗三昧经と初期译经》[7]等。

本节以梵汉对勘的方法,从《佛说遗日摩尼宝经》中选择一些词汇,与梵本《迦叶品》和相应的其他3种汉译本进行比较或考释,以明了这些词语的涵义或者用法,为编纂早期佛经词语工具书积累语料素材。[8]

(1)顽佷:kroddha-,"瞋恚、暴戾"

[谶本]二者自贡高、瞋恚、顽佷用加于人。三者贪嫉谀諂。四者说菩萨短。

[晋本]二者骄慢不语,恚怒众生。三者他所得利,心生悭嫉。四者毁呰诽谤,不称誉菩萨。

[秦本]于诸众生,骄慢瞋恨。于他利养,起嫉妒心。诃骂菩萨,广其恶名。

[宋本]二者我见贡高,瞋恚有情。三者他得利养,贪爱憎嫉。四者于佛菩萨,不生信敬,亦不称赞,而复毁谤。

[梵本]mānamadamrak[ṣa](kr)o(dhavyāpā)dāḥ sarvasatvaiṣu irṣyā-

[1]朱庆之:《佛典与中古汉语词汇研究》,台北文津出版社1992年版

[2]李维琦:《佛经释词》,岳麓书社1993年版;《佛经续释词》,岳麓书社1999年版;《佛经词语汇释》,湖南师范大学出版社2004年版。

[3]胡敕瑞:《〈论衡〉与东汉佛经词汇比较研究》,巴蜀书社2002年版。

[4]史光辉:《东汉佛经词汇研究》,浙江大学博士学位论文,2000年。

[5]陈明:《梵汉本〈遗日摩尼宝经〉词汇札记》,载《华林》第3卷,中华书局2004年版,第127-133页。

[6]相马一意:《遗日摩尼经について》,《载印度学佛教学研究》第27卷第1号,1978年,第164-165页。

[7]落合俊典:《毗罗三昧经と初期译经》,载《印度学佛教学研究》第42卷第2号,1994年,第579-584页。

[8]万金川在讨论汉译佛经开场套语定型化的历程时,刚好以《迦叶品》的译文为例,说明"这个套语在译经史上历经了古译、旧译而至新译所呈现出来的三个阶段的变化。"(万金川:《佛典研究的语言学转向:佛经语言学论集》,正观出版社2005年版,第247-248页)

mātsaryaṃ paralābheṣu avarṇāyaśokīrtiśabdaślokaniścāraṇatā[ya] (bodhisatveṣu) (p. 8)[1]

案：梵本中的“mānamadamrak[ṣa](kr)o(dhavyāpā)dāḥ sarvasatvaiṣu”，分别对应谶本的“二者自贡高、瞋恚、顽佷用加于人”、晋本的“二者骄慢不语，恚怒众生”、秦本的“于诸众生，骄慢瞋恨”、宋本的“二者我见贡高，瞋恚有情”。mānamadamrak[ṣa](kr)o(dhavyāpā)dāḥ是并列复合词连写，分拆即 māna-mada-mrakṣa-krodha-āpādāḥ，谶本译为“自贡高、瞋恚、顽佷”，晋本为“骄慢不语、恚怒”，秦本为“骄慢、瞋恨”，宋本为“我见贡高、瞋恚”。这个梵语复合词由 5 个词组成，但汉译诸本中分别只有 3、2、2、2 个词语，这说明汉译时均未根据梵本一一对译，而是作了意译化的处理。其对应的梵汉词语分别如下：

māna-，阳性名词，“傲慢、自负”。谶本为“自贡高”，晋本为“骄慢”，秦本为“骄慢”，宋本为“我见贡高”。

mada：“放逸”的意思。

mrakṣa：意为“覆藏”。

krodha-，意即“瞋”。

vyāpadā-，阴性名词，“恨”。krodha-vyāpāda，谶本为“瞋恚”，晋本为“恚怒”，秦本为“瞋恨”，宋本为“瞋恚”。

此外，sarvasatvaiṣu 应该为 sarvasatveṣu，原形即 sarvasatva-/sarvasattva-，“一切众生”，依格、复数。谶本为“用加于人”，晋本为“众生”，秦本为“于诸众生”，宋本为“有情”。按：晋本、宋本均将依格译成了动词的宾语，而谶本和秦本用“于”来表示梵语中的依格形式。

谶本的“顽佷”与“瞋恚”是同义复指，对译的是 kroddhavya-。该词的释义见于慧琳《一切经音义》卷 23 所收大唐沙门惠苑撰《新译大方广佛花严经音义》卷下，音释“《花严经》卷第 58 离世间品之六”中有

〔1〕本节用于对勘的梵本《迦叶品》语料均引自 M. I. Vorobyova-Desyatovskaya, *The Kāśyapaparivarta, Romanized Text and Facsimiles*, The International Research Institute for Advanced Buddhology, Soka University, Tokyo 2002. 所引梵本例句，不另作校勘，且每句不再一一注出页码，特此说明。

"顽佷"条,如下:

> 顽佷:很,何垦反。《左氏传》曰:心不则德义之经曰顽也。杜注《左传》曰:佷,戾也。《说文》曰:佷,不任从也。佷字,正体从彳,今从亻者,俗也。[1]

惠苑认为"佷"是"很"的俗体字。"顽佷/顽很"两词在佛经中总共出现了寥寥数次,多为西晋译者所用。西晋于阗国三藏无罗叉译《放光般若经》卷14云:"复是善男子、善女人之中大贼,如是辈人不当与共从事,亦不当与相见、坐起、语言、饮食。何以故?是辈之人贡高、顽佷故。"[2]又,西晋月氏三藏竺法护译《佛说须真天子经》卷1"问四事品第一"云:"复次,天子,菩萨有四事行,得知无所罣碍之行。何等为四?一者有所作,常以慧,不为顽佷自用。二者知一切法因缘所属,离于吾我而无瞋怒。三者以空法摄护一切。四者远离爱欲,晓了六情。是为四事,菩萨得无所罣碍之行。"[3]

又,西晋居士聂道真译《三曼陀跋陀罗菩萨经》"悔过品第二"云:"若有顽佷、不与人语,若为贪淫所牵,为悭嫉所牵,为贪餮所牵,为谀谄所牵,七百五十诸欲所牵,其心乱时,不能自专。"[4]慧琳《一切经音义》卷45音释了此经中的"顽很"一词,"顽很:痕恳反。杜注《左传》云:很,戾也。《说文》:不听从也。从彳,艮声。"[5]

除上述对应的"瞋恚"、"恚怒"和"瞋恨"之外,"顽佷"的同义词还有"瞋佷"和"佷戾"。[6] 慧琳《一切经音义》卷22所收惠苑撰《新译大方广佛花严经音义》卷中,音释了"瞋佷",即"瞋佷:佷,何恳反。杜注《左传》曰:佷,戾也。《说文》曰:佷,不听从也。案:《玉篇》佷字在彳

---

[1]高楠顺次郎、渡边海旭主编:《大正新修大藏经》第54册,第449页下栏。

[2]高楠顺次郎、渡边海旭主编:《大正新修大藏经》第8册,第97页上至中栏。

[3]高楠顺次郎、渡边海旭主编:《大正新修大藏经》第15册,第97页中至下栏。

[4]高楠顺次郎、渡边海旭主编:《大正新修大藏经》第14册,第667页上栏。

[5]高楠顺次郎、渡边海旭主编:《大正新修大藏经》第54册,第609页上栏。

[6]与"佷戾"相关的是"恨戾"。于淑健:《敦煌佛典语词和俗字研究》一书中在讨论"恨戾"一词时指出,"恨"为"很"的借字。(于淑健:《敦煌佛典语词和俗字研究》,上海古籍出版社2012年版,第184页。)

部,今多从立人,盖是时俗共行之。"[1]又,慧琳《一切经音义》卷45音释了"佷戾"一词,"佷戾:上音恨,下音丽。《说文》云:佷,谓不听从也。《谥法》曰:不悔前过曰戾。从户,从犬,会意字也。"[2]

《汉语大词典》收录了"顽很",释义为"①犹艰危;②亦作'顽狠'。凶恶而暴戾。"但未收"顽佷",可据上补入。

另在敦煌文书中有类似的用例,单音词"顽"亦表示"凶暴"之意。P.2721《杂抄》中列举了"八顽",云:

> 言有八顽者:借钱不还债,一;知过不改,二;共语不应人,三;见人言谈,强自拗,四;不知已过,见他非,五;不敬师长,六;亲近恶人,七;抵(诋)误良善,八。已上八者,除削之。[3]

又,慧琳《一切经音义》中还有一个与"顽佷/顽很"字形相近的词语"项很"。《一切经音义》卷9引录玄应音释《放光般若经》第9卷的"项很"条:

> 项很:胡讲反。谓很人强项难回,因以名也,即《郁伽罗越问经》云"强项人"、《无量清净平等觉经》云"项很,愚痴"是也。《大品经》中作增上慢。经文有,从元作顽,音五鳏反。顽,钝也。顽非本字也。[4]

又,《一切经音义》卷16引录玄应音释《无量清净平等觉经》上卷的"项很"条:

> 项很:上,学讲反;下,痕垦反。两字并上声字。贾注《国语》云:违戾怨恨也。言很戾之人强项难回,名为项很。从彳,艮声。[5]

这两个词意义有不同之处,"顽佷/顽很"强调的是"瞋恚、凶恶、暴戾";"项很"则意指"愚痴"、"增上慢",即顽固不化。

---

[1]高楠顺次郎、渡边海旭主编:《大正新修大藏经》第54册,第443页上至中栏。
[2]高楠顺次郎、渡边海旭主编:《大正新修大藏经》第54册,第418页下栏。
[3]录文引自郑阿财、朱凤玉:《敦煌蒙书研究》,甘肃教育出版社2002年版,第177页。
[4]高楠顺次郎、渡边海旭主编:《大正新修大藏经》第54册,第357页。
[5]高楠顺次郎、渡边海旭主编:《大正新修大藏经》第54册,第405页上栏。

(2)形笑：hāsya-prekṣya-,“嘲笑”、“戏笑”

[谶本]一者不欺师,尽其形寿,不两舌谀諂。二者尽形寿,不两舌形笑他人。

[晋本]一者宁死终不妄语。

[秦本]失命因缘不以妄语,何况戏笑。

[宋本]一者不为身命而行邪见、妄言绮语。

[梵本]yad uta jīvitahe(tor api saṃ)-prajāna-mṛṣāvāda(ṃ) na bhāṣate antamaśa hāsyaprekṣya[m a]pi(p. 5)

案：梵本中的 hāsya-prekṣyam 原形为 hāsya-prekṣya-,“嘲笑”,是业格、单数形式。谶本译为“形笑”,秦本为“戏笑”,而晋本、宋本未译出。其中,hāsya-,源自动词√has-(“笑”),“被笑的、可笑的、嘲笑、哂笑”,指“可笑的对象”。谶本译为“笑”,秦本为“戏笑”。prekṣya-,源自动词pra-√īk-(“看”),“被看见、可见的、被视为”,指“展现”。因此,谶本的“形笑”意即“戏笑”、“嘲笑”,其中的“形”,不是指人的外形有残疾,而是指“现”、“显示、使……看见”,恰当地译出了 prekṣya-此词的意味。hāsya-prekṣya-,即意为“将这个可笑的对象展现出来”,也就是“形之于笑”的意思。《梵和大辞典》中的 hāsya-prekṣya 条目下仅列出“戏笑”,[1]据此可增补“形笑”。

姚秦三藏鸠摩罗什译《十诵比丘波罗提木叉戒本》的“波夜提法”(pātayantikā dharmāḥ)部分,也有 hāsya-prekṣya 一词的对应,具体如下：

若比丘自恐怖他比丘,若使人恐怖,乃至戏笑,波夜提。

PrMoSū_Pāt. 66：yaḥ punar bhikṣur bhikṣuṃ bhīṣayed bhīṣāpayed vā antato hāsyaprekṣyam api pātayantikā /[2]

若比丘,他比丘若钵、若衣、若户钩匙、若革屣、若针筒,如是一

[1]荻原云来编纂：《汉译对照梵和大辞典》,新文丰出版公司 1988 年版,第 1556 页。

[2]Georg von Simson, *Pratimoksasutra der Sarvastivadins*, Teil 1, Göttingen 1986 (Sanskrittexte aus den Turfanfunden, 11); Teil 2, Göttingen 2000.(此处所引缩略语见原书。)

一生活具,若自藏,若使人藏,乃至戏笑,波夜提。[1]

PrMoSū_Pāt. 67: yaḥ punar bhikṣur bhikṣoḥ pātraṃ vā cīvaraṃ vā kuñcikaṃ vā upānahaṃ vā sūcīgharakaṃ vā anyatamānyatamaṃ vā śrāmaṇakaṃ pariṣkāram upanidadhyād upanidhāpayed vā antato hāsyaprekṣyam api pātayantikā /[2]

antato,意为"乃至"。hāsya-prekṣya 也被鸠摩罗什译作了"戏笑"。根本说一切有部的波罗提木叉戒本中,也有与上一句相同的话语。义净译《根本说一切有部戒经》的"波逸底迦法"云:

若复比丘若自恐怖,若教人恐怖他比丘,下至戏笑者,波逸底迦。[3]

Pāy. 66 (PrMoSū_Mū-Banerjee) yaḥ punar bhikṣur bhikṣuṃ bhīṣayed bhīṣāpayed vā antato hāsyaprekṣyam api pātayantikā /[4]

又,鸠摩罗什译《十诵比丘波罗提木叉戒本》的"众学法"(śaikṣā dharmāḥ)部分,也有与 hāsya-prekṣya 类似的 hāsya-prekṣiṇa 一词的对应,具体如下:

不掌扶颊[入]白衣舍坐,为白衣笑故,应当学。[5]

PrMoSū_Śai. B. 43: na pāṇau hanum upādāyāntargṛhe niṣatsyāmo gṛhiṇo hāsyaprekṣiṇa itiśikṣā karaṇīyā //

hāsya - prekṣiṇa 被鸠摩罗什译作了"被……笑"prekṣiṇa,原形为 prekṣin,意为"观看、瞻视;伺求、欲求"等,有主动意味,表"应该看到

[1]高楠顺次郎、渡边海旭主编:《大正新修大藏经》第 23 册,第 475 页下栏。与《十诵比丘波罗提木叉戒本》属于同一个系统的《十诵比丘尼波罗提木叉戒本》(南朝宋长干寺沙门释法显集出),其对应的段落文字为:"若比丘尼,自恐怖比丘尼,若使他恐怖,乃至戏笑,波夜提。若比丘尼,自藏(藏他)比丘尼衣钵、户钩、革屣、针筒、种种随法物;若使他藏,乃至戏笑。波夜提。"(见《大正新修大藏经》第 23 册,第 484 页上栏)句中的 hāsyaprekṣya 同样译成了"戏笑"。

[2]Georg von Simson, *Pratimoksasutra der Sarvastivadins*, Teil 1, Göttingen 1986 (Sanskrittexte aus den Turfanfunden, 11); Teil 2, Göttingen 2000.

[3]高楠顺次郎、渡边海旭主编:《大正新修大藏经》第 24 册,第 505 页下栏。

[4]Anukul Chandra Banerjee, *Prātimokṣa-sūtra* (*Mūlasarvāstivāda*), Calcutta 1954. First published in *IHQ* 29 (1953), pp. 162 – 174.

[5]高楠顺次郎、渡边海旭主编:《大正新修大藏经》第 23 册,第 477 页中栏。

的”。因此，hāsya-prekṣiṇa 意即“见到了可笑之事”。

在佛经中，还有“刑笑”一词。慧琳《一切经音义》卷77，慧琳音释“《释迦谱》序卷第一”的“刑笑”条载：“刑笑：霄曜反。《毛诗传》云：笑，侮之也。顾野王云：为所鄙恡而笑之也。《古今正字》：笑，喜也。从竹，犬声。谱文作咲，俗字也。”[1]此处没有解释“刑”的含义。在《释迦谱》中，“刑笑”原写作“形笑”。很显然，“刑笑”中的“刑”是“形”之误字。

朱庆之《佛典与中古汉语词汇研究》指出“形笑”、“形调”都是“嘲笑”的意思。[2] 李维琦曾指出：“形”与“笑”、“调”、“呰”等组成双音词，仍然分别表示“笑”、“调”、“呰”等义。“形笑”即嘲笑。他还提供了另一种说法，“形”可能指男阴，表示轻侮。[3] 若从梵语的 hāsya-prekṣya-来看，“形”指男阴是没有根据的。王云路《试说翻译佛经新词新义的产生理据》一文认为，“形笑”、“形调”、“形相”、“形名”、“形骂”、“形呰”、“形毁”这些佛经中的新词是由汉语固有的词语或语素所构成的，其中的“形”都有“侮辱、轻慢”的意思，源自汉语“五形”（泛指身体，也可专指阴部）而来的“侮辱”义。[4]

不论是从梵语 hāsya-prekṣya 还是从 hāsya-prekṣiṇa 来看，prekṣya 与 prekṣiṇa 都没有表示由人体下部而引申出来的“侮辱”的含义，而是“现、展现；见、看见、瞻视、可见”的意思。

支娄迦谶译《道行般若经》卷7“远离品第18”云：“是彼菩萨摩诃萨以自谓审然，便自贡高，轻易人、形笑人、无所录。”[5]辛岛静志《道行般若经词典》的“形笑”条指出，与该词相应的梵本词语为 uccagghayiṣyati ullāpayiṣyati（“will laugh at them, derisively yell”），与玄奘译《大般

[1]高楠顺次郎、渡边海旭主编：《大正新修大藏经》第54册，第805页下栏。

[2]朱庆之：《佛典与中古汉语词汇研究》，台北文津出版社1992年版。此据佛光山文教基金会印行本2003年版，第113－114页。另见胡敕瑞：《〈论衡〉与东汉佛典词语比较研究》，巴蜀书社2002年版，第127页。

[3]李维琦：《佛经词语汇释》，湖南师范大学出版社2004年版，第336－337页。

[4]王云路：《试说翻译佛经新词新义的产生理据》，载《语言研究》2006年第2期，第91－97页。此见第91－94页。

[5]高楠顺次郎、渡边海旭主编：《大正新修大藏经》第8册，第460页上栏。

若波罗蜜经》第四会中的“轻弄”同义。[1] 竺法护译《正法华经》卷9“轻慢品第19”云：“欲知尔时四部毁呰、形笑、恚骂大士者不？”[2]辛岛静志《正法华经词典》的“形笑”条指出，与该词相应的梵本词语为uccaghitavat－（O. uccaghiṣu）。[3]

笔者认为与“形笑”类似的“见笑”很可能就是hāsya-prekṣya的直接对译。汉译律典中还有下列的用例：

《根本说一切有部比丘尼毗奈耶》卷17云：“尼即白言：‘愿见少留，受我片食。’将诸食饮授与比丘。尼前扇凉，又执瓶水，比丘遂笑。尼即问言：‘何意见笑？’比丘答曰：‘在家事我，今还复如是，为此我笑。’尼便忿恚，报言：‘我将作福田虔心供给，翻更见笑。’即以掬水，洒比丘上，复以瓶打。”[4]

《根本说一切有部毗奈耶》卷33云：“时乔答弥大世主报诸尼曰：‘汝等头上无发，腋下毛长，有何欢情，而更谊笑？’诸尼白言：‘圣者邬陀夷作非法事，由斯见笑。’遂问其故，尼以事白。”[5]

《弥沙塞部和醯五分律》卷20云：“有诸比丘不着僧祇支入聚落，露现胸臆，诸女人见笑弄。诸比丘以是白佛。佛言：‘不应尔。入聚落应着僧祇支，犯者突吉罗。’”[6]

在这3个段落中，实际上有“见笑”、“谊笑”、“见笑弄”三种表达方式，但“谊笑”与“见笑弄”均仅此一例。“谊笑”的“谊”同“义”，而“义”是“仪”的古字。“仪”有“形仪”、“形态”的意思，“仪”与“形”意近，因此，“谊笑”与“形笑”实际是同义词。

---

[1]辛岛静志：《道行般若经词典》，The International Research Institute for Advanced Buddhology, Soka University, Tokyo, 2010年，第549页。

[2]高楠顺次郎、渡边海旭主编：《大正新修大藏经》第9册，第123页中栏。方一新、高列过亦指出支娄迦谶的译经中多用“形笑”一词。方一新、高列过：《从词语替换看一卷本〈杂譬喻经〉的翻译年代》，载《语言学论丛》2010年第41辑，第186－200页。此见第191－192页。

[3]辛岛静志：《正法华经词典》，Tokyo：The International Research Institute for Advanced Buddhology, Soka University，1998年，第508页。

[4]高楠顺次郎、渡边海旭主编：《大正新修大藏经》第23册，第998页下栏。

[5]高楠顺次郎、渡边海旭主编：《大正新修大藏经》第23册，第806页上栏。

[6]高楠顺次郎、渡边海旭主编：《大正新修大藏经》第22册，第138页中栏。

(3)尽其形寿:jīvita-hetu-,“为了活命”;“终生”

[谶本]一者不欺师,尽其形寿,不两舌谀讇。二者尽形寿,不两舌形笑他人。

[晋本]一者宁死终不妄语。

[秦本]失命因缘不以妄语,何况戏笑。

[宋本]一者不为身命而行邪见、妄言绮语。

[梵本]yad uta jīvitahe(tor api saṃ)-prajāna-mṛṣāvāda(ṃ) na bhāṣate – antamaśa hāsyaprekṣya[m a]pi(p.5)

案:jīvitahetor,jīvita-hetu-,“生命因缘”,属格、单数,意即“为了活命”。jīvita-,n.“生物、活的、生命、寿命”。hetu-,m.“因缘、原因”。谶本为“尽其形寿”;秦本为“失命因缘”;宋本为“不为身命”; 晋本“宁死[终]”,多为意译。秦本的“因缘”正好对应 hetu-。梵本此句的意思是“如是为了活命,[也]不说深思熟虑的谎言,乃至嘲笑”。“失命因缘”意即“有失去生命的危险的情况”。与秦本相应的句子见于后魏北印度三藏菩提流支译《大宝积经论》卷 1:“经言:菩萨乃至失命因缘不故妄语者,护治实语故,以不惜身命故,何况戏笑者。”[1]

与“尽其形寿”相应的其他译法还有“尽形”、[2]“尽寿”、[3]“尽形寿”、“尽……形寿”等,有“终生”、“终其一生”的意思。与“终身”的意义一样,“尽形”、“尽寿”和“尽形寿”还可作为形容词,用来修饰名词。《根本说一切有部毗奈耶药事》卷 1 云:“尽寿药者,谓根、茎、叶、花、果。复有五种胶药、五种灰药、五种盐药、五种涩药。”[4]《根本说一切有部毗奈耶药事》梵本中的句子为:yāvat-jīvikaṃ mūla-bhaiṣajyaṃ maṇḍa-bhaiṣajyaṃ [patra-bhaiṣajyaṃ] puṣpa-bhaiṣajyaṃ phala-bhaiṣajyaṃ pañ- ca jatūni pañca kṣārāḥ pañca lavaṇāni pañca kaṣāyāḥ//[5] 其中的

[1]高楠顺次郎、渡边海旭主编:《大正新修大藏经》第 26 册,第 207 页下栏。

[2]于淑健:《敦煌佛典语词和俗字研究》,上海古籍出版社 2012 年版,第 200 – 202 页。

[3]李维琦:《佛经词语汇释》,湖南师范大学出版社 2004 年版,第 173 页。

[4]高楠顺次郎、渡边海旭主编:《大正新修大藏经》第 24 册,第 1 页中栏。

[5]Sitansusekhar Bagchi, ed., *Mūlasarvāstivādavinayavastu*, vol. 1, Buddhist Sanskrit Text No. 16, Darbhanga: The Mithila Institute of Post-graduate Studies and Research in Sanskrit Learning, 1967.

yāvat-jīvikaṃ， = yāvanjīvika(-bhaiṣajya)，整个词义为“长寿的，终身的［药］”，所对应的汉译有4种，即“尽形药”、“尽寿药”“尽形寿药”和“终身药”。

(4)直行：ṛjuka-，“正直、诚实”

［谶本］菩萨有四事，直行至诚。

［晋本］复次，迦叶！菩萨有四顺相。

［秦本］复次，迦叶！菩萨有四直心之相。

［宋本］佛告迦叶波：有四种法，令诸菩萨得柔软相。

［梵本］catvāra-ime kāśyapa-ṛjukasya bodhisatvasya-ṛjukalakṣaṇāni bhava[nt](i).(p.8)

案：梵本中出现了ṛjukasya 和ṛjukalakṣaṇāni，其意义如下：

ṛjukasya：ṛjuka-，据《佛教混合梵语词典》，ṛjuka 与 ujjuka，=巴利语 ujuka、ujjuka，意为“正直的、诚实的”。[1]

ṛjukalakṣaṇāni：ṛjuka-lakṣaṇa-，“正直诚实的特性”，多财释复合词，业格、复数。谶本为“直行至诚”，晋本为“顺相”，秦本为“直心之相”，宋本为“柔软相”。其中ṛjuka-，“正直的、诚实的”。谶本为“直行至诚”，晋本为“顺”，秦本为“直心”，而宋本的“柔软”，相当于“曲”(kuṭila)，与此处“正直”的意义有异。lakṣaṇa-，n.“标志、特性、特征”。晋本、秦本为“相”。

谶本的“直行”不是“一直向前走”的意思，而是表示“正直、诚实”的含义。谶本的“直行至诚”突出了正直的行为与诚实的内心两个方面，之所以要译出两个意义相同的双音节词，是为了凑成一个四音节。这是东汉中土文献的现象之一，《伤寒杂病论》和《论衡》不乏此类四音节的用法。

佛教教义中最基本的词语 aṣṭāṅga-mārga(“八支道”)一般译作“八正道”，其中的“正”是根据意义而增译的。该词还有其他译法，比如，

---

〔1〕Franklin Edgerton, *Buddhist Hybrid Sanskrit Grammar and Dictionary*, vol. ii, *Dictionary*, Delhi: Motilal Banarsidass, 1985 reprinted, p.151.

“八由行”。慧琳《一切经音义》卷9引录玄应音释《光赞般若经》第1卷的“八由行”条：“八由行：又作游行，又作道行，或作直行，或言八直道，亦言八圣道，或言正道，其义一也。”[1]如果玄应的理解无误的话，那么，此处的“直行”对应的是(aṣṭāṅga-)mārga，而不是《迦叶品》中的ṛjuka。同样的一个汉语词，其对应的意义的确有极大的差别，如果不还原梵文的话，就容易引起误解。

“直心”一词，译经中少见。《维摩诘经》卷1“佛国品”云：“如是，宝积！菩萨随其直心，则能发行；随其发行，则得深心；随其深心，则意调伏。”[2]敦煌本《维摩诘经讲经文》(三)对此段略有疏讲：“若有不谄不诈，心无所曲众生，即生菩萨净土中，随其直心，则能发行。若随一切众生，皆有直心，则起一切善行。随其发行，则得深心。”[3]又，敦煌本《维摩诘经讲经文》(四)云：“此之利益，起自何来，皆因清静直心，置证逍遥之位。”“善心之内何心重，只有直心堪敬奉。……若要修行逡速程，直心直行直须行。”[4]此处的“直心”与“直行”都意指“正直诚实”。

《梵和大辞典》中的ṛjuka条目下，列出了“直、质直、正直、顺、志诚、直行至诚”，[5]据上可增补“直心”一词。

(5)轻易：paṃsana-，“轻视、蔑无”

[谶本]三者设有灾变妄起，至骂詈、数数轻易、及挝捶、闭着牢狱，设有是，当自悔前世恶所致。四者无恨无瞋恚(自信)。

[晋本]三者所说而不相夺，一切侵欺、呵骂、轻易、挝捶、缚害，一切是我宿命所作。不起恚他，不生使缠。

[秦本]一切恶事，骂詈、毁谤、挝打、系缚，种种伤害，受是苦时，但自咎责，自依业报，不瞋恨他。

[宋本]三者不发恶言毁谤、蔑无一切众生，乃至善与不善、斗诤相打、禁系枷锁，如是之过，亦不言说。恐自成罪，得业果报。

[1]高楠顺次郎、渡边海旭主编：《大正新修大藏经》第54册，第361页。

[2]高楠顺次郎、渡边海旭主编：《大正新修大藏经》第14册，第538页中栏。

[3]黄征、张涌泉：《敦煌变文校注》，中华书局1997年版，第825页。

[4]黄征、张涌泉：《敦煌变文校注》，第868页。

[5]荻原云来编纂：《汉译对照梵和大辞典》，台北新文丰出版公司1988年版，第288页。

［梵本］sarvaparopakkrameṣu cākkrośaparibhāṣaṇakuṃsanapa［ṃ］sanat［ā］(ḍana)-tarjana-vadha-bandhanā-parādheṣv ātmāparādhī bhavati · karmavipākapratisaraṇo na pareṣāṃ kupya［ti］（nā）nuśayaṃ vahati（p.8）

案：梵本中的 paṃsana-，中性名词，“轻视、玷污、损害”。谶本为“数数轻易”，晋本为“轻易”，秦本为“毁谤”，宋本为“蔑无”。谶本“数数轻易”中的“数数”，表示“轻易”的次数多。宋本“蔑无”，义同“蔑视”。可见，“轻易”不是指“轻松、容易”，而是义即“轻视、蔑无”。

同样的用法见于支娄迦谶译《道行般若经》卷7之“远离品”云：“是辈菩萨摩诃萨闻魔所语，心欢欣，自谓审然，便行形调人，轻易同学人，自贡高。彼菩萨用受是字故，便失其本行，堕魔罗网。”[1] 支谦译《大明度经》卷5之“远离品”云：“邪复言：‘若已受决，得不退转。’其人闻之，心大欢喜，自谓审然，便行形调、轻易同学。用是字故，便失其本行，堕邪网。”[2]

又，支娄迦谶译《般舟三昧经》卷2“四辈品第六”：“设不恭敬于善师，轻易于善师，欺调于善师，正使久学是三昧，久持久行，设不恭敬师者，疾亡之。”[3] 一卷本《般舟三昧经》“四辈品第五”：“设不恭敬，轻易、欺调于师，正使久学，是三昧疾忘之。”[4] 此处的“轻易”也是“轻视、蔑视”的意思。

“轻易”是同义重复的双音词。慧琳《一切经音义》卷9引录玄应音释《放光般若经》第23卷的“轻易”条云：

> 轻易：《字体》作傷，或作䡞，今作易。以豉反。《苍颉篇》：傷，慢也。《说文》：傷亦轻也。经文作劦，胡颊反，《说文》：同力也，亦急也。劦非此义也。[5]

［1］高楠顺次郎、渡边海旭主编：《大正新修大藏经》第8册，第460页下栏。

［2］高楠顺次郎、渡边海旭主编：《大正新修大藏经》第8册，第498页下栏。

［3］高楠顺次郎、渡边海旭主编：《大正新修大藏经》第13册，第909页下栏。

［4］高楠顺次郎、渡边海旭主编：《大正新修大藏经》第13册，第900页下栏。一卷本《般舟三昧经》非支娄迦谶译。参见汪维辉：《从语言角度论一卷本〈般舟三昧经〉非支谶所译》，载《语言学论丛》第35辑，商务印书馆2007年版，第303－322页。

［5］高楠顺次郎、渡边海旭主编：《大正新修大藏经》第54册，第358页中栏。

又，慧琳《一切经音义》卷31音释《诸法无行经》下卷的“轻懱”条云：

轻懱：下，眠结反。《郑笺毛诗》云：懱，犹轻也。《贾注国语》曰：未也，灭也。《郭注方言》云：小皃也。《说文》云：轻，易也。从心，蔑声。经作蔑。蔑，日无精光，非此义也。[1]

《梵和大辞典》中的 paṃsana-条，列出了“毁、毁谤、蔑、轻易”。据上还可补入“蔑无”。

(6)怀躯：kukṣa-，“怀妊”、“怀娠”、“怀胎”

[谶本]譬如遮迦越罗夫人怀躯七日，会当成遮迦越罗相也。

[晋本]譬如迦叶圣王皇后持斋七日，生一童子，具圣王相。

[秦本]迦叶，譬如转轮圣王有大夫人，怀妊七日，是子具有转轮王相。

[宋本]佛告迦叶，譬如转轮圣王，所有皇后怀娠七夜，必生童子，具轮王相。

[梵本]tadyathāpi nāma kāśyapa rājñaś cakkravartino agrramahiṣyā kukṣe saptarātropapannaḥ kumāraś cakkravartilakṣaṇa-samanvāgataḥ tasya kukṣigatasyāpari-pakvendriyasya kalalamahābhūtagatasya balavantatarā tatra devatā spṛham utpādayaṃti.（p. 29）

案：梵本中的 kukṣe saptarātropapannaḥ kumāraś 意为“童子在腹（胎）中满七日”，谶本译为“怀躯七日”、秦本译为“怀妊七日”、宋本译为“怀娠七夜”。而晋本所译“持斋七日”与见存梵本及其他3个汉译本的意思相异。谶本的“怀躯”即“怀妊”、“怀娠”，对应梵语 kukṣe（腹中、胎中，原形 kukṣa-）。可见，“怀躯”的“躯”相当于“身”或“胎”，现代汉语方言中仍然用“有了身子”来表示怀孕。

梵本中此段话的后面还有如下的偈颂：

yathāgradevīya tu cakkravartino kukṣisthito lakṣaṇapuṇyasatvo
balavaṃtaraṃ deva spṛhā karonti na sthāmaprāptāna kumārakānāṃ

[1]《大正新修大藏经》第54册，第516页中栏。

ekāgracitte sthitabodhisatve saṃsārasaṃsthe ghaṭamāna bodhaye
janenti tasya spṛha devanāgā na śrāvakeṣu trivimokṣa-dhyāyiṣu // (p. 30)

谶本、晋本、秦本均无对译，仅宋本卷3中对应的偈颂汉译为：

譬如转轮王　皇后怀娠妊　七日未成形　天人生爱护
非重勇猛力　而重轮王种　菩萨亦如是　初发菩提心
欲度轮回故　过去诸如来　于彼而恭敬　此人绍佛事
于诸声闻众　正观八解者　不生于敬爱　无彼成佛分

宋本出于五言诗句的格式需要，用"怀娠妊"3字来对译 kukṣisthito (= kukṣi-sthita-，怀孕、怀胎)，"怀娠妊"与谶本的"怀躯"意思相同。

"怀躯"在佛经中出现较早。除谶本外，《佛说三摩竭经》[1]亦用此词。"尔时国中有一女人怀躯，见山来政黑，恐堕其上，便大惶怖，即堕躯。"[2]此处的"堕躯"就是指堕胎（流产/小产）。又，西晋竺法护译《生经》卷5云："乌王有妇，名曰旧梨尼，于时怀躯，有阻恶食，心念如是：'欲得鹿王肉食。'至诚白王，欲得此食：'于今我身小发此念，欲得善柔鹿王肉食乃活，不尔者死。'"[3]

竺法护译《正法华经》卷8"叹法师品第18"云：

若有怀躯，身体疲极，
以香分别，腹中男女。
复自识知，身所从来，
又亦晓了，谊法科律。[4]

辛岛静志《正法华经词典》的"怀躯"条，释作"怀妊"，对应的梵语为 gurviṇakā-/ gurviṇī-。[5]

(7)适莫：vikalpa-，"区别、区分"

---

[1]《出三藏记集》卷4将该经归于"新集续撰失译杂经录"，且注明"《三摩竭经》一卷：与《分惒檀王经》大同小异"。隋代法经《众经目录》卷3始注明其译者为吴天竺沙门竺律炎。

[2]高楠顺次郎、渡边海旭主编：《大正新修大藏经》第2册，第845页上栏。

[3]高楠顺次郎、渡边海旭主编：《大正新修大藏经》第3册，第102页上至中栏。

[4]高楠顺次郎、渡边海旭主编：《大正新修大藏经》第9册，第120页下栏。

[5]辛岛静志：《正法华经词典》，第184页。

[谶本]菩萨如是持智慧药,愈十方天下人生死老病悉等心。

[晋本]菩萨如是,学智慧药,为一切人疗生死患,亦无适莫。

[秦本]菩萨亦尔,所集智药,无所分别,普为众生平等救护。

[宋本]迦叶,如是,若彼菩萨所有智药,能疗一切众生烦恼诸病,菩萨以平等心普施一切有情。服者无复疑惑,病即除愈。

[梵本]evam eva kāśyapa prathamacittotpādiko bodhisatvo ya jñānabhaiṣajyaṃ samudānayati tat sarva nirvikalpa samudānayati samacittatā sarvasatveṣu cikitsā prayati(p. 31)

案:《梵英词典》中未收录此梵本中的 nirvikalpa 一词,该词的 nir-是否定前缀,vikalpa 源自动词 vi-√kḷp-,意为"区别、区分;犹豫"等。nirvikalpa 对应晋本的"亦无适莫"、秦本的"无所分别"、宋本的"无复疑惑"。因为 vi-√kḷp-有不止一种含意,所以,晋本与秦本选取了其"分别"意,而宋本选取了其"疑惑"义。这也是佛经汉译时常见的现象。谶本的"悉等心"与秦本的"平等"和宋本的"以平等心",均对应梵本中的 sama-cittatā。

谶本中并未使用"适莫"。但支娄迦谶译《佛说阿弥陀三耶三佛萨楼佛檀过度人道经》卷上有此词,即"佛告阿难:阿弥陀为菩萨时,常奉行是二十四愿。分檀布施,不犯道禁。忍辱精进,一心智慧。志愿常勇猛,不毁经法,求索不懈。每独弃国捐王,绝去财色,精明求愿,无所适莫。积功累德,无央数劫,今自致作佛。"[1]

与晋本的"亦无适莫"类似的表达方法还有"无所适莫"和"无适无莫"。"无适无莫"出自《论语·里仁》,佛经中较早的用例见于吴月支国居士支谦译《佛开解梵志阿颰经》:"我求道以来,其劫无数,每生有愿,愿弃爱欲,修沙门行,无适无莫。"[2]

慧琳《一切经音义》中收录了对"适莫"一词的多种音释,如下:

适莫:都狄反;下,谟各反。谓无人无相也。适,犹敌也,言敌

[1]高楠顺次郎、渡边海旭主编:《大正新修大藏经》第12册,第302页中栏。

[2]高楠顺次郎、渡边海旭主编:《大正新修大藏经》第1册,第260页下栏。

匹也。莫,犹慕也,言慕欲。[1]

适莫:丁历反。[2]

无所适莫:适,丁历反。《蜀志》诸葛亮曰:事以覆踈,易夺为益,无莫为平,人情苦亲,亲而踈踈,故适莫之道废;人皆乐人从已,不乐已从人,故易夺之义废也。《论语》云:"子曰:君子之于天下,无适无莫也。"《汉书集注》曰:适,主也。《尔雅》曰:莫,定也,谓普于一切无偏主亲,无偏定踈。[3]

适莫:都狄反,下,谟各。莫,故二反,谓无人无相也。案:适,主适也,亦敌也。敌,匹也;莫,犹慕也;言慕,欲也。[4]

适莫:上,丁历反。《考声》云:适,指实也,主也,俗用或作的。下,摩博反。《韵英》云:日冥也。《说文》亦云:曰且冥也,曰在茻中,重草曰莽,井亦声井,音莽。[5]

李维琦分析了"适莫"的含义,并赞同清人刘宝楠《论语正义》中的解说。[6] 胡敕瑞认为,"适莫"意谓"偏心",意思相当于偏义复词"厚薄"。[7] 于淑健指出敦煌出土的津艺125《佛说诸德福田经》和上博48《沙弥五得十数文》中的"无滴莫故"当即"无适莫故"。"滴莫"指"用情的亲疏厚薄"。[8]

与上述梵汉句子类似的还有一例,如下:

[谶本]譬如大山诸药草悉出其巅,亦无有主。随其有病者与,诸病皆愈。

[晋本]譬如须弥山王出诸良药,为一切人疗治苦患,无所适莫。

[秦本]迦叶,譬如雪山王中生诸药草,无有所属,无所分别。随病

---

[1]高楠顺次郎、渡边海旭主编:《大正新修大藏经》第54册,第357页上栏。

[2]高楠顺次郎、渡边海旭主编:《大正新修大藏经》第54册,第427页中栏。

[3]高楠顺次郎、渡边海旭主编:《大正新修大藏经》第54册,第442页中栏。

[4]高楠顺次郎、渡边海旭主编:《大正新修大藏经》第54册,第497页中栏。

[5]高楠顺次郎、渡边海旭主编:《大正新修大藏经》第54册,第659页中栏。

[6]李维琦:《佛经词语汇释》,湖南师范大学出版社2004年版,第279-280页。

[7]胡敕瑞:《略论汉文佛典异译在汉语词汇研究上的价值——以"小品般若"汉文异译为例》,载《古汉语研究》2004年第3期,第80-85页。此见第81页。

[8]于淑健:《敦煌佛典语词和俗字研究》,上海古籍出版社2012年版,第163-164页。

所服，皆能疗治。

［宋本］佛告迦叶：譬如大雪山王出生上好药草，能治一切诸病。修合服食，无复心疑，决定得差。

［梵本］tadyathāpi nāma kāśyapa yāni himavantaḥ parvatarājā bhaiṣajyāni virohaṃti sarvāni-amamāni-aparigrrahāni-avikalpāni yatra ca punar vyādhyā vyupanāmyaṃte taṃ vyādhiṃ praśamayaṃti（p. 31）

案：梵本中的 avikalpāni，原形为 avikalpa-，该词的 a-是否定前缀，a-vikalpa-与 nir-vikalpa-意同。谶本中没有此词的对译。晋本的"无所适莫"、秦本的"无所分别"、宋本的"无［复］心疑"分别对译 avikalpa-。从上述两例可见，"适莫"对应的不是梵本中的 sama-cittatā（等心），而是 vikalpa。

（8）适无：nirvikāra-，"始终如一的"、"无分别的"

［谶本］如是发意菩萨自致乃成佛，饶益十方人，亦适无所置也。

［晋本］如是，迦叶，菩萨从初发意以来至于道场，为一切众生亦无有二。

［秦本］菩萨亦尔，从初发意至坐道场，一切众生皆蒙利益，心无分别，不求其报。

［宋本］菩萨亦然，从初发心直至道场，坐得成菩提。于其中间，运度一切众生，无爱无求，亦复如是。

［梵本］evam eva kāśya（pa） prathamacittotpādiko bodhisatvo yāvad bodhimaṇḍaniṣadanā tāvat sarvasatvopajīvyo nirvikāro （ni）ṣpratikāro bhavati（p. 18）

案：梵本中的 nirvikāro，原形为 nirvikāra-，"不变的，无改变的，始终如一的"，表示"心无分别"之意，与 nirvikalpa-和 avikalpa-近义。谶本的"［亦］适无"、晋本的"［亦］无有二"、秦本的"［心］无分别"为 nirvikāra-的对译，而宋本的"无爱"相当于该词的意译。从对勘来看，谶本的"适无"与"适莫"是同义词。何亚南《汉译佛经与后汉词语例释》

一文解释“适无”的意思为“都无、均无”,[1]尚不全面。

(9)使:为“食”之误,对译 rasa-bhojya-

[谶本]心喜味,譬如奴随大夫使。

[晋本]是心着味,如使人乐余食故。

[秦本]心常贪味,如小女人乐着美食。

[宋本]心如贱婢,贪食残味故。

[梵本]cittaṃ hi kāśyapa rasārāma rasabhojyaceṭīsadṛśaṃ(p. 36)

案:梵本中的 rasa-bhojya-ceṭī-sadṛśaṃ,意为“如同奴婢食(余)味”。其中,rasa-意为“味”;bhojya-意为“食”。rasa-bhojya-对应汉译本的“乐余食/乐着美食/贪食残味”。ceṭī,即汉译本的“奴”/“使人”/“小女人”/“贱婢”。谶本的“随大夫使”,并不是指“奴婢跟随主人受其指使”,而是“随主人而吃其残食”,可见“使”即对应的是 rasa-bhojya-,即“食味”。笔者认为,“奴随大夫使”的“使”可能是“食”的音误字。

(10)蹚踊:“放逸”、“难以制伏”

[谶本]譬如调马师,马有蹚踊者,当数数教之,久后调好。

[晋本]譬如御者,若马放逸,即能制之。

[秦本]迦叶,譬如善调马师,随马恾悷,实时能伏。

[宋本]佛告迦叶,譬如有人善解习马,其马性恶,难以制伏。此人调习,自然良善。

[梵本]tadyathāpi nāma kāśyapa kuśalo aśvadamakasuto / yatra yatra pṛthivīpradeśa aśva skhalati / utkuṃbhati vā khaḍuṃkakkriyā vā karoti / tatra tatra caiva pṛthivīpradeśe nigṛhṇāti sa tathā tathā nigṛhnāti yan na punar api {na} prakupyate / (p. 39)

案:梵本中的 aśvadamakasuto 应该是 aśva-damaka-sūto,义即“驯马的御者”,对应的汉译分别为“调马师/御者/[善]调马师/有人[善]解习马”。很显然,谶本、晋本、秦本均将此复合词译成了名词,而宋本译成了一个句子。

---

[1]何亚南:《汉译佛经与后汉词语例释》,载《古汉语研究》1998 年第 1 期,第 64－67 页。

梵本中用 yatra yatra pṛthivīpradeśe aśva skhalati 和 utkuṃbhati vā khaḍuṃkakkriyā vā karoti 来描述马儿的活动,意即"当一匹马儿在大地上蹒跚、或者暴跳、或者无法调伏地行动",很显然这是一个复句的前半部分。谶本译为"马有蹚踊者"、晋本译为"[若]马放逸"、秦本译为"随马忧悷"、宋本译为"其马性恶,难以制伏"。那么,谶本"马有蹚踊者"中的"蹚踊"对应的是梵本中的 3 个动词(skhalati、utkuṃbhati、karoti),其意思与晋本的"放逸"、秦本的"忧悷"和宋本的"性恶,难以制伏"相同。

(11)哗名/哗说:"好名声"

[谶本]一者形容被服像如沙门;二者外如沙门,内怀媮嫺;三者求索哗名,自贡高;四者行不犯真沙门也。

[晋本]一者色像沙门;二者诈威仪沙门;三者名誉沙门;四者真实沙门。

[秦本]一者形服沙门;二者威仪欺诳沙门;三者贪求名闻沙门;四者实行沙门。

[宋本]一行色相沙门;二密行虚诳沙门;三求名闻称赞沙门;四实行沙门。迦叶此是四种沙门。

[梵本]yad uta varṇa [rūpa] liṅgasaṃ-sthānaśramaṇa ācāraguptikuhakaśramaṇaḥ kīrti-śabdaślokaśramaṇaḥ bhūta-pratipattiśramaṇaḥ ime kāśyapa catvāraḥ śramaṇāḥ(pp. 41 – 42)

案:梵本中的 kīrti-śabda-śloka-śramaṇaḥ,意即"求名声赞扬的沙门",谶本对译为"求索哗名,自贡高"、晋本对译为"名誉沙门"、秦本对译为"贪求名闻沙门"、宋本对译为"名闻称赞沙门"。其中的 kīrti-śabda-śloka-为并列式复合词,kīrti-即"好名、名声";śabda-即"声名、音";śloka-即"名闻、赞颂"。kīrtiśabdaśloka-,即谶本对译的"求索哗名"、晋本对译的"名誉"、秦本对译的"贪求名闻"、宋本对译的"求名闻称赞"。

《迦叶品》中另有相应的句子如下:

[梵本]tatra kāśyapa katamaḥ kīrti-śabda-ślokaḥśrramaṇaḥ/(p. 42)

［谶本］何因为求索哗名者？

［晋本］云何名誉沙门？

［秦本］何谓名闻沙门？

［宋本］迦叶白言：云何名为求名闻称赞沙门？

案：kīrtiśabdaślokaḥ所对译的依然分别为“求索哗名”、“名誉”、“名闻”、“求名闻称赞”。不过，谶本中少了“自贡高”、秦本中少了“贪求”。“哗名”的意思就是“好名声”。

谶本中另有“哗说”一词，相应的句子如下：

［梵本］prratipattisāraś ca bhavati na vyāhā(rapada)-vākyaparamaḥ (p. 4)

［谶本］常自精进，常随法行，不哗说。

［晋本］四者行法，不着言说。

［秦本］乐如说行，不随言说。

［宋本］行真实行，而不妄语。

案：梵本的 na vyāhārapada-vākyaparamaḥ，意即“不随言而说好话”，主格、单数。谶本为“不哗说”，晋本为“不着言说”，秦本为“不随言说”、宋本为“［而］不妄语”。“哗说”就是“妄语”的意思，它与“哗名”所对应的梵语词并不相同。“哗名”的“哗”在抄本时代，也有写成“诨”字的情况，即“诨名”，因为慧琳《一切经音义》卷 17 所引玄应音释《佛遗日摩尼宝经》的“诨名”条，即“诨名：呼瓜反。讙，诨也。诨，言语譊譊，拏交反也。”〔1〕“浮诨言语譊譊”出自《苍颉篇》。又，《一切经音义》卷 34 所引玄应音释《超日明三昧经》卷上的“浮诨”条，即“浮诨：呼瓜反。《尚书》无诨听命。孔安国曰：无讙，诨也。《苍颉篇》云：诨，言语譊譊也。”〔2〕“哗”字从口，“诨”字从言，慧琳认为应该以后者为是。《一切经音义》卷 19 慧琳新补《般舟三昧经》卷上的“诨说”条云：“诨说：上音花。孔注《尚书》云：诨，諠也。《考声》云：谓諠噪也。《说文》：

〔1〕高楠顺次郎、渡边海旭主编：《大正新修大藏经》第 54 册，第 412 页中栏。

〔2〕高楠顺次郎、渡边海旭主编：《大正新修大藏经》第 54 册，第 538 页上栏。

从言，华声。经从口，非也。"[1]

（12）自护：saṃvara-，"警戒、控制"

［谶本］譬如人病得王家药，不自护坐死。

［晋本］譬如病人服王妙药，不自将节而致终没。

［秦本］譬如有人服王贵药，不能将适，为药所害。

［宋本］佛告迦叶：譬如有人身有重病，服彼上好名药，不免命终。

［梵本］tadyathāpi nāma kāśyapa / glānaḥ puruṣo rājārhan bheṣajyam upayujyāsaṃvareṇa kālaṃ kuryāt /（p. 45）

案：梵本中的 upayujyāsaṃvareṇa 可以拆分为 upayujya 和 asaṃvareṇa，upayujya 即动词 upa-√yuj-的独立式，意即"服用"。asaṃvareṇa，a-是否定前缀，"不"；saṃvareṇa 是 saṃvara-的具格、单数形式，意义相当于"警戒、自护"。[2] asaṃvareṇa 所对应的是谶本的"不自护"、晋本"不自将节"、秦本"不能将适"。而宋本的"不免"与前 3 个汉译本的译法均不相同，这是因为 asaṃvara 意即 not to be concealed，[3]与"难免"意思相近，这就能解释宋本中"不免"的来源了。

（13）毗罗经：piṭaka 藏、（法）藏

［谶本］但求索好经法、六波罗蜜、及菩萨毗罗经、及佛诸品。

［晋本］一者，乐闻善法，不乐闻非法，乐六度无极、菩萨箧藏。

［秦本］舍离邪法，求正经典、六波罗蜜、菩萨法藏。

［宋本］一者，愿闻其善，不愿闻恶，求行六波罗蜜及菩萨藏。

［梵本］yad utaṣaṭpāramitābodhisatva-piṭaka-paryeṣti śvasadṛśaś ca bhavati nirmā（natayā）sarvasatveṣu dharmalābhasaṃtuṣṭaś ca bhav- ati（p. 7）

案：ṣaṭpāramitābodhisatva-piṭaka-paryeṣti，"六波罗蜜"即"ṣaṭpāramitā"，"菩萨毗罗经"对译 bodhisatva-piṭaka。"毗罗"音译，对应于 piṭak-

---

［1］高楠顺次郎、渡边海旭主编：《大正新修大藏经》第 54 册，第 425 页下栏。

［2］荻原云来编纂：《汉译对照梵和大辞典》，第 1369 页。

［3］Monier Monier-Williams, *A Sanskrit-English Dictionary*, Oxford: Clarendon Press, 1988 reprinted, p. 117.

a,“经”字乃随文意的添加。piṭaka 原意为“箧”、“藏”。晋本“箧藏”为同义重复的双音词。秦本“法藏”亦增译一“法”字、宋本径译为“藏”。就 piṭaka 的对音而言,pi 与“毗/昆”的对音较常见;ṭa 对音为“罗”,此现象同于《妙法莲华经》中的“波罗罗”对译 pāṭala;[1] ka 常略去,比如 jīvaka 译为“耆婆”。“毗/昆罗经”的译法还见于东晋祇多蜜译《佛说宝如来三昧经》卷上,“但欲闻法味及《毗罗经》,但欲闻沤和拘舍罗,但欲闻四平等心。”[2]“沤和拘舍罗、平等心”,亦见之于《遗日摩尼宝经》(“沤惒拘舍罗”、“等心”)。毗罗经这一条目在《翻梵语》卷 1 中有解说,“毗罗经(应云毗梨 译曰勇也) 宝如来经上卷。”[3]“勇”字的梵文为 vīra,俗语为 bīra,“毗”对音 vī/bī;“梨”可对音 ra,比如《妙法莲华经》中的“波利质多罗”对译 pāracitraka,“利”即对音 ra,而“利”与“梨”音同。又,《翻梵语》卷 2,“求那毗比丘(应云求那毗罗 译曰求那者,功德;毗罗者,勇也)《为黄门园老婆罗门说学经》第五卷。”[4]求那毗罗,梵名即为 Guṇa-vīra。可见《翻梵语》的解释是有问题的,乃将“毗罗经”(piṭaka)与“求那毗罗”中的“毗/昆罗”(vīra)混同为一了。

落合俊典《毗罗三昧经と初期译经》一文对谶本的“菩萨毗罗经”中的“毗罗经”,有所探讨。[5] 东晋天竺三藏祇多蜜译《佛说宝如来三昧经》卷上:“但欲闻法味及《毗罗经》,但欲闻沤和拘舍罗,但欲闻四平等心。”[6]姚秦三藏鸠摩罗什译《坐禅三昧经》卷下:“如《毗罗经》中优填王阿婆陀那说,有二夫人:一名无比,二名舍迷婆帝。”[7]

又,paryeṣti,谶本、秦本、宋本分别译为“求索”、“求”、“求行”。晋

---

〔1〕辛岛静志:《妙法莲华经词典》,创价大学国际高等印度学佛教学研究所丛刊,Tokyo,2001 年,第 23 页。另,释迦牟尼的故乡迦毗罗卫,梵名 Kapilavastu,“毗罗”的对应音节则为 pi-la。另见顾满林对该词多种音译形式的分析。

〔2〕高楠顺次郎、渡边海旭主编:《大正新修大藏经》第 15 册,第 521 页下栏。

〔3〕高楠顺次郎、渡边海旭主编:《大正新修大藏经》第 54 册,第 985 页上栏。《翻梵语》是一部梵语辞典,凡 10 卷,收语汇约 5000 条。撰者不详,有学者推测是梁代僧人宝唱所作。

〔4〕高楠顺次郎、渡边海旭主编:《大正新修大藏经》第 54 册,第 1000 页上栏。

〔5〕落合俊典:《毗罗三昧经と初期译经》,载《印度学佛教学研究》第 42 卷第 2 号,1994 年,第 579 - 584 页。

〔6〕高楠顺次郎、渡边海旭主编:《大正新修大藏经》第 15 册,第 521 页下栏。

〔7〕高楠顺次郎、渡边海旭主编:《大正新修大藏经》第 15 册,第 282 页中栏。

本所译“乐”,可能译自他词。胡敕瑞《略论汉文佛典异译在汉语词汇研究上的价值——以〈小品般若〉汉文异译为例》一文中,利用“小品般若”的异译本讨论“行”字有“求索”义,[1]此亦一例。

(14)委曲:kuṭila 邪曲、不正、不正直

[谶本]菩萨有四事,心不委曲,当远离。

[晋本]复次,迦叶,心有四曲,菩萨当除。

[秦本]复次,迦叶,菩萨有四曲心,所应远离。

[宋本]佛告迦叶波,有四种法,生不正心,离菩萨行。

[梵本]catvāra ime kāśyapa kuṭilāś cittotpādās tena bodhisatve(na pari)-varjitavyāḥ(p.8)

案:“委曲”的梵文为 kuṭila,原意为“bent,crooked,dishonest,fraudulent”,与晋本和秦本的“曲”、宋本的“不正”相吻合。梵文 kuṭilāś cittotpādās 即晋本“心有四曲”、秦本“有四曲心”、宋本“生不正心”。cittotpādās:cittotpāda-,“心生”,主格,单数。晋本为“心有[四曲]”,秦本为“有[四曲]心”,宋本为“生[不正]心”。utpāda-,“出生、产生”。晋本、秦本为“有”,宋本为“生”。梵本此句中并无表否定的词语,那么谶本“心不委曲”中的否定词“不”,应该是“生”(utpāda)字之误。“委曲”意作“不正”解时,尚见于元魏菩提留支译《大萨遮尼干子所说经》卷6“瞿昙身正直 坐立无委曲。”[2]“委曲”,与“正直”相对。又,唐代般若共牟尼室利译《守护国界主陀罗尼经》卷6“无所著声、善解脱声、极清净声、无委曲声、无下劣声、无坚硬声、无慢缓声。”[3]“委曲”意即“不正派、不止当。”

敦煌文献中有类似“委曲”的用法。《维摩诘经讲经文》(三)云:“心无所曲,随其直心”。[4]《维摩诘经讲经文》(四)云:“无谄曲,少恣

[1]胡敕瑞:《略论汉文佛典异译在汉语词汇研究上的价值——以〈小品般若〉汉文异译为例》,载《古汉语研究》2004年第3期,第80-85页。

[2]高楠顺次郎、渡边海旭主编:《大正新修大藏经》第9册,第343页中栏。

[3]高楠顺次郎、渡边海旭主编:《大正新修大藏经》第19册,第553页下栏。

[4]黄征、张涌泉:《敦煌变文校注》,中华书局1997年版,第825页。

纵,偏解消除邪见梦,/ 但校一念直心生,自然众善来随从。"[1]这两句中的"无所曲"、"无谄曲"和"直心"都是描述心行正直状态的,与"心不委曲"意思基本相同。

梵本中另有一个与上列梵汉句式对应的句子,其意义相同,形式相似,几乎完全对等,但汉译本却有另外的不同译法,具体如下:

[谶本]是为四。

[晋本]是谓,迦叶! 心有四曲,菩萨当除。

[秦本]迦叶! 是为菩萨四曲心,所应远离。

[宋本]迦叶! 如是四法,生不正心,离菩萨行。

[梵本]ime [k]āśyapa catvāraḥ kuṭilāś cittotpādās te < na > bodhisatvena parivarjitavyāḥ(p. 8)

案:梵本的 kuṭilāś,原形 kuṭila-,谶本未译,而晋本和秦本的"曲"、宋本的"不正"是该词的对译。

(15)犹豫:kāṃkṣā,疑惑、怀疑

[谶本]何谓为四? 一者犹豫于佛法。

[晋本]云何为四? 一者犹豫疑于佛法。

[秦本]何谓为四? 于佛法中,心生疑悔。

[宋本]云何四法? 一者疑惑佛法,心不爱乐。

[梵本]katame{ś} catvāra {r} yad uta kāṃkṣā vimatir vicikitsā sarvabuddhadharmeṣu(p. 8)

案:谶本"犹豫"的梵文为 kāṃkṣā,[2]原意为"doubt",与晋本"犹豫、疑"、秦本"疑悔"、宋本"疑惑"相吻合。从梵本来看,有 3 个词 kāṃkṣā、vimatir、vicikitsā 分别指"怀疑"、"不喜欢、不爱乐"、"怀疑、不肯定"。

(16)矫称:pratirūpaka / pratirūpakokta,假冒、似是而非

[谶本]菩萨有四事,矫称为菩萨。何谓四事?

---

[1]黄征、张涌泉:《敦煌变文校注》,第 868 页。

[2]此为佛教混合梵语词形,参见 Franklin Edgerton, *Buddhist Hybrid Sanskrit and Grammar and Dictionary*, vol. ii, *Dictionary*, Delhi: Motilal Banarsidass, 1993, p. 175.

[晋本]复次迦叶,有四像菩萨。云何为四?

[秦本]复次迦叶,菩萨有四非菩萨而似菩萨。何谓为四?

[谶本]佛告迦叶波,有四种法为菩萨影像。迦叶白言:云何四法?

[梵本]cātvāra ime kāśyapa bodhisattva-pratirūpa(kāḥ) katame catvārah(p. 12)

案:梵本中"bodhisatvapratirūpa"后缺字母,幸而本段下文有"catvāro bodhisatvapratirūpakāḥ";偈颂中有"pratirūpakoktāḥ",据此,可补前者为"bodhisattva-pratirūpa[kāḥ]"。pratirūpaka 作名词或形容词,意为"影像、画像、相像的、伪造的"等,故晋本为"像",秦本为"非……而似",宋本为"影像"。其中,秦本意思最为浅白。此处谶本的"憍称"有"假冒、似是而非"之意,是将名词译为动词,这与梵语名词源出于动词的原则并无相悖之处。[1]

(17)等心:samacitta-tā,具有平等的心,平等对待

[谶本]一者等心于十方人。

[晋本]一者等心为一切众。

[秦本]于诸众生,其心平等。

[宋本]一者于一切众生心行平等。

[梵本]catvāra ime kāśyapa bodhisatvamārgāḥ katame catvāraḥ samacittatā sarvasatveṣu (p. 11)

案:谶本的"等心",对应 sama-citta,后世多译为"平等心"。而 samacitta-tā,加了词缀 tā,表示具有平等之心,故秦本、宋本分别意译为"其心平等"、"心行平等",特别是"行"表达出了原语的动词意味。从 sarvasatveṣu(众生)词形来看,为依格复数形式,汉、秦、宋 3 本用"于"来表示依格,而晋本用"为",有用为格来替代依格之嫌。

谶本中还有一例"等心",其梵汉句子对应如下:

[谶本]瞋恚者以等心为药。痴者以十二因缘为药。疑不信者以

[1]关于梵语名词源出于动词的原则,参见段晴:《波你尼语法入门》,北京大学出版社 2001 年版。

空为药。

［晋本］慈心治恚。缘起治痴。空治一切见。

［秦本］以慈心观治于瞋恚。以因缘观治于愚痴。以行空观，治诸妄见。

［宋本］以无缘慈观彼一切惑业相。有理无本自无生今亦无相。

［梵本］dveṣasya maitrī cikitsā: mohasya pratītyasamutpādapratyavekṣaṇā cikitsā: sarvadṛṣṭī-gatānāṃśunyatā cikitsā(p. 33)

案：与谶本的“等心”相应的词语是晋本和秦本的“慈心”、宋本的“慈”，从汉语来看，其词义有较大差异。梵本中相应的词语是 maitrī，即“慈悲”的意思，与晋本和秦本的“慈心”、宋本的“慈”相吻合，因此，笔者推测，谶本此处的“等心”应该是“慈心”之误，宜改为后者。

（18）难调：khaḍuṃka，难以处理的、难驾驭的

［谶本］菩萨有四事难调也。

［晋本］菩萨有四恶。

［秦本］菩萨有四败坏之相。

［宋本］有四种法令诸菩萨心意刚强。

［梵本］catvāra ime kāśyapa bodhisa(tva)-khaḍuṃkāḥ

案：“难调”对应的梵文为 khaḍuṃka，[1] 意即“unruly, unmanageable”（难以处理的、难驾驭的），故谶本与梵本相合。晋本“恶”、秦本“败坏之相”、宋本“令……心意刚强”与梵本 khaḍuṃka 均不吻合，尤其宋本相去甚远，可能对译的原语不同，具体待考。

又，khaḍuṃka 还见于梵本 56b2：vā khaḍuṃkakkriyā vā karoti tatra tatra。调，义作“驾驭”，尚见于《遗日摩尼宝经》，“譬如调马师，马有蹚踊者，当数数教之，久后调好。”此例句胡敕瑞在《〈论衡〉与东汉佛经词汇比较研究》一书中已论及。

（19）易调：ājāneya -，“调伏的、驯服的”

---

[1] 此为佛教混合梵语词形，参见 Franklin Edgerton, *Buddhist Hybrid Sanskrit and Grammar and Dictionary*, vol. ii, *Dictionary*, p. 202.

[谶本]菩萨有四事易调也。

[晋本]复次,迦叶!菩萨有四智。

[秦本]复次,迦叶!菩萨有四善顺之相。

[宋本]佛告迦叶波:有四种法,令于菩萨知见明了

[梵本]catvāra ime kāśyapa ājāneyā bodhisatvāḥ(p. 9)

案:ājāneyā:ājāneya-,"调伏的、驯服的",主格,复数。谶本为"易调"。晋本"[四]智"、秦本"善顺之相"、宋本"知见明了",均不能与原语直接对应。不过,秦本的"善顺"与"调伏"的意义尚未接近。

(20)五旬:pañcābhijñā,五种神通。或为 pañca-jñāna,五智

[谶本]离于恶知识,习善知识,以五旬自娱乐。

[晋本]二十八者远恶知识,亲善知识,二十九者成就四梵居止,三十者依猗智慧。

[秦本]离恶知识,亲近善友,成四梵行,游戏五通。

[宋本]弃舍恶友,亲近善友,于四无量及五神通皆悉通达。

[梵本]pāpamitravivarjanat(ā) kalyāṇamitrasevanatā catubrahmavihāranispādanatā paṃcābhijñavikkrīḍanatā(p. 17)

案:"五旬"的语义,早有所释。《一切经音义》卷9,引《玄应音义》(三)曰:"五旬,或言般遮旬,即五神通也。案《阿闍(阇)世王女阿术达经》云:悉得五旬是也。《大品经》等云五神通,同一也。"[1]又,《一切经音义》卷9,释《道行般若经》卷2云:"般遮旬:般遮,此云五,犹五神通也。经中或作五旬,在二者也。"[2]又,《一切经音义》卷16,慧琳释《阿阇贳王女阿术达菩萨经》,云"五旬,或言般遮旬,唐言五,即五神通也。"[3]

"五旬"(般遮旬)指"五神通",按无疑义。五通,秦本"五通"、宋本"五神通"亦可证明。而"旬"的译音问题,却有可考之处。俞敏先生的《佛经词语小议》一文,曾涉及此问题。该文针对李明权《从语言学

[1]高楠顺次郎、渡边海旭主编:《大正新修大藏经》第54册,第361页中栏。

[2]高楠顺次郎、渡边海旭主编:《大正新修大藏经》第54册,第361页下栏。

[3]高楠顺次郎、渡边海旭主编:《大正新修大藏经》第54册,第408页下栏。

看佛教对中国文化的影响》一文中的某些论点质疑,认为"至于把用'由旬'对 yojana 算讹译,更是沿袭古人的误解。这件事的真相可能是后汉人念'旬'字可能与今天念法不一样。"[1]不过,他并未指出后汉人对"旬"字的具体念法是什么。

"五旬"在汉译佛经中还见于:支娄迦谶译《佛说伅真陀罗所问如来三昧经》卷上,"学问法亦不厌足(三)。四禅五旬知亦不厌足(四)。"[2]卷中,"十一者悉具五旬。是为净。"[3]卷下:"多罗三耶三菩心者。因是功德皆当得五旬。乃至成佛而不忘。"[4]又,竺法护在上述《佛说阿阇贳王女阿术达菩萨经》,以及《光赞经》卷10、《佛说弘道广显三昧经》卷1中亦译为"五旬",[5]而在《道行般若经》卷2中音译为"般遮旬"。[6] 又,前秦天竺沙门昙摩蜱共竺佛念译《摩诃般若钞经》卷2,"悉是善男子善女人,皆令行四禅、四谛、四神足、五旬。"[7]南朝宋北印度三藏求那跋摩译《佛说菩萨内戒经》,"一心不复转,自然得五旬,是为菩萨行禅法"。[8] "五旬"的译法以月氏文化背景系统的僧人(支娄迦谶、竺法护)为主。其原语完全有可能不是梵语,而是俗语或者新疆某地的方言。

笔者在此提出一个假说,"由旬"对译 yojana,"旬"对音 jana,那么,"五旬"的"旬"可能对译 jñāna,"五旬"为 pañca-jñāna,即"五智";而"五神通"("五通")对译的才是 pañcābhijñā。五智是大乘佛教的概念,内涵有多种。之所以假定"五旬"为 pañca-jñāna,理由有二:

---

[1]俞敏:《佛经词语小议》,原载《法音》1983 年第 3 期,收入《俞敏语言学论文集》,黑龙江人民出版社 1989 年版,第 333 页。

[2]高楠顺次郎、渡边海旭主编:《大正新修大藏经》第 15 册,第 353 页上栏。

[3]高楠顺次郎、渡边海旭主编:《大正新修大藏经》第 15 册,第 357 页下栏。

[4]高楠顺次郎、渡边海旭主编:《大正新修大藏经》第 15 册,第 364 页上栏。

[5]《光赞经》:"菩萨摩诃萨不当住五旬,亦不当住菩萨五旬,以得五旬诸无央数阿僧祇诸佛国土。"(《大正新修大藏经》第 8 册,第 211 页下栏)《佛说弘道广显三昧经》卷 1,"以常住斯道,得致于五旬,神足诸感动,为众广说法。"(《大正新修大藏经》第 15 册,第 493 页中栏)

[6]《道行般若经》卷 2,"菩萨摩诃萨从般若波罗蜜中,生十诫功德,世间悉遍至。四禅、四谛、四神足、般遮旬,悉照明于世间。"(《大正新修大藏经》第 8 册,第 433 页下栏)

[7]高楠顺次郎、渡边海旭主编:《大正新修大藏经》第 8 册,第 518 页下栏。

[8]高楠顺次郎、渡边海旭主编:《大正新修大藏经》第 24 册,第 1030 页下栏。

其一，晋本中译语为“依猗智慧”，其“智慧”一词正可与 jñāna 相印证。

其二，根据辛岛静志对 jñāna/ yāna 两个词的关系研究，[1]他认为在梵本《法华经》(*Saddharmapuṇḍarīkasūtra*, *Lotus Sutra*)的传播早期，中期印度语形式(Middle Indic form)的 jāṇa 或者 jāna (=Pkt. < Skt. jñāna, yāna)已经在经中成立。果如此，那么，笔者认为与 jāna 词形相近的 jana，也可能推出 jāna (=Pkt. < Skt. jñāna) < jana 这一关系式。换言之，在 jana 译为“旬”的情况下，jñāna 也可译为“旬”。则“五旬”、“般遮旬”原语为 pañca-jñāna，而“五神通”、“五通”的原语是 pañcābhijñā。至于汉译佛典与佛教辞书中，pañca-jñāna 与 pañcābhijñā 之间如何混淆，尚有待进一步研究。

(21)恶知识：kumitra-，“坏朋友”

[谶本]菩萨有四恶知识。

[晋本]复次，迦叶，菩萨有四恶知识。

[秦本]复次，迦叶，菩萨有四非善知识、非善等侣。

[宋本][佛告：]迦叶波！有四种法，为菩萨怨，而不可行。

[梵本]catvāra ime kāśyapa bodhisatvasya kumitrāṇi kusahāyās te bodhi- satvena parivarja[yi]tavyā(p. 11)

案：kumitrāṇi：kumitra-，n. “坏朋友”，主格，复数。谶本、晋本为“恶知识”、秦本为“非善知识”，宋本为“怨”。该词可分拆：ku-，“坏的、不好的”。谶本、晋本为“恶”、秦本为“非善”，宋本为“怨”。mitra-，“朋友”。谶本、晋本、秦本为“知识”，即朋友。

(22) 等侣：sahāya-，“伴侣、同伴”

[谶本]菩萨有四恶知识。

[晋本]复次，迦叶，菩萨有四恶知识。

---

[1]辛岛静志：《〈法华经〉中的乘(yāna)与智慧(jñāna)——大乘佛教中 yāna 概念的起源与发展》，载李铮、蒋忠新主编：《季羡林教授八十华诞纪念论文集》(下)，江西人民出版社 1991 年版，第 769－787 页。又，Seishi Karashima, “Some Features of the language of the *Saddharmapuṇḍarīkasūtra*”, *Indo-Iranian Journal*, Vol. 44, No. 3, 2001, pp. 207－230.

[秦本]复次,迦叶,菩萨有四非善知识、非善等侣。

[宋本](佛告:)迦叶波!有四种法,为菩萨怨,而不可行。

[梵本]catvāra ime kāśyapa bodhisatvasya kumitrāṇi kusahāyās te bodhisatvena parivarja[yi]tavyā(p. 11)

案:kusahāyās:kusahāya-,m.“坏的同伴”,主格,复数。秦本为“非善等侣”。sahāya-,“伴侣、同伴”。秦本为“等侣”。可见“等侣”就是“伴侣、同伴”的意思。于淑健在《敦煌佛典语词和俗字研究》中释“等侣”意为“同伴,常指志趣相投者”。[1]利言在《梵语杂名》列出的词条有“同伴:萨贺引耶 sahāya-”,[2]可知“等侣”的意思为“同伴”,所对应梵语词 sahāya 的音译为“萨贺引耶”。僧怛多蘖多波罗、瞿那弥舍沙二合出《唐梵两语双对集》中也收录了“同伴:萨多(引)耶”,[3]可知 sahāya-的另一个音译为“萨多(引)耶”。

(23)语……言:ā-√mantr-,“对……说,告诉”

[谶本]尔时,佛语摩诃迦叶比丘言。

[晋本]尔时,世尊告尊者大迦叶曰。

[秦本]尔时,世尊告大迦叶。

[宋本]尔时,世尊告迦叶言。

[梵本]tatrra bhagavā(n ā)- yuṣmantaṃ mahākāśyapam āmaṃtrayati sma·(p. 1)

案:āmaṃtrayati:动词 ā-√mantr-,“对……说,告诉”,现在时、陈述语气、第三人称、单数。谶本为“语……言”,晋本为“告……曰”,秦本为“告”,宋本为“告……言”。

(24)减:pārihāṇa-,退失、破坏

[谶本]菩萨有四事法智慧为减。

[晋本]菩萨有四法失般若波罗蜜。

[秦本]菩萨有四法退失智慧。

---

[1]于淑健:《敦煌佛典语词和俗字研究》,上海古籍出版社2012年版,第160-161页。

[2]高楠顺次郎、渡边海旭主编:《大正新修大藏经》第54册,第1232页中栏。

[3]高楠顺次郎、渡边海旭主编:《大正新修大藏经》第54册,第1242页中栏。

[宋本]有四种法破坏菩萨智慧。

[梵本]catvāra ime kāśyapa dharmā bodhisatvasya prajñāpāri(hā)ṇā-ya saṃvar[t]an(t)e(p.1)

案:prajñā-pārihāṇāya:prajñā-pārihāṇa-,"退灭智慧"。依主式复合词,为格、单数。谶本为"智慧为减",晋本为"失般若(波罗蜜)",秦本为"退失智慧",宋本为"破坏……智慧"。prajñā-,"般若、智慧"。pārihāṇa-,据BHSD,=S./P. parihāṇa,"退、灭"。[1] 谶本为"减",晋本为"失",秦本为"退失",宋本为"破坏"。

(25)经/深经/经道:dharma-,佛法

[谶本]一者不敬经不敬师。

[晋本]一者不尊法不敬法师。

[秦本]不尊重法不敬法师。

[宋本]一者于佛教法而生轻慢。二者于法师处憎嫉法师。

[梵本] yad uta agaura(v)au (bhava)ti dharme ca [dh]-(armabhāṇa)ke ca(p.1)

案:dharme:m."法",单数,依格。dharma-,谶本为"经",晋本、秦本为"法",宋本为"佛教法"。谶本中也有译dharma-为"深经"的用例。如:

[谶本][二者人有欲闻经者中断之。]三者人有求深经者,爱惜不肯与。

[晋本]二者为法师者悭惜吝法。三者欲得法者,为法作碍,呵责轻易,不为说法。

[秦本]所受深法秘不说尽,有乐法者为作留难,说诸因缘,沮坏其心。

[宋本]三者隐藏正法,令不见闻。四者他欲乐法,数数障碍,瞋恚断善,覆盖不说。

[1] Franklin Edgerton, *Buddhist Hybrid Sanskrit Grammar and Dictionary*, vol. ii, *Dictionary*, p. 343.

［梵本］dharm［ā］cāryamuṣṭiñ ca karoti dharmakāmānāñ ca pudgalānāṃ dharmāntarāyaṃ karoti viccha(n)d(ayati) vikṣipati · na deśayati · praticchādayati ·（p. 1）

案：dharma-kāmānāñ：dharma-kāmānā-，"渴望法"，业格、复数。谶本为"求深经"，晋本为"欲得法"，秦本为"乐法"、宋本为"欲乐法"。kāmāna-，m．"希望、愿望"。谶本为"求"，晋本为"欲"，秦本为"乐"、宋本为"欲乐"。谶本中也有译 dharma-为"法"的用例。如：

［谶本］菩萨复有四事法智慧为增。

［晋本］复次，迦叶！菩萨有四法，得般若波罗蜜。

［秦本］复次，迦叶！菩萨有四法，得大智慧。

［宋本］佛告迦叶波：有四最上法观，增长菩萨大智。

［梵本］catvāra ime kāśyapa dharmā bodhisatvasya mahāprajñatāyai {ḥ} saṃvartaṃte（p. 2）

案：catvāra……dharmā：谶本为"四事法"，晋本、秦本为"四法"，宋本为"四［最上］法观"。谶本的"四事法"有两种读法："四/事/法"与"四/事法"，前者的"事"可作量词理解，但其从对应的梵语 catvāra……dharmā 直译为"四法"，梵语句子中没有量词的表达法，因此，如果将"事"理解为量词的话，也是出于中土汉语的句法，而不是依据佛经原典。谶本的另一处有类似的译法，对比如下：

［谶本］菩萨有四事，世世亡菩萨道意。

［晋本］复次，迦叶！菩萨成就四法，忘菩萨心。

［秦本］复次，迦叶！菩萨有四法，失菩提心。

［宋本］佛告大迦叶：有四法具足，迷障菩萨菩提心。

［梵本］(caturbhiḥ) kāśyapa dharmaiḥ samanvāgatasya bodhisatvasya bodhicittaṃ muhyati（p. 2）

案：梵本的 caturbhiḥ……dharmaiḥ分别译成了"四事"、"四法"，从谶本的"四事法"与"四事"来看，前者的"事"不宜当做量词看待，"事法"就是一个名词。谶本中还有译 dharma-为"经道"的用例。如：

［谶本］菩萨有四事，求经道及有所求索不中断。

[晋本]复次,迦叶！菩萨成就四法,善不衰退,增长善法。

[秦本]复次,迦叶！菩萨有四法,所生善法,增长不失。

[宋本]佛告迦叶波:有四法具足,令诸菩萨善法不灭,得法增胜。

[梵本]ca)turbh[i]ḥ[k]āśyapa dharmaiḥ sama[nv]āgato bodhisatvaḥ aparihāṇadharm(o) bhavati viśeṣagāmitāy[ai]:(p.7)

案:aparihāṇadharmo:aparihāṇa-dharma-,"佛法不灭",主格,单数。谶本为"求经道……不中断",晋本为"善不衰退",秦本为"[所生]善法,……不失",宋本为"善法不灭"。晋本"善"指"善法"。与 dharma-对应的译法分别为谶本的"经道"、晋本的"善"、秦本和宋本的"善法"。又,谶本中也有"佛法"的译例。如:

[谶本]一者犹豫于佛法。

[晋本]一者犹豫疑于佛法。

[秦本]于佛法中,心生疑悔。

[宋本]一者疑惑佛法,心不爱乐。

[梵本]yad uta kāṃkṣā vimatir vicikitsā sarvabuddhadharmeṣu·(p.8)

案:sarvabuddhadharmeṣu:sarvabuddhadharma-,"一切佛法",依格,复数。谶本、晋本为"于佛法",秦本为"于佛法中",宋本为"佛法"。可见,4个汉译本此处均将 buddha-dharma-译成"佛法"。值得注意的是,秦本用"于……中",来表示原语的依格形式。谶本、晋本、秦本均将依格译成了状语,而宋本将依格译成了宾语。

(26)师:dharmabhāṇaka-,法师

[谶本]一者不敬经,不敬师。

[晋本]一者不尊法,不敬法师。

[秦本]不尊重法,不敬法师。

[宋本]一者于佛教法而生轻慢。二者于法师处憎嫉法师。

[梵本]yad uta agaura(v)au (bhava)ti dharme ca [dh]-(armabhāṇa)ke ca(p.3)

案:dharmabhāṇake:dharmabhāṇaka-,m."宣法师、讲法者",持业释

复合词，单数，依格。谶本为"师"，晋本、秦本为"法师"。宋本为"于法师处"，"于……处"对译原语的依格形式。义净译《佛说一切功德庄严王经》中译作"说法师"。[1] bhāṇaka-, m. "宣传者、宣讲者"，即法师。[2] "诵读者"，指专长于诵读佛教经典中某一特定部分的人。[3] bhavati：动词√bhū-，"是，存在"，现在时，陈述语气、主动语态、第三人称、单数。此处动词为单数，而主语 agauravau 为双数，二者不一致。写本可能存在抄写错误，辛岛静志指出，此处的 agauravau 应该为单数形式 agauravo。因为与上句相对应的句子还有下例：

[谶本]一者恭敬经、尊师。

[晋本]一者尊法，敬重法师。

[秦本]常尊重法，恭敬法师。

[宋本]一者于佛教法，深生尊重。二者于法师处，勿生轻慢。

[梵本]yad u < ta > sagauravo bhavati dharme ca dharmabhāṇake ca (p.4)

案：此句与上句只有 sagauravo（sagaurava-，恭敬）与 agaura（v）au（agaurava-，不恭敬）之别，其余均相同。dharmabhāṇake：dharmabhāṇaka-，谶本为"师"，晋本、秦本为"法师"，宋本为"于法师处"。dharme、dharmabhāṇake，谶本、晋本、秦本将依格译为宾语。宋本用"于/于……处"表示依格，作为状语。

(27)自贡高：ātmotkarṣin-，"自高自大"；ābhimānika-，"骄傲、自负、自傲"；māna-，"傲慢、自负"

[谶本]四者自贡高，轻侮他人。

---

[1]"何况书写读诵受持，种种香花而为供养，及说法师（dharmabhāṇaka）以衣食等而为供养。"

[2]释继坤：《支谶译经"法师"考》，载《中华佛学研究》第3期，中华佛学研究所发行，1999年3月出版，第43－68页。另见蜜波罗凤洲："dharmadeśaka（说法者）とdharmabhāṇaka（法师）：《三昧王经》を中心として，" in The Editorial Committee, ed. *Encounter of Wisdom between Buddhism and Science: Essays in Honour of Professor Keisho Tsukamoto on His Sixtieth Anniversity*, Tokyo: Kosei Publishing, 1993, pp.299－319.

[3]Richard Salomon, *Ancient Buddhist Scrolls from Gandhāra: The British Library Karoṣṭhī Fragments*, Seattle: University of Washington Press, 1999, p.249.

[晋本]四者憎慢，贡高自大，訾毁他。

[秦本]骄慢自高，卑下他人。

[宋本]诳赚他人，唯自求利。

[梵本]ābhimānikaś ca bhavaty ātmotkarṣī parapaṃsakaḥ(p.3)

案：ābhimānikaś：ābhimānika-，据 BHSD，= S./P. abhimāna，“骄傲、自负、自傲”，[1]主格、单数。晋本为“憎慢”，秦本为“骄慢”。ātmotkarṣī：ātmotkarṣin-，“自高自大”，主格、单数。ātma-，ātman-，“自己、我”。utkarṣin-，“更优秀的、更杰出的、更卓越的”。ātmotkarṣin-的对译，谶本为“自贡高”，晋本为“贡高自大”，秦本为“贡高”。宋本的“唯自求利”，差别较大。梵本中有 3 个词，即 ābhimānikaś、ātmotkarṣī 和 parapaṃsakaḥ，只有晋本有完整的对译“憎慢”、“贡高自大”、“訾毁他”。因此，谶本的“自贡高”可能包含了 ābhimānikaś和 ātmotkarṣī 两个词的意思。谶本的“自贡高”与 ābhimānika-之间的对译关系，可见下例：

[谶本]一者自贡高学外道。二者独欲自供养，不欲令他人得。

[晋本]一者贡高骄慢，学世经典。二者贪着财物，数至国家。

[秦本]以骄慢心读诵、修学路伽耶经。贪利养心，诣诸檀越。

[宋本]一者世间所有深着我见。二者观察种族，住着利养，行咒力事。

[梵本]yad uta abhimānikasya lokāyatanamantraparyeṣṭyā lābhasat-(k)ārā[dh](yavasita)s(y)a k[u]la pratyavaloka[n]e[n]a (p.6)

案：abhimānikasya：abhimānika-，据 BHSD，p. 55，= S./P. abhimāna，“骄傲、自傲”。谶本为“自贡高”、晋本为“贡高骄慢”、秦本为“以骄慢心”。宋本“我见”与原语有出入。谶本的“自贡高”也可能对译另一个梵语词 māna-，如下例：

[谶本]二者自贡高瞋恚，颀佷用加于人。三者贪嫉谀讇。四者说

[1]Franklin Edgerton, *Buddhist Hybrid Sanskrit Grammar and Dictionary*, vol. ii, *Dictionary*, p. 55. 该书以下简称 BHSD.

菩萨短。

［晋本］二者骄慢不语，恚怒众生。三者他所得利，心生悭嫉。四者毁呰诽谤，不称誉菩萨。

［秦本］于诸众生，骄慢瞋恨。于他利养，起嫉妒心。诃骂菩萨，广其恶名。

［宋本］二者我见贡高，瞋恚有情。三者他得利养，贪爱憎嫉。四者于佛菩萨，不生信敬，亦不称赞，而复毁谤。

［梵本］mānamadamrak[ṣa](kr)o(dhavyāpā)dāḥ sarvasatvaiṣu irṣyāmātsaryaṃ paralābheṣu avarṇāyaśokīrtiśabdaślokaniścāraṇatā[ya](bodhisatveṣu)(p.8)

案：mānamadamrakṣakrodhavyāpādāḥ：māna-madam-rakṣa-krodha-vyāpādā-，主格、复数。谶本为"自贡高瞋恚，顽佷［用加于人］"，晋本为"骄慢不语，恚怒"，秦本为"骄慢瞋恨"，宋本为"［我见］贡高，瞋恚"。复合词中的 māna-，阳性名词，"傲慢、自负"。谶本为"自贡高"，晋本为"骄慢"，秦本为"骄慢"，宋本为"我见贡高"。

（28）轻侮：paṃsaka-，"轻视、中伤"

［谶本］四者自贡高，轻侮他人。

［晋本］四者憎慢，贡高自大，訾毁他。

［秦本］骄慢自高，卑下他人。

［宋本］诳嫌他人，唯自求利。

［梵本］ābhimānikaś ca bhavaty ātmotkarṣī parapaṃsakaḥ

案：parapaṃsakaḥ：parapaṃsaka-，据 BHSD，"轻视、中伤别人"，[1] 依主释复合词，主格、单数。谶本为"轻侮他人"，晋本为"訾毁他"，秦本为"卑下他人"。宋本为"诳嫌他人"。para-，"别人"。paṃsaka-："轻视、中伤"。谶本为"轻侮"，晋本为"訾毁"，秦本为"卑下"，宋本为"诳嫌"。

〔1〕Franklin Edgerton, *Buddhist Hybrid Sanskrit Grammar and Dictionary*, vol. ii, *Dictionary*, p. 314.

(29) 徼冀：prati-√kāṃkṣ-，“渴望、期待、希求”

[谶本]四者具足为人说经，不从人有所徼冀。

[晋本]心无爱着，亦无所求。为般若波罗蜜故，舍一切财物。

[秦本]不求一切名闻利养。知从多闻，生于智慧。

[宋本]起正直心，不求一切利养。四者称赞多闻，增长智能。

[梵本]nirāmiṣe[ṇa] cittenāpratikāṃkṣayati + + …… lābhasatkāraś [l]okaṃ bāhuśrutyena ca prrajñāgamaṃ viditvā-(p.4)

案：apratikāṃksayati：-a-，前缀，否定词，“无、不”。pratikāṃksayati，据 BHSD，prati-√kāṃkṣ-，“渴望、期待、希求”，[1]，致使式，第三人称，单数。晋本为“[亦]无所求”。秦本、宋本为“不求”。谶本“不[从人有所]徼冀”，应对译此处。因此，“徼冀”意即企望、请求。谶本的“从”，介词，犹今言“向”、“对”；“不从人有所徼冀”意谓“于人无所企求”。[2] 慧琳《一切经音义》卷 17 所引玄应音释《佛遗日摩尼宝经》的“徼冀”条，即“徼冀：又作侥。(《说文》作憿，同古尧反。侥，希异也。冀，卒也)。”[3]“徼冀”在汉译佛经中仅此一例。《汉语大词典》释“徼冀”为“希求”，例引《宋史·刘安世传》，年代过晚。

(30) 欺调：visaṃvādanatā-，“失诺，欺骗”

[谶本]一者欺调其师。

[晋本]一者欺诳师尊、长老。

[秦本]欺诳师长，已受经法，而不恭敬。

[宋本]一者所有阿阇梨师及诸善友，行德尊重，反生毁谤。

[梵本]yad u[t](ācārya)-(gu)r(u)dākṣinīyavisaṃvādanatayā(p.4)

案：visaṃvādanatayā：visaṃvādanatā-，“失诺，欺骗”，具格、单数。谶本为“欺调”，晋本、秦本为“欺诳”，宋本为“毁谤”。支娄迦谶译经中的

[1] Franklin Edgerton, *Buddhist Hybrid Sanskrit Grammar and Dictionary*, vol. ii, *Dictionary*, p. 361.

[2] 胡敕瑞提供此处的解释，特此致谢。

[3] 高楠顺次郎、渡边海旭主编：《大正新修大藏经》第 54 册，第 412 页中栏。

"欺调"用例,另见于支娄迦谶译《佛说阿弥陀三耶三佛萨楼佛檀过度人道经》卷下:"佛言:其二恶者,世间帝王、长吏人民、父子兄弟、家室夫妇略无义理,不从正令,奢淫骄慢,各欲快意,恣心自在,更相欺调,殊不惧死,心口各异,言念无实。"[1]支谦译《佛说无量清净平等觉经》卷4中几乎是直接抄录了支娄迦谶的译文,"佛言:其二恶者,世间帝王、长吏人民、父子兄弟、室家夫妇略无义理,不从政令,转淫奢骄慢,各欲快意,恣心自在,更相欺调,殊不惧死,心口各异,言念无实。"[2]又,支娄迦谶译《般舟三昧经》卷2"四辈品第六":"佛告飏陀和:是菩萨视师如视佛者,得三昧疾。设不恭敬于善师,轻易于善师,欺调于善师,正使久学是三昧,久持久行,设不恭敬师者,疾亡之。"[3]一卷本《般舟三昧经》"四辈品第五":"佛告飏陀和:其有欲学是三昧者,清净自守,持戒完具。不谀谄,常为智所称誉。于经中当布施当精进,所志当强。当多信,当劝乐。承事于师,视当如佛,得三昧疾。设不恭敬,轻易欺调于师,正使久学,是三昧疾忘之。"[4]此两处的"欺调"也是"欺骗"的意思。《汉语大词典》中未收录"欺调"一词,可据补。

(31)主持:upasaṃhāraṇa-,"提供、供应"

[谶本]二者主持他人长短,人无长短诽谤之。[三者坏败菩萨道。]四者骂詈为菩萨道者。

[晋本]二者他无恶事,说有所犯。三者摩诃衍者,毁呰诽谤。

[秦本]无疑悔处,令他疑悔。求大乘者,诃骂诽谤,广其恶名。

[宋本][二者他善增盛,于彼破灭。]三者若诸众生,行大乘行,而不称赞,妄言谤毁。

[梵本] pare ṣ ām akok ṛ {i} tye kau [k ṛ] tyaupasaṃhāraṇatayā mahāyāna-(sa)ṃ(prasthitā)(nāṃ) c(a) [s](a)tvānām (a)va(r)ṇ(ā) ya[śa]k[ī]r- t(i)śabdaśl[o]kan[i]ścāraṇat(a)y(ā)(p.4)

---

[1]高楠顺次郎、渡边海旭主编:《大正新修大藏经》第12册,第314页上栏。
[2]高楠顺次郎、渡边海旭主编:《大正新修大藏经》第12册,第296页上栏。
[3]高楠顺次郎、渡边海旭主编:《大正新修大藏经》第13册,第909页下栏。
[4]高楠顺次郎、渡边海旭主编:《大正新修大藏经》第13册,第900页下栏。

案：kaukṛtyaupasaṃhāraṇatayā：应该为 kaukṛtyopasaṃhāraṇatayā，即 kaukṛtya-upasaṃhāraṇa-tā-，“令生疑悔”，具格、单数。秦本为“令他疑悔”。kaukṛtya-，n. “坏事、邪恶”。佛经中多指“疑悔”。秦本为“疑悔”。upasaṃhāraṇa-，据 BHSD，“提供、供应”[1]。谶本“主持”，当对译此词，“主持他人长短”意思是“喜欢谈论或提供别人的缺点过失”。

(32)长短：kaukṛtya-，“罪过、过错”

[谶本]二者主持他人长短，人无长短诽谤之。[三者坏败菩萨道。]四者骂詈为菩萨道者。

[晋本]二者他无恶事，说有所犯。三者摩诃衍者，毁呰诽谤。

[秦本]无疑悔处，令他疑悔。求大乘者，诃骂诽谤，广其恶名。

[宋本][二者他善增盛，于彼破灭。]三者若诸众生，行大乘行，而不称赞，妄言谤毁。

[梵本]pareṣām akokṛ{i}tye kau[kṛ]tyaupasaṃhāraṇatayā mahāyāna(sa)ṃ(prasthitā)(nāṃ) c(a) [s](a)tvānām (a)va(r)ṇ(ā)-ya[śa]k-[ī]rt(i)śabdaśl[o]kan[i]ścāraṇat(a)y(ā)(p.4)

案：akokṛtye：= a-kaukṛtya-，kaukṛtya 意为“恶作、疑悔”。谶本为“长短”，晋本为“恶事”。佛经中的“长短”类似“好坏”，包括“好”与“不好”两个方面，如《大般涅槃经》卷 7“如来性品第四”云：“于诸法中多生疑惑，多语妄说长短、好丑或善不善。”[2]但谶本的“长短”偏指“过错、缺失”。

(33)骂詈：avarṇāyaśa-，“辱骂、诃骂、诽谤”

[谶本]二者主持他人长短，人无长短诽谤之。[三者坏败菩萨道。]四者骂詈为菩萨道者。

[晋本]二者他无恶事，说有所犯。三者摩诃衍者，毁呰诽谤。

[秦本]无疑悔处，令他疑悔。求大乘者，诃骂诽谤，广其恶名。

[宋本][二者他善增盛，于彼破灭。]三者若诸众生，行大乘行，而

---

[1]Franklin Edgerton, *Buddhist Hybrid Sanskrit Grammar and Dictionary*, vol. ii, *Dictionary*, p. 142.

[2]高楠顺次郎、渡边海旭主编：《大正新修大藏经》第 12 册，第 403 页下栏。

不称赞,妄言谤毁。

[梵本]pareṣām akokṛ{i}tye kau[kṛ]tyaupasaṃhāraṇatayā mahāyāna(sa)ṃ(prasthitā)(nāṃ) c(a) [s](a)tvānām (a)va(r)ṇ(ā)-ya[śa]k-[ī]rt(i)śabdaśl[o]kan[i]ścāraṇat(a)y(ā)(p.4)

案:avarṇāyaśa-kīrtiśabda-śloka-niścāraṇatayā:"不说好话,不赞扬"。谶本为"骂詈",晋本为"毁呰、诽谤",秦本为"诃骂、诽谤",宋本为"[而]不称赞,妄言、谤毁"。复合词中的 avarṇāyaśa-, avarṇa-, m. "责备、说坏话"。ayaśas-, n. "不名誉、耻辱"。kīrti-śabda-śloka-:"名声、赞美"。3 个同义词并列,即 kīrti-, f. "名声、光荣"。śabda-, m. "声音、好词"。śloka-, m. "名声、赞扬、颂诗"。谶本的"骂詈"包涵有"辱骂、诃骂、诽谤"的意思。

《一切经音义》卷 16 慧琳音释《大方广三戒经》卷中的"骂詈"条云:"骂詈:上,麻嫁反;下,理稚反。《说文》二字互相训,并从网,犹罪也。"[1]慧琳《一切经音义》卷 27 引大乘基音释《妙法莲花经》卷 4"劝持品"中的"骂詈"词条云:"骂詈:上,莫霸反;下,力智反。《苍颉篇》:詈,亦骂也。今解恶言及之曰骂;诽谤呪诅曰詈,并从网,形声字。"[2]此词条属于"同义为训"现象之一。

又,利言《梵语杂名》云:"詈:誐引理 gāri。"[3]

(34)谀訑:mṛṣā-vāda-, "假话、妄语"

[谶本]一者不欺师,尽其形寿,不两舌谀訑。二者尽形寿,不两舌形笑他人。

[晋本]一者宁死终不妄语。

[秦本]失命因缘不以妄语,何况戏笑。

[宋本]一者不为身命而行邪见、妄言绮语。

[梵本]yad uta jīvitahe(tor api saṃ)-prajāna-mṛṣāvāda(ṃ) na bhāṣate antamaśa hāsya-prekṣya[m a]pi(p.5)

[1]高楠顺次郎、渡边海旭主编:《大正新修大藏经》第 54 册,第 404 页中栏。
[2]高楠顺次郎、渡边海旭主编:《大正新修大藏经》第 54 册,第 490 页中栏。
[3]高楠顺次郎、渡边海旭主编:《大正新修大藏经》第 54 册,第 1241 页上栏。

案：saṃprajāna-mṛsāvādaṃ：saṃprajāna-mṛsāvāda-，据 BHSD，“深思熟虑的谎言”，[1] 持业释复合词，业格，单数。谶本为“谀訑”，晋本为“妄语”，秦本为“[以]妄语”，宋本为“妄言、绮语”。saṃprajāna-，据 BHSD，“有意的、深思的”。[2] mṛsāvāda：= mṛṣā-vāda-，m.“假话”。谶本为“谀訑”，晋本、秦本为“妄语”，宋本为“妄言、绮语”。

bhāṣate：√bhāṣ-，“说、告诉”，现在时，陈述语气，中间语态，第三人称，单数。晋本、秦本、宋本的“妄语、妄言”，均具有此动词的意味。

“谀訑”一般释作“说谄媚的话”。慧琳《一切经音义》卷 17 所引玄应音释《佛遗日摩尼宝经》的“谀謔”条，即“谀謔：以珠反。不择是非谓之谀。下，大可反。《纂文》云：兖州人以相欺为訑。又音汤和反。訑，避也。”[3]

谶本中还有“谀訑”的用例，如下：

[谶本]二者自贡高瞋恚。顽佷用加于人。三者贪嫉谀訑。四者说菩萨短。

[晋本]二者骄慢不语，恚怒众生。三者他所得利，心生悭悷。四者毁呰诽谤，不称誉菩萨。

[秦本]于诸众生，骄慢瞋恨。于他利养，起嫉妒心。诃骂菩萨，广其恶名。

[宋本]二者我见贡高，瞋恚有情。三者他得利养，贪爱憎嫉。四者于佛菩萨，不生信敬，亦不称赞，而复毁谤。

[梵本]mānamadamrak[ṣa](kr)o(dhavyāpā)dāḥ sarvasatvaiṣu irṣyāmātsaryaṃ paralābheṣu avarṇāyaśokīrtiśabdaślokaniścāraṇatā[ya](bodhisatveṣu)(p.8)

案：irṣyāmātsaryaṃ：irṣyāmātsarya-，“嫉妒”，相违释复合词，业格，单数。谶本为“贪嫉谀訑”，晋本为“心[生]悭悷”，秦本为“[起]嫉妒

[1] Franklin Edgerton, *Buddhist Hybrid Sanskrit Grammar and Dictionary*, vol. ii, *Dictionary*, p. 577.

[2] Franklin Edgerton, *Buddhist Hybrid Sanskrit Grammar and Dictionary*, vol. ii, *Dictionary*, p. 577.

[3] 高楠顺次郎、渡边海旭主编：《大正新修大藏经》第 54 册，第 412 页中栏。

心”,宋本为“贪爱憎嫉”。irṣyā-,“嫉妒的、羡慕的”。谶本为“贪嫉”,晋本为“悭嫉”,秦本为“嫉妒”,宋本为“憎嫉”。mātsarya-,m.“嫉妒、妒忌”。不过,谶本此处的“贪嫉谀訑”只有“贪嫉”能与表示“嫉妒、妒忌”的 irṣyā-和 mātsarya-两个词直接对应,“谀訑”显然是增译的。

(35)慈心:maitrī,“慈悲”

[谶本]三者慈心于人,不念人恶。

[晋本]三者无有谄伪,其心至诚。

[秦本]常以直心与人从事,离诸谄曲。

[宋本]二者去除一切众生虚妄分别。

[梵本]adhyāśayena ca sarvasatvānāṃ aṃ(tike tiṣṭha)-(ty a)[p]-agatamāyāśāṭṭhya(ta)yā(p.5)

案:adhyāśayena:adhyāśaya-,m. 据 BHSD,“全部身心、心意坚定”.[1]谶本为“慈心”,晋本为“其心至诚”,秦本为“[常]以直心”。秦本用“以”来表示原语的具格形式。如前文的“等心”条所示,与“慈心”对应的梵本词语是 maitrī,即“慈悲”的意思。因此,笔者推测,谶本此处的“慈心”对应的梵本词语应该是 maitrī ,而不是 adhyāśaya-。

(36)外道:lokāyatana-(mantra-),“外道(圣典)”,指“顺世外道”

[谶本]一者自贡高学外道。二者独欲自供养,不欲令他人得。

[晋本]一者贡高骄慢,学世经典。二者贪着财物,数至国家。

[秦本]以骄慢心读诵、修学路伽耶经。贪利养心,诣诸檀越。

[宋本]一者世间所有深着我见。二者观察种族,住着利养,行咒力事。

[梵本]yad uta abhimānikasya lokāyatanamantraparyeṣṭyā lābhasat(k)ārā[dh](yavasita)s(y)a k[u]la-pratyavaloka[n]e[n]a (p.6)

案:lokāyatanamantraparyeṣṭyā:lokāyatanamantraparyeṣṭi -,“追求外道咒语”,依主释复合词,具格,单数。谶本为“学外道”、晋本为“学世

〔1〕Franklin Edgerton, *Buddhist Hybrid Sanskrit Grammar and Dictionary*, vol. ii, *Dictionary*, pp. 17 – 18.

经典”、秦本为“读诵修学陆伽耶经”。宋本“世间所有深着”,与原语有出入。paryeṣṭyā-,paryeṣṭi-,f.“追求、寻求”。谶本、晋本为“学”、秦本为“读诵修学”,宋本为“深着”。

lokāyatana-mantra-,“外道咒语”。谶本为“外道”、晋本为“世经典”、秦本为“陆伽耶经”。宋本为“世间所有”。按:晋本“世”、宋本“世间”译出了 lokā 的原意(“世”)。lokāyatana-,m.“顺世论者、实利主义者”。mantra-,m.“咒语、真言”。佛经中常说古代印度有 96 种外道,但谶本此处的“外道”实际是指“顺世外道”。《一切经音义》卷 15,慧琳音释《大宝积经》卷 112(即秦本)的“路迦耶经”条云,“路迦耶经:梵语,此名恶论议。正梵音云路迦耶底迦,此则顺世外道。随顺世间凡情,所说执计之法是常、是有等。”[1]法云《翻译名义集》卷 5 云:“路伽耶,应法师译云顺世。本外道缚摩路迦也。天台曰:此云善论,亦名师破弟子。慈恩云:此翻恶对答。是顺世者,以其计执随于世间之情计也。刘虬云:如此土礼义名教。”[2]

(37)中断:pārihāṇa-,“退灭”

[谶本]菩萨有四事,求经道及有所求索不中断。

[晋本]复次,迦叶!菩萨成就四法,善不衰退,增长善法。

[秦本]复次,迦叶!菩萨有四法,所生善法,增长不失。

[宋本]佛告迦叶波:有四法具足,令诸菩萨善法不灭,得法增胜。

[梵本]ca)turbh[i]ḥ[k]āśyapa dharmaiḥ sama[nv]āgato bodhisatva-ḥ aparihāṇadharm(o) bhavati viśeṣagāmitāy[ai](p. 7)

案:aparihāṇadharmo:aparihāṇa-dharma-,“佛法不灭”,主格,单数。谶本为“求经道……不中断”,晋本为“善不衰退”,秦本为“[所生]善法,……不失”,宋本为“善法不灭”。晋本的“善”指“善法”。

parihāṇa-, pārihāṇa-,据 BHSD, =S./P. parihāṇa,“退、灭”。[3] 谶

---

[1]高楠顺次郎、渡边海旭主编:《大正新修大藏经》第 54 册,第 399 页下栏。

[2]高楠顺次郎、渡边海旭主编:《大正新修大藏经》第 54 册,第 1145 页下栏。

[3]Franklin Edgerton, *Buddhist Hybrid Sanskrit Grammar and Dictionary*, vol. ii, *Dictionary*, p. 343.

本为“中断”，晋本为“衰退”，秦本为“失”，宋本为“灭”。

(38)求索：pari-√iṣ-，“寻找、寻求、追求”；yācanaka-，n.“请求者、乞求者”

[谶本]但求索好经法，六波罗蜜及菩萨毗罗经，及佛诸品。

[晋本]一者乐闻善法，不乐闻非法。乐六度无极菩萨箧藏。

[秦本]舍离邪法，求正经典，六波罗蜜菩萨法藏。

[宋本]一者愿闻其善，不愿闻恶。求行六波罗蜜及菩萨藏。

[梵本](s)[u](śrutaṃ) paryeṣate na duśrutaṃ・yad utaṣaṭpāramitābodhisatva-piṭaka-paryeṣti śvasadṛśaś ca bhavati(p.7)

案：suśrutaṃ：suśruta-，n.“高兴地听到、妙闻、善法”，主格、单数。谶本为“好经法”，晋本为“[闻]善法”，秦本为“正经典”，宋本为“[闻]其善”。Suśruta亦为一位印度古代名医的名字，常译作“妙闻”。

paryeṣate：见BHSD，pari-√iṣ-，“寻找、寻求、追求”，[1]现在时，陈述语气，中间语态，第三人称，单数。谶本为“求索”，晋本为“乐[闻]”，秦本为“求”，宋本为“愿[闻]”。“乐闻”与“愿闻”，实际出自suśruta一词(śruta原意为“闻”)，与此动词连贯而成。晋本、宋本的译法并不偏重于动词，而是将原作宾语的名词中的动词意味揭示出来，使之成为谓语。

ṣaṭpāramitābodhisatva-piṭaka-paryeṣti：“追求六波罗蜜及菩萨藏”，持业释复合词，主格、单数。谶本为“求索……六波罗蜜及菩萨毗罗经”，晋本为“乐六度无极菩萨箧藏”，秦本为“求……六波罗蜜菩萨法藏”，宋本为“求行六波罗蜜及菩萨藏”。

ṣaṭpāramitā-，f.“六波罗蜜”。谶本、秦本、宋本为“六波罗蜜”，晋本为“六度无极”。bodhisatva-piṭaka-：“菩萨藏”。谶本为“菩萨毗罗经”，晋本为“菩萨箧藏”，秦本为“菩萨法藏”，宋本为“菩萨藏”。paryeṣti：f.“寻求、追求”。谶本为“求索”，晋本为“乐”，秦本为“求”，宋本

[1] Franklin Edgerton, *Buddhist Hybrid Sanskrit Grammar and Dictionary*, vol. ii, *Dictionary*, p. 336.

为“求行”。

谶本中的另一处“求索”还有“乞求”的意思，见下例：

[谶本]何等为四？一者人所求索不逆也，用是故成佛道。

[晋本]云何为四？来乞求者是菩萨知识，长养道故。

[秦本]何谓为四？诸来求者是善知识，佛道因缘故。

[宋本]迦叶白言：云何四法？一者所有求菩提道者，为菩萨善友。

[梵本]katamāni catvāri yācanako (b)[o](dhi)satvasya bhū[t]-akalyāṇamitraṃ bodhimārgopastaṃbhāya saṃvartate (p.11)

案：yācanako：yācanaka-，n.“请求者、乞求者”，主格，单数。谶本为“人所求索”，晋本为“来乞求者”，秦本为“诸来求者”，宋本为“所有求……者”。

又，谶本中还有与“求索”意思相近的单用节词“索”，见下例：

[谶本]一者依经得生活。二者但欲声名，不索佛道。

[晋本]一者贪利，不求功德。

[秦本]贪求利养，而不求法。贪求名称，不求福德。

[宋本]一者为利养，不为法。二者为要称赞，不为戒德。

[梵本][1]ābhasatkārārthiko bhavati na dharmārthikaḥ kīrtiśabdaśl-okārthiko bhava[t]i (na gu)ṇārthikaḥ(p.12)

案：guṇārthikaḥ：guṇārthika-，“渴望功德”，持业释复合词，主格，单数。谶本为“索佛道”，晋本为“求功德”，秦本为“求福德”，宋本为“为戒德”。guṇa-，“功德”。谶本为“佛道”，晋本为“功德”，秦本为“福德”，宋本为“戒德”。arthika-，“渴望”。谶本为“索”，晋本、秦本为“求”，宋本的“为”也引出所求的对象。

(39)敬事：nir-māṇatā-，“不骄傲、尊敬、谦卑”

[谶本]去瞋恚之心，敬事十方天下人，如奴事大夫。乐于经，不为外道自益身也。

[晋本]二者下意不慢众生。三者以法知足，

[秦本]心无骄慢，于诸众生，谦卑下下。如法得施，知量知足。

[宋本]二者除去我见，心行平等，令一切众生得法利欢喜。

［梵本］nirmā(natayā) sarvasatveṣu dharmalābhasaṃtuṣṭaś ca bhavati · (p.7)

案：nirmānatayā：nir-māṇatā-，据 BHSD，= Skt. nir-māna，“不骄傲”，[1]具格，单数。谶本为“敬事”，晋本为“下意不慢”，秦本为“［心］无骄慢，……谦卑下下”，宋本为“［心］行平等”。秦本的“［心］无骄慢”与“谦卑下下”，是同义反复。谶本的“敬事”有“无骄慢、尊敬、谦卑”的意思。

（40）大夫：“主人”

［谶本］去瞋恚之心，敬事十方天下人，如奴事大夫。乐于经，不为外道自益身也。

［晋本］二者下意不慢众生。三者以法知足，

［秦本］心无骄慢，于诸众生，谦卑下下。如法得施，知量知足。

［宋本］二者除去我见，心行平等，令一切众生得法利欢喜。

［梵本］nirmā(natayā) sarvasatveṣu dharmalābhasaṃtuṣṭaś ca bhavati · (p.7)

案：谶本的“如奴事大夫”是一个譬喻，“大夫”一般释作“主人”，[2]但梵本、晋本、秦本和宋本均无此譬喻的对应，可见，谶本的“如奴事大夫”有可能是译者所依据的底本不同所致，当然也不排除是译者所添加的。又，支娄迦谶译《般舟三昧经》卷下“至诚佛品第十五”云：“当承事善师，如奴事大夫。求是三昧者当知是。”[3]此经也有“如奴事大夫”这一譬喻。然而一卷本《般舟三昧经》“至诚品第八”云：“承事善师，当如奴事大家。求是三昧者当如是。”[4]很显然，这是将“如奴事大夫”改作了“如奴事大家”，因为“大家”一词更容易被中土读者所理解，这也说明了“大夫”与“大家”的意思相同，都是表示“主人”之意。

---

［1］Franklin Edgerton, *Buddhist Hybrid Sanskrit Grammar and Dictionary*, vol. ii, *Dictionary*, p. 302.

［2］陈祥明：《中古汉文佛典词语例释》，载《泰山学院学报》2010 年第 4 期，第 78 页。

［3］高楠顺次郎、渡边海旭主编：《大正新修大藏经》第 13 册，第 919 页上栏。

［4］高楠顺次郎、渡边海旭主编：《大正新修大藏经》第 13 册，第 902 页中栏。

与谶本的“如奴事大夫”类似的譬喻还有“如奴随大夫”，见下例：

[谶本]心喜味，譬如奴随大夫使。

[晋本]是心着味，如使人乐余食故。

[秦本]心常贪味，如小女人乐着美食。

[宋本]心如贱婢，贪食残味故。

[梵本]cittaṃ hi kāśyapa rasārāma rasabhojyaceṭīsadtśaṃ(p. 36)

案：但梵本与晋本、秦本、宋本中均无与“大夫”对应的词语，可见，谶本的“如奴随大夫”中的“大夫”也是作者所增译的。

(41)谗溺：doṣa-antara-skhalita-gaveṣin-，“求他人过犯短处”（找别人的漏洞、缺点）

[谶本]自守、不说人恶、及谗溺于人。所不闻经，不限佛智也。

[晋本]除去邪慢。他犯不犯，不说其过，不求他人误失之短。

[秦本]离诸邪命，安住圣种。不出他人罪过虚实，不求人短。

[宋本]三者远离邪命，得圣族欢喜。不说他人实不实罪，亦不见他过犯。

[梵本]sarvamithyājīvaparivarjitaḥ āryavaṃśasaṃtu[ṣ](ṭaḥ nāpa)tāyā cāpatyā na parāṃś codayati · na ca doṣāntaraskhalitagaveṣī bhavati (p. 7)

案：doṣāntaraskhalitagaveṣī：doṣa-antara-skhalita-gaveṣin-，“求他人过犯短处”，持业释复合词，主格、单数。谶本为“谗溺于人”，晋本为“求他人误失之短”，秦本为“求人短”，宋本为“见他过犯”。doṣa-，m.“罪过、过失”。晋本、秦本为“短”，宋本为“过犯”。

antara-与skhalita-都是多义性的词语。antara-，可指“其他的、另外的”，一如晋本的“他人”、秦本的“人”（指“他人”）、宋本的“他”。antara-的另一个含义是指“空隙、漏洞”，引申为“过错”。skhalita-，n.一般指“错误、过失”；晋本为“误失”。宋本“过犯”也包含了此词的意思。但该词的另一个意思是指“滴水”(dripping)，有“浸润”的含义。因此，谶本中“谗溺”的“溺”很可能与skhalita-的后一个义项有关联。

gaveśin-，“寻求、寻找”。晋本、秦本为“求”，宋本为“见”。宋本译为“见”，表明了词汇翻译中的主动与被动关系的转换，即将表主动的

"求",译成了表被动的"见"。谶本的"谗溺于人"就是"寻找/发现(他人的)漏洞、过失或短处"的意思。汉译佛经中"谗溺"仅此一见,《汉语大词典》中亦未收此词。

(42)当远离:pari-√vṛj-的必要分词,"避免、抛弃"

[谶本]菩萨有四事,心不委曲,当远离。

[晋本]复次,迦叶!心有四曲,菩萨当除。

[秦本]复次,迦叶!菩萨有四曲心,所应远离。

[宋本]佛告迦叶波:有四种法,生不正心,离菩萨行。

[梵本]catvāra ime kāśyapa kuṭilāś cittotpādās tena bodhisatve(na pari) varjitavyāḥ(p. 8)

案:parivarjitavyāḥ:parivarjitavya-, pari-√vṛj-的必要分词,"避免、抛弃",主格,复数。谶本为"当远离",晋本为"当除",秦本为"所应远离",宋本为"离"。对梵语动词的必要分词形式,一般用"当"、"应"等来表达。因此,谶本"当远离"的"当"就是梵语动词的必要分词形式的标记。

(43)贪嫉:irṣyāmātsarya-,"嫉妒、憎嫉"

[谶本]二者自贡高瞋恚,顽佷用加于人。三者贪嫉谀謟。四者说菩萨短。

[晋本]二者骄慢不语,恚怒众生。三者他所得利,心生悭悷。四者毁呰诽谤,不称誉菩萨。

[秦本]于诸众生,骄慢瞋恨。于他利养,起嫉妒心。诃骂菩萨,广其恶名。

[宋本]二者我见贡高,瞋恚有情。三者他得利养,贪爱憎嫉。四者于佛菩萨,不生信敬,亦不称赞,而复毁谤。

[梵本]mānamadamrak[ṣa](kr)o(dhavyāpā)dāḥ sarvasatvaiṣu irṣyāmātsaryaṃ paralābheṣu avarṇāyaśokīrtiśabdaślokaniścāraṇata[yā](bodhisatveṣu)(p. 8)

案:irṣyāmātsaryaṃ:irṣyāmātsarya-,"嫉妒",相违释复合词,业格,单数。谶本为"贪嫉谀謟",晋本为"心[生]悭悷",秦本为"[起]嫉妒心”,宋本为“贪爱憎嫉”。irṣyā-,“嫉妒的、羡慕的”。mātsarya-,m.“嫉妒、妒忌”。与这两个名词对应的是谶本的“贪嫉”,晋本的“悭嫉”,秦本的“嫉妒”和宋本的“憎嫉”。

(44) 说……短:avarṇa-,“说[他人的]坏话”

[谶本]二者自贡高瞋恚。顽佷用加于人。三者贪嫉谀諂。四者说菩萨短。

[晋本]二者骄慢不语,恚怒众生。三者他所得利,心生悭嫉。四者毁呰诽谤,不称誉菩萨。

[秦本]于诸众生,骄慢瞋恨。于他利养,起嫉妒心。诃骂菩萨,广其恶名。

[宋本]二者我见贡高,瞋恚有情。三者他得利养,贪爱憎嫉。四者于佛菩萨,不生信敬,亦不称赞,而复毁谤。

[梵本]mānamadamrak[ṣa](kr)o(dhavyāpā)dāḥ sarvasatvaiṣu irṣyāmātsaryaṃ paralābheṣu avarṇāyaśokīrtiśabdaślokaniścāraṇata[yā](bodhisatveṣu)(p.8)

案:avarṇāyaśo-kīrtiśabdaśloka-niścāraṇata-,“诽谤”,为格、单数。其中的 avarṇa-,m.“责备、说坏话”。谶本为“说……短”晋本为“毁呰、诽谤”,秦本为“诃骂”,宋本为“毁谤”。所谓“说……短”就是“说[他人的]坏话”。“短”意即“过失、缺点”,佛经中有同义连文的双音节词“过短”,《大宝积经》卷 28(元魏三藏法师佛陀扇多译)“大乘十法会第九”云:“善男子,何者名为口不善业?所谓妄言绮语、两舌恶口、不善言说、诽谤正法甚深经典,说诸和上阿阇梨等住正法者所有过短,如是等名口不善业。”[1]于淑健指出,“过短”亦意为“过失、缺点”。[2]

(45)过恶:āpatti-,“过错、过失”

[谶本]一者自有过恶不覆藏,自悔欲除其罪。

[晋本]一者所犯发露,而不覆藏,心无缠垢。

[1]高楠顺次郎、渡边海旭主编:《大正新修大藏经》第 11 册,第 151 页中栏。

[2]于淑健:《敦煌佛典语词和俗字研究》,上海古籍出版社 2012 年版,第 183 页。

［秦本］所犯众罪，终不覆藏，向他发露，心无盖缠。

［宋本］一者所得阿钵罗谛，得已发露，终不覆藏，远离过失。

［梵本］yad uta āpatti-āpanno na pracchādayaty ācaṣṭe vivṛṇoti niṣparyutthāno bhavati(p. 8)

案：āpatti-āpanno：āpatti-āpanna-，"所犯过错"，依主释复合词，主格、单数。谶本为"［自］有过恶"，晋本为"所犯［发露］"，秦本为"所犯众罪"，宋本为"所得阿钵罗谛"。āpatti-，f. "过错、过失"。谶本为"过恶"，秦本为"众罪"，宋本为"阿钵罗谛"。宋本音译的"阿钵罗谛"似应为"阿钵谛"，才可与 āpatti 对音。宋本此段后文偈颂中就译为"所获阿钵罗"。āpanna-，"已发生的，已得到的"。谶本为"有"，晋本、秦本为"所犯"，宋本为"所得"。

（46）覆藏：pra-√cchad-，"覆盖、隐藏、隐瞒"

［谶本］一者自有过恶不覆藏，自悔欲除其罪。

［晋本］一者所犯发露，而不覆藏，心无缠垢。

［秦本］所犯众罪，终不覆藏，向他发露，心无盖缠。

［宋本］一者所得阿钵罗谛，得已发露，终不覆藏，远离过失。

［梵本］yad uta āpatti-āpanno na pracchādayaty ācaṣṭe vivṛṇoti niṣparyutthāno bhavati (p. 8)

案：pracchādayaty：pracchādayati，pra-√cchad-，"覆盖、隐藏、隐瞒"，致使式，第三人称，单数。谶本、晋本、秦本、宋本为"覆藏"。

（47）实谛：satya-vacana-，"说真话、承诺"

［谶本］二者实谛，亡命、亡国、亡财，不两舌。

［晋本］二者真言，致死终不违真。

［秦本］若失国界、身命、财利，如是急事，终不妄语，亦不余言。

［宋本］二者彼须真实，所言诚谛。宁可尽于王位，破坏富贵，散灭财利，舍于身命，终不妄语，所言真实，亦不令他言说虚妄。

［梵本］ye［n］(a sa-)tyavacanena rājapārihāṇir vā dhanapārihāṇir vā kāyajīvitāntarāyo bhavet ［t］at ［s］atyavacanaṃ na vig(ū)［ḍh］a + nānyenānyaṃ pratinisṛtya vācā bhāṣate · (p. 8)

案：satyavacanena：satya-vacana-：n. “说真话、承诺”，具格，单数。谶本为“实谛”，晋本为“真言”，秦本为“不妄语”，宋本为“[彼须]真实，所言诚谛”。satya-，“真实的”。谶本为“实”，晋本为“真”，秦本为“不妄”，宋本为“真实，……诚谛”。vacana-，n.“话语、言语”。谶本为“谛”，晋本为“言”，秦本为“语”，宋本为“所言”。

(48)两舌

[谶本]二者实谛，亡命、亡国、亡财，不两舌。

[晋本]二者真言，致死终不违真。

[秦本]若失国界、身命、财利，如是急事，终不妄语，亦不余言。

[宋本]二者彼须真实，所言诚谛。宁可尽于王位，破坏富贵，散灭财利，舍于身命，终不妄语，所言真实，亦不令他言说虚妄。

[梵本]ye[n](a sa-)tyavacanena rājapārihāṇir vā dhanapārihāṇir vā kāyajīvitāntarāyo bhavet [t]at [s]atyavacanaṃ na vig(ū)[ḍh]a + nānyenānyaṃ pratinisṛtya vācā bhāṣate ·(p.8)

案：vigūḍha-：vi-√guh-的过去分词，“隐藏、隐瞒”。晋本为“违真”，秦本、宋本为“妄语”。谶本的“两舌”与 vigūḍha-并无直接的关联，因为“两舌”的梵语为 paiśunya、巴利语为 pisuṇā-vācā，意即“离间、离间语”。

(49)挝捶：tāḍana-，“殴打、打击”

[谶本]三者设有灾变妄起，至骂詈、数数轻易、及挝捶、闭着牢狱，设有是，当自悔前世恶所致。四者无恨无瞋恚(自信)。

[晋本]三者所说而不相夺，一切侵欺、呵骂、轻易、挝捶、缚害，一切是我宿命所作。不起恚他，不生使缠。

[秦本]一切恶事，骂詈、毁谤、挝打、系缚，种种伤害，受是苦时，但自咎责，自依业报，不瞋恨他。

[宋本]三者不发恶言毁谤、蔑无一切众生，乃至善与不善、斗诤相打、禁系枷锁，如是之过，亦不言说。恐自成罪，得业果报。

[梵本]sarvaparopakkrameṣu cākkrośa-paribhāṣaṇa-kuṃsana-pa[ṃ]sana-t[ā](ḍana)-tarjanava-dhabandhanāparādheṣv ātmāparādhī bhavati · karmavipākapratisaraṇo na pareṣāṃ kupya[ti](nā)-nuśayaṃ vahati (p.8)

案：tāḍana-，“殴打、打击”。谶本、晋本为“挝捶”，秦本为“挝打”，宋本为“斗争相打”。谶本的“挝捶”还有“檛捶”、“过棰”等写法。《一切经音义》卷34，慧琳音释《菩萨生地经》的“檛捶”条云：“檛捶：上鵽，跡瓜反。《考声》云：檛，马策杖也。《说文》：从木，过声也。下，之蘂反。《说文》：捶谓击也。从手，垂声。”[1]又，《一切经音义》卷96，慧琳音释《弘明集》第13卷“过棰”条云：“过棰：上鵽瓜反，下佳累反。《古今正字》云：檛，棰也。棰，击也。二字并从木，过、垂皆声。”[2]

“挝捶”的同义词为“挝打”、“檛打”、“捶打”等。《一切经音义》对“挝打”、“檛打”和“捶打”三词有多次解释，比如：

慧琳《一切经音义》卷12，音释《大宝积经》第28卷的“挝打”条云：“挝打：嘲爪反。马策也；击也。《考声》云：草木节也。从木，过声也。《声类》：捶也。佳垒反。或作，从竹，从朵，丁果反。下得冷反。打，捶也；击也。从手，丁声也。吴音顶，今不取。”[3]

慧琳《一切经音义》卷8，音释《大般若波罗蜜多经》第566卷的“檛打”条云：“檛打：上茁瓜反。茁音，竹刮反。《声类》作箠捶也。《考声》：檛，击也；马策也。从木，过声也。下德耿反。《广雅》：打亦击。《埤苍》：棓也。棓音，庞巷反。《说文》：从手，丁声也。陆法言云：都挺反，吴音，今不取也。”[4]

慧琳《一切经音义》卷3，音释《大般若波罗蜜多经》第337卷的“捶打”条云：“捶打：上佳蘂反。《说文》云：以杖击也。从手，垂声也。或从竹，作棰。棰，策也。或从木，作棰。棰，棓也。下德梗反。《广雅》：打击也。《埤苍》：棓也。《古今正字》：从手，丁声也。江外音丁挺

〔1〕高楠顺次郎、渡边海旭主编：《大正新修大藏经》第54册，第535页上栏。

〔2〕高楠顺次郎、渡边海旭主编：《大正新修大藏经》第54册，第908页上栏。

〔3〕高楠顺次郎、渡边海旭主编：《大正新修大藏经》第54册，第379页上栏。

〔4〕高楠顺次郎、渡边海旭主编：《大正新修大藏经》第54册，第350页上栏。

反。《说文》阙也。"[1]

这3条解释中均提到了"吴音"、"江外音"("江外吴地见音"),有关"吴音"的讨论,可参见储泰松、张铉的相关论文。[2] 慧琳《一切经音义》中,"挝(檛)"、"捶(棰)"和"打"的相互训释,对理解这些同义复合词之间的关系提供了重要的训诂资料。[3]

(50)闭着牢狱:bandhana-,"捆绑、系缚、禁闭"

[谶本]三者设有灾变妄起,至骂詈、数数轻易、及挝捶、闭着牢狱,设有是,当自悔前世恶所致。四者无恨无瞋恚(自信)。

[晋本]三者所说而不相夺,一切侵欺、呵骂、轻易、挝捶、缚害,一切是我宿命所作。不起恚他,不生使缠。

[秦本]一切恶事,骂詈、毁谤、挝打、系缚,种种伤害,受是苦时,但自咎责,自依业报,不瞋恨他。

[宋本]三者不发恶言毁谤、蔑无一切众生,乃至善与不善、斗诤相打、禁系枷锁,如是之过,亦不言说。恐自成罪,得业果报。

[梵本]sarvaparopakkrameṣu cākkrośaparibhāṣaṇakuṃsanapa[ṃ]sanat[ā](ḍana)-tarjanava-dhabandhanāparādheṣv ātmāparādhī bhavati · karmavipākapratisaraṇo na pareṣāṃ kupya[ti] (nā)-nuśayaṃ vahati(p.8)

案:bandhana-, n."捆绑、系缚、禁闭"。谶本为"闭着牢狱"、晋本为"缚(害)",秦本为"系缚",宋本为"禁系枷锁"。谶本"闭着牢狱"中的"牢狱"一名,诸本均无对应成分,可能是译者据语意而添加的。

(51)慈孝:原文√śru-,"听、听从";引申为"慈孝"

---

[1]高楠顺次郎、渡边海旭主编:《大正新修大藏经》第54册,第326页下栏。又,慧琳《一切经音义》卷11,音释《大宝积经》第2卷的"捶打"条云:"捶打:上佳蘂反。《许叔重注淮南子》云:捶,锻也。都乱反。《考声》:樀也。嘲厄反。《说文》:捶,以杖击也。从手,垂声也。或从木,作棰。棰,棓也。下德冷反。《广雅》:打击也。《埤苍》云:打棓也。从手,丁声也。今江外吴地见音为顶,今不取。"(见《大正新修大藏经》第54册,第372页上栏)

[2]储泰松:《唐代的秦音与吴音》,载《古汉语研究》2001年第2期,第12-15页;《中古佛经翻译中的"吴音"》,载《古汉语研究》2008年第2期,第2-9页。张铉:《再论慧琳〈音义〉中的"吴音"》,载《语文学刊》2010年 第4期,第69-70页。

[3]梁晓虹:《从佛经音义的"同义为训"考察同义复合词的发展》,载《佛教与汉语史研究——以日本资料为中心》,上海古籍出版社2008年版,第204-228页。

[谶本]二者所受教不用也,不慈孝于师。

[晋本]不顺教诫。二者离于正法,不敬师长。

[秦本]不能奉顺、恭敬师长。

[宋本][二者于法非法,虽知净染,净法不行,而行非法。]三者不亲近阿阇梨及师法等。

[梵本][a]nuśāsanen(') uddhata-dharma-vihārī ca bhavati [n]a ca śuśrr[ū]ṣaty ācāryopādh[y]āyānāṃ(p.9)

案:śuśrrū ṣaty:=śuśrūṣati,动词原形√śru-,"听、听从",愿望动词,第三人称,单数。谶本为"慈孝",晋本为"敬",秦本为"奉顺、恭敬",宋本为"亲近"。汉译本中的4种译法均是从原文的"听从"义而引申出来的。谶本的"慈孝"有比较强烈的中土色彩。

(52)所信句:śraddhādeya-,"信任、相信"

[谶本]三者受比丘僧所信句,妄与他人。

[晋本]不消信施。三者失戒定慧,痴惘受施。

[秦本]令心欢悦,损他供养。自违本誓,而受信施。

[宋本]信受妄语,不知食处。

[梵本]śraddhādeyaṃ vinipātayati cy(uta)pratijña ś ca śrraddhādeya-ṃ paribhuṃkte

案:śraddhādeyaṃ:śraddhādeya-,n."信任、相信",业格,单数。谶本为"[受比丘僧]所信句",晋本、秦本为"信施",宋本为"信受"。

(53)随教不过:prati-√pad-,"获得、执行、实行"

[谶本]一者所闻经法,随教不过。

[晋本]一者未闻者闻,行如法。

[秦本]所未闻经,闻便信受,如所说行。

[宋本]一者闻善乐行,闻恶乐止。知法真实,弃背邪伪,受行正道。

[梵本]suśrrutaṃ śrruṇoti tatra ca prati(padya)te(p.9)

案:pratipadyate:动词原形 prati-√pad-,"获得、执行、实行",现在时,陈述语气,中间语态,第三人称,单数。晋本为"行(如法)",秦本为"[如所说]行",宋本为"乐行"。谶本的"随教不过"意思则是"依据所听闻到的教导所行而没有过失",即"随教而行"("执行或实行所听闻者"),所对应的动词实际就是 prati-√pad-。汉译佛经中,"随教不过"的译法仅此一例。

(54)严饰:vyañjana-,"文字",指文字的装饰

[谶本]所闻者但闻取法,不取严饰。二者当恭敬于师,无谀谄。

[晋本]二者依义不以文饰。三者顺教戒善语。所作皆善孝顺师尊。

[秦本]所未闻经闻便信受如所说行。依止于法不依言说。随顺师教能知意旨。

[宋本]知法真实弃背邪伪受行正道。二者远离毁谤纯善相应。美言流布众所爱敬。

[梵本]artha-pratisaraṇaś ca bhavati na vyaṃjana-pratisaraṇaḥ pradakṣiṇa[grā]hī bhavaty avavādānuśāsane ·

案:vyaṃjanapratisaraṇaḥ:vyaṃjanapratisaraṇa-,"依止文字",持业释复合词,主格,单数。谶本为"取严饰",晋本为"以文饰",秦本为"依言说",宋本为"弃背邪伪"。

vyaṃjana-,= vyañjana-,"文字",与 artha-(意义)相反。相当于能指。谶本为"严饰",晋本为"文饰",秦本为"言说",宋本为"邪伪"。案:arthapratisaraṇaś…… na vyaṃjanapratisaraṇaḥ,《翻译名义大集》1546条,"依义不依语"。从 artha-与 vyaṃjana-这一对佛教概念可以看出三对美学概念的升华,即内容/文字语言、质/文、真/伪。从谶本到宋本的译经史角度,可见汉文佛经中概念史的发展,所选择的概念逐渐趋向更周密。

关于"正义"(内容)与"严饰"(文饰)之间的关系,西晋竺法护译《佛说离垢施女经》中有一段论述,提供了重要的参考意见。原文云:

> 离垢施女问阿难曰:"佛叹贤者,博闻最尊。今仁博闻,斯为何谓?义何所趣?为用严饰?设以义者,义无言说。其无言说,不以耳识而分别之,耳无所识不能分别,不能别者则无有言。假以严

饰，如世尊言：'当归正义，莫取严饰。'是故贤者不以博闻而为要也。"[1]

此经所引佛说"当归正义，莫取严饰"就是"依义不依语"，很显然，"严饰"是指用华丽文辞的美化与装扮。又，竺法护译《诸佛要集经》卷上也有类似的观点，即"但归于义，不取严饰。唯归于慧，不取识着。唯归妙经，不取绮辞。"[2]

"严饰"一般指装饰身体。安世高译《一切流摄守因经》云："从所用被服，不绮故、不乐故、不贪故、不严事故。"[3]"严事"即"严饰"，意同"装扮、打扮、装饰"。维德（Timann Vetter）在《安世高汉译的辞典式研究》一书中，将"不严事故"解释为"because he does not admire [worldly] matters"，[4]已有读者指出其误。[5]

（55）恭敬：pradakṣiṇagrāhin-，"向右旋"，表示恭敬的礼节；an-atimanyanā-，"不轻视"

［谶本］所闻者但闻取法，不取严饰。二者当恭敬于师，无谀谄。

［晋本］二者依义不以文饰。三者顺教戒善语。所作皆善孝顺师尊。

［秦本］所未闻经闻便信受如所说行。依止于法不依言说。随顺师教能知意旨。

［宋本］知法真实弃背邪伪受行正道。二者远离毁谤纯善相应。美言流布众所爱敬

［梵本］arthapratisaraṇaś ca bhavati na vyaṃjana-pratisaraṇaḥ pradakṣiṇa[grā]hī bhavaty avavādānuśāsane ·（pp.9－10）

案：pradakṣiṇagrāhī：pradakṣiṇagrāhin-，"向右旋"，表示恭敬的礼

〔1〕高楠顺次郎、渡边海旭主编：《大正新修大藏经》第12册，第92页中栏。

〔2〕高楠顺次郎、渡边海旭主编：《大正新修大藏经》第17册，第757页上栏。

〔3〕高楠顺次郎、渡边海旭主编：《大正新修大藏经》第1册，第813页下栏。

〔4〕Timann Vetter, *A Lexicographical Study of An Shigao's and his Circle's Chinese Translations of Buddhist Texts*, Tokyo: The International Institute for Buddhist Studies of The International College for Postgraduate Buddhist Studies, 2012, p.64.

〔5〕参见"台语与佛典"网站的网文：http://yifertw.blogspot.com/2012/05/lexicographical-study-of-shigaos.html

节。谶本为“[当]恭敬”。pra-dakṣiṇa-,“右旋”。dakṣiṇa-,“南方、右边”。grāhin-,“获得”。印度表恭敬的礼仪有“右旋”和“却坐一面”,类似于中国的礼节“避席”。

谶本中的“恭敬”译语不止一处,比如:

[谶本]一者不舍菩萨心。二者无有瞋恚心向于十方人,大如毛发。三者悉学外余道。四者恭敬于诸菩萨。

[晋本]一者不舍菩萨心。二者心不碍一切众生。三者不染着一切诸见。四者不轻慢一切众生。

[秦本]常不舍离菩提之心。于诸众生,心无恚碍。觉诸知见。心不轻贱一切众生。

[宋本]一者所行诸行,不离菩提心。二者于一切众生心无恼害。三者于一切法明了通达。四者于一切众生不生轻慢。

[梵本]bodhicittasyānutsargaḥ sarvasatv[e]ṣv apratihatacittatā sarva-drṣṭī-kṛtānām avabodhanā anat(i)manyanā sarvasatveṣu(p. 13)

案:anatimanyanā:an-atimanyanā-,“不轻视”,主格、单数。谶本为“恭敬”,晋本为“不轻慢”,秦本为“[心]不轻贱”,宋本为“不[生]轻慢”。

an - atimanyanā-中的 an-为否定前缀。atimanyanā-,据 BHSD,= Pali atimaññanā-,“轻视”。[1] 晋本、宋本为“轻慢”,秦本为“轻贱”。谶本是用反义词的形式来对译 an-atimanyanā-的,即双重否定词“不 + 轻视/轻慢/轻贱”的反义词形式为“恭敬”。

(56)过/大过:skhalita-,“过错、错误”

[谶本]菩萨有四事得其过。

[晋本]复次,迦叶,菩萨有四差违。

[秦本]复次,迦叶,菩萨有四错谬。

[宋本]佛告迦叶波:菩萨有四种违犯。

[1]Franklin Edgerton, *Buddhist Hybrid Sanskrit Grammar and Dictionary*, vol. ii, *Dictionary*, p. 9.

［梵本］catvāra ime kāśyapa bodhisatvaskhalitāni ·（p.10）

案：skhalitāni：skhalita-，m. “过错、错误、失败”。谶本为“得其过”，晋本为“差违”，秦本为“错谬”，宋本为“违犯”。

谶本中还有同义的译词“大过”，对应例句如下：

［谶本］二者佛有深法，不当妄教人，是为大过。

［晋本］二者众生不能堪受微妙佛法而为说之，菩萨差违。

［秦本］非器众生，说甚深法，是菩萨谬。

［宋本］二者下劣邪见众生，广说佛法，菩萨违犯。

［梵本］abhājanībhūteṣu satveṣūdārabuddhadharmasaṃpra（kāśa）natā bodhisatvasya skhalita［ṃ］（p.10）

案：skhalitaṃ：skhalita-，m. “错误、过错”，业格，单数。谶本为“大过”，晋本为“差违”，秦本为“谬”，宋本为“违犯”。

（57）相习：paripācita-，“成熟”，引申为“相熟、相识”之意；sevana-，“亲近、爱慕”

［谶本］一者本不相习，不当妄信。

［晋本］一者未悉众生，便谓亲厚，菩萨差违。

［秦本］不可信人，与之同意，是菩萨谬。

［宋本］一者众生信根未熟，而往化他，菩萨违犯。

［梵本］aparipāci［t］e［ṣu sa］tveṣu viśvāso bodhisatvasya skhalitaṃ ·

案：aparipāciteṣu：aparipācita-，“未熟的、未成熟的”。a-，否定前缀，“不、未”。paripācita-，pari-√pac-的过去分词，“成熟”。谶本为“本不相习”，晋本为“未悉”，秦本为“不可信”，宋本为“未熟”。宋本对译最贴切。晋本的“悉”即“熟”义，而谶本取“相熟、相识”之意，“习”与“熟”意近。“习”有“熟悉、熟练、熟习”之意。谶本的“相习”与“习狎”是同义词，但后者在汉译佛经中，仅见于《摩诃僧祇律》卷33“共相习狎，论说俗事”一例。[1]

除“相习”外，谶本中还有单用“习”作动词的用例，对比如下：

［1］高楠顺次郎、渡边海旭主编：《大正新修大藏经》第22册，第493页下栏。

［谶本］不喜于小道，心喜于大道；离于恶知识，习善知识。

［晋本］二十七者不乐小乘，乐大乘功德。二十八者远恶知识，亲善知识。

［秦本］不贪小乘，于大乘中常见大利。

［宋本］远离小乘，正行大行。弃舍恶友，亲近善友。

［梵本］hīnayāna-spṛhaṇatā mahāyāne cānuśaṃsasaṃdarśitayā pāpamitravivarjanat(ā) kalyāṇamitra-sevanatā(p. 17)

案：kalyāṇamitra-sevanatā, kalyāṇamitra-sevanatā-，"亲近好朋友"。谶本为"习善知识"，晋本为"亲善知识"，秦本未译，宋本为"亲近善友"。kalyāṇa-mitra-，"好朋友"，谶本、晋本为"善知识"，宋本为"善友"。sevanatā-, sevana-, n."服务、尊敬、爱慕、崇拜"，对应晋本的"亲"与宋本的"亲近"。谶本的"习"也是"亲近、爱慕"的意思。

(58)罗汉道：hīnayāna-，"小乘"；śrāvaka-yānīya-, m."声闻乘"

［谶本］三者人有喜菩萨道者，反教人罗汉道，是为大过。

［晋本］三者爱乐上妙，为说下乘，菩萨差违。

［秦本］乐大乘者，为赞小乘，是菩萨谬。

［宋本］三者为小乘众生说大乘法，菩萨违犯。

［梵本］udārādhimuktikeṣu satveṣu hīnayāna-saṃprakāśanā bodhisatvasya skhalitaṃ ·(p. 10)

案：hīnayāna-saṃprakāśanā：hīnayānasaṃprakāśanā-，"教说小乘"，主格，单数。谶本为"反教人罗汉道"，晋本为"为说下乘"，秦本为"为赞小乘"。hīnayāna-，"小乘"。谶本为"罗汉道"，晋本为"下乘"，秦本为"小乘"。saṃprakāśanā-，"教说、显示"。谶本为"教"，晋本、宋本为"说"，秦本为"赞"。根据梵本及汉译诸本，宋本"说大乘法"与整句语意不符合，很显然"大乘"是"小乘"之误，因此，应改作"说小乘法"。谶本的"罗汉道"本指小乘之一的"声闻乘"，它与 hīnayāna-的义涵并不能等同。谶本的"罗汉道"还有另外的对译，如下：

［谶本］何谓四？一者教人为罗汉道灭意。

［晋本］云何为四？一者声闻但自饶益。

［秦本］何谓为四？求声闻者但欲自利。

［宋本］［迦叶白言：］云何四法？一者乐修小乘自利之行。

［梵本］katamāni catvāri śrāvakayānīyo bhikṣu ātmahitāya pratipannaḥ (p. 11)

案：śrāvakayānīyo：śrāvaka-yānīya-, m.“声闻乘”，持业释复合词，主格，单数。晋本为“声闻”、秦本为“求声闻者”，宋本为“小乘”。yānīya-，据BHSD，“一个追随佛乘的人”。[1] 秦本“求……者”意译此词。“声闻乘”与“缘觉乘”是佛教二小乘，宋本将“声闻乘”直接译为“小乘”。谶本的“罗汉道”是指“声闻乘”所成就的果位，属于意译。

(59) 菩萨道：bodhisatva-mārga-，“菩萨道”

［谶本］菩萨有四事。得菩萨道。

［晋本］复次迦叶。菩萨有四道。

［秦本］复次迦叶。菩萨有四正道。

［宋本］佛告迦叶波。有四种法成菩萨道。

［梵本］catvāra ime kāśyapa bodhisatvamārgāḥ · (p. 11)

案：bodhisatva-mārgāḥ：bodhisatva-mārga-，“菩萨道”，持业释复合词，主格，复数。谶本为“菩萨道”，晋本为“［四］道”，秦本为“正道”，宋本为“［四种法成］菩萨道”。

(60) 非善知识：kumitra-，“坏朋友”

［谶本］菩萨有四恶知识。

［晋本］复次，迦叶，菩萨有四恶知识。

［秦本］复次，迦叶，菩萨有四非善知识、非善等侣。

［宋本］［佛告：］迦叶波！有四种法，为菩萨怨，而不可行。

［梵本］catvāra ime kāśyapa bodhisatvasya kumitrāṇi kusahāyās te bodhisatvena parivarja[yi]tavyā (p. 11)

案：kumitrāṇi：kumitra-, n.“坏朋友”，主格，复数。谶本、晋本为

[1] Franklin Edgerton, *Buddhist Hybrid Sanskrit Grammar and Dictionary*, vol. ii, *Dictionary*, p. 446.

“恶知识”、秦本为“非善知识”,宋本为“怨”。ku-,“坏的、不好的”。谶本、晋本为“恶”、秦本为“非善”。宋本的“怨”为意译。mitra-,“朋友”。谶本、晋本、秦本为“知识”,即朋友。

(61)无为:alpa-kṛtya-,“少事情”

[谶本]二者教人为辟支佛道,自守无为。三者喜教人为教道。

[晋本]二者缘觉少义少事。三者世俗师典,专在言辩。

[秦本]求缘觉者,喜乐少事。读外经典,路伽耶毗,文辞严饰。

[宋本]二者行辟支佛乘,浅近理法。三者随顺世间,咒术伎艺。

[梵本]pratyekabuddhayānīyo (')lpārtho (')lpakṛtyaḥ lokāyatiko vicitramantrapratibhānaḥ(p. 11)

案:alpakṛtyaḥ:alpa-kṛtya-,“少事情”,持业释复合词,主格、单数。谶本为“无为”,晋本、秦本为“少事”,宋本缺。谶本的“无为”与道家的“清净无为”完全是两个不同的概念,不能以此为据,将其视为道家词汇影响汉译佛经的结果。

(62)教道:乃“邪道”或“外道”之误,对译 lokāyatika-,“顺世论者”

[谶本]二者教人为辟支佛道,自守无为。三者喜教人为教道。

[晋本]二者缘觉少义少事。三者世俗师典,专在言辩。

[秦本]求缘觉者,喜乐少事。读外经典,路伽耶毗,文辞严饰。

[宋本]二者行辟支佛乘,浅近理法。三者随顺世间,咒术伎艺。

[梵本]pratyekabuddhayānīyo (')lpārtho (')lpakṛtyaḥ lokāyatiko vicitra-mantra-pratibhānaḥ(p. 11)

案:lokāyatiko:lokāyatika-, m.“顺世论者”,主个、单数。晋本为“世俗师典”。秦本“[读]外经典”是意译,“路伽耶毗”为音译。宋本为“随顺世间”。谶本“教道”应该为“邪道”之误。[1] 在佛教徒看来,顺世论是六师外道之一,属于邪道。另参见前文“外道”条。

(63)诱恤:即“诱訹”,指“劝诱、诱导”;lokāmiṣa-saṃgraha-,“获得

[1]本书作者在课堂上提到这一例句时,曹婷同学认为,“教道”前可能抄漏了一个“外”字,原本为“外教道”。不过,检索 CBETA,未发现有“外教道”之译语。

世俗的利益”

[谶本]四者人求有学经者,持财物诱恤,不肯教人。

[晋本]四者习彼,但得世法,不获正法。

[秦本]所亲近者,但增世利,不益法利。

[宋本][四者用世智聪辩,]集彼世间虚妄无利之法。

[梵本]yaṃ ca pudgalaṃ sevamāna tato lokāmiṣasaṃgrraho bhavati na dharmasaṃgrahaḥ(p. 11)

案:lokāmiṣa-saṃgrraho:lokāmiṣa-saṃgraha-,“获得世俗的利益”,依主释复合词,主格,单数。谶本为“持财物诱恤”,晋本为“得世法”,秦本为“增世利”,宋本为“集彼世间虚妄无利”。

西晋竺法护译《正法华经》卷4“往古品第七”的偈颂中有“诱恤勉励,使不恐惧,各自侥庆,欢喜悦豫”之诗句。[1] 史光辉在博士论文《东汉佛经词汇研究》中指出,“诱恤”意即“开导,诱导”。[2] “诱恤”的“恤”为假借字。

慧琳《一切经音义》卷55引玄应音释《生经》第1卷的“诱訹”条云:“诱訹:余首反。诱,教也;引也;相劝也。下私律反。《说文》:訹,诱也。《广雅》:訹,谀也。经文作恤,忧也。恤非此义。谀音,私酉反。”[3]

“诱恤”的同义词或为“劝恤”。慧琳《一切经音义》卷9引玄应音释《放光般若经》第28卷的“劝訹”条云:“劝訹:私律反。《说文》:訹,诱也。《广雅》:[訹],謏也。謏音,先九反。经文作恤,又作[𣦼],同思律反。恤,优也。恤非今用也。”[4]“劝恤”应即“劝訹”。[5]

(64)劝乐:samādapaka-,“劝说、鼓励”

[谶本]三者劝乐使人发意求佛,成于功德。

[晋本]劝出家学道者,是菩萨善知识,长养一切诸善根故。

---

[1]高楠顺次郎、渡边海旭主编:《大正新修大藏经》第9册,第94页上栏。

[2]史光辉:《东汉佛经词汇研究》,浙江大学博士学位论文,2001年。

[3]高楠顺次郎、渡边海旭主编:《大正新修大藏经》第54册,第674页下栏。

[4]高楠顺次郎、渡边海旭主编:《大正新修大藏经》第54册,第358页中栏。

[5]参见曾良:《敦煌佛经字词与校勘研究》,厦门大学出版社2010年版,第323页。

[秦本]能教他人令出家者,是善知识,增长善法故。

[宋本]三者以闻思修慧,出生一切善根者,为菩萨善友。

[梵本]pravrajyā-samādapako bodhisatvasya bhūta-kalyāṇamitra sarvaku[ś](alamū)lopa-staṃbhāya saṃvartate(p. 12)

案:pravrajyā-samādapako:pravrajyā-samādapaka-,"劝说别人出家",持业释复合词,主格,单数。谶本为"劝乐使人发意求佛",晋本为"劝出家学道者",秦本为"能教他人令出家者"。宋本为"以闻思修慧",与梵本语意有差异。

pravrajyā-,f. "出家"。谶本为"发意求佛"、秦本为"出家学道"、晋本为"出家者"。samādapaka-,据 BHSD,m. "劝说、鼓励"。[1] 谶本为"劝乐",晋本为"劝",秦本为"能教他人"。在支娄迦谶的其他译经中,也有"劝乐"的用例,比如:

《道行般若经》卷1"难问品第二":"我亦复作是说般若波罗蜜,菩萨亦当复受菩萨法,我复劝乐,我皆受已、皆劝乐已,菩萨疾逮作佛。"[2]支谦译《大明度经》卷2"天帝释问品"则云:"我作是说法,闿士受之,我劝乐。劝乐以大道,疾令作佛。"[3]辛岛静志《道行般若经词典》的"劝乐"条,释之为"exhorts, encourages, promotes, fosters",所列举的梵本词语 samādāpayiṣyāmaḥ等与此处的 samādapaka-略有不同。[4]

又,支娄迦谶译《般舟三昧经》卷2"四辈品第六"云:"持戒当为智者所称誉,为罗汉所称誉。于经中当布施,当精进所念强,当多信劝乐。常承事于和上,当承事于善师。"[5]

(65)天中天:bhagavat-,"薄伽梵、世尊"

[谶本]四者佛天中天,是善知识,具足诸佛法故。

---

[1]Franklin Edgerton, *Buddhist Hybrid Sanskrit Grammar and Dictionary*, vol. ii, *Dictionary*, p. 567.

[2]高楠顺次郎、渡边海旭主编:《大正新修大藏经》第8册,第429页中栏。

[3]高楠顺次郎、渡边海旭主编:《大正新修大藏经》第8册,第482页中栏。

[4]辛岛静志:《道行般若经词典》,第374－375页。另见辛岛静志:《道行般若经校注》,The International Research Institute for Advanced Buddhology, Soka University, Tokyo, 2011年,第40－41页。

[5]高楠顺次郎、渡边海旭主编:《大正新修大藏经》第13册,第909页中至下栏。

[晋本]诸佛世尊是菩萨善知识,长养一切诸佛法故。

[秦本]诸佛世尊是善知识,增长一切诸佛法故。

[宋本]四者于佛世尊求一切佛法者,为菩萨善友。

[梵本]buddhā bhagavanto bodhisatvasya bhūtakalyāṇamitra sarvabud-dharmo- [p](astaṃ)-bhāya saṃvartate(p. 12)

案:bhagavanto:bhagavat-,"薄伽梵",主格,复数。谶本为"天中天",晋本、秦本、宋本为"世尊"。支娄迦谶译《道行般若经》中的"天中天",也是由 bhagavat-对译而来。bhagavat-是佛的尊号之一,但并非是"天中天"的语源,有学者推测其语源为 devātideva。支娄迦谶是最早使用"天中天"这一术语的译者,但目前尚未找到"天中天"对译 devātideva 一词的直接证据。[1]

(66)得生活:lābha-satkāra-arthika-,"渴望利养"

[谶本]一者依经得生活。二者但欲声名,不索佛道。

[晋本]一者贪利,不求功德。

[秦本]贪求利养,而不求法。贪求名称,不求福德。

[宋本]一者为利养,不为法。二者为要称赞,不为戒德。

[梵本]lābha-satkāra-arthiko bhavati na dharma-arthikaḥ kīrti-śabda-śloka-arthiko bhava[t]i (na gu)ṇa-arthikaḥ(p. 12)

案:lābha-satkāra-arthiko:lābha-satkāra-arthika-,"渴望利养",持业释复合词,主格,单数。谶本为"得生活",晋本为"贪利",秦本为"贪求利养",宋本为"为利养"。lābha-,m."利益"。satkāra-,m."利益、名誉"。谶本为"生活",晋本为"利",秦本、宋本为"利养"。arthika-,"渴望"。谶本为"得",晋本为"贪",秦本为"贪求",宋本为"为"。

(67)念苦人:satva-duḥkha-apanayana-arthika-,"求除灭众生之苦者"

[谶本]三者但欲自安,不念苦人。四者但口多说,不欲度余人。

---

[1]Cf. Jan Nattier, "The Ten Epithets of the Buddha in the Translations of Zhi Qian 支谦," *ARIRIAB* (= *Annual Report of The International Research Institute for Advanced Buddhology at Soka University*), vol. 6, 2003, pp. 207 – 250. Especially in p. 234.

［晋本］二者但自求乐，不为众生。三者但自除苦，不为众生。四者欲得眷属，不乐远离。

［秦本］贪求自乐，不救众生，以灭苦法。乐聚徒众，不乐远离。

［宋本］三者自利求安，不利苦恼众生。四者于实德能不生分别乐欲。

［梵本］［āt］ma［s］ukhārthiko bhavati na satva-duḥkha-apanayana-arthikaḥ parṣadguṇārthiko bhava(ti)(na) vivekārthikaḥ(p. 12)

案：satva-duḥkha-apanayana-arthikaḥ：satva-duḥkha-apanayana-arthika-，"求除灭众生之苦者"，持业释复合词，主格，单数。谶本为"念苦人"，晋本为"［但自］除苦"，秦本为"救众生，以灭苦法"，宋本为"利苦恼众生"。satva-，"众生"。谶本为"人"，秦本、宋本为"众生"。duḥkha-，"苦恼"。谶本、秦本为"苦"，宋本为"苦恼"。apanayana-，n."带走、消除、毁灭"。晋本为"除"，秦本为"灭"。arthika-，"渴望"。谶本为"念"，秦本为"救"，宋本为"利"。

(68)虚空：śunyata-，"空、空性"

［谶本］一者信虚空。［二者所作恶，信当悔。］

［晋本］一者解空而信行报。

［秦本］能信解空，亦信业报。

［宋本］一者入空解脱门，信业报无性。

［梵本］śunyatāṃ cādhimucyate karmavipākaṃ cābhiśraddadhāti(p. 13)

案：śunyatāṃ：śunyata-，n."空、空性"，业格，复数。谶本为"虚空"，晋本、秦本、宋本为"空"。

(69)极大慈／慈哀：mahākaruṇā-，"大慈悲"

［谶本］三者心念万物，皆非我所。四者极大慈于十方人。

［晋本］二者解无吾我，大慈众生。

［秦本］知一切法无有吾我，而于众生起大悲心。

［宋本］二者入无我无愿门，虽得涅槃，恒起大悲，乐度众生。

［梵本］nairātm［y］aṃ cāsya kṣamate sarvasatveṣu mahākaru［ṇ］(ā)

(p. 13)

案：mahākaruṇā：mahākaruṇā-，f.“大慈悲”，持业释复合词，主格，单数。谶本为“极大慈”，晋本为“大慈”，秦本为“[起]大悲心”，宋本为“[恒起]大悲”。mahā-，“大”。谶本为“极大”，晋本、秦本、宋本为“大”。karuṇā-，f.“怜悯、同情、慈悲”。谶本、晋本为“慈”，秦本为“悲心”，宋本为“悲”。

谶本中还有两处“极大慈”的用例，“菩萨如是，虽断三处，极大慈续见世间”和“譬如树荫却雨，菩萨如是持极大慈雨于经道”，梵本与另外3个汉译本中均无与“极大慈”相对应的成分。谶本中还有与“极大慈”意义相近的另一种译法，对应如下：

[谶本]一者持法施与人，不希望欲有所得。二者人有犯戒者，当慈哀之。

[晋本]一者法施，心无悕望。二者见有犯戒，兴大悲心。

[秦本]以清净心，而行法施。于破戒人，生大悲心。

[宋本]一者恒行法施，心无吝惜。二者起大悲心，救护破戒众生。

[梵本]nirāmiṣacittasya dharmadānaṃ duḥśīleṣu ca satveṣu mahā[k]-(a)ruṇā(p. 14)

案：mahākaruṇā：mahākaruṇa-，“大慈悲”，主格，单数。谶本为“当慈哀之”，晋本为“兴大悲心”，秦本为“生大悲心”，宋本为“起大悲心，救护”。

支娄迦谶的其他译经中不乏“极大慈”的用例。《道行般若经》卷7“守空品第十七”云：“是菩萨行极大慈，心念十方萨和萨，是时持慈心悉施人上，是菩萨过阿罗汉地，出辟支佛地。”[1]值得注意的是，这些译词在汉译本中的语法成分角色不同，“极大慈于十方人”和“是菩萨行极大慈”中的“极大慈”，相当于动词“行”的宾语。而“当慈哀之”的“慈哀”是相当于短句的谓语，作动词用。

(70)十方人：sarvasattva-，“众生”

[1]高楠顺次郎、渡边海旭主编：《大正新修大藏经》第8册，第458页下栏。

[谶本]三者心念万物，皆非我所。四者极大慈于十方人。

[晋本]二者解无吾我，大慈众生。

[秦本]知一切法无有吾我，而于众生起大悲心。

[宋本]二者入无我无愿门，虽得涅槃，恒起大悲，乐度众生。

[梵本]nairātm[y]aṃ cāsya kṣamate sarvasatveṣu mahākaru[ṇ](ā)(p.13)

案：sarvasatveṣu：sarvasattva-，"众生"。谶本为"十方人"，晋本、秦本、宋本为"众生"。谶本中一共有14个"十方人"用例。比如：

[谶本]一者等心于十方人。二者布施等心于十方人。三者所作为等心于十方人。四者说经等心于十方人。

[晋本]一者等心为一切众生。二者劝一切众生学佛智慧。三者为一切众生而说正法。四者令一切众生顺于正行。

[秦本]于诸众生其心平等。普化众生等以佛慧。于诸众生平等说法。普令众生等住正行。

[宋本]一者于一切众生心行平等。二者于一切众生用佛智教化。三者于一切众生演说妙法。四者于一切众生行正方便。

[梵本]samacittatā sarvasatveṣu buddhajñānasamādāpanatā sarvasatveṣu samadharmadeśanā sarvasatveṣu samyakprayogatā sarva[s](a)tveṣu(p.11)

案：谶本中的四个"十方人"译语，均对应sarvasatveṣu，"一切众生、诸众生"。谶本中四个"十方人"的前面均有一个"于"字，乃是sarvasatveṣu这个名词的依格形式的标记。

(71)常净心：apratihatacitta-，"无碍心"

[谶本]一者见佛已，悉供养无二意。二者六波罗蜜法悉闻。三者常净心向师。四者止于爱欲，常止空闲处。

[晋本]一者值佛出现于世。二者闻说六度无极。三者见法师，心中无碍。四者不放逸，乐住山林。

[秦本]若有菩萨，值遇诸佛。能闻六波罗蜜及其义解。以无碍心，视说法者。乐远离行，心无懈怠。

[宋本]一者于诸佛所,恭敬供养。二者恒行六度大波罗蜜多。三者尊重法师,心不退动。四者乐居林野,心无杂乱。

[梵本]buddhotpādārāga[ṇ]atāṣaṭ pāramitāśravaṇaḥ apratihata-cittasya dharmabhāṇaka-darśanaṃ apramattasyā[r](aṇyavā)-sābhirataḥ(p. 13)

案:apratihatacittasya:apratihatacitta-,“无碍心”,属格,单数。谶本为“常净心”,晋本为“心中无碍”,秦本为“以无碍心”,宋本为“心不退动”。秦本用“以”来表示原语的属格形式。

apratihata-,“不间断的、无障碍的”。谶本为“净”,晋本、秦本为“无碍”,宋本为“心退动”。citta-,n.“心”。谶本、秦本、宋本为“心”,晋本为“心中”。

(72)下贱人:durbala-,“无力的、软弱的”

[谶本]三者多教人为菩萨道。四者有下贱人来毁辱菩萨,悉当忍之。

[晋本]三者愿一切众生乐菩萨心。四者见有羸劣,不舍忍辱。

[秦本]于诸众生中,称扬赞叹菩提之心。于诸下劣,修习忍辱。

[宋本]三者化诸有情,发菩提心。四者于下劣恶人,忍辱救护。

[梵本]sarvasatveṣu bodhicittāroca[n](at)[ā] durbaleṣu satve[ṣu] kṣāntyā sevanatā(p. 14)

案:durbaleṣu:durbala-,“无力的、软弱的”,依格,复数。谶本为“[有]下贱人”,晋本为“[见有]羸劣”,秦本为“于诸下劣”,宋本为“于下劣恶人”。秦本、宋本用“于”来表示原语 durbaleṣu 的依格形式。秦本用“诸”来表示依格的复数形式。宋本的“下劣”与“恶人”是同义重复。

(73)字/正字:nāma-,“名字、名叫”;√vac-,“说、称作”

[谶本]佛语迦叶言:不用字,为字菩萨也。随法行、随法立用,是故字菩萨。

[晋本]复次,迦叶!非以菩萨名故,称为菩萨。行法、行等、行禅分别故,乃称菩萨。

[秦本]复次,迦叶!名菩萨者,不但名字为菩萨也。能行善法,行

平等心,名为菩萨。

[宋本]缺。

[梵本]na khalu (punaḥ) kāśyapa nāmamātreṇa bodhisatvo mahāsatva ity ucyate dharmacaryayā samacaryayā kuśalacaryayā dha[rm]. + ritābhiḥ (p. 16)

案:nāmamātreṇa:nāma-,"名字",具格,单数。谶本为"字"、晋本为"名"、秦本为"名字"。mātra-,意为"仅,单,只"。nāma-mātreṇa 一词与前面的否定词 na 合用,谶本为"不用字",晋本为"非以……名"、秦本为"不但名字"(意即:不仅仅是名字?)。其中的"用"、"以",均表示原语的具格形式。值得注意的是,秦本用"不但"来对译,不是表示递进的意思,而是表示转折的意思。

ucyate:√vac-,"说、称作",被动式,第三人称,单数。谶本为"为字……也"、晋本为"称为"、秦本为"名字为……也"。谶本中有"正字"的译法,对比如下:

[谶本]佛语迦叶:沙门,何故正字沙门?有四事字为沙门。

[晋本]复次,迦叶,沙门称说沙门者,云何沙门称说沙门?有四沙门。

[秦本]又,大迦叶,谓沙门者,有四种沙门。何谓为四?

[宋本]佛告迦叶:此有沙门为沙门名。迦叶白言:云何沙门为沙门名?迦叶,此有四种沙门。云何四种?

[梵本]śrramaṇa śramaṇa iti kāśyapa ucyate kiyan nu tāvat kāśyapa śrramaṇaḥśramaṇa ity ucyate catvāra ime kāśyapaśramaṇaḥ katame catvāraḥ (p. 41)

案:ucyate,出现了两次,动词原形√vac-,"说、称作",分别对应谶本的"正字"和"字"、晋本的"称说"、秦本为"谓"、宋本的"为……名"。与谶本的"字"相同的译法,见于《道行般若经》多处。辛岛静志《道行般若经词典》的"字"条,释之为"names, designates; a name, appellation, term”，所列举的梵本词语有 nāma-, nāmadheya-mātra-和 ucyate 等。[1]

(74)安隐：hita-sukha-，“安乐、利乐”

[谶本]安隐慈心，于人自念。

[晋本]一者至心饶益众生。

[秦本]常为众生深求安乐。

[宋本]所为利益一切众生。

[梵本]yad uta hitasukhādhyāśayatayā sarvasatveṣu (p.16)

案：hitasukhādhyāśayatayā: hitasukhādhyāśayatā-，“旨在利益和安乐”，依主释复合词，具格，单数。hita-, n. “利益、益处”。晋本为“饶益”；宋本为“利益”。晋本、宋本将名词转换为动词，作句中的谓语。sukha-，“安乐”。hita-sukha 是并列结构。谶本为“安隐”；秦本为“安乐”。adhyāśayatā-，据 BHSD，= Pāli ajjhāsaya, m. “目的、倾向；决定”。[2]晋本为“至心”；秦本为“深求”。

(75)自用不高：nir-adhimānatā-，“不骄傲、不轻慢”

[谶本]智虑少去，自用不高。

[晋本]二者欲逮萨芸若智。三者自谦不毁他智。四者不慢一切众生。

[秦本]皆令得住一切智中。心不憎恶他人智慧，破坏骄慢。

[宋本]一切智智种子，不量贵贱令得智慧，为一切众生低心离我。

[梵本][s](a)rvajñajñānāvatāraṇatayā kim ahaṃm argāmīti pareṣāṃ jñānākutsanatā niradhimānatayā(p.16)

案：niradhimānatayā: nir-adhimānatā-，“不骄傲、不轻慢”，多财释复合词，具格，单数。晋本为“不慢”；秦本为“破坏骄慢”。秦本将否定前缀 nir-译成“破坏”。谶本意译为“自用不高”；宋本意译为“低心离我”。adhimāna: m. “骄傲、轻慢”。晋本为“慢”；秦本为“骄慢”。谶

[1]辛岛静志：《道行般若经词典》，第661－664页。

[2]Franklin Edgerton, *Buddhist Hybrid Sanskrit Grammar and Dictionary*, vol. ii, *Dictionary*, p. 17.

本意译为“高”。在汉译佛经中,“自用不高”仅见于谶本此处一例。

(76)自僑:akṛtrima-,“自然的、真实的;不做作的”

[谶本]自僑坚住不动。还所与亲厚,乃至般泥洹。善知识、恶知识,等心无有异。

[晋本]五者信心一切众生。六者爱念一切众生。七者至竟慈愍众生。八者等心怨亲。九者众生求于泥洹,益以无量福。

[秦本]深乐佛道,爱敬无虚,亲厚究竟。于怨亲中,其心同等,至于涅槃。

[宋本]真实愍念,其意不退。善友、恶友,心行平等。虽到涅槃,

[梵本](d)[ṛ]ḍhādhyāśayatayā akṛtrimaprematayā atyaṃtamitratā mitrāmitreṣu samacittatayā yā(van ni)rvāṇaparyaṃtatāye /(p. 16)

案:akṛtrimaprematayā:“情感不做作的”,依主释复合词,具格,单数。谶本为“自僑”;晋本为“爱念[一切众生]”;秦本为“爱敬无虚”;宋本为“真实愍念”。akṛtrima-: m.“自然的、天然的;不做作的”。谶本为“自僑”;秦本为“无虚”;宋本为“真实”。圣本《佛遗日摩尼宝经》中的“僑”作“畜”字。在汉译佛经中,“自僑”仅见于谶本此处一例。

(77)和畅:pūrva-abhibhāṣaṇata-,“恭敬有礼的、客气的”

[谶本]所作为不懈息。常和畅向于十方人。不中断,等心悉遍至。

[晋本]十者见众生,欢喜与语。十一者已许无悔。

[秦本]言常含笑,先意问讯。所为事业,终不中息。

[宋本]思念爱语,先意问讯,愍见重担。

[梵本]anṛtavākyatā smitamukha[p]ūrvābh(i)bhāṣaṇatā-n-upādatt(e)[ṣ]u bhār(e)ṣv(a)v(i)ṣ(a)d(ā)[n](atayā)(p. 16)

案:smitamukha[p]ūrvābh(i)bhāṣaṇatānupādatteṣu:“含笑问候”,依格,复数。谶本为“常和畅[向于十方人]”;晋本为“欢喜与语”;秦本为“言常含笑,先意问讯”;宋本为“思念爱语,先意问讯”。

smita-:“微笑”。mukha-:“面容;脸”。smita-mukha:“面带笑容”。秦本的“言常含笑”对译准确。

pūrva-："首先的"。秦本、宋本为"先意"。abhibhāṣaṇata-：n. "致敬、问候"。pūrva-abhibhāṣaṇata-，"恭敬有礼的、客气的"。谶本为"常和畅"；晋本为"欢喜与语"；秦本、宋本为"先意问讯"。anupādatta-：来源于 an-upā-√dā-，"接受、有受、有取"。谶本的"和畅"用来形容待人接物时的谦和有礼。比如，法贤译《众许摩诃帝经》卷 12 云："威仪非凡，举止有则，言必详审，情极和畅。"[1]

(78)无有饱时：aparikhinna-mānasatā-，"心无疲厌"

[谶本]不断慈心。索诸经法不忘。于经法中无有饱时。

[晋本]十二者大悲普遍一切众生。十三者求法多闻无厌。

[秦本]普为众生，等行大悲。心无疲倦，多闻无厌。

[宋本]于诸众生恒起悲心，常求妙法，心无疲厌。闻法无足。

[梵本]sarvasatveṣv aparicinnamahākaruṇatā apari-khinna-mānasatayā saddharmaparyeṣṭim ārabhyātṛ[p](tā)śrrutārthatayā(p. 16)

案：aparikhinna-mānasatayā：aparikhinna-mānasatā-，"心无疲倦"。晋本为"无厌"；秦本为"心无疲倦"；宋本为"心无疲厌"。

a-parikhinna-：a-，否定词。parikhinna-，动词原形 pari-√khid-的过去被动分词形式，"疲惫的、沮丧的"。mānasatayā-：mānasa-，"心理的、精神的"。谶本用"无有饱时"来表示内心没有满足的状态，亦即晋本的"无厌"。

(79)形容：varṇa-rūpa-，"形色、容貌"

[谶本]一者形容被服像如沙门。

[晋本]一者色像沙门。

[秦本]一者形服沙门。

[宋本]一行色相沙门。

[梵本]yad uta varṇa[rūpa]liṅgasaṃsthānaśramaṇa (p. 41)

案：varṇa[rūpa]liṅgasaṃ-sthānaśramaṇa，= varṇa-rūpa-liṅga-saṃsthāna-śramaṇa-，谶本为"形容被服像如沙门"；晋本为"色像沙门"；秦本

---

[1]高楠顺次郎、渡边海旭主编：《大正新修大藏经》第 3 册，第 970 页下栏。

为“形服沙门”;宋本为“色相沙门”。

varṇa-:m.“形状、形态”。rūpa-:n.“色、形色”。liṅga-:n.“标志;器官”。saṃsthāna-:“像,如同”。śramaṇa-,“沙门”。varṇa-rūpa-liṅga-,并列的3个名词,即谶本的“形容被服”、晋本的“色像”、秦本的“形服”、宋本的“色相”。因此,谶本的“形容”对应 varṇa-rūpa-,即“形色、容貌”。史光辉注意到敦煌文献中的“形容”指形体外貌。《敦煌歌辞总编》卷2《支曲·再相逢》词:“寒雁来过附书踪,谓君憔悴损形容,教儿泪落千重。”《淮南子·九方皋相马》有“良马可形容筋骨相也”,其中的“形容”一词也是指形体外貌。

(80)被服:liṅga-,指外在的标志、外形

[谶本]一者形容被服像如沙门。

[晋本]一者色像沙门。

[秦本]一者形服沙门。

[宋本]一行色相沙门。

[梵本]yad uta varṇa[rūpa]liṅgasaṃsthānaśramaṇa(p.41)

案:varṇa[rūpa]liṅgasaṃ-sthāna-śramaṇa,如上所释,其中的 liṅga-:n.“标志;器官”,谶本的“被服”可能是此词的对译,指外在的标志。

谶本中的“被服”译语另见于下例:

[谶本]何等为形容被服如沙门者?……是为被服如沙门。

[晋本]云何色像沙门?……是谓迦叶色像沙门。

[秦本]何谓形服沙门?……是名形服沙门。

[宋本]迦叶白言:云何名行色相沙门?……此名行色相沙门

[梵本]tatra kāśyapa katamo varṇa[rūpa] - liṅgasaṃsthāna- śramaṇaḥ …… ayam ucyate kāśyapa varṇa[rūpa]liṅgasaṃsthānaśramaṇaḥ//(p.41)

案:梵本与3个汉译本中的前后词语是一致的,只有谶本前后不完全一致,有“形容被服如沙门”和“被服如沙门”之别。据梵本可知,“被服如沙门”对译的还是 varṇa-rūpa-liṅga- saṃsthānaśramaṇaḥ,因此,此处的“被服”包括了 varṇa-rūpa-liṅga-3个词的意思,指“外形、外貌”,varṇa-rūpa-liṅga- saṃsthānaśramaṇaḥ即“外表看起来像沙门(而实际的行为不

是沙门)”。

(81)傍臣:koṭṭarājān-,m.“大臣”

[谶本]譬如国王得傍臣共治,则好沤和拘舍罗。

[晋本]譬如国王大臣所助,乃具成办一切国事。

[秦本]迦叶,譬如有大国王,以臣力故能办国事。

[宋本]佛告迦叶,譬如国王欲行王事,须假宰臣。

[梵本]tadyathā[pi] nāma kāśyapa āmātyasaṃgṛhītā rājānaḥ sarvarājakāryāṇi kurvant[i](p.21)

案:āmātyasaṃgṛhītā:āmātya-saṃgṛhīta-,“大臣之管理”。谶本为“得傍臣共治”、晋本的“大臣所助”、秦本的“以臣力故”、宋本的“须假宰臣”。āmātya-,m.“大臣”,即谶本的“傍臣”、晋本的“大臣”、秦本的“臣”、宋本的“宰臣”。

谶本中的“傍臣”译语另见于下例:

[谶本]譬如遮迦越罗有少子,诸小王傍臣皆为作礼。

[晋本]譬如,迦叶,圣王皇后初生童子,一切臣属皆为作礼。

[秦本]迦叶,譬如大王夫人生子之日,小王群臣皆来拜谒。

[宋本]佛告迦叶:譬如轮王皇后所生王子,具足轮王福相,一切国王及诸人民悉皆归伏。

[梵本]tadyathāpi nāma kāśyapa rājñaś cakkravartina agramahiṣyā tatkṣaṇajātaṃ kumāraṃ sarvaśrreṣṭhinaigamajānapatayaḥ koṭṭarājānaś ca namasyaṃti(p.30)

案:sarvaśrreṣṭhinaigamajānapatayaḥ:sarva-śrreṣṭhi-naigama-jānapati-,“诸国民、一切人民”,主格、复数。śrreṣṭhi-:“最高的”,指上流社会的人员。naigama-:m.“商人”。jānapati-:可能是 jānapada-,m.“国家的居民、国民”。

koṭṭarājānaś:koṭṭarājān-,m.“大臣”,主格、复数。

sarvaśrreṣṭhinaigamajānapatayaḥ koṭṭarājānaś即谶本的“诸小王傍臣”、晋本的“一切臣属”、秦本的“小王群臣”、宋本的“一切国王及诸人民”。谶本的“傍臣”与晋本的“臣属”、秦本的“群臣”同义,是 koṭṭarājān-的对译,由于梵本的词语含义更为丰富,因此,谶本的“傍臣”等不仅是单指“大臣”,也包括了“诸人民”。

(82)萨芸若:sarvajñatā-,“一切智”

[谶本]菩萨如是发心成萨芸若。

[晋本]如是,迦叶,菩萨善根心中。

[秦本]菩萨菩提心亦复如是,为萨婆若所依止住。

[宋本]迦叶,菩萨亦尔,为一切智所修善法,要彼安住菩提大心。

[梵本]evam eva kāśyapa bodhicittaku(śa)-lamūlapratiṣṭhitā bodhisatvasya sarvajñatā(p. 21)

案:sarvajñatā-:“一切智”,谶本音译作“萨芸若”、秦本音译为“萨婆若”、宋本译作“一切智”。津田真一对“萨婆若”的原语有所讨论,可参考。[1]

(83)持法施:dharmadāna-,“法施”

[谶本]一者持法施与人,不希望欲有所得。二者人有犯戒者,当慈哀之。

[晋本]一者法施,心无悕望。二者见有犯戒,兴大悲心。

[秦本]以清净心,而行法施。于破戒人,生大悲心。

[宋本]一者恒行法施,心无吝惜。二者起大悲心,救护破戒众生。

[梵本]nirāmiṣacittasya dharmadānaṃ duḥśīleṣu ca satveṣu mahā[k]-(a)ruṇā(p. 14)

案:dharmadānaṃ:dharmadāna-,“法施”,业格、单数。谶本为“持法施与人”,晋本为“法施”,秦本为“[而行]法施”,宋本为“[恒行]法施”。dharma-,“法、正法”。谶本、晋本、秦本、宋本为“法”。dāna-,“施、施舍”。谶本为“施与人”、晋本、秦本、宋本为“施”。谶本“持法施与人”中的“持”相当于“以”,属于“持”字处置式的一例。[2]

---

[1]津田真一:《萨婆若の原语とその意味・序说》,《国际佛教学大学院大学研究纪要》第8号,2004年,第109–227页。

[2]梅祖麟最先举出此例。参见朱冠明:《〈摩诃僧祇律〉情态动词研究》,中国戏剧出版社2008年版,第16页。

(84)避易/僻易:prakrānta-,"离开"

[谶本]五百沙门素皆行守意得禅道,闻佛说深经皆不解不信,便从众坐避易亡去。

[晋本]五百比丘昔已得定,闻佛说此甚深之法,不能解了,从座起去。

[秦本]五百比丘闻是深法,心不信解,不能通达,从坐起去。

[宋本]五百比丘得三摩地,闻此甚深微妙戒法,难解难入,不信不学,从座而起,速离佛会。

[梵本]paṃca bhikṣuśatāni dhyānalābhī utthāyāsanebhyaḥ prakkrāntāni imāṃ gaṃbhīrā dharmadeśanām avataraṃto nāvagāhamānāḥ anadhimucyamānāḥ(p. 48)

案:utthāyāsanebhyaḥ:分拆为 utthāya 和 āsanebhyaḥ,意为"从座而起"。uttha-,"起来";āsana, n."座位、坐处"。谶本为"便从众坐避易",晋本为"从座起",秦本为"从坐起",宋本为"从座而起"。prakkrāntāni:prakrānta-,"离开"。谶本为"亡去",晋本、秦本为"去",宋本为"速离"。谶本的"避易"也有"离开"的意思,指"起身躲避、逃避"。《佛说遗日摩尼宝经》的抄本中也有将"避易"写作"僻易"的。慧琳《一切经音义》卷17,引玄应音释《佛遗日摩尼宝经》的"僻易"条云:"僻易:匹亦反。僻,避也;亦邪僻也。"[1]又,《大唐西域记》卷11中有"师子震吼,人畜僻易"之句,说明此处的"僻易"也是"躲避、逃避"的意思。《禅林宝训音义》卷1释云:"辟易:惶悚失守之貌。"[2]因此,此词有3种写法,即"避易"、"僻易"和"辟易"。

(85)外事:sarvalokavicitrika-,"世俗的种种[享受]",即"世荣"

[谶本]不乐于外事。

[晋本]二十五者专止山泽。二十六者不乐世荣。

[秦本]心住远离,心不乐着世间众事。

---

[1]高楠顺次郎、渡边海旭主编:《大正新修大藏经》第54册,第412页中栏。

[2]《续藏经》第64册,第453页中栏。

［宋本］常处山林［乐问深法］，世间所有种种厌离，爱乐出世无为果德。

［梵本］satkṛtyāraṇyavāsaḥ sarvalokavicitrikeṣv anabhiratiḥ + dṛṣṭivigataṃ(pp. 16 – 17)

案：sarvalokavicitrikeṣv，sarvalokavicitrika-，"诸世界的种种［享受］"。谶本为"于外事"，晋本为"世荣"、秦本为"世间众事"，宋本为"世间所有种种［厌离］"。谶本"于外事"的"于"是 sarvalokavicitrikeṣv 的依格标记。

anabhiratiḥ，an-，否定前缀。abhirati-，f. "欢乐、愉快"。谶本为"不乐"，晋本为"不乐"、秦本为"不乐着"。宋本的"爱乐"只对译 abhirati-。

《佛遗日摩尼宝经》及其异译本中，还有一些常用词也可以用梵汉对勘的方法进行研究，就不一一列举了。

4　汉译佛经语言研究与梵汉对勘方法的运用

所谓梵汉对勘方法是指利用现存的梵语佛教文献来与相应的汉译佛经进行对比研究,由于印度(或中亚、南亚与东南亚)的佛教文献并非仅仅是用梵语写成的,还有其他的语言,比如巴利语、犍陀罗语、于阗语、粟特语等多种语言,因此,这类利用这些非汉语的佛教文献与相应的汉译佛经进行对比研究的方法,也不妨称之为"胡汉对勘"。由于本书仅涉及了梵语佛经和犍陀罗语佛经残卷两种,作者在此还是用宽泛意义上的"梵汉对勘"这一术语,而不过多牵涉到"胡语"层面。可以说,梵汉对勘方法无疑是研究汉译佛经语言的最佳和有效的方法之一。那么,这一方法到底有哪些价值?在使用的过程中又该注意到哪些事项呢?这些都是需要仔细思量和回答的问题。

4.1　梵汉对勘对梵本校勘的意义

通过本书前3章(特别是第2、第3章)的对勘,可以发现梵汉对勘方法侧重利用梵本资料来解读汉译本,而文本的对比研究从来都是双向的,再加上早期(后汉三国魏晋时期)汉译佛经的年代相对现存传世的梵本佛经要早出数百年(甚至上千年),因此,对研究梵本而言,也有必要(至少是不能忽视)早期汉译佛经的语料价值(以及其他多方面的价值)。在梵汉对勘的过程中,利用汉译文本,可以校订出梵本写卷中所出现的一些误字,特别是长短音以及清浊音之间的误写。

例子1:

［梵本］catvāra ime kāśyapa bodhisatvasya mahānidānapratilaṃbhāḥ[1]

［谶本］菩萨有四珍宝。

［晋本］复次，迦叶！菩萨摩诃萨有四大藏。

［秦本］复次，迦叶！菩萨有四大藏。

［宋本］佛告迦叶波：有四种法，为菩萨大藏。

案：梵本《迦叶品》中的 mahānidānapratilaṃbhāḥ 一词，是持业释复合词、主格，复数形式；按照字面意思，其意义为"获大因缘、有大因缘"、"获得大譬喻"等。这显然与 4 个汉译本中的意义有出入，不相吻合，因为谶本的译法为"有……珍宝"、晋本和秦本为"有［四］大藏"、宋本为"为……大藏"，那么据汉译本，可以推断出 mahānidāna- pratilaṃbhāḥ 应该为 mahā-nidhāna-pratilaṃbhā ḥ 之误。也就是说，其中的 nidāna-（n."因缘、原因"）是 nidhāna-（n."库藏、珍宝"）的形误。后者的意思与谶本的"珍宝"以及晋本、秦本和宋本的"藏"正相吻合。同时查对梵本的后文，也是 mahā-nidhāna-pratilaṃbhaḥ。梵本实际上亦证实了此处应该是 mahā-nidhāna-pratilaṃbhāḥ。《迦叶品》新刊梵本第 13 页的注释 89 以及辛岛静志 2005 年的论文《〈迦叶品〉语言的一些特征》第 47 页早已说明了这一点。因此，利用了汉、梵双方面的语料，至此可以得出这一结论：梵本此处的 nidāna 是 nidhāna 之误，梵文写卷中将送气的浊辅音 dh 误写成不送气的浊辅音 d。

例子 2：

［家］其影胜太子置八乳母，而保养之。[2]

［梵］ biṃbisāraḥ kumāro ṣṭābhyo dhātrībhyo 'nupradattaḥ dvābhyām aṃkadhātrībhyāṃ dvābhyāṃ kṣīradhātrībhyāṃ dvābhyāṃ maladhātrībhyāṃ dvābhyāṃ krīḍanikābhyāṃ dhātrībhyāṃ

案：吉尔吉特出土梵本《根本说一切有部毗奈耶出家事》中与"八

［1］梵本《迦叶品》的语料来源：M. I. Vorobyova-Desyatovskaya, *The Kāśyapaparivarta, Romanized Text and Facsimiles*, The International Research Institute for Advanced Buddhology, Soka University, Tokyo 2002.

［2］高楠顺次郎、渡边海旭主编：《大正新修大藏经》第 23 册，第 1021 页上栏。

乳母"对应的是 aṣṭābhyo dhātrībhyo,原形实为 aṣṭa-dhātrī-。原句中 bimbisāraḥ kumāro ṣṭābhyo dhātrībhyo 'nupradattaḥ的意思是"影胜太子[是]被授与八位养母的"。梵本句子的后半部分是对八位养母的组成或者分工的解释,即:两位 aṃkadhātrī、两位 kṣīradhātrī、两位 maladhātrī、两位 krīḍanika-dhātrī。义净译《根本说一切有部毗奈耶出家事》下文中没有译出这"八乳母"的角色分工,属于省译现象。"八乳母"属于佛经中的套语之一。对这八位(四种)养母的名称及内涵,佛经中多有解释。比如,《根本说一切有部毗奈耶皮革事》卷上云:"长者即令乳养,置八乳母看之。二常怀抱,二常乳食,二人洗浴,二常共游戏作乐。"[1]吉尔吉特出土梵本《皮革事》的次序为:aṃsadhātrī、krīḍanika-dhātrī、maladhātrī、kṣīradhātrī。《根本说一切有部毗奈耶药事》卷2云:"遣八乳母以为供侍。二人抱持,二人饮乳,二人洗濯,二人游戏。此八乳母日夜供给。"[2]隋天竺三藏阇那崛多译《佛本行集经》卷35"耶输陀因缘品下"云:"尔时长者为彼童子立四乳母:一者抱持、二者洗浴、三者与乳、四者共戏。"由此可见 aṃsa-dhātrī 指的是"怀抱/抱持孩子的乳母"。[3]因此,根据梵汉本《皮革事》以及《根本说一切有部毗奈耶药事》等汉译本,可以判定梵本《出家事》中的 aṃkadhātrībhyāṃ 应该是 aṃsa-dhātrībhyāṃ 之误,aṃka 的 ka 是 aṃsa 的 sa 之误写。

例子3:

[梵本](s)[u](śrutaṃ) paryeṣate na duśrutaṃ · yad utaṣaṭpāramitā-bodhisatva-piṭaka-paryeṣtiśvasadṛśaś ca bhavati(p.7)

[谶本]但求索好经法,六波罗蜜及菩萨毗罗经,及佛诸品。

[晋本]一者乐闻善法,不乐闻非法。乐六度无极菩萨箧藏。

[秦本]舍离邪法,求正经典,六波罗蜜菩萨法藏。

[宋本]一者愿闻其善,不愿闻恶。求行六波罗蜜及菩萨藏。

案:梵本《迦叶品》中的 duśrutaṃ 一词,词典未收,疑为俗语词。从

[1]高楠顺次郎、渡边海旭主编:《大正新修大藏经》第23册,第1049页上栏。

[2]高楠顺次郎、渡边海旭主编:《大正新修大藏经》第24册,第8页上栏。

[3]高楠顺次郎、渡边海旭主编:《大正新修大藏经》第3册,第816页上栏。

梵本语义来看，该词与 suśrutaṃ 是一对反义词。suśrutaṃ 所对译的汉译分别为谶本的“好经法”，晋本的“[闻]善法”，秦本的“正经典”，宋本的“[闻]其善”。duśrutaṃ 一词所对译的汉译分别为晋本的“[不乐]闻非法”，秦本为“舍离邪法”，宋本为“[不愿]闻恶”。由此可知，诸汉译本对应的该是 duḥśrutaṃ，原形为 duḥ-śruta-。duḥ-，即 dus-，“坏的、恶的、不好的”。duḥ-śruta-，意即“不好听的、邪恶、坏的”。因此，可以判定 duśrutaṃ 是 duḥśrutaṃ 之误，抄本中漏掉了ḥ一个字符。俄国学者沃罗比耶娃－捷夏卡夫斯卡娅（M. I. Vorobyova- Desyatovskaya）在梵本《迦叶品》新转写本中对 duśrutaṃ 一词未出校记，[1]应补充。

又，梵本《迦叶品》中的śvasadṛśaś，原形śvasadṛśa-，“如同狗一样”，依主释复合词，主格、单数。śva-，śvan-，m. “狗”；sadṛśa：“如同、像”。此处是以狗为譬喻，4 个汉译本均未译出，且与梵汉本语意不符。梵本在此段后文偈颂中有一句为 nirmānatāyāś ca śva-citta-sadṛśo，宋本译为“断除于我见，而行平等心”。若仅从“平等心”一语来看，śva-citta-sadṛśo 可能应该是 sama-citta-sadṛśo，因为 sama 意即“平等”。sama-citta-出现于《迦叶品》中，其例如下：

[谶本]自傗坚住不动。还所与亲厚，乃至般泥洹。善知识、恶知识，等心无有异。

[晋本]五者信心一切众生。六者爱念一切众生。七者至竟慈愍众生。八者等心怨亲。九者众生求于泥洹，益以无量福。

[秦本]深乐佛道，爱敬无虚，亲厚究竟。于怨亲中，其心同等，至于涅槃。

[宋本]真实愍念，其意不退。善友、恶友，心行平等，虽到涅槃。

[梵本](d)[ṛ]ḍhādhyāśayataya akṛtrimaprematayā atyaṃtamitratā mitrāmitreṣu sama-cittatayā yā(van ni)rvāṇaparyaṃtatāye / (p. 16)

案：与 sama-citta-对应的是谶本的“等心无有异”，晋本的“等心”，

[1] M. I. Vorobyova－Desyatovskaya, *The Kśyapaparivarta*, *Romanized Text and Facsimiles*, The International Research Institute for Advanced Buddhology, Soka University, Tokyo 2002. p. 7.

秦本的"其心同等",宋本的"心行平等"。叶少勇认为,根据《迦叶品》的前后文及各种译文,此处的 sva-sadṛśaś应属于菩萨四法的第二种,即"于众生无慢心",藏译本中的长行和偈颂都将这个词译为:"如狗一样的心",应指汉译谶本"如奴事大夫"中的"如奴";晋本"下意不慢众生"中的"下意";秦本"谦卑下下"中的"下下"。而宋本的"平等"应是误译。此观点可备一说。不过,从梵本的句式来看,sva-sadṛśaś属于菩萨四法的第一句(第一种),而不是第二句(第二种)。sva-sadṛśaś与 sama-citta-sadṛśa 是否有关,尚待细考。

例子 4:

[梵本]mānamadamrak[ṣa](kr)o(dhavyāpā)dāḥ sarvasatvaiṣu irṣyāmātsaryaṃ paralābheṣu avarṇāyaśokīrtiśabdaślokaniścāraṇatā[ya](bodhisatveṣu)(p.8)

[谶本]二者自贡高、瞋恚、顽佷用加于人。三者贪嫉谀訑。四者说菩萨短。

[晋本]二者骄慢不语,恚怒众生。三者他所得利,心生悭嫉。四者毁呰诽谤,不称誉菩萨。

[秦本]于诸众生,骄慢瞋恨。于他利养,起嫉妒心。诃骂菩萨,广其恶名。

[宋本]二者我见贡高,瞋恚有情。三者他得利养,贪爱憎嫉。四者于佛菩萨,不生信敬,亦不称赞,而复毁谤。

案:谶本的"瞋恚"、晋本的"恚怒"、秦本的"瞋恨"、宋本的"瞋恚",是一组同义词,梵本中所对应的 krodha-vyāpāda,应该为 kroddha-vyāpāda,意即"瞋恨"。由诸汉译本而判断,梵本中的 krodha-vyāpāda-为 kroddha-vyāpāda-之误,抄本中间漏写了 d-字符。

此外,梵本中的 sarvasatvaiṣu,所对应的谶本为"用加于人",晋本为"众生",秦本为"于诸众生",宋本为"有情"。根据诸汉译本而判断,sarvasatvaiṣu 应该为 sarvasatveṣu,原形即 sarvasatva-/sarvasattva-,意即"一切众生",依格、复数。辛岛静志前引文指出,Sarvasatvaiṣu 即 sarvasatveṣu,其中的元音 ai 属于"过度梵语化"的现象。

例子5：

[梵本]sarvamithyājīvaparivarjitaḥ āryavaṃśasaṃtu[ṣ](ṭaḥ nāpa)tāyā cāpatyā na parāṃś codayati · na ca doṣāntaraskhalitagaveṣī bhavati(p.7)

[谶本]自守不说人恶及谗溺于人。所不闻经不限佛智也。

[晋本]除去邪慢。他犯不犯，不说其过，不求他人误失之短。

[秦本]离诸邪命，安住圣种。不出他人罪过虚实，不求人短。

[宋本]三者远离邪命，得圣族欢喜。不说他人实不实罪，亦不见他过犯。

案：梵本中的 nāpatāyā = na-āpatāyā，na-，前缀，否定词。āpatāyā 对应晋本的"不犯"、宋本的"不实罪"。梵本中的 cāpatyā = ca-āpatyā，ca-，"和"。āpatyā 对应谶本的"恶"、晋本的"犯"和"过"、秦本的"罪过"、宋本的"[实]罪"。根据诸汉译本而判断，āpatāyā 和 āpatyā，应该为 āpattyā，原形 āpatti-，据 BHSD，f. "罪过、罪恶"。[1] āpatti-与诸汉译本的译语能够吻合。因此，nāpatāyā、cāpatyā 分别为 nāpattyā 和 cāpattyā 之误。

例子6：

[梵本][s](a)rvajñajñānāvatāraṇatayā kim ahaṃm argāmīti pareṣāṃ jñānākutsanatā niradhimānatayā(p.16)

[谶本]智虑少去，自用不高。

[晋本]二者欲逮萨芸若智。三者自谦不毁他智。四者不慢一切众生。

[秦本]皆令得住一切智中。心不憎恶他人智慧，破坏骄慢。

[宋本]一切智智种子，不量贵贱令得智慧，为一切众生低心离我。

案：梵本中的 kim ahaṃm argāmīti，即 kim ahaṃm argāmi iti。kim：疑问词，"谁，什么，多少"。ahaṃm：= aham，"我"，体格、单数。梵本抄写时，ahaṃm 多写了一个鼻音字符 m。谶本的"自用不高"、晋本的

[1] Franklin Edgerton, *Buddhist Hybrid Sanskrit and Grammar and Dictionary*, vol. 2, *Dictionary*, Delhi: Motilal Banarsidass, 1993. p. 97.

“自谦”、宋本的“不量贵贱”对应梵本此句。根据诸汉译本而判断，梵本中的 argāmi 应该是 arghāmi 的误写。arghāmi：动词原形√argh-，“价值”，陈述语气，主动语态，第一人称，单数。梵本下文的偈颂部分有“kiṃ nu arghāmi nārghāmy ahaṃ”，宋本译作“不择于贵贱”。因此，根据梵汉文本的资料来判断，此处的 argāmi 应该与梵本下文的 arghāmi 一致。《迦叶品》梵本新刊本第 16 页注 119 已指出了这一现象。梵本抄写时，将辅音字符 gh 误写成了 g。也有可能是口诵时，出现了送气音与不送气音之间的差异。

从以上 6 个例子中，我们可以看出，汉译佛经为校勘相对应的梵语佛经写本时提供了重要的佐证资料。虽然有些读者会认为，这些校勘的例子有些通过梵本本身就可以完成，但是，不得不承认，有了相应的汉译佛经语料作为佐证，在修订梵语佛经写本时会更具多一层的说服力，从而达到“板上钉钉”的效果。

4.2 梵汉对勘对汉译佛经语言研究的意义

相对于校勘梵语佛经写卷，梵汉对勘在研究汉译佛经的语言时，具有更大的价值，其作用主要体现在词汇与语法研究两个方面。可以说，梵语佛经原典的作用包括了考释音译词、历时的词汇变迁、句式的变化、语言接触所导致的语法层面的影响等等。单就词语考释而言，如果将汉译佛经与中土非佛教文献结合起来，梵语佛经原典的价值还会有所扩展，不仅有助于理解常用词及其演变，而且有助于考证前时（即上古）、同期（即中古）和后世（即近代）文献中的一些疑难、疑似和罕见词语。

4.2.1 梵汉对勘对词汇研究的作用，首先表现在可以校订汉译本的文字失误

例子 1：

本书第 2 章第 3 节所讨论的《阿阇世王经》梵本残卷中的 No. 8c－9a 对应的汉文本为：

支谶本："其心者亦无沾污，亦无有恶，亦无有疑。"

法护本："子欲察心不可分别，不可解了，不可名淫，不可究怒，不可知痴，无淫怒痴。"梵本 No. 8c－9a 中有"na mūḍhaṃ"一词，支谶本为"亦无有疑"，法护本为"不可知痴"。到底是"疑"还是"痴"字呢？在仅有两种汉译语料的时候，无法做出谁是谁非的判定，只能求助于相应的梵语佛经。《阿阇世王经》梵本中相应的词语为 mūḍha，其原意为"痴迷、愚痴"，na mūḍhaṃ 则意为"无愚痴"，据此可证法护本是对的，而支谶本中的"疑"乃"痴"之形误。

例子2：

《阿阇世王经》中还有另外一个例子。《阿阇世王经》梵本残卷中的 No. 12c(544v2)对应的汉文本为：

支谶本："从文殊师利闻诸法，闻已则欢喜信忍，所作罪应时尽索。"

法护本："从濡首闻所说经典，得柔顺法忍，因此除罪，令无有除。"

后者的"令无有除"意义不明。《阿阇世王经》梵本对应的词为 niravaśeṣaṃ，支谶本为"［应时］尽索"。niravaśeṣa-，意为"无有余"，"无"对译其前缀的否定部分"nir-"，"有余"与"avaśeṣa"（"剩余者、剩下的东西"）意思完全相当。"niravaśeṣa-"又意指"一切"，与支谶本的"尽索"亦相吻合。可知法护本"令无有除"中的"除"，乃是繁体的"餘(余)"字的形误。"无有余"即"尽索/尽"的意思。

例子3：

［谶本］三者反自憎菩萨，还自相谤。四者人有来常所闻经，妄止令断绝。

［晋本］三者嫉妒诽谤。四者未曾闻经，闻说诽谤。

［秦本］增毁菩萨。所未闻经违逆不信。

［宋本］三者瞋恨菩萨，偏赞佛教，不普称赞。四者未闻难见经法闻之疑谤。

［梵本］bodhisatvavidveṣābhyākhyānena aśrr(u)[t]ānām anud(d)iṣṭānāṃ ca s[ū](t)[r](āntānāṃ pratikṣepe) [ṇa]：(p.6)

案：梵本《迦叶品》中的 aśrr(u)[t]ānām，即 aśrutānām，辅音 r 双写是梵语佛经抄本中常见的现象。aśrutānām：a-śruta-，“未闻”，属格，复数。a-，表否定的前缀。śruta-，动词原形√śru-的过去分词形式，意即“听”。此处对应的汉译为晋本的“未曾闻”，秦本的“所未闻”，宋本的“未闻”，梵汉文本的语意完全吻合。而谶本对应此处的“[人有]来常所闻[经]”，却与诸本的意义不符。但据梵本的 aśrutānām 一词可证，谶本的“来常”应该是“未常/未尝”之误。“未常/未尝所闻”，即“未曾闻”。可以断定，谶本的“来常”的“来”字是“未”字之形误，“未”字恰好对应梵本中 aśrutānām 的否定前缀 a-。

例子 4：

[谶本]缺。

[晋本]二十三者有戒无戒等以慈心。二十四者至心闻法。

[秦本]善恶众生慈心无畏。一心听法。

[宋本]持戒犯戒慈心不二。[常处山林]乐问深法。

[梵本]śīlavadduḥ śī(lādva)yatayā maitratā satkṛtya dharmaśravaṇaṃ (p. 16)

案：梵本《迦叶品》中的 dharmaśravaṇaṃ，意即“闻法”，晋本的“闻法”、秦本的“听法”是其对译。宋本的“乐问深法”与梵汉诸本的语意不合，而据梵本与晋本和秦本可知，“乐问深法”的“问”字为“闻”字之形误。“乐问深法”仅见宋本此处一例，而“乐闻深法”见于汉译佛经数处，比如，南朝陈国的月婆首那(优禅尼国王子)译《胜天王般若波罗蜜经》卷 5“无所得品第八”云：“佛告胜天王言：‘大王！菩萨宜应具足般若、具足阇那，近善知识，乐闻深法，了知诸法皆悉如幻，悟世非常，心不住着犹如虚空，知一切法生必有灭。’”[1]

例子 5：

[谶本]一者不舍菩萨心。二者无有瞋恚心向于十方人，大如毛发。三者悉学外余道。四者恭敬于诸菩萨。

---

〔1〕高楠顺次郎、渡边海旭主编：《大正新修大藏经》第 8 册，第 714 页上栏。

[晋本]一者不舍菩萨心。二者心不碍一切众生。三者不染着一切诸见。四者不轻慢一切众生。

[秦本]常不舍离菩提之心。于诸众生,心无恚碍。觉诸知见。心不轻贱一切众生。

[宋本]一者所行诸行,不离菩提心。二者于一切众生心无恼害。三者于一切法明了通达。四者于一切众生不生轻慢。

[梵本]bodhicittasyānutsargaḥ sarvasatv[e]ṣv apratihatacittatā sarvadṛṣṭīkṛtānām avabodhanā anat(i)manyanā sarvasatveṣu(p. 13)

案:梵本《迦叶品》中的 sarvadṛṣṭīkṛtānām avabodhanā,意即"觉知一切知见"。sarvadṛṣṭīkṛtānām 即 sarvadṛṣṭīkṛta-,"一切知见",属格,复数。avabodhanā-,(avabodhana-,n."教导、指示、教育")主格,单数。与 sarvadṛṣṭīkṛtānām avabodhanā 相应的汉译为:晋本的"不染着一切诸见"、秦本的"觉诸知见"、宋本的"于一切法明了通达"。avabodhanā 的译法有"觉"和"明了通达"。谶本的"悉学外余道"与异译本的意义不符,也与梵本的语意有出入。谶本的"外余道"可以看成是 sarvadṛṣṭīkṛta 的类似对译,"悉"即 sarva-,"诸、一切"。谶本的"学"字应该是"觉"字之形误,"觉"字刚好与 avabodhanā 的语意相吻合。如此,则谶本的"悉觉外余道"即意为"明了通达一切知见,包括诸外道之法"。

例子6:

[谶本]是为四。

[晋本]是谓,迦叶,菩萨四恶知识。

[秦本]迦叶,是为菩萨有四非善知识、非善等侣。

[宋本]迦叶,如是四法,为菩萨冤,不可同行。

[梵本]ime kāśyapa catvāro bodhisatvasya kumitrāṇi kusahāyās te bodhisatvena parivarjayitavyāḥ(p. 11)

案:梵本《迦叶品》中的 kumitrāṇi 一词,原形为 ku-mitra-,n. 指"不好的朋友、坏朋友、对手",主格、复数。ku-mitra-,晋本为"恶知识"、秦本为"非善知识"。宋本的"冤"与梵汉本的意思略有出入,而据梵汉本的词义,此处的"冤"是"怨"字的形误。"怨"字为正,不仅可以从梵本的 ku-mitra-得到证实，还有另一例句亦可证明，对应的句子如下：

[谶本]菩萨有四恶知识。

[晋本]复次，迦叶，菩萨有四恶知识。

[秦本]复次，迦叶，菩萨有四非善知识、非善等侣。

[宋本][佛告：]迦叶波！有四种法，为菩萨怨，而不可行。

[梵本]catvāra ime kāśyapa bodhisatvasya kumitrāṇi kusahāyās te bodhisatvena pari varja[yi]tavyā(p. 11)

案：梵本此句与上引的例句完全相同，但汉译诸本略有差异。谶本、晋本的"恶知识"、秦本的"非善知识"和宋本的"怨"对译 kumitrāṇi 一词。由此可以佐证前引宋本的"为菩萨冤"确实为"为菩萨怨"之误。

例子 7：

[谶本]缺。

[晋本]是心如母，生一切苦故。

[秦本]心如怨家，能与一切诸苦恼故。

[宋本]心如恶友，发生一切苦故。

[梵本]cittaṃ hi kāśyapa amitrasadṛśaṃ sarvaduḥkhasaṃjananatayā

案：梵本《迦叶品》中的 cittaṃ 和 amitrasadṛśaṃ，意即秦本的"心如怨家"和宋本的"心如恶友"。cittaṃ：citta-，"心"；amitrasadṛśaṃ：amitrasadṛśa-，"如同恶友"。晋本的"是心如母"很显然与梵本和秦本、宋本的意思不符。晋本"是心如母"的"母"，对应梵文为 mātṛ，mātā。晋本之所以译成"是心如母"，可能是将梵本的 amitrasadṛśaṃ 误成了 mātāsadṛśaṃ。

4.2.2 对汉译佛经的异议本中出现的不同译语，梵本可以帮助判断其中的是非

例子 8：

《维摩诘经》中就有这样的例子，如下：

[梵] ye tubhya dharmaratanena vinīta samyak

teṣām akalpana punaḥ saatate praśāntā /

vaidyottamaṃ maraṇajātijarāntakāriṃ

śirasā nato' smī guṇasāgaram aprameyam // 7 //[1]

佛所说法开化人　终已无求常寂然

上智愍度老死　畏当礼法海德无边[2]——支谦《佛说维摩诘经》卷1

以斯妙法济群生　一受不退常寂然

度老病死大医王　当礼法海德无边[3]——鸠摩罗什《维摩诘所说经》卷1

以斯妙法济群生　无思无怖常安寂

度生老死大医王　稽首无边功德海[4]——玄奘《说无垢称经》卷1

支谦译本中的"上智",在鸠摩罗什和玄奘的译本中均为"大医王",为何会出现这样的现象呢?梵本中的 vaidyottamaṃ (= vaidya-ut-tama-),与支谦译本中的"上智"等同,而"大医王"可能是 vidya(-rāja)-uttama 的对译,由于 vaidya 和 vidya 在口头流传的文本中很容易混淆,所以,就出现了"上智"和"大医王"两种不同的译法。

例子9:

梵本《孔雀明王经》(*Ārya-Mahā-Māyūrī Vidyā-Rājñī*)[5]有 3 种较长的汉译本,即梁扶南三藏僧伽婆罗译《孔雀王呪经》2 卷、大唐三藏义净于东都内道场译《大孔雀呪王经》3 卷、唐不空译《佛母大孔雀明王经》3 卷。梵汉本《孔雀明王经》中有一组龙王名,其中的一些龙王译名如下表所示:

---

[1]大正大学综合佛教研究所梵语佛典研究会编《梵文〈维摩经〉——ポタラ宫所藏写本に基づく校订》(*Vimalakīrtinirdeśa: A Sanskrit Edition Based upon the Manuscript Newly Found at the Potala Palace*),大正大学出版会(Taisho University Press, Tokyo)2006 年,第 6 页。

[2]高楠顺次郎、渡边海旭主编:《大正新修大藏经》第 14 册,第 519 页下栏。

[3]高楠顺次郎、渡边海旭主编:《大正新修大藏经》第 14 册,第 537 页下栏。

[4]高楠顺次郎、渡边海旭主编:《大正新修大藏经》第 14 册,第 558 页下栏。

[5]田久保周誉校订:《梵文孔雀明王经》(*Ārya-Mahā-Māyūrī Vidyā-Rājñī*),山喜房佛书林 1972 年版。

表 4-1　梵汉本《孔雀明王经》中的部分龙王译名

梵　名	义净译《大孔雀呪王经》	僧伽婆罗译《孔雀王呪经》		不空译《佛母大孔雀明王经》	备注
		音译/意译	梁言		
dvau Kālakau	二黑	雨黑		二黑	
	二青				
dvau Pītakau	二黄	雨黄		二黄	
dvau Lohitakau	二赤色	雨赤		二赤	
dvau Śvetakau	二白色	雨白		二白	
dvau Kṛṣṇakau		雨黑		二黑	
dvau Śvetakau		雨白		二白	
		青白			
Upaśuklakau		雨小白		二小白	

僧伽婆罗译《孔雀王呪经》刻本中的"雨"字是"两"字之误，对应梵本中的 dvau（"二"），即义净和不空译本中的"二"。"雨"与"两"二字相混淆的现象，亦见于传世古籍和敦煌文献之中。[1] 虽然有时候利用中土的汉语文献可以判定"雨"与"两"之间的对错，但梵本《孔雀明王经》中的 dvau（"二"），更能确定此处的"雨"就是"两"之误，而没有任何可怀疑的余地。

4.2.3　梵汉对勘对汉语佛经词汇研究的作用，表现在可以据此理解汉译本的音译词以及疑难词的意义

例子 10：

[梵] mṛṇālaś ca nāma dhūrtapuruṣaḥ |

[药] 时有丈夫，名曰为偶，志怀恶性。

[梵] kiṃ manyadhve bhikṣavaḥ | yo-asau mṃālo nāma dhūrtaḥ ah- aṃ

〔1〕曾良：《俗字及古籍文字通例研究》第四章中的"六十九、'两'、'雨'相讹例"，列举了古籍和敦煌文献中这两个字相混淆的例句，可以参考（百花洲文艺出版社 2006 年版，第 155-158 页）。另见曾良、赵铮艳：《佛经疑难字词考》（《古汉语研究》2009 年第 1 期，第 76-80 页）中的"两"字条（参见第 78 页）。又，曾良：《敦煌文献丛札》，浙江古籍出版社 2010 年版，第 146-147 页。

sa tena kālena tena samayena ǀ

［药］汝等比丘，于意云何？往古昔时，名为偶者，岂异人乎？我身是也。

［梵］mṛṇālaś ca nāmnā dhūrtapuruṣaḥ ǀ

［僧］时有一不善人，名蜜捺罗。

［众］时有一人名弥里拏罗。（法贤译《佛说众许摩诃帝经》卷 2）

案：《药事》和《破僧事》中有一个情节相同的故事，故事的主人公被义净分别译作"为偶"和"蜜捺罗"，后者是音译词，法贤译之为"弥里拏罗"。"为偶"，对应 mṛṇālaś，原形为 mṛṇāla（"蜜捺罗"、"弥里拏罗"）。mṛṇāla 的本意是"有可能被压碎的"，指"可食用的、含纤维的一些莲花的根，即莲藕"，因此，《药事》的"为偶"实际上是"为藕"之同音形误。只有对照梵本，才能够发现这一误差。之所以出现"为偶"的写法，可能是因为写经当中的"偶"与"藕"混用的现象。

例子 11：

［梵］arindamasya gautamā rājñāḥ putraprapautṛkayā naptṛpranaptṛkayā ayodhyāyāṃ catuḥpaṃcāśad rājasahasrāṇy abhūvan；（vol. i,18）

［僧］调怨王于无斗城中子孙更王，乃至五万四千代，于其城中正法化世。

［众］如是此王，子孙相继，帝位不绝，有五万四千王，都阿喻馱也城。（法贤译《佛说众许摩诃帝经》卷 1）

案：与此句相应的句子还见于下列两处，即：

隋天竺沙门达摩笈多译《起世因本经》卷 10"最胜品第十二"云："诸比丘，其降怨王，子孙相承，于阿踰阇城中治化，有五万四千王。"[1]

隋天竺三藏阇那崛多等译《起世经》卷 10"最胜品第十二"："其降怨王，子孙相承，在阿踰阇城治化，有五万四千王。"[2]

梵本《破僧事》中的 ayodhyāyāṃ，原形为 ayodhyā-，依格，单数。该

〔1〕高楠顺次郎、渡边海旭主编：《大正新修大藏经》第 1 册，第 418 页中栏。

〔2〕高楠顺次郎、渡边海旭主编：《大正新修大藏经》第 1 册，第 363 页中栏。

城市名的音译分别为“阿喻馱也”和“阿踰阇”。《破僧事》中的“无斗城”是其意译。ayodhyā-译为“无斗城”仅见 2 例。大唐三藏菩提流志译《大宝积经》卷第 119“胜鬘夫人会第四十八”云:“时遣一使名真提罗,奉持王书诣无鬪城,授胜鬘夫人。”“无鬪城”即“无斗城”。ayodhyā-为何被译做了“无斗城”呢? ayodhyā 的前缀 a-,表示否定,译为“无”;yodhya,意为“被战斗的、被战胜的”,因此,ayodhyā 就译成了“无斗[城]”。义净与菩提流志的译经年代差不多,二者谁最先使用“无斗城”这个名称还不容易确定。如果没有梵本中的 ayodhyā-一名,仅凭“阿喻馱也”、“阿踰阇”和“无斗城”这 3 个汉语译名,自然无法建构出它们之间的内在关系。正是梵本的存在,读者才能够理解这 3 个汉语译名实际上指称的是同一个地名。

例子 12:

[梵] hastidattasya gautamā rājñaḥ putraprapautṛkayā naptṛpranaptṛkayā takṣaśilāyāṃṃ pañca rājasahasrāṇy abhūvan;

[僧]象授王于削石城中,子孙更王,乃至经五千代。

[众][贺悉帝捺多王]子孙相继,有五千王,都怛叉尸罗城。(法贤译《佛说众许摩诃帝经》卷 1)

案:与此句相应的《起世经》卷 10、《起世因本经》卷 10 云:“其象德王子孙相承,于拘尸那城中治化。”不过,“拘尸那城”与“怛叉尸罗城”不是同一个城市。梵本《破僧事》中的 takṣaśilāyāṃṃ,依格,单数,原形为 takṣaśilā-。

takṣaśilā 意译为“削石[城]”。这样的译法在义净之前还有两例。隋天竺三藏阇那崛多译《大威德陀罗尼经》卷 17 云:“诸比丘等当还向彼持叉尸罗大城隋言削石城。”在宋、元、明本中,“持叉尸罗”写作“特叉尸罗”,正好是 takṣaśilā-的音译。又,阇那崛多译《佛本行集经》卷 38“娑毗耶出家品第四十二上”云:“尔时北天有一城,名特叉尸罗隋言削石。”takṣaśilā 还有“德叉尸罗”、“呾叉尸罗”等其他音译法。《翻梵语》卷 8“国土名第四十三”指出:“多刹柁罗国:亦云恒叉尸罗,亦云得叉尸罗。译曰:多刹者,凿;柂罗者,不。第十一卷”。所谓“多刹”就是 takṣa-的音译，意为“凿（削）”；“梅罗”即śilā（“石”）的音译。所以，《翻梵语》中的“不”乃是“石”的字形误写。与上例一样，由于梵本的 takṣaśilā-，读者才能清晰理解“怛叉尸罗”等音译词与“削石［城］”这一意译名之间的关联。

上述的例子中，基本上有二三个或以上的汉文异译本，这些异译的汉语语料可以比较。一旦在没有异译本存在的情况下，梵本的重要性就显得尤为重要了。下面亦举一例：

例子 13：

［梵］ bhūtapūrvaṃ bhikṣavaḥ piṇḍavaṃśo nāma rājā babhūva / dhārmiko dharmarājo dharmeṇa rājyaṃ kārayati /

［药］ 乃往古昔，有王名曰实竹，以法化世。

案：《药事》的国王名“实竹”显然是一个意译名字，对应梵本中的 piṇḍavaṃśo，原形为 piṇḍavaṃśa-。piṇḍavaṃśa 可以分拆为 piṇḍa 和 vaṃśa，vaṃśa 指“竹子”，piṇḍa 意为“食”，而不是“实”。根据梵本，piṇḍavaṃśa 应该译作“食竹”，那么，义净所译“实竹”的“实”，很可能是“食”的音误字。类似“为偶”“实竹”这样的同音字误写现象，只有对照梵本，才能够发现其中的误差。

从上述几个词的分析可见，梵汉对勘对汉译佛经中词的意项形成、某些词的最早出现时间、各译本之间词的选择（特别是单音节词与双音节词）与变化，均有积极的意义，还可以做进一步的研究。

4.2.4 梵汉对勘对汉译佛经中的句子或者语法的研究也有作用，首先可以明了汉译佛经中的略译与繁译现象

例子 14：

《佛说遗日摩尼宝经》中的前面部分的每一段，多以“是为四”为结。比如，第二段的结尾：

［梵本］（ime） kāśyapa catvāro dharmā bodhisatvasya prrajñāpārihāṇāya saṃvartate.（p.3）

［谶本］是为四。

［晋本］是谓，迦叶！菩萨有四法，失般若波罗蜜。

[秦本]迦叶！是为菩萨四法退失智慧。

[宋本]迦叶！如是四种是名坏灭菩萨智慧。

案:谶本的"是为四"只对应 ime catvāro,而梵本中的呼格 kāśyapa,以及句子的主体 dharmā bodhisatvasya prrajñāpārihāṇāya saṃvartate 均略去不译,因为此句在此段落的开头就出现了,谶本采用了承前省略的译法。不过,晋本、秦本、宋本均没有略译。如果没有梵本的话,我们就难以判断出谶本是否略译,尽管其他的异译本可以帮助判断,但毕竟不如梵本铁证。

研究者已经注意到汉译佛经中的三词同义连用的现象,比如,元魏西域三藏吉迦夜共昙曜译《付法藏因缘传》卷 5 云:"王家常送十车衣钵,终竟一月,皆悉都尽。"[1]类似"皆悉都"这样的 3 个副词连用的现象,是否与梵本的影响有关,值得讨论。一般而言,"皆、悉、都"3 词对应梵本的 sarva-,"诸、一切"。梵本 3 个副词连用的现象较少见,梵本中常常出现 3 个实义的同义词或近义词连用的现象,在汉译本中却有不同的译法,这种"三词连用"的翻译现象,值得注意。试举例如下:

例子 15:

[梵本]mānamadamrak[ṣa](kr)o(dhavyāpā)dāḥ sarvasatvaiṣu irṣyāmātsaryaṃ paralābheṣu avarṇāyaśokīrtiśabdaślokaniścāraṇatā[ya](bodhisatveṣu)(p. 8)

[谶本]二者自贡高瞋恚。顽佷用加于人。三者贪嫉谀諂。四者说菩萨短。

[晋本]二者骄慢不语,恚怒众生。三者他所得利,心生悭嫉。四者毁呰诽谤,不称誉菩萨。

[秦本]于诸众生,骄慢瞋恨。于他利养,起嫉妒心。诃骂菩萨,广其恶名。

[宋本]二者我见贡高,瞋恚有情。三者他得利养,贪爱憎嫉。四者于佛菩萨,不生信敬,亦不称赞,而复毁谤。

---

[1]高楠顺次郎、渡边海旭主编:《大正新修大藏经》第 50 册,第 318 页中栏。

案：梵本《迦叶品》的 avarṇāyaśo-kīrti-śabda-śloka-niścāraṇatā[ya]中，含有 kīrti-śabda-śloka-3 个同义词。kīrti-，f.“名声、光荣”。śabda-，m.“声音、好词”。śloka-，m.“名声、赞扬、颂诗”。avarṇāyaśa-kīrtiśabdaśloka-niścāraṇatayā：“不说好话，不赞扬”。汉译本中的对译即谶本的“骂詈”、晋本的“毁呰、诽谤”、秦本的“诃骂、诽谤”、宋本的“[而]不称赞，妄言、谤毁”。4 个汉译本中，只有宋本的“称赞”与 kīrti-śabda-śloka-有意义上的关联，换言之，汉译本基本上没有将此处 3 个同义词的连用现象反映出来。kīrti-śabda-śloka-3 词连用还出现在梵本《迦叶品》的下例当中，具体对比如下：

[梵本][l]ābhasatkārārthiko bhavati na dharmārthikaḥ kīrti-śabda-śloka-arthiko bhava[t]i (na gu)ṇārthikaḥ(p. 12)

[谶本]一者依经得生活。二者但欲声名不索佛道。

[晋本]一者贪利，不求功德。

[秦本]贪求利养，而不求法。贪求名称，不求福德。

[宋本]一者为利养，不为法。二者为要称赞，不为戒德。

案：kīrti-śabda-śloka-arthiko：kīrti-śabda-śloka-arthika-，“渴望名声”，持业释复合词，主格，单数。谶本为“欲声名”，秦本为“贪求名称”，宋本为“为要称赞”。kīrti-śabda-śloka-也可以当做相违释复合词来看待。除晋本缺译之外，其他三个汉译本的对译分别为：谶本的“声名”、秦本的“名称”，宋本的“称赞”。可见，汉译本是用一个词代表了梵本中的三个连用的词语。类似的汉译处理方式还有下例：

[梵本]sarvaparopakkrameṣu cākkrośaparibhaṣaṇakuṃsanapa[ṃ]sanat[ā](ḍana)-tarjana- vadha-bandhanāparādheṣv ātmāparādhī bhavati · karmavipākapratisaraṇo na pareṣāṃ kupya[ti] (nā)nuśayaṃ vahati(p. 8)

[谶本]三者设有灾变妄起，至骂詈、数数轻易、及挝捶、闭着牢狱，设有是，当自悔前世恶所致。四者无恨无瞋恚(自信)。

[晋本]三者所说而不相夺，一切侵欺、呵骂、轻易、挝捶、缚害，一切是我宿命所作。不起恚他，不生使缠。

[秦本]一切恶事，骂詈、毁谤、挝打、系缚，种种伤害，受是苦时，但

自咎责,自依业报,不瞋恨他。

[宋本]三者不发恶言毁谤、蔑无一切众生,乃至善与不善、斗诤相打、禁系枷锁,如是之过,亦不言说。恐自成罪,得业果报。

案:cākkrośa-paribhāṣaṇa-kuṃsana-paṃsana-tāḍana-tarjana-vadha-bandhanāparādheṣv:依格、复数。前半部分分拆如下:

ca-,"和",此处有"乃至"的意思。谶本为"至",宋本为"乃至"。

ākkrośa-, ākrośa-,m. "用无情的语言攻击、呵责"。

paribhāṣaṇa-,n. "责难,斥责"。

kuṃsana-,据 BHSD, = Skt. kutsana. "责备、辱骂"。[1]

梵本用 ākkrośa-paribhāṣaṇa- kuṃsana3 个词来表示"骂",也许暗示了印度的"骂"在程度和方式上有区别,但汉文本仅用一词来翻译。谶本、秦本为"骂詈",晋本为"呵骂"。宋本"发恶言"与此处有关。从这 3 处的对译语料来看,梵本好用三词并列的形式,这与梵语文献中的相违释复合词用法有关。而汉译本基本上忽略了梵本三词并列时所隐含的词语差别或者某些文化涵义,而多用一个词去概括 3 个词的意思。

除了略译之外,汉文译本中另外也出现增译或者对梵本进行解说的现象。例如:

[梵本][ni]ṣkuhakasyāraṇyavāsābhiratiḥ pratikārāprātikāṃkṣiṇaś c(atvāri) saṃgrahavastūni sarvasa[tv]eṣ[u](p. 14)

[谶本]缺。

[晋本]一者常止山泽,心无欺诈。二者有恩无恩,心常忍辱。三者念报四恩,

[秦本]在空闲处,离谄曲心。诸众生中,行四摄法,而不求报。

[宋本]一者乐住林间,寂静宴默。二者布施爱语,利行同事,摄诸众生。

案:梵本《迦叶品》中有 catvāri saṃgrahavastūni 一处,意思为"四摄

---

[1] Franklin Edgerton, *Buddhist Hybrid Sanskrit and Grammar and Dictionary*, vol. 2, *Dictionary*, p. 184.

事”，秦本对译为“行四摄法”，而宋本为“布施爱语、利行同事，摄（诸众生）”。梵本中明显没有与“布施爱语、利行同事”直接对应的词汇。如果单凭宋本的话，就难免将“布施爱语”与“利行同事”看成是两个动宾结构，而实际上，它们是联合式的结构。因为宋本在翻译 catvāri saṃgrahavastūni 时，不译为“四摄事”，而是直接用其解释，即“四摄事”所包含的四个方面的内容，即“布施”（dāna-）、“爱语”（priyavāditā-）、“利行”（arthacaryā-）、“同事”（samānārthatā-）。宋本此处不是直译，而是对梵本的解释说明，只有勘对梵本，我们才能看出这一现象。

宋本另外还有最明显的增译，表现在每段翻译 katamāni catvāri 时，梵本原意为“这四种是什么？”，[谶本]“何谓为四？”[晋本]“云何为四？”[秦本]“何谓为四？”而宋本则均译为“迦叶白言：云何四法？”其中的“迦叶白言”是梵本中所没有的，这是译者根据上下文而补充出来的，他补足了佛祖与迦叶之间的对话结构。

例子16：

就汉译佛经语言所出现的诸多语法现象而言，不少的地方要借助梵本才能分析清楚。比如，学界目前已经认识到“已”字，与梵语就有着很密切的关联。[1] 比如，本书第2章第4节分析的《无量寿经》梵本中的 bhāṣyamāṇe 一词，是动词√bhāṣ-（“说、宣说”）被动式、现在时中间语态的分词，依格、单数形式。这个词组作为独立依格使用。谶本、谦本为“[佛]说是经时”。僧本为“尔时，[世尊]说此经法”。菩本为“尔时，[世尊]说是经已”。法本为“尔时，[世尊]说此法时”。其中的主语“佛、世尊”均为据文意添加。菩本用了“已”，颇有不同。“已”为完成态，常常是动词独立式（绝对分词）或者过去分词的对译，表示一

〔1〕参见辛岛静志：《汉译佛典的语言研究》（一），载《俗语言研究》1997年第4辑，第29－49页；《汉译佛典的语言研究》（二），载《俗语言研究》1998年第5辑，第47－57页。关于中古中土文献中“已”的使用，参见蒋绍愚：《〈世说新语〉〈齐民要术〉〈洛阳伽蓝记〉〈贤愚经〉〈百喻经〉中的“已”、“竟”、“讫”、“毕”》，载《语言研究》2001年第1期，第73－78页；《语言接触的一个案例——再谈“V（O）已”》，载《语言学论丛》第36辑，商务印书馆2007年版，第268－287页；刘承慧：《中古译经“已”对近代“了”的影响——语言接触如何牵动语法演变》，载《“中央”研究院历史语言研究所集刊》第81本第3分，2010年，第467－512页。

种先于主句所表达的主要行为的行为。菩本是将动词被动式的现在时中间语态的分词，当做绝对分词来翻译。可见，没有梵本的对勘，“已”字的用法是难以认识全面的。

4.2.5 通过梵汉对勘，可以认识到梵本与汉译本之间的句子形式的差异

最明显的例子莫过于每部佛经开头的那句话 evaṃ mayā śrutam，“如是我闻”。《迦叶品》的晋本为“闻如是”、秦本、宋本为“如是我闻”。有关这句话的词序分析已经很多，在此就不必重复了。梵语存在着复杂的格尾现象，而汉语中却没有。那么，汉译文本用哪些特定的词来表示梵文的相应格尾的形式，就很值得研究了。下面略举一例：

例子 17：

[谶本]二者所受教不用也，不慈孝于师。

[晋本]不顺教诫。二者离于正法，不敬师长。

[秦本]不能奉顺、恭敬师长。

[宋本][二者于法非法，虽知净染，净法不行，而行非法。]三者不亲近阿阇梨及师法等。

[梵本][a]nuśāsanen(’) uddhatadharmavihārī ca bhavati [n]a caśu śrr[ū]ṣaty ācāryopādh[y]āyānāṃ(p.9)

案：梵本《迦叶品》中出现的 ācāryopādhyāyānāṃ 一词，= ācāryopādhyāya-，“阿阇梨师长”，相违释复合词，属格，复数。谶本译为“于师”，晋本、秦本译为“师长”，宋本译为“阿阇梨及师[法]”。晋本、秦本、宋本与梵本较吻合。谶本用“于”来引导动词的对象，表示支配关系，而梵本原语为属格，表示从属关系。可见，“于”字在句中所起的多重语法作用，需要对勘梵本才能完全认识清楚。可以说，梵汉对勘不仅仅是用于研究汉译佛经的新词新意上，更体现在对汉译佛经语言的句法与语法全面的分析上。[1]

---

[1]参见姜南：《基于梵汉对勘的〈法华经〉语法研究》，商务印书馆 2011 年版。

4.3 梵汉对勘方法的运用规则及其局限

运用梵汉对勘时，既不要夸大它的作用，也不要视而不见乃至抵制。作为一种研究方法，梵汉对勘有它的作用，也有它的局限性。它既不是无用，也不是万能。我们不能因为学习了梵语知识，就随意指责古代译者的错误，而要充分考虑到佛经翻译的复杂性，切勿轻下论断，做到具体情况具体分析。套用佛经的话语来说，我们应该用"中道"的态度来使用和看待梵汉对勘的方法。

在运用梵汉对勘的方法时，我们应该注意到以下的几条原则：

(1)正确认识梵汉对勘的有效性。在有条件的情况下，我们应该主动地认可、接受和采用这一方法。单纯依靠汉译佛经以及中土撰述的佛经注疏或相应的中土文献，是一条自我封闭、比较狭隘乃至存在一定危险的思路。只有利用多语种、多版本的佛经语料进行多层面的比较与对勘，才能有效地、正确地理解佛经，为佛经语言研究奠定扎实可靠的文献基础。若将自我局限于汉译佛经，所得出的结论往往是不可靠的。比如，在佛经的开篇经常有一组套语，其格式多为"如是我闻，一时佛在某地，与比丘多少人俱"。《迦叶品》中也有这样的例句，[1]对比如下：

[谶本]与摩诃比丘僧千二百五十人，菩萨万二千人。

[晋本]与大比丘众八千人俱，菩萨万六千人。

[秦本]与大比丘众八千人俱，菩萨摩诃萨万六千人。

[宋本]与大比丘众八千人俱，菩萨一万六千。

[梵本]mahatā bhikṣusaṃghena sārdhaṃm aṣṭābhir bhikṣusahasraiḥṣoḍaśabhiś ca bodhi-satvasahasraiḥ

案：sārddhaṃm：= sārddhaṃ，不变词，"与、俱"。要求与具格连用，

---

〔1〕万金川在讨论汉译佛经开场套语定型化的历程时，刚好以《迦叶品》的译文为例，说明"这个套语在译经史上历经了古译、旧译而至新译所呈现出来的三个阶段的变化。"（万金川：《佛典研究的语言学转向：佛经语言学论集》，正观出版社2005年版，第247－248页）

即"同……一起"。谶本译为"与",晋本、秦本、宋本译为"与……俱"。其中"与……俱"的"俱",表示同时,它相当于梵本中的 saha 或 sārddhaṃ,"俱"均用作状语,[1]而不是动词。[2] 这一格式与汉译佛经中的并列成分后置的句式有些许关联,但二者又有所不同。[3] 虽然,"与……俱"的格式与上古汉语的表达方式有关,但此处的"俱"不宜理解为动词。[4]

(2)多学科知识的吸收与新旧史料的汇集。汉译佛经语言的研究要广泛吸收多学科的研究成果,特别是佛教文献学、梵巴藏等非汉语的佛经研究、古典印度学研究、梵巴语言学研究等相关学科的成果,及时利用和掌握中亚、敦煌吐鲁番等地新出土的非汉语和汉语佛经写卷、西藏传世的贝叶写经以及新校勘出版的佛经语料,将多学科比较与新旧史料汇集比勘两种方法融为一途。

(3)梵汉并重与 3 个面向的比较研究。梵汉对勘的方法中,梵与汉不可偏废,而是二者并重。因此,要充分承认与尊重汉译佛经的价值,将原典、汉文佛经异译与相关的中土文献结合起来,及时吸收传统的训诂学和中古汉语史研究的成果。在利用汉译佛经时,对语料的鉴别、译者及翻译年代的考辨等问题,应该给予足够的重视。同样,不能忽视对版本的选择、异文材料的使用、文字的校勘。在就某一部佛经做专书研究时,除了注意收集历代《大藏经》中的各种版本、敦煌吐鲁番等地的相关写经、中土的石刻写经之外,还要充分利用日本的古逸写经、韩国与日本发现的高丽藏初雕版等新史料。这些语料常常为字词校释提供宝贵的材料。就语料的使用而言,梵汉对勘实际上是 3 个面向的比较研究,"即佛典与中土文献的对比、同经异译的对比、汉译与

---

〔1〕万金川认为"与俱","相应的藏译是 daṅlhan cig tu,……往往是梵语副词 saha 或 sārdham 的对译",其否定式为"不……与俱"或"亦不与俱"。参见万金川:《佛典研究的语言学转向:佛经语言学论集》,第 249 - 251 页。

〔2〕朱冠明:《梵汉本〈阿弥陀经〉语法札记》,载《历史语言学研究》第一辑,商务印书馆 2008 年版,第 106 - 119 页。

〔3〕胡敕瑞:《汉译佛典中的一类特殊句式——并列成分后置》,载《语言科学》2010 年第 6 期,第 617 - 625 页。

〔4〕曾良:《敦煌佛经字词与校勘研究》,"俱"条,厦门大学出版社 2010 年版,第 316 页。

原典的对比”。[1]

(4)对佛经文本性质的准确把握。不同的汉译佛经文本,其性质有较大的差别。一般而言,汉译佛经文本可以分成四种类型:①单译本:译者(或与助手、译场人员)对某部佛经进行翻译之后形成的文本,而且该译经是唯一的译本。②异译本:同一部经由不同的译者在不同的时代或地域翻译后形成的数个不同版本。即便是同一部经,在不同的时代或地域也存在变化,这种由原典差异所造成的异译本之间的差异是很普遍的。③“翻版本”:某部佛经汉译之后,后来的“译者”基本照本全抄前人翻译的经典,仅仅对个别词汇表达进行了修改或替换;也可以称为“复制本”。这类的“翻版本”也有研究价值,这些词的替换反映了常用词随时代变化发生的演变。[2] ④摘抄本:佛经汉译之后,后来的书写者基于汇编、选编等目的,对某部译经(或者包括其异译本)进行照原本摘抄,或者进行改编式的编订。具有类书性质的《经律异相》、《诸经要集》、《法苑珠林》等书中,就保存着大量的这类文本。敦煌写经中也不乏这类摘抄本。它们提供了数量不菲的异文,同样具有研究价值。因此,我们在进行梵汉对勘的时候,对所研究的汉译佛经要有清晰的文本性质判断,不能以“翻版本”和摘抄本去进行一一对勘。汉译佛经文本的性质不同,进行对勘的方法就要有所不同,否则就会得出似是而非的结论。比如,《金刚经》前后共有6种译本,其中,隋代达摩笈多(Dharmagupta)译《金刚能断般若波罗蜜经》被称为一部没有译完的佛经。[3] 朱庆之认为,“笈多本并不是一部译经,而是供中国僧人学习梵义原典或者供西域僧侣学习汉语的一部教材”。[4] 万金川从译场工作流程的角度进行分析,指出笈多译本可谓是佛典汉译流程里的

---

〔1〕常朴:《梵汉对勘与佛教汉语研究刍议》,载《宗风》庚寅冬之卷,2011年,第230-239页。

〔2〕辛岛静志:《利用“翻版”研究中古汉语演变——以〈道行般若经〉“异译”与〈九色鹿经〉为例》,载《中正大学中文学术年刊》2011年第2期(专辑:佛教语言、文学与文化),第165-188页。

〔3〕Stefano Zacchetti, “Dharmagupta's Unfinished Translation of the *Dimond-cleaver* (*Vajracchedikā- Prajñāpāramitā-sūtra*),” *T'oung Pao*, vol. 82, Fasc. 1/3, 1996, pp. 137-152.

〔4〕朱庆之:《略论笈多译〈金刚经〉的性质及其研究价值》,载《普门学报》第36期,2006年版,第17-34页。

"过渡性文本"。[1]《金刚能断般若波罗蜜经》到底是一部教材还是"过渡性文本",对其性质的不同判定,影响到对该经如何进行梵汉对勘以及对勘之后得出的结论存在巨大的差异。

方一新等《东汉疑伪佛经的语言学考辨研究》一书,不仅对一批东汉疑伪佛经进行了语言学考辨,而且还经归纳了一些行之有效的方法:①可供利用的证据:宗教学、文献学(佛典著录、版本)、语言学证据(语音、语法和词汇)。②词汇学的鉴别:实词(外来词与汉语固有词/常用词)、虚词。③从现存佛经的译名出发,利用新、旧译经在译名上的差别。④注意"首见例"和"意译例"。⑤利用非汉语佛教资料进行比较。[2] 尽管该书基本上没有涉及梵汉对勘,但作者多处提及,并非忽视这一方法。

梵(或胡)汉对勘能否取得令人瞩目的成果,绝不取决于是否采用了这一方法,而是取决于相关知识的贮备以及对该方法的运用是否恰当。梵汉对勘也不可能是一剂万能灵丹,能解决一切问题。在使用这一方法的时候,我们有必要认识到梵汉对勘的局限性,就像译经语料鉴别的过程中,需要认识到文献学、语言学、文化学以及其他考证方法亦存在一定的局限性那样。[3]

梵汉对勘的局限性主要体现在以下两个方面:

其一,现存佛经文献年代的差异性。不少的中古汉语研究者从文本年代的角度对梵汉对勘早有所质疑,主要问题就是梵汉对勘时所采用的原典并非汉译本的"母本",二者年代出入较大。毫无疑问,汉译佛经与中土僧人的佛教撰述构成了中古汉语研究最丰富的语料库,与之相比,用梵语、巴利语以及各种西域胡语所抄写的佛经数量并不多,其中年代较早的大多是断章残简,就像阿富汗、巴基斯坦出土的梵语、

[1]万金川:《佛典汉译流程里"过渡性文本"的语文景观——译经文体、译场组织与译经流程》,载《正观杂志》第44期,2008年,第103－142页。

[2]方一新等:《东汉疑伪佛经的语言学考辨研究》上编"疑伪佛经考辨概说",人民出版社2012年版,第3－84页。

[3]卢巧琴:《东汉魏晋南北朝译经语料的鉴别》,浙江大学出版社2010年版,第154－157页。

犍陀罗语和大夏语(巴克特里亚语)佛教写经残卷那样;而较完整的抄本则又年代滞后,比如西藏和尼泊尔所保存的贝叶写经,年代在10世纪或12世纪,甚至更晚一些。敦煌吐鲁番等地出土的梵语(以及粟特语、于阗语、回鹘语等)写经数量不多,年代也不是特别早。因此,大多数的佛经原典的抄写年代要晚于早期的汉译佛经。可以说,在梵汉对勘的时候,没有一部佛经可以达到所谓"理想"的状态,即用该汉译本与梵语母本进行对比。再者,梵本(胡本)多凭口口相传,文本的流动与变化极大,所谓的"母本"几乎是不存在的。即使是在同一时代、不同的地域,汉译时"当下"的"母本"与不同的传诵者那里的"文本"(口诵或者抄写)都不会是完全相同的。所抄定的梵本与汉译本之间不仅年代很难吻合,而且二者的结构或内容也时有出入。由此,我们一方面要破除所谓的"母本"的迷思,另一方面又要意识到梵汉对勘并不是绝对意义上的一一对应,其结论也应该具有一定的弹性。

其二,现存佛经文献流传地域的差异性。虽然唐代大翻译家玄奘和义净多以"中天音旨"为标尺,对前代汉译佛经的音译词做出讹略之类的判断,但是,在唐代乃至前代,印度佛教原典并非产生于中天竺一地,这是不言自明的。不同佛教部派的流传地和相关佛经的产生与传播具有密切的关系,这也决定了传入中土的佛教原典实际来自不同地域的佛教派别,即便是同一部佛经也有时空的差异。由于相关佛经的"版本"多已佚散而未能保存至今,在梵汉对勘时所使用的现存原典,与该汉译佛经的"原典"可能存在地域的差异性,这一点也往往被研究者所忽略。

梵汉文本在时空方面的这两种差异性,导致了梵汉对勘的局限性,也就是说梵汉对勘实际上是一种相对意义上的对勘,不能引出绝对正确的结论。再加上早期佛经的来源是梵本、吐火罗语本、还是犍陀罗语本,在学界一直是一个有争议的问题,[1]对早期汉译佛经的语言研究不能局限在梵汉层面,必须引入"胡"汉对勘的层面。既然梵汉对勘方

〔1〕李炜:《早期汉译佛经的来源与翻译方法初探》,中华书局2011年版。

法本身就有这么多的局限或问题,那么,梵汉对勘是否可以扬弃了呢?在研究的过程中,我们大可不必因噎废食。实际上,用抄写时代较晚的梵本与翻译年代较早的汉译本进行对勘,并非权宜之计,而是行之有效的方法之一,这一点已经得到了较多的证明。当然,在具体的对勘过程中,我们不必抱着能"一一对应"的想法,需要提醒自己注意到梵汉文本之间的差异所在。比起单纯依赖汉译本,这样的对勘对理解汉译佛经的语言还是有自身的巨大价值的。正如万金川在《梵本〈维摩经〉的发现与文本对勘研究的文化与思想转向》一文中所指出的那样,在汉译佛经与印藏佛经文献"互为文本"的理念下,"不论是原典与译本之间的对勘,或是同本异译之间的对勘,这种随文逐句式的语文性对读不但可以提供我们大量有关各该文本的斠雠乃至文义解读上的信息,并且也可以增进我们对文本之间可能发生的历时流变的一些认识。"〔1〕

〔1〕万金川:《梵本〈维摩经〉的发现与文本对勘研究的文化与思想转向》,载《正观杂志》第51期,2009年,第143-203页。

参考文献

一、中文文献

A.F.斯坦茨勒.梵文基础读本.季羡林,译.段晴,钱文忠,续补.北京:北京大学出版社,1996.(修订本,段晴,范慕尤,续补.北京:北京大学出版社,2009.)

A.詹姆柯德卡尔.须大拏本生研究.杨富学,译.敦煌研究,1995(2):64-68.

阿尔伯特·冯·勒柯克,瓦尔德施密特.新疆佛教艺术.管平,巫新华,译.乌鲁木齐:新疆教育出版社,2006.

安俊丽.汉魏六朝汉文佛经标志被动句研究.南京:凤凰出版社,2010.

蔡鸿生.仰望陈寅恪.北京:中华书局,2004.

蔡奇林."六群比丘"、"六众比丘"与"十二众青衣小道童儿"——论佛典中"数·群/众·名"仿译式及其对汉语的影响.佛学研究中心学报:第9卷,2004:37-72.

蔡奇林.巴利学引论——早期印度佛典语言与佛教文献之研究.台北:学生书局,2008.

蔡耀明.佛教的研究方法与学术资讯.台北:法鼓文化,2006.

曹广顺.从中古译经选择问句中连词的使用谈起//历史语言学研究:第3辑.北京:商务印书馆,2010:135-145.

曹广顺,遇笑容.从语言的角度看某些早期译经的翻译年代问题——以《旧杂譬喻经》为例//汉语史研究集刊:第3辑.成都:巴蜀书社,2000:1-9.

曹广顺,遇笑容.中古汉语语法史研究.成都:巴蜀书社,2006.

曹广顺,遇笑容.中古译经、元白话语言研究与语言接触.汉语史学报:第10辑,2010:77－85.

柴剑虹.怀念左公.敦煌吐鲁番研究:第11卷(2008),2009:499－504.

常蕾."念"字小考——佛典汉译中的词义变迁.宗风:庚寅冬之卷,2011:310－320.

常朴.梵汉对勘与佛教汉语研究刍议.宗风:庚寅冬之卷,2011:230－239.

陈洪.《六度集经》文本的性质与形态.徐州师范大学学报,2003(4):11－17.

陈洪.敦煌本须大拏变文残卷研究.苏州大学学报,2004(2):59－64.

陈洪.佛教与中古小说.上海:学林出版社,2007.

陈怀宇.从陈寅恪论钢和泰的一封信谈起.书城,2009(6):13－18.

陈健文.试论中国早期"胡"概念之渊源.欧亚学刊:第6辑,2007:1－21.

陈开勇.宋元俗文学叙事与佛教.上海:上海古籍出版社,2008.

陈开勇.须大拏与悉达——唐代俗讲的新倾向及其影响.敦煌学辑刊,2008(2):121－126.

陈立华.《生经》异文研究.长沙:湖南师范大学硕士论文,2011.

陈明.《四百赞》:丝绸之路被湮没的佛教赞歌.南亚研究,2003(1):73－79.

陈明.梵汉本《阿阇世王经》初探.新疆师范大学学报,2003(4):68－73.

陈明.新出安世高《七处三观经》平行梵本残卷跋.西域研究,2003(4):59－65.

陈明.印度古典戏剧研究的学术史考察//王邦维,主编.东方文学研究集刊(1).长沙:湖南文艺出版社,2003:133－160.

陈明. 梵汉本《遗日摩尼宝经》词汇札记//华林:第3卷. 北京:中华书局,2004:127-133.

陈明. 新出土的非汉语文献与汉译佛经语言研究. 普门学报,2004(21):311-331.

陈明.《无量寿经》:新出梵本及其五种汉译本的词汇对勘//李四龙,周学农,编. 哲学、宗教与人文. 北京:商务印书馆,2004:385-408.

陈明. 敦煌出土胡语医典《耆婆书》研究. 台北:新文丰出版公司,2005.

陈明.《梵语杂名》作者利言事迹补考. 清华大学学报,2008(6):103-110.

陈明.《根本说一切有部毗奈耶药事》词汇选释. 敦煌吐鲁番研究:第11卷,2009:391-405.

陈明. 佛教双语字书与唐代胡语风气. 四川大学学报,2009(2):58-68.

陈明. 新出犍陀罗语须大拏太子故事跋//出土文献研究:第9辑. 北京:中华书局,2010:297-308.

陈明. "黑头虫"的梵语词源再探——兼论佛经中"黑"的贬义用法. 文史,2010(1):129-144.

陈明.《生经·舅甥经》"不制"补说. 敦煌吐鲁番研究:第12卷,2011:137-144.

陈明. "从后说绝":安世高译经中的偈颂翻译//东方文学研究集刊:第6辑,2011:210-230.

陈明. 阿富汗出土梵语戏剧残叶跋. 西域研究, 2011(4):90-100.

陈明. 印度古代佛教寺院药物名词考释——以中古汉译律典中的"苏毗罗浆"为例. 宗风:乙丑冬之卷,2012:212-237.

陈明. 梵汉本《破僧事》词语札记 // 欧亚学刊:第10辑,中华书局,2012:277-291.

陈文杰. 早期汉译佛典语言研究// 法藏文库·中国佛教学术论典(硕博士学位论文系列):第7辑,佛光山文教基金会,编辑. 佛光文化事业有限公司,2002.

陈文杰.同经异译语言研究价值新探.古汉语研究,2008(1):82-87.

陈五云,徐时仪,梁晓虹.佛经音义与汉字研究,南京:凤凰出版社,2010.

陈祥明.从异译经看中古部分语法现象的历时层次.泰安教育学院学报岱宗学刊,2007(3):28-29.

陈祥明.略论异译经在佛典校勘方面的作用——以《起世经》及其异译为例.泰山学院学报,2007(1):75-79.

陈祥明.异译经在汉语词汇语法研究上的作用.泰山学院学报,2008(1):71-75.

陈详明.从语言角度看《撰集百缘经》的译者及翻译年代.语言研究,2009(1):95-104.

陈祥明.从语言角度看《菩萨本缘经》的译者及翻译年代.长江学术,2010(2):152-160.

陈祥明.中古汉文佛典词语例释.泰山学院学报,2010(4):75-81.

陈秀兰.魏晋南北朝文与汉文佛典语言比较研究.北京:中华书局,2008.

陈秀兰."S,N是"句型在梵、汉本《撰集百缘经》中的对勘.中国语文,2009(6):568-571.

陈秀兰.《撰集百缘经》词语札记二则//中国俗文化研究:第6辑,2010:58-65.

陈秀兰.梵汉对勘研究《撰集百缘经》的副词.香港:香港国际学术文化信息出版公司,2010.

陈寅恪.陈寅恪集·寒柳堂集.北京:生活·读书·新知三联书店,2001.

陈源源.同经异译佛经人名管窥——以《法华经》异译三经为例.西南交通大学学报,2008(3):22-26.

陈允吉. 佛经文学研究论集. 上海:复旦大学出版社,2004.

储泰松. 唐代的秦音与吴音. 古汉语研究,2001, (2):12－15.

储泰松. 中古佛经翻译中的“吴音”. 古汉语研究,2008,(2):2－9.

茨默著. 回鹘版刻佛本生故事变相. 桂林,杨富学,译. 敦煌学辑刊,2000,(1):138－148.

茨默著. 佛教与回鹘社会. 桂林,杨富学,译. 北京:民族出版社,2007.

党素萍.《八千颂般若经》若干章节的梵汉对勘研究. 北京:北京大学硕士生学位论文,2004.

党素萍. 略谈《八千颂般若经》历代汉译本的特点——从梵汉对勘谈起. 南亚研究,2010(3):134－144.

丹尼尔·布歇. 犍陀罗语与早期汉译佛经的再思考——以《妙法莲华经》为个案. 萨尔吉,译. 徐文堪,校 // 朱庆之,主编. 佛教汉语研究. 北京:商务印书馆,2009:113－195.

丁敏. 佛教譬喻文学研究. 台北:东初出版社,1996.

董琨. “同经异译”与佛经语言特点管窥. 中国语文,2002(6):559－566.

董志翘. 汉文佛教文献语言研究与训诂学 // 汉语史研究集刊:第8辑. 成都:巴蜀书社,2005:1－15.

董志翘. 中古近代汉语探微. 北京:中华书局,2007.

董志翘,赵家栋,张春雷.《经律异相》的校理与异文语料价值. 江苏大学学报,2009(3):62－68.

董志翘,赵家栋,张春雷等.《经律异相》整理与研究. 成都:巴蜀书社,2011.

段改英. 对“颇……不”疑问句的历史考察——兼论《撰集百缘经》的翻译年代. 西南科技大学学报,2001(4):63－65,88.

段晴. 波你尼语法入门. 北京:北京大学出版社,2001.

段晴. 西域语趣——读《正法华经》、《妙法莲华经》随笔. 中国学术,北京:商务印书馆,2005(1):193－210.

段晴.字里行间——汉译佛经所反映的梵文隐性现象初探//王邦维.季羡林先生与北京大学东方学.北京:阳光出版社,2011:252-268.

段晴,皮建烟,李颖,等译.长部(汉译巴利三藏·经藏).北京:中西书局,2012.

范慕尤.《无二平等经》梵文写本的对勘与研究.北京:中西书局,2011.

范慕尤.重估施护译经的价值与意义.中山大学学报,2010(4):117-123.

方一新.敦煌写本《生经·佛说舅甥经》语词琐记.浙江社会科学,1996(2):71-75.

方一新.中古汉语词义求证法论略.浙江大学学报:人文社会科学版,2002(5):33-41.

方一新.《兴起行经》翻译年代初探//中国语言学报:第11辑,北京:商务印书馆,2003:276-284.

方一新.翻译佛经语料年代的语言学考察——以《大方便佛报恩经》为例.古汉语研究,2003(3):77-83.

方一新.作品断代与语料鉴别.浙江大学汉语史研究中心简报,2004(1):16-29.

方一新.《佛说柰女祇域因缘经》翻译年代考辩.汉语史学报:第7辑,2008:238-261.

方一新.从译名演变看疑、佚佛经的翻译年代//历史语言学研究:第1辑,北京:商务印书馆,2008:54-64.

方一新.普通鉴别词的提取及其原则——以早期汉译佛经鉴别为中心.语文研究,2009(2):8-16.

方一新,高列过.《分别功德论》翻译年代初探.浙江大学学报,2003(5):92-99.

方一新,高列过.早期汉译佛经的被动句//第五届国际古汉语语法研讨会暨第四届海峡两岸语法史研讨会论文集(Ⅱ),台北:"中央"

研究院语言研究所筹备处,2004:201 - 205.

方一新,高列过.从疑问句看《大方便佛报恩经》的翻译年代.语言研究,2005(3):54 - 57.

方一新,高列过.旧题安世高译《阿难问事佛吉凶经》考辨 // 中国典籍与文化论丛:第10辑,2008:59 - 73.

方一新,高列过.旧题安世高译《太子慕魄经》翻译与考辨——兼论题竺法护译《太子墓魄经》的年代问题.文史,2008(3):77 - 100.

方一新,高列过.题安世高译《佛说宝积三昧文殊师利菩萨问法身经》考辨 // 汉语史研究集刊:第10辑.成都:巴蜀书社,2008:543 - 563.

方一新,高列过.从词语替换看一卷本《杂譬喻经》的翻译年代 // 语言学论丛:第41辑,2010:186 - 200.

方一新,高列过.海外学者对东汉可疑佛经的考辨.浙江外国语学院学报,2011(2):34 - 39.

方一新,高列过.从语言角度鉴别早期可疑佛经的方法和步骤.宁波大学学报,2012(1):1 - 9、26.

方一新,高列过.从佛教词语考辨《大方便佛报恩经》的时代.浙江大学学报,2012(2):1 - 9.

方一新,王云路.中古汉语读本(修订本).上海:上海教育出版社,2006.

方一新,高列过.东汉疑伪佛经的语言学考辨研究,北京:人民出版社,2012.

弗兰兹·伯尔尼哈德.犍陀罗语与佛教在中亚的传播.姚崇新,译.西域研究,1996(4):61 - 66.

钢和泰.音译梵书与中国古音.胡适,汉译.国学季刊,1923,1(1):47 - 56.

高列过.从被动式看东汉西域译经者的翻译风格.西域研究,2002(2):77 - 80.

高列过.东汉佛经句法的语言接触现象 //汉语史学报:第7辑.上

海:上海教育出版社,2008:128-136.

高楠顺次郎,渡边海旭. 大正新修大藏经. 日本大正一切经刊行会,1924-1934.

葛维钧. 湿婆和“赞词之王”. 南亚研究,2003(2):65-71.

葛维钧. 湿婆和“赞词之王”(续). 南亚研究,2004(1):40-44.

葛维钧. 湿婆和“赞词之王”(续二). 南亚研究,2004(2):49-56.

葛维钧. 毗湿奴及其一千名号. 南亚研究,2005(1):48-53.

葛维钧. 毗湿奴及其一千名号(续一). 南亚研究,2005(2):48-51.

葛维钧. 毗湿奴及其一千名号(续二). 南亚研究,2006(1):52-56.

葛维钧. 毗湿奴及其一千名号(续三). 南亚研究,2006(2):62-69.

葛维钧. 毗湿奴及其一千名号(续四). 南亚研究,2009(1):119-129.

葛维钧. 毗湿奴及其一千名号(续五). 南亚研究,2009(2):107-118.

耿世民. 回鹘文哈密本《弥勒会见记》研究,北京:中央民族大学出版社,2008.

顾满林. 试论东汉佛经翻译不同译者对音译或意译的偏好 // 汉语史研究集刊:第5辑,成都:巴蜀书社,2002:379-390.

顾敏耀. 早期佛教经典“口传性”与“民间性”考察——以《经集》(Sutta-nipāta)为论述对象. 长庚人文社会学报,2010,3(2):343-376.

郭良鋆.《经集》浅析. 南亚研究,1987(1):52-60、11.

郭良鋆. 佛教譬喻经文学. 南亚研究,1989(2):62-66、73.

郭良鋆,译. 经集. 北京:中国社会科学出版社,1990.

韩小荆.《可洪音义》研究——以文字为中心. 成都:巴蜀书社,2009.

何亚南. 汉译佛经与后汉词语例释. 古汉语研究,1998(1):64-

67.

侯传文.《法句经》与佛教偈颂诗. 法音,1999(8):25－30.

侯传文.佛经的文学解读. 北京:中华书局,2004:122－139.

胡敕瑞.《论衡》与东汉佛经词汇比较研究. 成都:巴蜀书社,2002.

胡敕瑞.略论汉文佛典异译在汉语词汇研究上的价值——以“小品般若”汉文异译为例.古汉语研究,2004(3):80－85.

胡敕瑞.《道行般若经》与其汉文异译的互校 // 汉语史学报:第4辑. 上海:上海教育出版社,2004:127－146.

胡敕瑞.中古汉语语料鉴别述要 // 汉语史学报:第5辑. 上海:上海教育出版社,2005:270－279.

胡敕瑞.代用与省略——论历史句法中的缩约方式.古汉语研究,2006(4):28－35.

胡敕瑞.汉语负面标记排他标记的来源及其发展.语言科学,2008(6):561－572.

胡敕瑞.“正尔”与“今尔”——兼论时间与空间的关联 // 历史语言学研究:第2辑.北京:商务印书馆,2009:136－146.

胡敕瑞.汉译佛经中的判断句研究.南昌航空大学学报,2009(2):1－13.

胡敕瑞.汉译佛典中的一类特殊句式——并列成分后置.语言科学,2010(6):617－625.

黄宝生.印度古典诗学.北京:北京大学出版社,1993.

黄宝生.梵语诗学论著汇编.北京:昆仑出版社,2008.

黄宝生.梵语文学读本.北京:中国社会科学出版社,2010.

黄宝生.梵汉对勘《入楞伽经》.北京:中国社会科学出版社,2011.

黄宝生.梵汉对勘《入菩提行论》.北京:中国社会科学出版社,2011.

黄宝生.梵汉对勘《维摩诘所说经》.北京:中国社会科学出版社,2011.

黄宝生.梵汉对勘《神通游戏》.北京:中国社会科学出版社,2012.

黄宝生,译.奥义书.北京:商务印书馆,2010.

黄宝生,郭良鋆,译.佛本生故事选.北京:人民文学出版社,1985.

黄仁瑄.唐五代佛典音义研究.北京:中华书局,2011.

黄先炳.也谈《法句经》的偈颂及其文学性.中国韵文学刊,2005(2):28-34.

黄征.敦煌陈写本晋竺法护译《佛说生经》残卷P.2965校释//敦煌语言文学论文集,杭州:浙江古籍出版社,1988:276-290.

黄征.敦煌语言文字学研究.兰州:甘肃教育出版社,2002.

黄征,张涌泉.敦煌变文校注.北京:中华书局,1997.

季琴.从词汇的角度看《撰集百缘经》的译者及成书年代.宗教学研究,2006(4):64-67.

季琴.从词语的角度看《撰集百缘经》的译者及成书年代.中国典籍与文化,2008(1):19-23.

季琴.从语法的角度看《撰集百缘经》的译者及成书年代.语言研究,2009(1):105-109.

季羡林.吐火罗语的发现与考释及其在中印文化交流中的作用.语言研究,1956(1):297-307.

季羡林.中印文化关系史论丛.北京:人民出版社,1957.

季羡林.再谈"浮屠"与"佛".历史研究,1990(1):3-11.

季羡林.敦煌吐鲁番吐火罗语研究导论.台北:新文丰出版公司,1992.

季羡林.新日知录.北京大学学报,2002(4):5-11.

季羡林.吐火罗文《弥勒会见记》译释//季羡林全集:第11卷"学术论著三".北京:外语教学与研究出版社,2010.

季羡林.吐火罗文研究//季羡林全集:第12卷"学术论著四".北京:外语教学与研究出版社,2010.

季羡林.中国文化与东西方文化(一)//季羡林全集:第13卷"学术论著五".北京:外语教学与研究出版社,2010.

季羡林.佛教与佛教文化(一)//季羡林全集:第15卷"学术论著

七”．北京：外语教学与研究出版社，2010.

季羡林．印度古代文学史．北京：北京大学出版社，1991.

江傲霜．从《维摩诘经》管窥同经异译在词汇发展中的重要地位．上饶师范学院学报，2006（2）：94－97.

江傲霜．同经异译的《维摩诘经》及其对汉语词汇发展的贡献．海南大学学报，2007（2）：192－197.

姜南．汉译佛经中增译的话题转移标记——以《妙法莲华经》的梵汉对勘为基础．中国语文，2007（3）：223－230.

姜南．汉译佛经音节衬字辩说．语言研究，200（4）：32－35.

姜南．佛经翻译中格范畴的系统对应 // 汉语史研究集刊：第12辑，成都：巴蜀书社，2009：20－43.

姜南．汉译佛经“S，N是”句非系词判断句．中国语文，2010（1）：59－66.

姜南．基于梵汉对勘的《法华经》语法研究．北京：商务印书馆，2011.

姜南．《法华经》梵汉对勘二题．宗风：庚寅春之卷，2012：134－147.

姜南．汉译佛经等比标记“如……等/许”探源．语言研究，2012（1）：70－73.

蒋礼鸿．敦煌变文字义通释．北京：中华书局，1959年.

蒋绍愚．《世说新语》、《齐民要术》、《洛阳伽蓝记》、《贤愚经》、《百喻经》中的“已”、“竟”、“讫”、“毕”．语言研究，2001（1）：73－78.

蒋绍愚．语言接触的一个案例——再谈“V（O）已”// 语言学论丛：第36辑．北京：商务印书馆，2007：268－287.

蒋绍愚．汉语“广义处置式”的来源 //历史语言学研究：第1辑．北京：商务印书馆，2008：27－39.

蒋绍愚．也谈汉译佛典中的“NP1，NP2＋是也/也”// 中国语言学集刊：3（2），北京：中华书局，2009：29－44.

蒋绍愚．胡敕瑞．汉译佛典语法研究论集．北京：商务印书馆，2013.

蒋忠新,译.摩奴法论.北京:中国社会科学出版社,1986.

金克木.谈谈汉译佛教文献.江淮论坛,1980(5):88-92.

金克木.天竺诗文(梵竺庐集:乙卷).南昌:江西教育出版社,1999.

金克木.印度文化余论——《梵竺庐集》补编.北京:学苑出版社,2002年.

景盛轩.《大般涅槃经》异文研究.成都:巴蜀书社,2009.

景盛轩,吴波.南、北本《大般涅槃经》的词汇差异//汉语史研究集刊:第11辑.成都:巴蜀书社,2008:272-296.

康马泰(M. Compareti).印度神祇的印度图像研究——考古和文字证据.李欣,译.敦煌学辑刊,2008(4):145-167.

孔慧怡.从安世高的背景看早期佛经汉译.中国翻译,2011(3):52-58.

李建生.两部《维摩诘经》"云何"历时研究.湖北广播电视大学学报,2008(2):93-94.

李维琦.佛经释词.长沙:岳麓书社,1993.

李维琦.佛经续释词.长沙:岳麓书社,1999.

李维琦.佛经词语汇释.长沙:湖南师范大学出版社,2004.

李炜.早期汉译佛经的来源与翻译方法初探.北京:中华书局,2011.

李小荣.变文讲唱与华梵宗教艺术.上海:三联书店,2002.

李小荣.汉译佛典文体及其影响研究.上海:上海古籍出版社,2010.

李颖.《四部犍陀罗语杂阿含经》初探 // 敦煌吐鲁番研究:第12卷,2011:109-121.

李玉珍.佛教譬喻(Avadāna)文学中的男女美色与情欲——追求美丽的宗教意涵.新史学,1999,10(4):31-65.

梁启超.大宝积经迦叶品梵藏汉文六种合刊序 // 钢和泰.大宝积经迦叶品梵藏汉文六种合刊,上海:商务印书馆,1926:I-IV.

梁晓虹. 佛教词语的构造与汉语词汇的发展. 北京:北京语言学院出版社,1994.

梁晓虹. 从语言上判定《旧杂譬喻经》非康僧会所译 // 中国语文通讯:第 40 期. 香港:香港中文大学吴多泰中国语文研究中心,1996:62－68.

梁晓虹. 佛教与汉语词汇. 台北:佛光文化事业有限公司,2001.

梁晓虹. 佛教与汉语史研究——以日本资料为中心. 上海:上海古籍出版社,2008.

梁晓虹,徐时仪,陈五云. 佛经音义与汉语词汇研究. 北京:商务印书馆,2005.

林梅村. 新疆尼雅所出犍陀罗语《解脱戒本》残卷. 西域研究,1995(4):44－48.

林梅村. 汉唐西域与中国文明. 北京:文物出版社,1998.

林梅村. 尼雅出土佉卢文《佛说温室洗浴众僧经》残卷考 // 华林:第 3 卷,2004:107－126.

林梅村. 寻找楼兰王国. 北京:北京大学出版社,2009.

林显庭.《大方便佛报恩经》纂者考及其唐代变文 // 中国文化月刊:第 91 辑,1987:65－91.

刘承慧. 中古译经"已"对近代"了"的影响——语言接触如何牵动语法演变. "中央"研究院历史语言研究所集刊,2010,81(3):467－512.

刘汉文.《生经·舅甥经》词语补札. 阿坝师范高等专科学校学报,2007(1):83－84.

刘敬国. 系统中的风格:小品般若经六种汉译本翻译风格研究. 上海:上海交通大学出版社,2011.

刘显. 敦煌写本《大智度论》研究. 北京:中国社会出版社,2011.

刘震. 禅定与苦修——关于佛教原初梵本的发现和研究. 上海:上海古籍出版社,2010.

龙国富. 姚秦译经助词研究. 长沙:湖南师范大学出版社,2004.

龙国富. 汉语完成貌句式和佛经翻译. 民族语文,2007(1):35 - 44.

龙国富. 汉语处所指代词和平比句的一个早期形式及产生的原因. 语言科学,2007(4):52 - 61.

龙国富. 佛经中的双层同指疑问与佛经翻译. 汉语学报,2008(1):11 - 18.

龙国富. 从梵汉对勘看早期翻译对译经人称代词数的影响. 外语教学与研究,2008(3):218 - 223.

龙国富. 从汉语接触看汉译佛经中连接词"若"的特殊用法 // 汉语史学报:第7辑. 上海:上海教育出版社,2008:137 - 145.

龙国富. 中古汉译佛经被动式与佛经翻译 // 历史语言学研究:第2辑,北京:商务印书馆,2009:147 - 157.

龙国富. 从语言接触看"复"和"自"的语法地位. 语文研究,2010(2):26 - 30.

卢烈红. 先秦两汉时期的"云何". 语言研究,2003(3):22 - 25.

卢烈红. 佛教文献中"何"系代词的兴替演变 // 语言学论丛:第31辑,2005:242 - 264.

卢烈红. 魏晋以后疑问代词"云何"的发展与衰亡. 长江学术,2008(4):94 - 101.

卢巧琴. 论同经异译的语言学价值——以《无量清静平等觉经》等三部异译经为例. 中南大学学报,2008(1):137 - 142.

卢巧琴. 东汉魏晋南北朝译经语料的鉴别. 杭州:浙江大学出版社,2010.

卢巧琴,颜洽茂. 中古译经年代与"感染生义"的判别. 中国语文,2010(1):83 - 85.

陆增祥. 八琼室金石补正. 北京:文物出版社,1985.

罗鸿. 论《律经》的性质. 中国藏学,2008(1):200 - 204.

罗鸿. 德光律师考略. 南亚研究,2008(2):69 - 74.

罗鸿.《律经》的结构 // 藏学学刊:第5辑,2009:150 - 173.

罗鸿.《律经》的文体 // 藏学学刊:第 6 辑,2010:107 - 115.

梅维恒.《贤愚经》的原典语言. 朱冠明,译. // 汉语史研究集刊:第 8 辑. 成都:巴蜀书社,2005:424 - 444.

倪小兰.《无量寿经》同经异译研究. 浙江大学博士生学位论文,2009.

牛汝极. 回鹘佛教文献——佛典总论及巴黎所藏敦煌回鹘文佛教文献. 乌鲁木齐:新疆大学出版社,2000.

毗耶娑. 薄伽梵歌. 黄宝生,译. 北京:商务印书馆,2010.

毗耶娑. 印度古代史诗摩诃婆罗多(共 6 册). 黄宝生,等译. 北京:中国社会科学出版社,2005.

钱文忠. 男爵和他的幻想——纪念钢和泰. 读书,1997(1):49 - 55.

钱钟书. 一节历史掌故,一个宗教寓言,一篇小说. 文艺研究,1983(4):4 - 12.

邱冰. 中古汉语词汇复音化的多视角研究. 南京:南京大学出版社,2012.

邱冰. "说 + 受事宾语'言'/'语'"探源. 天中学刊,2008(3):92 - 94.

邱冰.《佛所行赞》词汇研究. 北京:北京大学博士研究生学位论文,2008.

邱冰. "说话"的历史演变 // 汉语史研究集刊:第 12 辑. 成都:巴蜀书社,2009:195 - 200.

邱冰. 从语言上看《佛所行赞》的译者. 语言学研究,2009(1):37 - 40.

曲守约. 中古辞语考释续编. 台北:艺文印书馆,1972.

任半塘. 敦煌歌辞总编. 上海古籍出版社,1987.

荣新江. 安世高与武威安姓——评《质子安世高及其后裔》// 黄时鉴,主编. 东西交流论谭. 上海:上海文艺出版社,1998:366 - 379.

荣新江. 中古中国与外来文明. 北京:三联书店,2001.

萨尔吉.《大集经》汉译本特点简析——以竺法护译本为中心//天问:丁亥卷.南京:江苏人民出版社,2008:361-373.

萨尔吉.摩咥里制吒及其《四百赞》.南亚研究,2009(4):112-126.

僧佑,撰.出三藏记集.苏晋仁,萧炼子,点校.北京:中华书局,1995.

沙武田.敦煌壁画故事与历史传说.兰州:甘肃人民出版社,2009.

沈林林.《杂宝藏经》"云何"研究.重庆工学院学报,2006(4):115-117.

史光辉.东汉佛经词汇研究.杭州:浙江大学博士学位论文,2000.

史光辉.从语言角度判定《伅真陀罗所问如来三昧经》非支谶所译//汉语史学报:第5辑.上海:上海教育出版社,2005:280-286.

史光辉.东汉汉译佛经考论.阜阳师范学院学报,2007(1):45-48.

史光辉.从语言角度看《大方便佛报恩经》的翻译时代.古汉语研究,2009(3):44-50.

史光辉.《大方便佛报恩经》文献学考察.古籍整理研究学刊,2011(5):15-19.

释达和,译.经集.台北:法鼓文化事业出版有限公司,2008.

释继坤.支谶译经"法师"考//中华佛学研究:第3期.台北:中华佛学研究所,1999:43-68.

释依淳.本生经的起源及其开展.台北:佛光出版社,1989.

松江崇.也谈早期汉译佛典语言在上古中古间语法史上的价值//汉语史研究学报:第8辑,2009:114-133.

苏锦坤.从后说绝——单卷本《杂阿含经》是否将偈颂译成长行.正观杂志,2010(55):6-104.

苏锦坤.《七处三观经》研究(1)——《七处三观经》校勘与标点——兼对Tilmann Vetter与Paul Harrison论文的响应.福严佛学研究,2012(7):1-74.

孙昌武,李赓扬,译注. 杂譬喻经译注(四种). 北京:中华书局,2008.

太田辰夫,江蓝生.《生经·舅甥经》词语札记. 语言研究,1989(1):81-85.

谭代龙.《生经·舅甥经》"有名"考. 中国语文,2006(3):265.

谭代龙. 义净译著中的注文及其作者之研究. 青海师范大学学报,2006(1):114-120.

谭代龙. 略论义净译著中的注文在词汇史中的研究价值. 重庆三峡学院学报,2006(4):51-54.

谭代龙.《生经·舅甥经》"不制"解. 古汉语研究,2008(2):82.

谭代龙. 义净译经身体运动概念场词汇系统及其演变研究. 北京:语文出版社,2008.

谭代龙. 佛教汉语词汇系统的结构及形成. 成都:西南交通大学出版社,2013.

童玮. 二十二种大藏经通检. 北京:中华书局,1997.

万金川. 从"佛教混合汉语"的名目谈汉译佛典的语言研究. 圆光佛学学报,1999(7).

万金川. 宗教传播与语文变迁:汉译佛典研究的语言学转向所显示的意义. 正观杂志,2000(19),(20).

万金川. 佛典研究的语言学转向:佛经语言学论集. 台北:正观出版社,2005.

万金川. 佛典汉译流程里"过渡性文本"的语文景观——译经文体、译场组织与译经流程. 正观杂志,2008(44):103-142.

万金川. 梵本《维摩经》的发现与文本对勘研究的文化与思想转向. 正观杂志,2009(51):143-203.

汪维辉. 东汉—隋常用词演变研究. 南京:南京大学出版社,2000.

汪维辉. 从语言角度论一卷本《般舟三昧经》非支谶所译//语言学论丛:第35辑,北京:商务印书馆,2007:303-322.

汪维辉. 汉语词汇史新探. 上海:上海人民出版社,2007.

汪祎. 从同经异译看"叉手"一词的确义. 大庆高等专科学校学报, 2005(1):65 - 66.

汪祎. 同经异译比较释词举隅. 南京师范大学文学院学报,2007(2):168 - 173.

王邦维. 安息僧与早期中国佛教//伊朗学在中国论文集. 北京:北京大学出版社,1993:83 - 93.

王邦维. 论阿富汗新发现的佛教经卷. 中华佛学学报,2000(13):13 - 20.

王邦维. 评 Richard Salomon's Buddhist Scrolls from Gandhāra: The British Library Kharoṣṭhī Fragments // 敦煌吐鲁番研究:第5卷. 北京:北京大学出版社,2001:343 - 353.

王邦维. 评 Studien zur Indologie und Buddhismuskunde: Festgabe des Seminar für Indologie und Buddhismuskunde für Professor Dr. Heinz Bechert //敦煌吐鲁番研究:第2卷. 北京:北京大学出版社,1996:368 - 373.

王邦维. 佛传神话中的"字书"// 东方研究(2008),北京:经济日报出版社,2009:89 - 92.

王邦维. 譬喻师与佛典中譬喻的运用. 文史,2012(3):221 - 230.

王菡薇. 敦煌陈写本《佛说生经》残卷新探. 古籍整理研究学刊, 2010(4):37 - 40.

王菡薇. 作为书法作品的陈写本《生经》——敦煌《佛说生经》残卷(P.2965)的探索途径. 新美术(中国美术学院学报),2009(6):61 - 66.

王华权.《一切经音义》刻本用字研究. 桂林:广西师范大学出版社,2011.

王华权,刘景云.《一切经音义》三种校本合刊索引. 徐时仪,审校. 上海:上海古籍出版社,2010.

王继红. 基于梵汉对勘的佛教汉语语法研究——以《阿毗达磨俱舍论·分别界品》为例. 北京:北京大学博士研究生学位论文,2004.

王继红.《阿毗达磨俱舍论·分别界品》中的语法仿译现象. 中文

学刊,2005(4):197－208.

王继红.玄奘译经的语言学考察——以《阿毗达磨俱舍论》梵汉对勘为例.外语教学与研究,2006(1):66－72.

王继红.玄奘译经四言文体的构成方法——以《阿毗达磨俱舍论》梵汉对勘为例.中国文化研究,2006(2)88－95.

王继红.语言接触与佛教汉语研究.安阳工学院学报,2006(3):19－22.

王继红,朱庆之.佛典譬喻经语篇衔接方式的文体学考察.当代修辞学,2012(2):64－69.

王丽娜,湛如.《法句经》概貌考.文学与文化,2012(2):101－111.

王启龙.钢和泰学术年谱简编.北京:中华书局,2008.

王启龙,邓小咏.钢和泰学术评传.北京:北京大学出版社,2009.

王绍峰.初唐佛典词汇研究.合肥:安徽教育出版社,2004.

王晓平.佛典·志怪·物语.南昌:江西教育出版社,1990.

王晓平.远传的衣钵:日本传衍的敦煌佛教文学.银川:宁夏人民出版社,2005.

王晓平.日本中国学述闻.北京:中华书局,2008.

王毅力.从词汇角度看《大比丘三千威仪》的翻译年代.西南交通大学学报,2011(5):25－29.

王毅力.从词语角度看《菩萨本缘经》之译者译年.五邑大学学报,2011(2):89－92.

王毅力.从词汇角度看《分别功德论》的翻译年代.宗教学研究,2012(1):143－147.

王玥雯.三部《维摩诘经》疑问词比较研究.长江学术,2006(3):170－173.

王云路.试说翻译佛经新词新义的产生理据.语言研究,2006(2):91－97.

王云路.中古汉语词汇史.北京:商务印书馆,2010.

王云路,方一新.中古汉语语词例释.长春:吉林教育出版社,1992.

王云路,方一新.中古汉语研究.北京:商务印书馆,2004.

吴娟.也说"白衣".语言研究,2008(1):27-29.

吴娟."久如"探源 // 汉语史研究学报:第8辑,2009:226-233.

吴娟.汉译《维摩诘经》中"云何"的特殊用法.中国语文,2011(1):43-52.

项楚.敦煌歌辞总编匡补,成都:巴蜀书社,2000.

辛岛静志.《法华经》中的乘(yāna)与智慧(jñāna)——大乘佛教中yāna概念的起源与发展 // 李铮,蒋忠新,主编.季羡林教授八十华诞纪念论文集(下).南昌:江西人民出版社,1991:769-787.

辛岛静志.汉译佛典的语言研究.俗语言研究,1997(4):29-49.

辛岛静志.汉译佛典的语言研究(二).俗语言研究,1998(5):47-57.

辛岛静志.《道行般若经》和"异译"的对比研究——《道行般若经》与异译及梵本对比研究 // 汉语史研究集刊:第4辑.成都:巴蜀书社,2001:313-327.

辛岛静志.《道行般若经》和"异译"的对比研究——《道行般若经》中的难词//汉语史研究集刊:第5辑.成都:巴蜀书社,2002:199-212.

辛岛静志.《佛典汉语词典》之编纂 // 佛教图书馆馆讯:第35/36号.嘉义:伽耶山基金会图书信息中心,2003:28-32.

辛岛静志.《撰集百缘经》的译出年代考证——出本充代博士的研究简介 // 汉语史学报:第6辑.上海:上海教育出版社,2006:49-52.

辛岛静志.早期汉译佛教经典所依据的语言 // 汉语史研究集刊:第10辑.徐文堪,译.成都:巴蜀书社,2007:293-305.

辛岛静志.汉译佛典的语言研究(三).语言学论丛,2008(37):144-168.

辛岛静志.早期汉译佛典的语言研究——以支娄迦谶及支谦的译经对比为中心 //汉语史学报:第10辑,2010:225-237.

辛岛静志.利用"翻版"研究中古汉语演变——以《道行般若经》

“异译”与《九色鹿经》为例. 中正大学中文学术年刊,2011(2):165－188.

新疆龟兹石窟研究所,编. 王卫东,主编. 克孜尔尕哈石窟内容总录. 北京:文物出版社,2008.

熊娟. 汉译佛典中的“所可”. 西南交通大学学报,2008(1):48－51.

徐时仪. 慧琳音义研究. 上海:上海社会科学院出版社,1997.

徐时仪. 玄应众经音义研究. 北京:中华书局,2005.

徐时仪. 略论《一切经音义》与词汇学研究. 陕西师范大学学报,2009(3):106－111.

徐时仪. 玄应和慧琳《一切经音义》研究. 上海:上海人民出版社,2009.

徐时仪校注.《一切经音义》三种校本合刊. 上海:上海古籍出版社,2009.

徐时仪,陈五云,梁晓虹. 佛经音义研究——首届佛经音义研究国际学术研讨会论文集. 上海:上海古籍出版社,2006.

徐时仪,梁晓虹,陈五云. 佛经音义概论. 台北:大千出版社,2003.

徐时仪,梁晓虹,陈五云. 佛经音义研究通论. 南京:凤凰出版社,2009.

徐时仪. 佛经音义研究——第二届佛经音义研究国际学术研讨会论文集. 南京:凤凰出版社,2011.

徐文堪. 略论21世纪《汉译佛典语言词典》的编纂//中国辞书论集(1999). 上海:上海辞书出版社,2000:273－279.

徐文堪. 吉尔吉特写本研究的可喜成果//东方早报,2011－03－20(“上海书评”版).

许地山. 梵剧体例及其在汉剧上底点点滴滴//小说月报:第7卷. 上海:商务印书馆,1928:1－36.

许理和. 佛教征服中国. 李四龙,裴勇,译. 南京:江苏人民出版社,1996.

许理和.最早的佛经译文中的东汉口语成分. 蒋绍愚,译. // 语言学论丛:第14辑. 商务印书馆,1987:197 - 225.

许理和.最早的佛经译文中的东汉口语成分. 蒋绍愚,吴娟,新译. // 朱庆之.佛教汉语研究. 北京:商务印书馆,2009:75 - 112.

许理和.汉代佛教与西域. 吴虚领,译. // 国际汉学. 郑州:大象出版社,1998, 2:291 - 310.

许理和.关于初期汉译佛经的新思考. 顾满林,译. // 汉语史研究集刊:第4辑. 成都:巴蜀书社,2001:286 - 312.

许理和.早期佛经中的口语成分——确定最佳材料的尝试. 朱冠明,译. //《摩诃僧祇律》情态动词研究. 北京:中国戏剧出版社,2008:223 - 246.

玄幸子.关于《须大拏太子变文》以及《小小黄(皇)宫养赞》// 郑阿财,等编.佛教文献与文学. 台北:佛光文化事业有限公司,2011:497 - 527.

玄奘,辩机.大唐西域记校注. 季羡林,等校注.北京:中华书局,1985.

颜洽茂.佛教语言阐释——中古佛经词汇研究. 杭州:杭州大学出版社,1997.

颜洽茂,卢巧琴.失译、误题之经年代的考证——以误题曹魏昙谛译《昙无德羯磨》为例.浙江大学学报,2009(5):179 - 185.

颜洽茂,熊娟.《菩萨本缘经》撰集者和译者之考辨.浙江大学学报,2010(1):56 - 64.

杨富学.回鹘文献与回鹘文化. 北京:民族出版社,2003.

杨同军.语言接触与文化互动:汉译佛经词汇的生成与演变研究——以支谦译经复音词为中心.北京:中华书局,2011.

姚珏.傣族本生经研究——以西双版纳勐龙为中心.世界宗教研究,2006(3):47 - 52.

姚永铭.慧琳《一切经音义》研究. 南京:江苏古籍出版社,2003.

叶少勇.《中论颂》—— 梵藏汉合校 · 导读 · 译注.上海:中西书

局,2011.

叶少勇.《中论颂》与《佛护释》—— 基于新发现梵文写本的文献学研究.上海:中西书局,2011.

衣川贤次.从古写经的异文看中古汉语用词的演变——对《中古汉语读本》佛经部分的一个补充 // 汉语史学报:第8辑,2009:54-58.

易咸英.《佛五百弟子本起经》的异文校勘.遵义师范学院学报,2008(4):29-30、39.

义净.南海寄归内法传校注.王邦维,校注.修订版.北京:中华书局,2009.

印顺.华雨集.台北:正闻出版社,1989.

印顺.印顺法师佛学著作全集.北京:中华书局,2009.

于淑健.敦煌佛典语词和俗字研究.上海:上海古籍出版社,2012.

于亭.玄应《一切经音义》研究.北京:中国社会科学出版社,2009.

俞理明.佛经文献语言.成都:巴蜀书社,1993.

俞敏.俞敏语言学论文集.哈尔滨:黑龙江人民出版社,1989.

郁龙余.中印文学关系源流.长沙:湖南文艺出版社,1987:12-56.

遇笑容.说"云何"// 开篇:第22卷.东京:好文出版社,2003:48-50.

遇笑容.汉语语法史中的语言接触与语法变化 // 汉语史学报:第4辑.上海教育出版社,2003:27-34.

遇笑容.梵汉对勘与中古译经语法研究 // 汉语史学报:第6辑.上海:上海教育出版社,2006:61-67.

遇笑容.理论与事实:语言接触视角下的中古译经语法研究 // 汉语史学报:第7辑.上海:上海教育出版社,2008:121-127.

遇笑容.试说汉译佛经的语言性质 // 历史语言学研究:第1辑.北京:商务印书馆,2008:65-78.

遇笑容.《撰集百缘经》语法研究.北京:商务印书馆,2010.

遇笑容,曹广顺.也从语言上看《六度集经》与《旧杂譬喻经》的译者问题.古汉语研究,1998(2):4-7.

毓之.安世高所译经的研究.现代佛学,1959(2).

月天.故事海选.黄宝生,郭良鋆,蒋忠新,译.北京:人民文学出版社,2001.

曾良.俗字及古籍文字通例研究.北京:百花文艺出版社,2006.

曾良.敦煌佛经字词与校勘研究.厦门:厦门大学出版社,2010.

曾良.敦煌文献丛札.杭州:浙江古籍出版社,2010.

曾良,赵铮艳.佛经疑难字词考.古汉语研究,2009(1):76-80.

张弓.敦煌四部籍与中古后期社会的文化情境//敦煌学:第25辑:潘重规先生逝世周年纪念专辑,2004:311-335.

张公瑾.傣文《维先达罗本生经》中的巴利语借词——以《十愿经》第一节为例.民族语文,2003(4):1-7.

张广达,荣新江.于阗史丛考(增订本).北京:中国人民大学出版社,2008.

张景峰.敦煌莫高窟第294窟须达拏太子本生故事画研究及相关问题.敦煌研究,2010(2):17-26.

张铉.再论慧琳《音义》中的"吴音".语文学刊,2010(4):69-70.

张永言.语文学论集(增补本).北京:语文出版社,1999.

张永言.汉语外来词杂谈(补订稿)//汉语史学报:第7辑.上海:上海教育出版社,2008:1-15.

张幼军."庄严"一词梵汉对勘.语言研究,2006(1):97-100.

章巽,校注.法显传校注.上海:上海古籍出版社,1985.

赵长才."宁可"在中古译经中的助动词用法及其来源//历史语言学研究:第3辑.北京:商务印书馆,2010:146-166.

郑阿财.经典、图像与文学:敦煌"须大拏本生"叙事图像与文学的互文研究//中央文史研究馆,编.庆贺饶宗颐先生九十五华诞敦煌学国际学术研讨会论文集.北京:中华书局,2012.

郑阿财,朱凤玉.敦煌蒙书研究.兰州:甘肃教育出版社,2002.

郑国栋.《金光明经·流水长者子品》浅探二题//华林:第2卷.北京:中华书局,2002:148,170.

郑国栋.《金光明经·流水长者子品》的梵汉翻译及译法例释//《东方研究》,2003.

郑国栋.《金光明经·流水长者子品》梵汉对勘//华林:第3卷.北京:中华书局,2004:135-151.

郑贤章.龙龛手镜研究.长沙:湖南师范大学出版社,2004.

郑贤章.《新集藏经音义随函录》研究.长沙:湖南师范大学出版社,2007.

郑贤章.郭迻经音研究.长沙:湖南师范大学出版社,2010.

中华大藏经编辑局编.中华大藏经:汉文部分.北京:中华书局,1993.

周广荣.评"黄宝生译注:《梵汉佛经对勘丛书》"//人文宗教研究:第2辑(2011).北京:宗教文化出版社,2012:339-345.

周俊勋.中古汉语词汇研究纲要.成都:巴蜀书社,2009.

周俊勋,吴娟.相因生义的条件.南京社会科学,2008(6):138-145.

朱冠明.从中古佛典看"自己"的形成.中国语文,2007(5):402-411.

朱冠明.《摩诃僧祇律》情态动词研究.北京:中国戏剧出版社,2008.

朱冠明.梵汉本《阿弥陀经》语法札记//历史语言学研究:第1辑.北京:商务印书馆,2008:106-119.

朱冠明.移植:佛经翻译影响汉语词汇的一种方式//语言学论丛:第37辑,2008:169-182.

朱冠明.中古佛典与汉语受事主语句的发展——兼谈佛经翻译影响汉语语法的模式.中国语文,2011(2):169-178.

朱冠明,段晴.梵汉本《法华经》语词札记.古汉语研究,2005(2):68-73.

朱庆之."将无"考//李诤,蒋忠新,主编.季羡林教授八十华诞纪念论文集(上册).南昌:江西人民出版社,1991:225-246.

朱庆之.佛典与中古汉语词汇研究.台北:文津出版社,1992.

朱庆之.汉译佛典语文中的原典影响初探.中国语文,1993(5).

朱庆之.汉译佛典在原典解读方面的价值举隅——以 Kern 英译《法华经》为例//学术集林:第 6 辑.上海:上海远东出版社,1995:223-235.

朱庆之.汉译佛典中的“所 V”式被动句及其来源.古汉语研究,1995(1):29-31.

朱庆之.佛经翻译中的仿译及其对汉语词汇的影响//中古近代汉语研究:第 1 辑.上海:上海教育出版社,2000:247-262.

朱庆之.佛典与汉语音韵研究——20 世纪国内佛教汉语研究回顾之一//汉语史研究集刊:第 2 辑.成都:巴蜀书社,2000:302-320.

朱庆之.佛教混合汉语初论//语言学论丛:第 24 辑.北京:商务印书馆,2001:1-33.

朱庆之.梵汉《法华经》中的“偈”、“颂”和“偈颂”//华林:第 2 卷.北京:中华书局,2002:27-46.

朱庆之.略论笈多译《金刚经》的性质及其研究价值//普门学报:第 36 期.2006:17-34.

朱庆之.语言接触及语言变异理论与佛教汉语研究//沈阳,冯胜利,主编.当代语言学理论和汉语研究.上海:商务印书馆,2008:563-575.

朱庆之.佛教汉语研究.北京:商务印书馆,2009.

朱庆之.一个梵语词在古汉语中的使用和发展.中国语文,2011(4):373-382.

朱庆之.上古汉语“吾”、“予/余”等第一人称代词在口语中消失的时代.中国语文,2012(3):195-210.

朱庆之,朱冠明.佛典与汉语语法研究——20 世纪国内佛教汉语研究回顾之二//汉语史研究集刊:第 9 辑.成都:巴蜀书社,2006:413-459.

竺法护.佛说本生经.吕有祥,译注.北京:宗教文化出版社,2005.

竺家宁.佛经语言初探. 台北:橡树林文化出版公司,2005.

左景权.佛说生经——敦煌古图书蠡测之二.香港中文大学学报:第10卷上册,1979.

左景权.敦煌文史学述.台北:新文丰出版公司,2000.

中华道藏.北京:中华书局,2003.

昭和法宝总目录. 台北:新文丰出版公司,2003.

二、外文文献

Allon, Mark, and Richard Salomon. Kharoṣṭhī Fragments of a Gāndhārī Version of the Mahāparinirvāṇa-sūtra //Jens Braarvig ed. Manuscripts in the Schøyen Collection I: Buddhist Manuscripts, Volume I. Oslo: Hermes Publishing. 2000:243 -273.

Allon, Mark. with a contribution by Andrew Glass. Three Gāndhārī Ekottarikāgama-Type Sūtras: British Library Kharoṣṭhi Fragments 12 and 14. Gandhāran Buddhist Texts 2. Seattle-Londen: University of Washington Press, 2001.

Allon, Mark. Introduction: The Senior Manuscripts //Andrew Glass. Four Gāndhārī Saṃyuktāgama Sūtra: Senior Kharoṣṭhī Fragment 5. Gandhāran Buddhist Texts 4. Seattle-London: University of Washington Press, 2007: 3 -25.

Hendrik, Kern. Āryaśūra: Jātaka-mālā or Bodhisattvāvadāna-mālā. Cambridge, Mass. : Harvard University Press, 1891.

Bagchi, Sitansusekhar. Mūlasarvāstivādavinayavastu. Buddhist Sanskrit Text No. 16, vol. i. Darbhanga: The Mithila Institute of Post - graduate Studies and Research in Sanskrit, Learning, 1967.

Bailey, H. W. Dictionary of Khotan Saka, Cambridge University Press, 1979.

Banerjee, Radha. The Vessantara Jataka from Miran, Central Asia. http://www.ibiblio.org/radha/p_a012.htm. 2009 -6 -16.

Banerjee, Anukul Chandra. Prātimokṣa-sūtra (Mūlasarvāstivāda). Calcutta, 1954.

Bangwei, Wang. Mahāyāna or Hīnayāna: A Reconsideration on the yāna Affiliation of An Shigao and His School. // 叶奕良，主编. 伊朗学在中国论文集. 第二卷. 北京:北京大学出版社,1998:106 - 114.

Benveniste, E. Vessantara Jataka. Sogdien éd., trad. et com. Paris, 1946.

Bernhard, Franz. Udānavarga. 2 vols. Abhandlungen der Akademie der Wissenschaften in Göttingen, Philologisch-historische Klasse, ser. 3, no. 54. Sanskrittexte aus den Turfanfunden 10. Göttingen: Vandenhoeck and Ruprecht. 1965—1968.

Bokenkamp, Stephen R. The Viśvantara - Jātaka in Buddhist and Daoist Translation // Benjamin Penny ed. Daoism in History: Essays in honour of Liu Ts'un-yan. London and New York: Routledge, Taylor & Francis Group, 2006:56 - 73.

Boucher, Daniel. Gāndhāri and the Early Chinese Buddhist Translations Reconsidered: the Case of the Saddharmapuṇḍarīkasūtra. Journal of American Oriental Society. 1998, 118(4): 471 - 506.

Boucher, Daniel. On Hu and Fan Again: the Transmission of "Barbarian" Manuscripts to China. Journal of the International Association of Buddhist Studies, 2000, 23(1):7 - 28.

Boucher, Daniel. Is there an early Gandhāran source for the cult of Avalokiteśvara? Journal Asiatique, 2008, 296(2):297 - 330.

Boucher, Daniel. Bodhisattvas of the Forest and the Formation of the Mahāyāna: A Study and Translation of the Rāṣṭrapālaparipṛcchā-sūtra. Honolulu: University of Hawai'I Press, 2008.

Braarvig, Jens. et. al. Manuscripts in the Schyøen Collection. Buddhist Manuscripts, vol. i - iii, Oslo: Hermes Publishing, 2002—2006.

Brough, John. Gāndhārī Dharmapada. London Oriental Series 7. London: Oxford University Press. 1962.

Chongfeng, Li. The Representation of jātakas in the Kizil Caves // Desmond Durkin-Meisterernst etc. ed. Turfan Revisited—The First Century of Research into the Arts and Cultures of the Silk Road. Berlin: Dietrich Reimer Verlag, 2004:163 - 168.

Cone, Margaret and Richard F. Gombrich. The Perfect Generosity of Prince Vessantara. Oxford: Clarendon Press, 1977.

Cone, Margaret. The Patna Dharmapada. Part 1: Text. Journal of the Pali Text Society, 1989, 13:101 - 217.

Cowell, E. B. The Jātaka or Stories of the Buddha's Former Births. vol. vi. Delhi: Motilal Banarsidass Publishers Private Limited, Reprint, 1994.

Dehajia, Vidya. On Modes of Visual Narration in Early Buddhist Art. The Art Bulletin, 1990, 72 (3):374 - 392.

Deleanu, Florin. A preliminary study on An Shigao's translation of the Yogācārabhūmi. 关西医科大学教养部纪要(Journal of the Department of Liberal Arts-Kansai Medical University), 1997, 17:33 - 52.

Deleanu, Florin. 安世高译《安般守意经》现行本の成立について. 东洋の思想と宗教 1992, 9:48 - 63.

Deleanu, Florin. 安世高国际会议に参加して. 东方学, 1997, 94: 82 - 88.

Demoto, Mitsuyo. Fragments of the Avadānaśataka // Jens Braarvig ed. Manuscripts in the Schøyen Collection: Buddhist Manuscripts, Volume III. Oslo: Hermes Publishing. 2006:207 - 244.

Desyatovskaya, M. I. Vorobyova-. The Kāśyapaparivarta, Romanized Text and Facsimiles. Tokyo: The International Research Institute for Advanced Buddhology, Soka University, 2002.

Dresden, M. J. Jātakastava or "Praise of the Buddha's Former Births" // Transactions of the American Philosophical Society, NS. 1955, 45(5): 397 - 508.

Duan Qing. Das Khotanische Aparimitāyuḥsūtra. Ausgabe, Kommentar, bersetzung und Glossar. Studien zur Indologie und Iranistik, Dissertationen Band 3. Verlag fur Orientalistische Fachpublikationen, Reinbek, n. y. 1989.

Durt, Hubert. The Offering of the Children of Prince Viśvantara /Sudāna in the Chinese Tradition . 国际佛教学大学院大学研究纪要, 1999, 2:147 -182(231 -266).

Durt, Hubert. The Casting-off Madrī in the Northern Buddhist Literary Tradition. 国际佛教学大学院大学研究纪要, 2000, 3:133 -158.

Dutt, N. Gilgit Manuscript, vol. III: Mūlasarvāstivāda-vinayavastu. part IV. Calcutta, 1950.

Edgerton, Franklin. Buddhist Hybrid Sanskrit Grammar and Dictionary. vol. ii, Dictionary. New Haven, 1953. Delhi: Motilal Banarsidass, Reprint, 1985.

Elverskog, Johan. Uygur Buddhist Literature, (Silk Road Studies I), Brepols, 1997.

Emmerick, Ronald E. A Guide to the Literature of Khotan(Second edition). Tokyo: The International Institute for Buddhist Studies, 1992.

Erdel, Marcel. Uigurica from Dunhuang. BSOAS (= Bulletin of the School of Oriental and African Studies, University of London), 1988, 52 (2):251 -257.

Forte, Antonino. The Hostage An Shigao and his Offspring. An Iranian Family in China (Italian School of East Asian Studies Occasional Papers 6). Kyoto : Italian School of East Asian Studies, 1995.

Gauthiot, Robert. Une version sogdienne du Vessantara Jātaka, publiée en transcription et avec traduction. Journal Asiatique, 1912, 19: 8.

Gershevitch, Ilya. On the Sogdian Vessantara Jātaka. The Journal of the Royal Asiatic Society of Great Britain and Ireland, 1942,2:97 -101.

Ghosh, A. Ajanta Murals. New Delhi: Archaeological Survey of India, 1996.

Glass, Andrew. A Preliminary Study of Kharoṣṭhī Manuscript Paleography. Master thesis. Department of Asian Languages and Literature, University of Washington, 2000.

Glass, Andrew. Four Gāndhārī Saṃyuktāgama Sūtras: Senior Kharoṣṭhī Fragments 5, Gandhāran Buddhist Texts. Volume 4. Seattle and London: University of Washington Press, 2007.

Gnoli, Raniero. The Gilgit Manuscript of the Saṅghabhedavastu, Being the 17th and Last Section of the Vinaya of the Mūlasarvāstivādin, Part I – II, Roma: Istituto Italiano per il Medio ed Estremo Oriente, 1977 – 1978.

Gombrich, Richard. The Vessantara Jātaka, the Rāmāyaṇa and the Dasaratha Jātaka. Journal of the American Oriental Society, 1985, 105 (3):427 – 437.

Grey, Leslie. A Concordance of Buddhist Birth Stories. Oxford: Pāli Text Society, 1990.

Gupta, Kabita Das. Viśvantarāvadāna, Eine buddhistische Legende. Berlin, 1978.

Hahn, Michael. The play Lokānandanātaka by Candragomin // Kailash, 1979, 7(1).

Hakeda, Yoshito S. Buddhist Hybrid Sanskrit Words in Aśvagoṣa's Kāvyas. Journal of the American Oriental Society, 1962, 82 (2):150 – 163.

Harrison, Paul. Sanskrit Fragments of A Lokottaravādin Tradition // L. A. Hercus, et al. ed. Indological and Buddhist Studies. Volume in Honour of Professor J. W. de Jong on his Sixtieth Birthday. Canberra: Faculty of Asian Studies, 1982:211 – 234.

Harrison, Paul. The Earliest Chinese Translations of Mahāyāna Sūtras: Some Notes on the Works of Lokakṣema. Buddhist Studies Review, 1993, 10(2):135 – 177.

Harrison, Paul. The Ekottarikāgama Translations of An Shigao, Buddhavidyāsudhākaraḥ // Petra Kieffer-Pülz and Jeans-Uwe Hartmann ed. Studies in Honour of Heinz Bechert on the Occasion of his 65th Birthday. Indica et Tibetica 30. Swisttal-Odendorf, 1997:261 -283.

Harrison, Paul and Jens-Uwe Hartmann. Ajātaśatrukaukṛtya vinodanāsūtra // Jens Braarvig ed. Manuscripts in the Schøyen Collection I: Buddhist Manuscripts. vol. I. Oslo: Hermes Publishing, 2000:167 -216.

Harrison, Paul and Jens-Uwe Hartmann. Another Fragment of the Ajātaśatrukaukṛtya vinodanāsūtra // Jens Braarvig ed. Manuscripts in the Schøyen Collection III: Buddhist Manuscripts. vol. II. Oslo: Hermes Publishing, 2002:45 -49.

Harrison, Paul and Jens-Uwe Hartmann and Kazunobu Matsuda. Larger Sukhavatīvyūhasūtra // Jens Braarvig ed. Manuscripts in the Schøyen Collection III: Buddhist Manuscripts. vol. II. Oslo: Hermes Publishing, 2002:179 -214.

Hartmann, Jens-Uwe and Paul Harrison. A Sanskrit Fragment of the Ajātaśatru-kaukṛtya-vinodanā-sūtra // Paul Harrison and Gregory Schopen ed. Sūryacandrāya Essays in Honour of Akira Yuyama On the Occasion of His 65th Birthday. Indica et Tibetica 35. Swisttal-Odendorf, 1998:67 -86.

Hinüber, Oskar von and K. R. Norman. Dhammapada. Oxford: Pali Text Society, 1994.

I-Tsing. A Record of the Buddhist Religion as practiced in India and the Malaya Archipelago (AD 671 -695). translated by J. Takakusu. Munshiram Manoharlal Publishers Pvt. Ltd., reprinted 1998.

Jidong, Yang. Replacing hu with fan: A Change in the Chinese Perception of Buddhism during the Medieval Period. Journal of the International Association of Buddhist Studies, 1998, 21 (1):157 -170.

Jin-il, Chung. A Survey of the Sanskrit Fragments Corresponding to the Chinese Saṃyuktāgama. Tokyo: Sankibo Press. 2008.

Karashima, Seishi and Klaus Wille. Buddhist Manuscripts from Central Asia: The British Library Sanskrit Fragments, Volume 1. Tokyo: The International Research Institute for Advanced Buddhology, Soka University, 2006.

Karashima, Seishi and Margarita I. Vorobyova-Desyatovskaya. Some Buddhist Sanskrit Fragments from the St. Petersburg Branch of the Institute of Oriental Studies of the Russian Academy of Sciences (1) // Annual Report of The International Research Institute for Advanced Buddhology at Soka University (= ARIRIAB), 2007, 10 :45 - 56.

Karashima, Seishi. Some features of the language of Saddharmapuṇḍarīkasūtra. Indo-Iranian Journal, 2001, 44 (3) :207 - 230.

Karashima, Seishi. Some features of the language of Kāśyapaparivarta // Annual Report of The International Research Institute for Advanced Buddhology at Soka University (= ARIRIAB), 2002, 5 :43 - 66.

Karashima, Seishi. Sanskrit Fragments of the Kāśyapaparivarta and the Pañcapāramitānirdeśa in the Mannerheim Collection // Annual Report of the International Research Institute for Advanced Buddhology at Soka University (ARIRIAB), 2004, 7:105 - 109.

Karashima, Seishi. Underlying Language of Early Chinese Translations of Buddhist Scriptures // Christoph Anderl and Halvor Eifring ed. Studies in Chinese Language and Culture: Festschrift in Honour of Christoph Harbsmeier on the Occasion of his 60th Birthday, Oslo, Hermes Academic Publishing, 2006:355 - 366.

Kern, Hendrik. The Jātaka-mālā: Stories of Buddha's former incarnations. The Harvard Oriental Series, volume one. Cambridge Massachusetts: The Harvard University Press, 1914.

Khan, M. Nasim. Kharoṣṭhī Manuscripts from Gandhāra. British Council in Pakistan, 2008.

Khan, M. Nasim and M. Sohail Khan. Buddhist Kharoṣṭhī Manuscripts from Gandhāra: A New Discovery. Journal of Humanities and Social Sciences (University of Peshawar), 2004, 12:9 – 15.

Khoroche, Peter. tr. Once the Buddha was a monkey: Āryaśūra's Jātaka-mālā. Chicago and London: The University of Chicago Press, 1989.

Kōgi, Kudara. A Fragment from an Unknown Chinese Version of the Larger Sukhāvatīvyūha // Imanishi Junkichi et al. ed. Indian Philosophy and Buddhism Essays in Honour of Professor Kōtatsu Fujita on His Sixtieth Birthday. Kyoto, 1989:373 – 394.

Lancaster, Lewis R. The Korean Buddhist Canon: A Descriptive Catalogue. California, 1979.

Lenz, Timothy. A New Version of the Gāndhārī Dharmapada and a Collection of Previous-Birth Stories: British Library Kharoṣṭhī Fragments 16 + 25. Gandhāran Buddhist Texts Volume 3. Seattle and London: University of Washington Press, 2003.

Lenz, Timothy. Gandhāran Avadānas: British Library Kharoṣṭhī Fragment 1 – 3 and 21 and Supplementary Fragments A – C. Gandhāran Buddhist Texts Volume 6. Seattle and London: University of Washington Press, 2010.

Levin, Grigorij M. Bongard - and M. I. Vorobyeva – Desyatovskaya. Pamyatniki indiiskoi Piemennosti in Tsentralnoi Azii. I – II, Moscow 1985 – 1990.

Luce, G. H. The 550 Jātakas in Old Burma. Artibus Asiae, 1956, 19 (3/4):291 – 307.

Lurje, Pavel B. Personal Names in Sogdian Texts. Iranische Onomastik 8. Wien: Austrian Academy of Sciences, 2010.

Mahler, Jane Gaston. The Art of Medieval Burma in Pagān. Archives of the Chinese Art Society of America, 1958, 12:30 – 47.

Mair, Victor H. The Khotanese Antecedents of The Sūtra of the Wise and the Foolish (Xianyu jing) // Buddhism Across Boundaries : Chinese Buddhism and the Western Regions (Collection of Essays 1993). Taibei: Fo Guang Shan Foundation for Buddhist & Culture Education, 1999:361 – 420.

Malalasekera, G. P. Dictionary of Pāli Proper Names. vol. ii, Munshiram Manoharlal Publishers Pvt Ltd. 1998.

McRae, John R. and Jan Nattier. Buddhism Across Boundaries. Sino-Platonic Papers no. 222. University of Pennsylvania, 2012.

Murray, Julia K. Buddhism and Early Narrative Illustration in China. Archives of Asian Art, 1995, 48:17 – 31.

Nattier, Jan. A Few Good Men: The Bodhisattva Path according to The Inquiry of Ugra(Ugraparipṛcchā). Honolulu: University of Hawai'I Press, 2003.

Nattier, Jan. The Names of Amitābha/Amitāyus in Early Chinese Buddhist Translations (1) // Annual Report of the International Research Institute for Advanced Buddhology at Soka University (ARIRIAB), 2006, 9:183 – 199.

Nattier, Jan. Avalokiteśvara in Early Chinese Buddhist Translations: A Preliminary Survey // William Magee and Yi-hsun Huang ed. Bodhisattva Avalokiteśvara and Modern Society: Proceedings of the Fifth Chung-Hwa International Conference on Buddhism. Taipei: The Chung-Hwa Institute, 2007:181 – 212.

Nattier, Jan. Brief Communication: A reassessment of the dates and translator attributions of the Laonṃren jing 老女人经(T559) and the Laomu jing 老母经(T561) // Annual Report of the International Research Institute for Advanced Buddhology at Soka University (= ARIRIAB), 2007, 10:529 – 532.

Nattier, Jan. The Names of Amitābha/Amitāyus in Early Chinese Buddhist Translations (2) // Annual Report of the International Research

Institute for Advanced Buddhology at Soka University (= ARIRIAB), 2007, 10: 359 - 394.

Nattier, Jan. A Guide to the Earliest Chinese Buddhist Translations: Texts from the Eastern Han 东汉 and Three Kingdoms 三国 Periods. Tokyo: The International Research Institute for Advanced Buddhology at Soka University, 2008.

Norman, K. R. Notes on the Vessantara-jātaka // Studien zum Jainismus und Buddhismus, Wiesbaden 1981:163 - 174.

Norman, K. R. Pāli Literature: including the canonical literature in Prakrit and Sanskrit of all the Hīnayāna schools of Buddhism. Otto Harrassowitz · Wiesbaden,1983.

Norman,K. R. Collected Papers II. Oxford:The Pali Text Society,2003.

Norman. H. C. The Commentary on the Dhammapada (Dhammapadatth- akathā). Vol. 2. Pali Text Society. London: Luzac, 1970.

Parimoo, Ratan. On Re-identification of Āndhra Buddhist Jātaka Relief Sculptures . Artibus Asiae, 1995, 55 (1/2):125 - 154.

Penzer, N. M. The Ocean of Story, being C. H. Tawney's translation of Somadeva's Kathā-Sarit-Sāgara (or Ocean of Streams of Story). vol. vi-ii. London: Chas. J. Sawyer Ltd. , 1924.

Poppe, N. The Mongolian Version of Vessantarajātaka. Studia Orientalia, 1964, 30 (2).

Ralston, W. R. S. tr. Tibetan Tales: Derived from Indian Sources. translated from the Tibetan of the Kahgyur by F. Anton von Schiefner and from the German into English by W. R. S. Ralston. London: George Routledge & Sons Ltd. , 1926.

Radich, Michael. How Ajātaśatru Was Reformed: The Domestication of "Ajase" and Stories in Buddhist History. Tokyo: The International Institute for Buddhist Studies, 2011.

Rotman, Andy. tr. Divine Stories. Part 1. Boston: Wisdom Publications, 2008.

Salomon, Richard. Kharoṣṭhī Manuscript Fragments in the Pelliot Collection, Bibliothèque Nationale de France. Bulletin d' Etudes Indiennes, 1998, 16: 123 - 160.

Salomon, Richard. Ancient Buddhist Scrolls from Gandhāra: The British Library Kharoṣṭhī Fragments. Seattle: University Washington Press, 1999.

Salomon, Richard. A Gāndhārī Version of the Rhinoceros Sūtra: British Library Kharoṣṭhī Fragment 5B. Gandhāran Buddhist Texts I. Seattle-Londen: University of Washington Press, 2000.

Salomon, Richard. Gandhārī Hybrid Sanskrit: New Sources for the Study of the Sanskritization of Buddhist Literature. Indo-Iranian Journal, 2001, 44 (3): 241 - 252.

Salomon, Richard. A Jar with a Kharoṣṭhī Inscription // Jens Braarvig ed. Manuscripts in the Schøyen Collection III: Buddhist Manuscripts. Volume II. Oslo: Hermes Publishing. 2002: 351 - 355.

Salomon, Richard. The Senior Manuscripts: Another Collection of Gandhāran Buddhist Scrolls. Journal of the American Oriental Society, 2003, 123 (1): 73 - 92.

Salomon, Richard. Two Gāndhārī Manuscripts of the Songs of Lake Anavatapta (Anavatapta-gāthā): British Library Kharoṣṭhī Fragment 1 and Senior Scroll 14. Gandhāran Buddhist Texts Volume 5. Seattle and London: University of Washington Press, 2009.

Shaoyong, Ye. Or. 15009/201 - 250 // Seishi Karashima and Klaus Wille ed. Buddhist Manuscripts from Central Asia: The British Library Sanskrit Fragments. vol. II. 1, Texts. Tokyo: The International Research Institute for Advanced Buddhology, Soka University, 2009: 231.

Shu-Fen, Chen. Rendition Techniques in the Chinese Translation of Three Sanskrit Buddhist Scriptures, Cambridge Buddhist Institute Series 1.

Hardinge Simpole Publishing, 2004.

Shu-Fen, Chen. A Study of Sanskrit Loanwords in Chinese. Tsing-Hua Journal of Chinese Studies, 2000, 30(3): 375 -426.

Shu-Fen, Chen. On Xuan - Zang's Transliterated Version of the Sanskrit Prajñāpāramitā-hṛdayasūtra (Heart Sutra). Monumenta Serica, 2004, 52:113 -159.

Simson, Georg von. Pratimoksasutra der Sarvastivadins, Teil 1. Göttingen, 1986 . Teil 2. Göttingen, 2000.

Skjaervø, Prods Oktor. Khotanese Manuscritps from Chinese Turkestan in the British Library. London: The British Literary, 2002.

Staël-Holstein, Baron A. von. The Kāśyapaparivarta: A Mahāyānasūtra of the Ratnakūṭa class edited in the original Sanskrit in Tibetan and in Chinese. Shanghai ,1926.

Strauch, Ingo. The Bajaur collection: a new collection of Kharoṣṭhī manuscripts: a preliminary catalogue and survey. http://www.geschkult.fu-berlin.de/e/indologie/bajaur/publication/strauch_2007_1_0.pdf.

Strauch, Ingo. The Bajaur collection: a new collection of Kharoṣṭhī manuscripts: a preliminary catalogue and survey. http://www.geschkult.fu-berlin.de/e/indologie/bajaur/publication/strauch_2008_1_1.pdf.

Tensho, Miyazaki. Discerning the Original Language of the Tibetan Versions of Mahayana Sutras: From a Simple Mistake in the lDem kar ma Regarding the Ajatasatrukaukrtya-vinodhana-sutra. 印度学佛教学研究 (Journal of Indian and Buddhist Studies), 2007, 55 (3):1101 -1105.

Tensho, Miyazaki. Background to the Compilation of Chapter IV of the Ajatasatrukaukrtya-vinodhanasutra: Was Chapter IV Originally a Separate Text? 印度学佛教学研究 (Journal of Indian and Buddhist Studies), 2008, 56 (3):1110 -1113.

Tensho, Miyazaki. The Ajatasatrukaukrtyavinodana-sutra and the Asheshiwang shouji jing 阿阇世王授决经. 印度学佛教学研究 (Journal of

Indian and Buddhist Studies), 2009, 57 (3): 1215 - 1219.

Thomas, Werner. Probleme der Ubertragung buddhistischer Texte ins Tocharische. Akademie der Wissenschaften Klasse Jahrgang 1989, 10. Stuttgart: Franz Steiner Verlag, 1989.

Vaidya, P. L. Avadānakalpalatā. Buddhist Sanskrit Texts No. 22. 2 vols, Darbhanga: Mithila Institute, 1959.

Vaidya, P. L. Mahāyanasūtrasaṅgraha. Part I (Sutra No. 12). Darbhanga: The Mithila Institute, 1961.

Vaidya, P. L. Lalita-vistara. Buddhist Sanskrit Texts No. 1. Second edition edited by Shridhar Tripathi. Darbhanga: The Mithila Institute of Post-Graduate Studies and Research in Sanskrit Learning, 1987.

Vetter, Timann. A Lexicographical Study of An Shigao's and his Circle's Chinese Translations of Buddhist Texts. Studia Philologica Buddhica: Monograph Series 28. Tokyo: The International Institute for Buddhist Studies of The International College for Postgraduate Buddhist Studies, 2012.

Vetter, Timann and Paul Harrison, An Shigao's Chinese translation of the Saptasthānasūtra // Paul Harrison and Gregory Schopen ed. Sūryacandrāya: Essays in honour of Akira Yuyama on the occasion of his 65th birthday. Indica et Tibetica 35. Swisttal-Odendorf, 1998: 197 - 216.

Vogel, C. and K. Wille: The Final Leaves of the Pravrajyāvastu Portion of the Vinayavastu Manuscript Found Near Cilgit. Part 2, Nāgakumārāvadāna and Lévi Text With Two Appendices Containing a Turfan Fragment of the Nāgakumārāvadāna and a Kuḥā Fragment of the Upasampadā Section of the Sarvāstivādins // V. Näther, rev. and transl. C. Vogel and K. Wille ed. Sanskrit-Texte aus dem buddhistischen Kanon: Neuentdeckungen und Neueditionen. IV, Sanskrit-Wörterbuch der buddhistischen Texte aus den Turfan-Funden, Beiheft 9. Göttingen, 2002: 11 - 76.

Walter, Mariko Namba. Sogdian and Buddhism. Sino-Platonic Papers no. 174. University of Pennsylvania, 2006.

Williams, Monier Monier-. A Sanskrit-English Dictionary. Oxford University Press, 1899. reprinted 1988.

Williams, Nicholas Sims-. Bactrian Personal Names. Iranische Onomastik 7. Iranisches Personennamenbuch II, 7. Wien: Austrian Academy of Sciences, 2010.

Xianlin, Ji. Fragments of the Tocharian A Maitryasamiti-Nāṭaka of the Xinjiang Museum, China. Berlin, New York: Mouton de Gruyter, 1998.

Zacchetti, Stefano. An early Chinese translation corresponding to Chapter 6 of the Peṭakopadesa An Shigao's Yin chi ru jing T630 and its Indian Original: a preliminary survey. BSOAS, 2002, 65 (1):74 –98.

Zacchetti, Stefano. Dharmagupta's unfinished translation of the Diamond-cleaver (Vajracchedikā Prajñāpāramitā-sūtra). T'oung Pao, 1996, 82 (1/3):137 –152.

Zacchetti, Stefano. An Shigao's Preserved in the Newly Discovered Kongō-ji Manuscript and Their Significance for the Study of Early Chinese Buddhism. Journal of Indian and Buddhist Studies, 2004, 53 (2):898 – 895.

Zacchetti, Stefano. In Praise of the Light: A Critical Synoptic Edition with an Annotated Translation of Chapter 1 –3 of Dharmarakṣa's Guang zan jing 光赞经, Being the Earliest Chinese Translation of the Larger Prajñāpāramitā. Tokyo: The International Research Institute for Advanced Buddhology at Soka University, 2005.

Zacchetti, Stefano. Defining An Shigao's 安世高 Translation Corpus: The State of the Art in Relevant Research //西域历史语言研究集刊,北京:科学出版社,2010, 3 :249 –270.

Zieme, P. Uigurische Sukhāvativyūha-Fragmente. AoF, 1985, 12: 129 –149.

Zürcher, Erik. Late Han Vernacular Elements in the Earliest Buddhist Translation. Journal of the Chinese Language Teachers Association, 1977,

12 (3):177 - 203.

Zürcher, Erik. Buddhist Influence on Early Taoism: A Survey of Scriptural Evidence. T'oung Pao, 1980, 66 (1/3):84 - 147.

Zürcher, Erik. Han Buddhism and the Western Region // W. L. Idema and E. Zürcher ed. Thought and Law in Qin and Han China, Studies dedicated to Anthony Hulsewe on the occasion of his eightieth birthday. Leiden: E. J. Brill, 1990:158 - 182.

Zürcher, Erik. A New Look at the Earliest Chinese Buddhist Text // Koichi Shinohara and Gregory Schopen ed. From Benares to Beijing :Essays on Buddhism and Chinese Religion in Honour of Prof. Jan Yun-hua. Oakville, Ontario: Mosaie, 1991:277 - 304.

Zürcher, Erik. Vernacular Elements in Early Buddhist Texts: An attempt to define the optimal source materials. Sino-Platonic Papers no. 71. University of Pennsylvania, 1996.

百济康义.敦煌第17窟出土ウイグル译《无量寿经》断片. 龙谷纪要(he Ryukoku journal of humanities and sciences), 1995, 17(1):1 - 16.

出本充代.《撰集百因缘经》の译出年代について.パーリ学佛教文化学,1993,8:99 - 108.

大正大学综合佛教研究所梵语佛典研究会.梵藏汉对照《智光明庄严经》(Jñānālokālaṃkāra:Transliterated Sanskrit Text Collated with Tibetan and Chinese Translations). Tokyo:大正大学出版会,2004.

大正大学综合佛教研究所梵语佛典研究会.梵文《维摩经》——ポタラ宫所藏写本に基づく校订(Vimalakīrtinirdeśa: A Sanskrit Edition Based upon the Manuscript Newly Found at the Potala Palace). Tokyo: 大正大学出版会,2006.

荻原云来编纂.汉译梵和大辞典,台北:新文丰出版公司重印,1988.

冈野洁.インド仏教文学研究史(网络版),http://homepage3.nifty.com/indology/

宫崎展昌.《阿阇世王经》(T626)の汉译者につい.インド哲学佛教学研究(Studies in Indian philosophy and Buddhism),2007,14:57-71.

宫崎展昌.《阿阇世王经》と《六度集经》第86经における"燃灯佛授记"の记述.东方学,2010,119:179-164.

宫崎展昌.《阿阇世王经》の编纂事情に关する一考察—"大乘""无生法忍"などの术语の用例に关联して.佛教文化研究论集,2008,12:26-49.

宫崎展昌.《伅真陀罗所问如来三昧经》の汉译者につい.佛教文化研究论集,2007,11:18-39.

光川丰芸.初期汉译经典からみた大乘佛教--支谶译《阿阇世王经》の场合.Bulletin of Research Institute for Buddhist Culture, Ryukoku University,1985,24:30-43.

河野训.初期汉译佛典の研究:竺法护译を中心として.伊势:皇学馆大学出版部,2006.

津田真一.萨婆若の原语とその意味·序说.国际佛教学大学院大学研究纪要,2004,8:109-227.

林梅村.ニヤ遗址出土のカローシュテイー文《温室洗浴众僧经》残卷の考察(一).日本佛教大学文学部编《文学部论集》:京都,2003,87:141-155.

落合俊典.毗罗三昧经と初期译经.印度学佛教学研究,1994,42(2):579-584.

蜜波罗凤洲.dharmadeśaka(说法者)とdharmabhāṇaka(法师):《三昧王经》を中心として//The Editorial Committee ed. Encounter of Wisdom between Buddhism and Science: Essays in Honour of Professor Keisho Tsukamoto on His Sixtieth Anniversary. Tokyo: Kosei Publishing, 1993: 299-319.

齐藤隆信. 汉译经典における gāthā の译语とその变迁:绝·缚束·偈·伽他. 印度学佛教学研究, 2005, 54(1):37-42.

榊亮三郎校订. 梵藏汉和四译对校翻译名义大集. 东京:铃木学术财团,1962 年重印。

石滨裕美子、福田洋一. 新订翻译名义大集(A New Critical Edition of the Mahāvyutpatti, Sanskrit-Tibetan-Mongolian Dictionary of Buddhist Terminology). 东洋文库,1989.

水野弘元. 法句经の研究. 东京都:春秋社,1981.

松尾良树. 汉代译经と口语——译经にょゐ口语史·初探. 禅文化研究所纪要,1988,15:25-57.

松本照敬.《梵语杂名》の原语比定. 成田山仏教研究所纪要, 2008,31:55-155.

田村典子. 佛弟子アーナンダの呼称 Vedehamuni. インド哲学仏教学研究,2004, 11: 28-41.

田久保周誉, 校订. 梵文孔雀明王经(Ārya-Mahā-Māyūrī Vidyā-Rājñī). 东京:山喜房佛书林,1972.

相马一意. 遗日摩尼经につぃて. 印度学佛教学研究,1978, 27(1): 164-165.

辛岛静志. 道行般若经校注. Tokyo: The International Research Institute for Advanced Buddhology, Soka University, 2011.

辛岛静志. 道行般若经词典(A Glossary of Lokakṣema's Translation of the Aṣṭasāhasrikā Prajñāpāramitā). Tokyo: The International Research Institute for Advanced Buddhology, Soka University, Tokyo 2010.

辛岛静志. 汉译佛典の言语の研究. 创价大学国际佛教学高等研究所年报,2007, 10:445-460.

辛岛静志. 汉译佛典の言语研究——《道行般若经》と异译及び梵本との比较研究(2). 创价大学国际佛教学高等研究所年报, 2002, 5: 3-12.

辛岛静志. 汉译佛典の言语研究——《道行般若经》と异译及び梵

本との比较研究(1)//櫻部建博士喜寿纪念论集·初期佛教からアビダルマへ. 京都:平乐寺书店,2002:171－183.

辛岛静志.妙法莲华经词典(A Glossary of Kumārajīva's Translation of the Lotus Sutra). Tokyo:The International Research Institute for Advanced Buddhology, Soka University, 2001.

辛岛静志.正法华经词典(A Glossary of Dharmarakṣa's Translation of the Lotus Sutra). Tokyo:The International Research Institute for Advanced Buddhology, Soka University, 1998.

熊谷宣夫.吐鲁番将来版画《须大拏本生图》解说.龙谷大学论集,1956,351:99－101.

玄幸子.《须大拏太子变文》について. 新潟大学人文学部《人文科学研究》,1998,95:1－25.

玄应. 玄应撰《一切经音义》二十五卷. 日本古写经善本丛刊第一辑. 国际佛教学大学院大学学术フロンテイア实行委员会,2006.

影山悦子.ヴェッサンタラ·ジャータカの图像について:インドから中国へ.古代文化(Cultura antiqua),2001,53(12):1－16.

宇井伯寿.译经史研究.东京:岩波书店,1971.

左景权.敦煌本《生经》をめぐって—ユシプトとィンドの接触//福井文雅、平木真快译,牧田谛亮、福井文雅,主编. 讲座敦煌:7 敦煌と中国佛教. 东京:大东出版社,1984:279－296.

致谢

本书的写作得到王邦维老师多年来的教诲和支持，段晴老师、朱庆之老师、万金川老师也给予了许多指教与帮助，谨此深谢！

初稿完成后，罗鸿、叶少勇两位学友提出了不少的修改意见，谨此致谢！但书中所有的错误均为本书作者的责任，恳请方家教正！

本书能够出版，全赖余太山先生的鼎力支持，施援平女士和高燕平编辑亦出力甚多，一并致谢！

“所罗门的歌，是歌中的雅歌”。无论风雨还是晴空，相依相伴的只是太太吴世英和儿子丹颐，我愿与他们一同分享……

陈　明

北京大学东方文学研究中心

北京大学外国语学院南亚学系

2013 年 7 月 6 日

索　引

A

安隐　105,174,175,314

B

傍臣　318,319
被服　263,300,316,317
闭着牢狱　255,295,297,339
避易　320
波罗奈国　49,65
不制　12,218,230－237,239,351,365
布色羯逻伐底　72

C

谗溺　291,292,327
长短　282,283,322
长寿　140,142－145,254
常净心　311,312
持法施　310,319
慈哀　309,310,319
慈孝　297,298,342
慈心　270,286,310,314,316,330

D

大夫　78,79,257,262,289－291,326
大过　301－303
当远离　267,292
得生活　289,308,339
等侣　48,273,274,304,331,332
等心　259,261,266,269,270,286,311,312,315,325
多能　108－110,118

E

恶知识　271,273,303,304,315,325,331,332

F

法师　16,31,33,46,48,67,72,73,92,112,152,153,160,258,275,277,278,287,293,311,312,

Q

R

S

T

W

欧亚历史文化文库

已经出版

林悟殊著:《中古夷教华化丛考》 定价:66.00 元

赵俪生著:《弇兹集》 定价:69.00 元

华喆著:《阴山鸣镝——匈奴在北方草原上的兴衰》 定价:48.00 元

杨军编著:《走向陌生的地方——内陆欧亚移民史话》 定价:38.00 元

贺菊莲著:《天山家宴——西域饮食文化纵横谈》 定价:64.00 元

陈鹏著:《路途漫漫丝貂情——明清东北亚丝绸之路研究》 定价:62.00 元

王颋著:《内陆亚洲史地求索》 定价:83.00 元

〔日〕堀敏一著,韩昇、刘建英编译:《隋唐帝国与东亚》 定价:38.00 元

〔印度〕艾哈默得·辛哈著,周翔翼译,徐百永校:《入藏四年》 定价:35.00 元

〔意〕伯戴克著,张云译:《中部西藏与蒙古人——元代西藏历史》(增订本) 定价:38.00 元

陈高华著:《元朝史事新证》 定价:74.00 元

王永兴著:《唐代经营西北研究》 定价:94.00 元

王炳华著:《西域考古文存》 定价:108.00 元

李健才著:《东北亚史地论集》 定价:73.00 元

孟凡人著:《新疆考古论集》 定价:98.00 元

周伟洲著:《藏史论考》 定价:55.00 元

刘文锁著:《丝绸之路——内陆欧亚考古与历史》 定价:88.00 元

张博泉著:《甫白文存》 定价:62.00 元

孙玉良著:《史林遗痕》 定价:85.00 元

马健著:《匈奴葬仪的考古学探索》 定价:76.00 元

〔俄〕柯兹洛夫著,王希隆、丁淑琴译:《蒙古、安多和死城哈喇浩特》(完整版) 定价:82.00 元

乌云高娃著:《元朝与高丽关系研究》　定价:67.00 元

杨军著:《夫余史研究》　定价:40.00 元

梁俊艳著:《英国与中国西藏(1774—1904)》　定价:88.00 元

〔乌兹别克斯坦〕艾哈迈多夫著,陈远光译:
《16—18 世纪中亚历史地理文献》(修订版)　定价:85.00 元

成一农著:《空间与形态——三至七世纪中国历史城市地理研究》
定价:76.00 元

杨铭著:《唐代吐蕃与西北民族关系史研究》　定价:86.00 元

殷小平著:《元代也里可温考述》　定价:50.00 元

耿世民著:《西域文史论稿》　定价:100.00 元

殷晴著:《丝绸之路经济史研究》　定价:135.00 元(上、下册)

余大钧译:《北方民族史与蒙古史译文集》　定价:160.00 元(上、下册)

韩儒林著:《蒙元史与内陆亚洲史研究》　定价:58.00 元

〔美〕查尔斯·林霍尔姆著,张士东、杨军译:
《伊斯兰中东——传统与变迁》　定价:88.00 元

〔美〕J. G. 马勒著,王欣译:《唐代塑像中的西域人》　定价:58.00 元

顾世宝著:《蒙元时代的蒙古族文学家》　定价:42.00 元

杨铭编:《国外敦煌学、藏学研究——翻译与评述》　定价:78.00 元

牛汝极等著:《新疆文化的现代化转向》　定价:76.00 元

周伟洲著:《西域史地论集》　定价:82.00 元

周晶著:《纷扰的雪山——20 世纪前半叶西藏社会生活研究》
定价:75.00 元

蓝琪著:《16—19 世纪中亚各国与俄国关系论述》　定价:58.00 元

许序雅著:《唐朝与中亚九姓胡关系史研究》　定价:65.00 元

汪受宽著:《骊靬梦断——古罗马军团东归伪史辨识》　定价:96.00 元

刘雪飞著:《上古欧洲斯基泰文化巡礼》　定价:32.00 元

〔俄〕T. Б. 巴尔采娃著,张良仁、李明华译:
《斯基泰时期的有色金属加工业——第聂伯河左岸森林草原带》
定价:44.00 元

叶德荣著:《汉晋胡汉佛教论稿》　定价:60.00 元

王颋著:《内陆亚洲史地求索(续)》 定价:86.00 元

尚永琪著:

《胡僧东来——汉唐时期的佛经翻译家和传播人》 定价:52.00 元

桂宝丽著:《可萨突厥》 定价:30.00 元

篠原典生著:《西天伽蓝记》 定价:48.00 元

〔德〕施林洛甫著,刘震、孟瑜译:

《叙事和图画——欧洲和印度艺术中的情节展现》 定价:35.00 元

马小鹤著:《光明的使者——摩尼和摩尼教》 定价:120.00 元

李鸣飞著:《蒙元时期的宗教变迁》 定价:54.00 元

〔苏联〕伊·亚·兹拉特金著,马曼丽译:

《准噶尔汗国史》(修订版) 定价:86.00 元

〔苏联〕巴托尔德著,张丽译:《中亚历史——巴托尔德文集第2卷第1册第1部分》 定价:200.00 元(上、下册)

〔俄〕格·尼·波塔宁著,〔苏联〕B. B. 奥布鲁切夫编,吴吉康、吴立珺译:

《蒙古纪行》 定价:96.00 元

张文德著:《朝贡与入附——明代西域人来华研究》 定价:52.00 元

张小贵著:《祆教史考论与述评》 定价:55.00 元

〔苏联〕K. A. 阿奇舍夫、Г. A. 库沙耶夫著,孙危译:

《伊犁河流域塞人和乌孙的古代文明》 定价:60.00 元

陈明著:《文本与语言——出土文献与早期佛经词汇研究》

定价:78.00 元

敬请期待

许全胜著:《黑鞑事略汇校集注》

贾丛江著:《汉代西域汉人和汉文化》

王永兴著:《敦煌吐鲁番出土唐代军事文书考释》

薛宗正著:《汉唐西域史汇考》

李映洲著:《敦煌艺术论》

徐文堪编:《梅维恒内陆欧亚研究文选》

徐文堪著:《古代内陆欧亚的语言和有关研究》

刘迎胜著:《小儿锦文字释读与研究》

李锦绣编:《20 世纪内陆欧亚历史文化研究论文选粹》

李锦绣、余太山编:《古代内陆欧亚史纲》
郑炳林著:《敦煌占卜文献叙录》
李锦绣著:《裴矩〈西域图记〉辑考》
李艳玲著:《公元前2世纪至公元7世纪前期西域绿洲农业研究》
许全胜、刘震编:《内陆欧亚历史语言论集——徐文堪先生古稀纪念》
张小贵编:《三夷教论集——林悟殊先生古稀纪念》
李鸣飞著:《横跨欧亚——马可波罗的足迹》
杨林坤著:《西风万里交河道——明代西域丝路上的使者与商旅》
杜斗城著:《杜撰集》
林悟殊著:《华化摩尼教补说》
王媛媛著:《摩尼教艺术及其华化考述》
李花子著:《长白山踏查记》
芮传明著:《摩尼教东方文书校注与译释》
马小鹤著:《摩尼教东方文书研究》
段海蓉著:《萨都剌传》
〔德〕梅塔著,刘震译:《从弃绝到解脱》
郭物著:《欧亚游牧社会的重器——鍑》
王邦维著:《玄奘》
冯天亮著:《词从外来——唐代外来语研究》
芮传明著:《内陆欧亚中古风云录》
李锦绣著:《北阿富汗的巴克特里亚文献》
〔日〕荒川正晴著,冯培红译:《欧亚的交通贸易与唐帝国》
孙昊著:《辽代女真社会研究》
赵现海著:《明长城的兴起
——“长城社会史”视野下明中期榆林长城修筑研究》
华喆著:《帝国的背影——公元14世纪以后的蒙古》
杨建新著:《民族边疆论集》
〔美〕白卖克著,马娟译:《大蒙古国的畏吾儿人》
余太山著:《内陆欧亚史研究自选论集》
